開敎百年

正典工夫

개교백년의 정전공부

허광영 지음

원불교출판사

教理圖

머리말

1.

종교의 창립 후 백년은 교서 결집에 특별한 의미를 갖는다.

불교는 불멸佛滅 직후에 1차 경전 결집이 있었고, 그 후 백년이 지나서 계율과 교리 해석의 다양한 견해를 정리하고자 2차 결집이 진행되었다. 기독교는 기원후 70년경에서 100년 전후에 4복음서가 쓰였다는 것이 통설이다.

종교 창립 백년 전후는 어떤 시기인가? 교조로부터 대략 3·4세대를 거치는 시기이다. 1·2세대는 교조의 가르침을 구전심수로 받든다. 3·4세대는 앞선 세대를 통해 교조의 가르침을 주로 구전을 통해 공부하는 시기이다. 그러므로 3·4세대에 이르러서는 직접 교조를 모시고 인격적 교감을 이루면서 감화를 받고 가르침을 따르는 대신 1·2세대가 전하는 말씀에 의지할 수밖에 없다. 그런데 그 전달하는 말씀이 각자의 입장에서 나오는 '여시아문如是我聞'이다. 따라서 이들의 다양한 견해들을 정리하여 시대의 흐름에 맞게 다듬고 체계화해야 할 필요성이 대두되는데, 그 시작이 대략 창립 백년 전후인 것이다.

이에 비해 원불교는 교조이신 소태산 대종사께서 직접 기본 교법(원경元經인 정전正典)을 제정하였으므로, 개교 이래 제자들은 교조의 가르침을 오롯이 실천하고 세상에 알리는데 주력하면 되었다. 그러나 이제 백년의 세월이 경과한 오늘, 그동안 교법으로 신앙과 수행을 해온 1·2·3세대 제자(교도)들의 결과물들, 즉 종교적 품성의 정도나 사회적 기여도가 드러나고, 교단의 역할이 주변 사회에 영향을 미쳐감에 따라 자연적으로 교법에 대한 교단 내외의 평가가 이루어지고 있다. 과연 지난 백 년 동안 원불교가 줄기차게 주창해온 정신개벽의 시대적 과제를 얼마나 이루어왔는가? 도학과 과학을 병진하여 참 문명 세계를 얼마나 열어왔는가? 모든 교법을 두루 통합하여 한 덩어리 한 집안을 만들어 서로 넘나들고 화하게 하는데 얼마나 기여해 왔는가? 이러한 원불교 개교의 이념을 구현해 오는데 있어서, 그동안의 교법 운영 전반을 돌아보고 미래를 준비하는 작업은, 새로운 원불교 백년을 여는 매우 중요한 역사적 과제가 아닐 수 없다.

그러나 교법에 대한 교단 내의 전반적인 정서를 고려할 때, 교법을 거론하여 평가하는 듯한 시각을 갖는 것조차도 용납되기 어려운 상황에서, 이러한 작업을 감히 착수한다는 것은 매우 민감하고 조심스러운 일이며, 무모한 시도라 할 수도 있다. 교법에 관한 한 한 글자도 재론의 여지가 있어서는 안 되는, 아니 재론할 필요조차 없는 그야말로 전무후무한 대도 정법인 것이고, 혹 시대의 흐름에 따라 필요하다면 교조께서 다시 오셔서 바른 가르침을 주실 것으로 대부분의 뇌리 속에 깊이 각인되어 있기 때문이다.

그런데 이 세상에 말이나 글로써 표현된 것 중에 영원불변한 것이 어디에 있는가. 일찍이 노자께서는 '도가 도道可道면 비상도非常道'라 하였고, 세존께서도 처음 법문을 시작하여 마지막까지 일생동안 그 중간에 한 법도 설한 바 없다고 하여, 정한 바 법의 실체를 인정하지 않으므로써 불법佛法에 무궁한 생명력을 불어 넣었다.

교조 소태산 대종사께서는 교법의 시대화·생활화·대중화를 주창하고, 진리적이고 사실적인 종교의 신앙과 수행을 표방하여 끊임없는 변화와 혁신의 의지와 방향을 표명해 주셨다. 정전正典을 편찬할 때에도 마지막 감정의 붓을 들고 바로 인쇄에 붙이게 하시며, '때가 급하여 만전을 다하지 못하였으나'라는 소회를 남겼고, '나의 교법 가운데 일원을 종지로 한 교리의 대강령인 삼학 팔조와 사은 등은 어느 시대 어느 국가를 막론하고 다시 변경할 수 없으나, 그 밖의 세목이나 제도는 그 시대와 그 국가에 적당하도록 혹 변경할 수도 있나니라.'하여 논의의 여지를 터 주었으며, 열사람의 법을 응하여 제일 좋은 법을 믿는 열린 자세로 나아가게 하였다.

　세상의 어느 교법이 하늘에서 떨어지거나 땅에서 솟아난 경우가 있던가. 원불교 교법도 소태산 대종사님의 대각에서 비롯하여 수년간의 교법 제정을 위한 연마의 적공을 쌓고, 여러 번의 교법 체제 변경을 거쳐서 이루어졌다. 그렇게 최선을 다해 완벽을 기하려고 온 정성을 다 기울였으나, 그럼에도 그간 사람들의 입에 오르내리는 의견이 없지 않았다. 가령 (그 중 사소하다고 여길 수 있는 몇 가지) 정전 제2 교의편 제3장 [사요四要]의 사회 진단 등이 과연 현실성이 있는가? 제5장 [팔조八條] 가운데 '분'의 한자가 왜 '忿'인가? 제3 수행편 제6장 [일기법]에 정기 일기와 상시 일기를 나눠 기재하도록 한 것이 오늘의 실정에 맞는가? 제8장 [참회문]에서 우리의 참회를 일원상의 진리(법신불 사은)가 아닌 삼보三寶전에 하는 것인가? 등등. 또 근래에 이르러서는 어려운 한문체 용어를 신세대들이 이해하기 쉬운 한글체로 바꾸는 작업과 전근대적인 언어를 시대와 호흡하는 현대 언어로 의역하자는 의견이 나오고 있다. 이러한 논의들은 결코 교법을 가벼이 여기고 함부로 손을 대려는 철없는 생각이 아니고, 시대의 변화에 맞춰 교법의 본의를 좀 더 잘 드러내고자 하는 충정의 발로라는 따뜻한 시각을 가질 때 대종사님의 일원 대도는 시간의 흐름에 따라 점점 박제화 내지 화석화의 길로 들어서지 않고 끊임없이 왕성한 생명력을 유지하며 풍성해져 나갈 것이다.

2.

　모든 것이 그러하듯 원불교 교법도 결국 역사적 산물이다. 세상이 말세가 되고 험난한 때를 당하면 반드시 한 세상을 주장할 만한 법을 가진 구세성자救世聖者가 출현하여 능히 천지 기운을 돌려 그 세상을 바로잡고 그 인심을 골라 놓는다고 교조 소태산 대종사님은 말씀하였다. 원불교는 선천先天의 끝이요 후천後天의 시작으로 말세의 어지러움과 후천의 미숙함이 혼재한 그야말로 절박한 시대 상황 속에서 문을 열었고, 교법도 그러한 시대적 배경과 영향을 다분히 등에 업고 오늘에 이르렀다. 따라서 개교 백년에 원불교 정전을 공부함에 있어 교조의 탄생으로부터 구도와 대각 그리고 교단 창립 초기의 시대적 배경을 폭넓게 이해하고, 그 세월 속에서 교단 창립의 가시밭길을 헤쳐 온 교조와 그 제자들의 시대 인식을 마음 깊이 헤아림은, 정전의 본의를 바르게 이해하고 나아가 미래지향적으로 정전을 운용해 나갈 혜안을 열어가는 데 큰 도움이 될 것이다.

　과연 서구의 물질문명과 동양의 형식화 된 도덕문명 그리고 1,2차 세계대전, 구한말과 일제 식민 통치 또 8.15 광복과 한국전쟁을 거친 시련과 격동, 이 나라 전통적으로 이어온 유儒·불佛·선仙의 동양적 사상, 교조가 태어나서 새 교단을 일으킬 때까지 떠나 본 적이 없던 저 남녘의 궁촌 마을 등은, 교단의 사유 구조와 교법 형성에 어떻게 스며들고 영향을 주었으며, 지금 우리가 공부하는 이 정전에 어떻게 반영되어 있는 것일까?

3.

　원불교 교법의 원경元經인 정전正典은 소태산 대종사님의 대각(원기 원년圓紀元年, 1916년)으로 비롯하여 당시 시국을 살펴보시고 '물질이 개벽되니 정신을 개벽하자' 하신 지도 강령과 봉래산에서 발표하신 교강敎綱(인생의 요도 사은·사요, 공부의 요도 삼강령·팔조목)에 기초하여 세 유형

三類型의 변화를 거쳐 완정되었다.

　　제1형이 「보경육대요령寶經六大要領」의 교법 체제이다. 그것은 원기17년 불법연구회佛法硏究會 명의로 발간된 최초의 정식 교재이며, 원기12년에 간행된 수양연구요론修養研究要論을 발전시켜 인생의 요도와 공부의 요도 및 훈련·학력 고시·학위 등급·사업 고시 등으로 짜여 있고, 유儒·불佛·선仙 3교三敎의 일원화一圓化를 중심으로 한 새 교법을 세상에 내놓은 것이다.

　　제2형은 「불교정전佛敎正典」의 교법체제이다. 원기28년에 소태산 대종사님이 최후로 친제하신 교법으로, 인생과 공부의 양대 요도에서 인과보응의 신앙문과 진공묘유의 수행문으로 기본 체제를 변경하고, 일원상의 진리를 중심으로 교의편에 교법의 기본 원리를 수행편에 신앙과 수행의 실천 방법을 실었으며, 불교의 혁신 내용과 주요 경전을 비중 있게 다루어 원불교가 불법佛法을 주체로 하였음을 의도적으로 드러내었다.

　　제3형이 현재의 「원불교 정전」이다. 일제로부터 광복 후 원기47년에 직계 제자들에 의해 제2형인 불교정전을 대폭 정비하여 정식 교서로 발간하였다. 시국의 상황으로 어쩔 수 없이 불교적 색채를 띠게 된 용어와 내용들을 수정 보완하여 새 불교 즉 새 종교로서 위상을 정립하고 광대하고 원만한 세계의 주교를 지향하였다.

　　수천 년에 걸쳐 변화의 과정을 겪어 오고 있는 기성 종교들에 비해 이상의 교법 세 유형敎法三類型의 변화는 원불교 교법이 선후천 교역先後天交易의 역사적 대격변기에 47년이라는 매우 짧은 시간 속에서 비약적이고 창의적으로 그 대체大體가 압축 형성되었음을 보여준다.

따라서 이 책『개교백년의 정전공부』를 진행하는 주된 관심사는 교법의 대체 속에서 그 계승되고 편입되고 새 길을 개척해온 세부내용들을 이 시대의 관점에서 새롭게 되짚어 연마하는 것이다.

4.

『개교백년의 정전공부』는 정전의 원문 이해와 그 실천 방향을 중심으로 공부하되, 특히 다음의 의문 거리에 주목하였다.

1) 교조 소태산 대종사님은 대각을 이루신 후 모든 경전을 열람하시다가 금강경을 보시고, '석가모니불은 진실로 성인들 중의 성인이라'하시며 부처님에게 연원淵源을 정하시고 장차 회상을 열 때에도 불법으로 주체를 삼아 완전무결한 큰 회상을 건설하리라는 포부를 밝혔다. 원기4년에는 저축 조합을 불법연구회 기성조합으로 그 이름을 고치면서 불법佛法에 대한 선언을 하기에 이른다. 원불교 교사敎史에 '이제는 우리가 배울 바도 부처님의 도덕이요 후진을 가르칠 바도 부처님의 도덕이니 … 내가 진작 이 불법의 진리를 알았으나 그대들의 정도가 아직 그 진리 분석에 미치지 못하는 바가 있고 또는 불교가 이 나라에서 여러 백 년 동안 천대를 받아 온 끝이라 …' 라고 당시 교조의 심경과 경륜을 전하고 있다. 원기5년에 봉래산에서 새 회상의 교강을 발표하였고, 이어 원기9년에 이르도록 교법을 준비하는 과정을 지낸 후, 드디어 원기12년에 교단 최초의 교서인 수양연구요론을 간행하고 이어서 원기17년에 보경육대요령을 발간하였다. 그렇다면 「수양연구요론」과 「보경육대요령」은 마땅히 불법을 주체로 한 교서일 것이라고 상식적으로 생각할 수 있다.

그런데 「수양연구요론」은 수양의 본원을 알리기 위하여 선도仙道의 내단內丹 수련서를 기초로 한 정정요론定靜要論과, 연구의 방법을 밝히기 위하여 유儒·불佛·선仙 3교의 수행법을 일원화一圓化한 삼강령三綱領 팔조목八條目의 연구요론硏究要論을 중심으로 하고, 여기에 선불가서仙佛家書 내용 중의 의두 요목을 곁들여 구성하였다.

「보경육대요령」은 교단의 최초 정식 교과서에 해당한다. 그 내용은 인생의 요도로서 유가법儒家法을 의미하는 사은 사요四恩四要와 공부의 요도로서 유·불·선 3교의 일원화인 삼강령 팔조목 그리고 공부의 요도를 단련시키기 위한 훈련법 등으로 구성되어 있다.

이와 같이 초기의 두 교서가 불법을 주체로 하지 않은 본의는 과연 무엇인가?

2) 원불교 교법의 3대 체제라 할 수 있는 「보경육대요령」, 「불교정전」, 「원불교 정전」에 밝히고 있는 [개교의 동기]가 각각 다르다.

보경육대요령의 [총론]에서는 '공부의 요도 삼강령 팔조목과 각항 훈련의 요지로써 물질을 사용하난 정신의 세력을 확장하야 날로 융성하난 물질의 세력을 항복받어 인생의 요도 사은 사요를 지내나서 … 낙원으로 인도하기 바라는 바이다.'라고 하였다.

불교정전의 [설립동기]에서는 '진리적 종교의 신앙과 사실적 도덕의 훈련으로써 정신의 세력을 확장하여 물질의 세력을 항복 받아 낙원으로 인도하려함이 그 동기'라고 하였다.

현 원불교 정전의 [개교의 동기]에서는 '진리적 종교의 신앙과 사실적 도덕의 훈련으로써 정신의 세력을 확장하고, 물질의 세력을 항복 받아 낙원으로 인도하려함이 그 동기'라고 하였다.

보경육대요령의 [총론]에서 불교정전의 [설립동기]로 바뀜은 원불교 교리 체제에 있어 실로 일대 변혁을 의미하는 것이다. 공부의 요도 삼강령 팔조목과 각항 훈련으로써 정신의 세력을 확창하여 물질의 세력을 항복 받고 그 정신적 힘으로 인생의 요도 사은 사요를 잘 실천하여 낙원으로 향하도록 한 교리 체제에서, 인생의 요도 사은 사요와 공부의 요도 삼학 팔조를 원만히 신앙하고 수행하고 훈련하여 정신의 세력을 확창함으로써 물질의 세력을 항복 받아 낙원으로 향하도록 하는 체제로의 대 변화인 것이다. 문제는 왜 이런 교법 체제의 변화가 일어났으며, 이와 같은 변화에 따라 하위의 각 교리가 변화된 체제에 맞게 정비가 되었는가 하는 점이다.

불교정전의 [설립동기]가 현 원불교 정전의 [개교의 동기]로 바뀌는 데는 미세하지만 간과할 수 없는 변화가 또한 일어나고 있다. '정신의 세력을 확창하여 물질의 세력을 항복 받아'에서 '정신의 세력을 확장하고, 물질의 세력을 항복 받아'로 변화가 일어났으니 그 이유는 무엇인가?

3) 불교정전의 [서序]가 현 원불교 정전의 [교법의 총설]로 바뀜은, 과거 시대적 상황 등으로 불가피하게 불교적 색체를 띨 수밖에 없었던 내용과 표현을 원래의 본의대로 돌이켜 새 불교, 새 주세 종교를 천명한 것이라 할 것이다. 그런데 불교정전에서 '불교는 진리와 방편이 호대한지라', '부처님이 전해주신 그 진리와 제도의 대의는 다르지 아니한 동근불제자同根佛弟子로서'라는 표현을 각각 '불교는 무상대도라', '세

계의 모든 종교도 그 근본 되는 원리는 하나'로 바꿨다. 이에 따라 불법佛法이 아닌 불교가 무상대도인 점과 세계의 수없는 종교의 근본 되는 원리가 하나인 점을 광대하고 원만한 종교를 지향하는 입장에서 보편타당하게 설명하고 이해시켜야 하는 과제를 안고 있다.

4) [일원상의 진리] 가운데 '생멸 거래의 변화'에 관한 설명이 돈공 부분 외에 광명 부분에는 누락이 되었다. 일원상의 진리를 축약하고 축약한 내용 속에 선택된 '대소유무', '생멸 거래', '선악 업보'인데 진리 설명의 광명 부분에 선악 업보의 차별이 생김은 포함된 반면에 생멸 거래의 (변화 작용이 아닌) 변화상相이 누락된 점을 어떻게 이해하고 설명할 수 있을까?

5) [일원상의 신앙]은 [일원상의 진리]에 설명된 내용 하나하나를 믿으라 하였는데 이를 어떻게 이해하고 실천해야 이법 신앙理法信仰으로 흐르지 않고 간절한 신앙심과 풍성한 신앙적 감흥을 불러일으킬 수 있을까? 또 [일원상의 수행]은 수행의 표본으로서 일원상을 '원만구족하고 지공무사한'으로 달리 규정하였는데, [일원상의 신앙]은 신앙의 대상으로서 일원상을 달리 규정하지 않고 진리 그대로를 믿으라고 한 이유는 무엇인가?

6) [일원상의 수행]에 '일원상의 진리를 신앙하는 동시에 수행의 표본을 삼아서'의 표현이 있으므로 신앙과 수행을 병진하는 원불교 교리 체계에서 볼 때에, [일원상의 신앙]에도 '일원상의 진리를 수행하는 동시에 신앙의 대상을 삼아서'의 표현을 첨가해야 하지 않을까? 그렇지 않다면 [일원상의 수행]에서 그 표현을 삭제하면 어떨까?

7) [일원상 서원문]

① 원래는 [심불心佛 일원상 내역급 서원문]이었다. 왜 '심불 일원상'을 '법신불法身佛 일원상'으로 바꿨을까?

② [일원상의 진리]에서는 '제불 제성'이라 했는데 [일원상 서원문]에서는 왜 '제불 조사'라 했는가? (이후 [일원상 법어], [참회문] 등의 교리에서도 마찬가지임)

③ '심신을 원만하게 수호하는 공부를 하며, 사리를 원만하게 아는 공부를 하며, 심신을 원만하게 사용하는 공부를 지성으로 하여'가 삼학 공부인가? ('체받아서'는 '수행의 표본을 삼아서'라는 의미인가?)

④ 법신불 일원상을 향한 서원문이므로 '우리'를 '저희'로, '이 법신불'을 '법신불'로, '서원함'을 '서원 하옵나이다'로 하면 더 간절한 서원문이 되지 않을까?

8) [사은四恩]이 신앙의 강령이 되는 이유와 근거를 [사은]의 본문 어디에서 찾을 수 있을까? 또 원불교 신앙의 정체성을 어떻게 확립해 갈 것인가? 유교적인가? 불교적인가? 유불선 3교의 일원화적인가? 아니면 제3의 신앙인가?

9) [천지은天地恩]의 '천지 보은의 강령'에 '천지의 은혜를 갚기로 하면 먼저 마땅히 …'에서 「먼저」의 의미는 무엇인가? 먼저라 했으니 중간과 나중의 그 다음을 어떻게 보완해갈 것인가?

10) [부모은父母恩]의 '부모 피은의 강령'에서 '사람의 생사는 자연의 공도', '무자력할 때 생육하여 주신 대은' 등의 표현이

① 낳은 은혜가 생육하여 주신 은혜에 비하여 덜 강조되는 듯 하고

② 의학, 생명 과학, 진화 생물학 등의 발전 추세에 비춰볼 때 생사가 과연 자연의 공도라고만 할 수 있을까?

11) [사요四要]가 불교정전의 교리도에는 빠져있는데 현 원불교 정전의 교리도에는 신앙문에 편입된 이유는 무엇인가?

12) [삼학三學]의 정체성正體性을 어떻게 세워갈까? 과거 불교의 계정혜戒定慧 삼학을 혁신한 것인가? 유불선 3교의 일원화인가? 제3의 수행법인가?

13) 현 원불교 정전에 교의편教義編과 수행편修行編은 있는데 신앙편이 없는 이유는 무엇인가?

14) [일상 수행의 요법]

① [일상 신앙의 요법]은 필요 없는가?

② 구성상 비중에 있어 삼학은 3개 조항, 사요는 4개 조항인데, 사은은 1개 조항인 이유는 무엇인가?

③ 내용상에서 1조~3조는 현상·원리·공부법을 다 집약해 놓았는데, 5조~9조는 단순히 돌리는 법만 밝혀놓은 이유는 무엇인가? 만약 1조~3조는 공부의 요도이므로 공부법을 집약하였고, 5조~9조는 인생의 요도를 실천해 가는 것이므로 돌리는 법만 밝혔다 한다면 전체 제목을 '수행'이 아닌 [일상 실천의 요법]이라고 해야 더 적절하지 않을까?

④ 일상생활 속에서 끊임없이 외우고 대조하는 조항으로서 1조~3조는 너무 이해하기 어렵고 문장이 길지 않은가?

15) [훈련법]
① [훈련법]은 교리 형성에 있어 그 출발이 보경육대요령의 '공부의 요도 정기 훈련법·상시 훈련법'이다. 그러나 현 원불교 정전의 진리적 종교의 신앙과 사실적 도덕의 훈련이라는 교법 체제에서는 인생의 요도 사은 사요도 정신의 세력을 확장하는 공부법으로 [일상 수행의 요법] 5조~9조 속에 포함이 되었다. 따라서 훈련법(정기·상시)에도 진리 불공·실지 불공·감사 생활 등의 신앙 훈련이 포함되어야 하지 않을까?
② 보경육대요령의 [공부인이 교무부에 와서 하난 책임]이 현 원불교 정전에 [교당 내왕시 주의 사항]으로 그대로 계승 되었는데, 공부인이 교무부에 와서 하는 훈련과 교당에서 해야 될 훈련이 같을 수 있는가? 공부인이 교당을 내왕하면서 가장 먼저 중요하게 훈련해야 될 사항이 무엇인가?

16) [염불법]이 수행 위주로 되어 있는데, 염불 공부의 효과를 높이기 위하여 각종 교리도 통합 활용해 나가자는 [교법의 총설]의 본의에 따라 신앙적 염불법도 가미하면 어떨까? (단전주 선법에 화두 연마하는 공부를 포함시킨 [좌선법]처럼)

17) [의두 요목]이 불법 중심으로 되어 있는데 각종 교리도 통합 활용하는 방향으로 확대하면 어떨까?

18) [일기법]
① 정기 일기와 상시 일기로 구분하여 정기 일기는 정기로 공부하는 사람이 쓰도록 되어 있고, 상시 일기는 일반 생활인이 두루 쓰도록 하였는데, 두 일기를 따로 쓰는 것이 시대에 적합한가?
② 태조사법太調査法에서 흰콩, 검정콩의 표현이 시대에 적합한가?

19) [무시선법]에서 '처자가 있어도 (선을) 못할 것'이라는 표현이 시대에 적합한가?

20) [참회문]
① '삼보전'의 용어가 적합한가?
② '제불 조사'의 표현을 '제불 제성'으로 바꿔야 하지 않을까?
③ 수행 위주의 참회에 신앙을 통한 참회(회개)를 병행하면 어떨까?

21) [심고와 기도], [불공하는 법]
① 심고와 기도, 불공하는 법을 따로 구분하여 장章을 나눌 수 있는가?
② 구분한다면 제9장 [심고와 기도], 제10장 [실지 불공법]으로 해야 하지 않을까?
③ 합한다면 [불공하는 법] 속에 진리 불공으로서 '심고와 기도'와 '실지 불공법'을 함께 묶어야 하지 않을까?

22) [계문] '두 아내를 거느리지 말며'의 표현이 시대에 적합하고 법마상전급으로서 격에 맞을까? 이 시대가 절실히 필요로 하는 계문은 무엇일까?

23) [영육 쌍전 법]에 '법신불 일원상의 진리와 수양·연구·취사의 삼학으로써 의·식·주를 얻고 의·식·주와 삼학으로써 그 진리를 얻어서 영육을 쌍전하여'로 되어 있는데, 원불교의 신앙은 영육 쌍전을 해나가는데 불필요한 것인가? 영적 구원과 육적 구원에 신앙은 어떤 역할을 할 수 있는가?

24) [법위 등급]에 '공부인의 수행 정도를 따라 여섯 가지의 등급의 법위가 있나니'로 되어 있는데, 공부인의 신앙 정도는 법위에 어떤 영향을 미치는가? '수행 정도'라는 표현 속에 '신앙 정도'가 포함 되었다고 한다면 [법위 등급] 각 법위 해설의 원문 속에 신앙의 정도를 어떻게 표준 잡도록 규정되어 있는가?

5.

『개교백년의 정전공부』는 개교 백년의 역사적 시점을 맞아 앞에 거론한 여러 의문 거리를 중심으로 정전 공부를 새롭게 할 필요가 있다는 필자 나름의 간절함으로 비롯하였다.

전부터 후배 법동지들과 제자 몇 분이 정전 해석서를 집필했으면 좋겠다는 의견을 주었고, 선배 스승님으로부터도 그런 권고를 받은 바가 있었다. 그러나 그때마다 그냥 귀에 스칠 뿐 마음에 남지가 않았다. 이미 각산종사의 「교전공부」 등 여러 선진님들의 가르침이 차고 넘치는데 여기에 더 보태고 뺄 소견이 있어서 또 하나의 해석서를 낸단 말인가.

그러나 교무 양성의 마지막 과정인 원불교대학원대학교에 부임하여 '어떻게 하면 대종사님의 참된 전법 사도를 양성할까'하는 무거운 책임감 속에 지내다보니 정전 공부에 대한 새로운 눈이 열리고 의문 거리가 생기면서 나름의 해석서가 필요하겠다는 생각이 절실해진 것이다. 이 책을 집필하는 내내 이제야 대종사님께 조금이라도 보은하는구나 하는 벅찬 기쁨과, 매우 주제넘고 공연한 평지풍파나 일으키는 일을 벌이는 것은 아닌가 하는 망설임이 교차하였다. 그래서 책은 내지 말고 기록으로만 남기려는 생각도 했는데, 종법사님께서 본인의 정전에 대한 의문 거리를 들으시고 개인적으로, 또 수위단회의 공식 석상에서 해석서를 내보라는 말씀을 주셔서 용기를 내어 출판을 하게 된 것이다.

아무쪼록 부족하나마 이 책이 대종사님 교법을 공부하는 분들에게 작은 도움이라도 된다면 더 없는 보람으로 생각하겠다.

이 책이 나오기까지 얼마나 많은 은혜가 함께 하였을까. 은타원 차명은 정토와 허석·이정인·허유미·박종빈, 감산 고문기 종사 내외분·신산 이창균 대호법 내외분·란타원 백자인 본교 장학회장 내외분·창산 박창호 노송교당 회장 내외분, 편집을 맡아 수고해주신 조명규 교무님 그리고 함께 정전을 공부해 온 원불교대학원대학교 교직원 교무님들과 정전연구회 회원님들…

이 모든 분들에게 깊은 감사의 마음을 전한다.

원기 102년 8월 21일
원불교대학원대학교 집무실에서
허 광 영 합장

6.

『개교백년의 정전공부』를 펴낸지 3년 만에 재발행을 하게 되었다. 오탈자를 수정하고 몇 군데의 내용과 표현을 다듬었다. 이 책을 인연으로 공부인들이 원불교 교법에 신심이 깊어지고 새로운 시각이 열려 교법공부에 새바람이 일기를 기대한다.

지금 교단은 개교백년을 넘어 새로운 세기를 향해 나아가고 있다. 많은 도전과 해결해야 할 과제가 우리 앞에 산적해 있다. 어떻게 이를 극복하여 밝은 미래를 열어 갈까? 전 구성원들이 새로운 마음자세로 교법공부에 구도의 열정으로 나서서 교단의 지속성장을 위한 기본 동력을 마련하는 일이 급선무라고 생각한다. 일찍이 교조이신 소태산 대종사님께서는 「도가의 명맥命脈은 시설이나 재물에 있지 아니하고, 법의 혜명慧命을 받아 전하는 데에 있나니라.」(대종경 요훈품 41)고 말씀하셨다.

모두가 법의 혜명을 받을 수 있고 전할 수 있는 교단의 공부풍토를 만들어 가자. 그러기 위해서는 교법을 시대에 맞춰 더욱 풍성하게 가꾸는 노력을 쉬지 말아야 한다. 원불교 교법공부의 특징인 의심건을 발견하고, 이를 궁굴리고, 묻고, 의견 교환하고, 문답 감정을 받고, 훈련을 통해 단련하는 공부가 교단 구석구석에서 활발하게 꽃을 피워야 한다. 그리하여 전교도들이 정신개벽을 원만히 이루어 세상의 주인으로 세상의 일꾼으로 당당히 나설 때 우리 교단의 창창한 미래가 활짝 열려갈 것이다.

끝으로 이 책의 재발간에 마음을 합해 주신 연산 김상수 법사님, 목산 김인종 교무님, 영산 모찬원 교무님, 반산 박양근 교무님, 채규정 교도님, 황영수 교도님, 재편집에 지혜를 모아주신 퐁포레스트&포레스터, 규산 조명규 교무님 이 분들과 재발행의 기쁨을 나눈다.

원기 105년 12월 15일
학교법인 원광학원 집무실에서

明山 합장

차례

정전 공부	26
일원상	32
표어	35
교리도	49

1 총서편   59

제1장 개교의 동기   60
제2장 교법의 총설   87

2 교의편 … 97

제1장 일원상 … 98
- 제1절 일원상의 진리 … 101
- 제2절 일원상의 신앙 … 125
- 제3절 일원상의 수행 … 141
- 제4절 일원상 서원문 … 147
- 제5절 일원상 법어 … 168
- 제6절 게송 … 179

제2장 사은 … 186
- 제1절 천지은 … 193
- 제2절 부모은 … 200
- 제3절 동포은 … 204
- 제4절 법률은 … 210

제3장 사요 … 213
- 제1절 자력 양성 … 220
- 제2절 지자 본위 … 223
- 제3절 타자녀 교육 … 225
- 제4절 공도자 숭배 … 227

제4장 삼학 … 230
- 제1절 정신 수양 … 237
- 제2절 사리 연구 … 242
- 제3절 작업 취사 … 246

제5장 팔조 … 251
- 제1절 진행 사조 … 255
- 제2절 사연 사조 … 259

제6장 인생의 요도와 공부의 요도 … 263

제7장 사대강령 … 267

3 수행편 … 271

제1장 일상 수행의 요법 … 275
제2장 정기 훈련과 상시 훈련 … 322
- 제1절 정기 훈련법 … 327
- 제2절 상시 훈련법 … 348
- 제3절 정기 훈련법과 상시 훈련법의 관계 … 371

제3장 염불법 … 372
제4장 좌선법 … 377
제5장 의두 요목 … 387
제6장 일기법 … 404
제7장 무시선법 … 410
제8장 참회문 … 416
제9장 심고와 기도 … 425
제10장 불공하는 법 … 430
제11장 계문 … 433
제12장 솔성 요론 … 462
제13장 최초법어 … 479
제14장 고락에 대한 법문 … 490
제15장 병든 사회와 그 치료법 … 495
제16장 영육 쌍전 법 … 500
제17장 법위 등급 … 505

부록 … 527

正典 정전 공부

1. 정전

① 원불교 교전 敎典에 대종경 大宗經과 함께 수록된 원불교 교법의 근원 根源을 밝힌 원경 元經 (정산종사법어 경의편 1)
   • 대종경은 정전의 교리로 만법을 두루 통달케 한 통경 通經
② 복과 혜를 구하며 성불제중하고 제생의세 하는데 바르고 빠른 길을 밝혀 주신 전무후무한 대경전 (정전대의)
③ 원불교 교조 소태산 대종사님이 친제하심

2. 정전의 형성

1) 소태산 대종사님의 대각 (원기 원년)

2) 수양연구요론 (원기 12년)
정정요론 상·하, 연구의 강령 (3강령), 연구의 진행 조건 (진행 4조), 연구의 사연 조건 (사연 4조), 각항 연구 문목, 공부의 진행 순서

3) 보경육대요령 (원기 17년)
인생의 요도 사은 사요, 공부의 요도 삼강령 팔조목, 훈련편, 학력고시편, 학위편, 사업고시편

4) 보경삼대요령 (원기19년)

   인생의 요도 사은 사요, 공부의 요도 삼강령 팔조목,
   훈련편 (심고와 기도에 대한 설명 포함)

5) 조선불교혁신론 (원기20년)

   불성 일원상 조성법, 불공법 등

6) 불교정전 (원기28년)

   개선론, 교의, 수행 등

7) 원불교 교전 (원기47년)

   현행 교서로 정전과 대종경 수록

3. 정전 공부의 자세

1) 어찌 다행 정전 공부를 할 수 있는 기회를 만났을까!
   ① 세상이 암흑 속에서 물욕에 빠지고 죄악으로 신음할 때
      2~3천 년 전에 밝힌 희미한 등불에 의지할 때
      우리는 어찌 다행 후천개벽 시대를 새롭게 밝히는 진리의 태양인 일원상의 진리·일원 교법을 만나게 되었다.
      • 숙세의 법연을 다시 만남이요 숙세의 공덕으로 얻은 행운이요 세세생생 큰 원력(내생來生에 이 회상 이 법 만나 이 공부 이 사업하리라!)이 비로소 이루어짐이다.
   ② 세상을 살아갈 때 원하는 바 복福과 혜慧를 원만히 이루어갈 수 있는 확실한 길을 발견함이다.
   ③ 이 공부를 해 갈수록 스스로나 세상이 이 교법 아니고는 구원 받을 수

없다는 확신으로 사무쳐 간다.
- 충만된 법열과 감사함과 다행감으로 기필코 성불제중하리라! (서원)
  크게 보은하리라! (공심)
  꼭 할 수 있다! (신심)
■ 저절로 우러나는 간절한 마음으로 정전을 공부하자.

2) 도학과 과학을 병진하는 구도자의 자세로!
■ 존재·인간의 의미와 가치를 탐구함 : 인문학
■ 존재·인간의 의미와 가치를 구현하는 인간 수련 : 도학
■ 도학과 과학은 서로 바탕하여 원만한 도학과 원만한 과학을 지향함
① 원리의 바른 이해
  속 깊은 연마
  다양한 실천적 체득 → 실생활 속에서 신앙 실천 … 위력 체험
                    실경계 속에서 수행 실천 … 증득 체험
② 교법으로 심신의 변화와 거듭남을 이룸
  머리에서 가슴으로
  다시 육근으로까지 확산
  - 위기지학 爲己之學
■ 새로운 사고의 틀과 심신 작용의 원칙 확립
  새로운 정신력 확충
  새로운 심신 작용의 실천력 강화
  → 새로운 인품 조성 (정신개벽으로 거듭남)
    새로운 삶의 구현 (낙원 세계로 나아감)
  - 도불속지부지 道不屬知不知

3) 끊임없는 창조적 재해석으로 교법의 생명력을 왕성하게!
① 교리 해석에 일정한 틀이 형성되지 않도록 끊임없이 고정 관념을 부수고 상황에 적실하도록 새롭게 새 지평을 열어감

- 한없이 깊고 넓게 연마하고 또 연마하고
- 상황에 적실하게 연마하고 또 연마하고
- 자기 스스로의 해석에 만족하지도 말고
- 어느 누구의 해석에 묶이지도 말고
- 지금 살아계시는 대종사님의 정전을 체득하도록 연마
- ■ 일찍이 한 법도 설한 바 없다.
- ■ 다른 각도로 본의를 해석하고 실천 방법 모색하기
  - '토끼와 거북이' 우화 비틀기
② 자기 자신·인간·생명·세상에 대한 폭넓고 깊은 성찰을 계속하여 그에 적실한 교리 해석이 이루어지도록 함
- ■ 문제는 '인간'이다. 인간을 아는 것, 인간의 바람과 욕구를 깊이 헤아리는 것, 인간이 그 시대 그 상황에서 간절히 요구하는 것에 응답하고, 인간이 그 시대 그 상황에서 감동할 수 있는 교법적 대응력을 갖추어야 한다.
  - 맞춤형 교리 해석과 상황에 적실한 교법 구현의 역량 기르기
- ■ 교법에 주착하여 고착화해 갈 것인가?
  늘 새롭게 살아 숨 쉬게 할 것인가?

4. 정전 공부법
■ 각자 자기 공부법 개발하기

1) 정전을 살아계시는 대종사님으로 모시고 이를 통해 생생 약동하는 일원상의 진리를 믿고 깨달아 신앙과 수행의 원만한 구도길을 잡아나가자.
   - ■ '나는 원불교 전서가 너무 소중하여 평소 전서를 들고 다닐 때에도 이렇게 가슴에 모시고 …' (좌산종사)
   - ※ 원불교 전서小書 : 원불교 교법의 근원을 밝힌 정전과 교조 소태산 대종사님의 언행록인 대종경大宗經을 비롯하여 불조요경佛祖要經, 예전禮

典, 정산종사법어 鼎山宗師法語, 원불교 교사 敎史, 원불교 성가 聖歌를 합본한 원불교 경전

2) 많이 봉독하자.
  ■ 눈으로, 입으로, 마음으로, 온몸으로 많이 봉독하여 심신에 젖도록 함
    • 저절로 스며들게

3) 연마하고 궁구하자.
  ① 본의 파악 : 속 깊은 뜻 이해하기
  ② 의심 건 발견 : 문제의식으로 교법·인간·세상 바라보기
  ③ 의심 건 궁굴리기 : 오래오래 궁굴려 가기

4) 이해의 폭을 넓히고 깊이를 심화시켜서 해석의 정밀도를 높여가자.
  ① 의견 교환하기
  ② 두루 참조하기
  ③ 객관적으로 바라보기

5) 실천하고 검증하자.
  ① 원문 그대로 실천해 보기
  ② 실천으로써 대조하며 확인하기

6) 속 깊은 성리 연마로 숙성 시키자.

7) 스승님께 문답 감정을 받자.

8) 가르쳐 보자.

9) 창의적인 시각과 문제의식으로 정전의 새로운 지평을 끝없이 열어가자.

5. 일원 교법—圓敎法 해석의 기본 요건 基本要件

① 일원상—圓相 진리[성리]에 근거할 것
② 개교開敎의 동기動機 구현을 목표로 할 것
③ 불법佛法을 주체主體로 재래 불교在來佛敎의 혁신革新을 통한 생활 불법 生活佛法을 전개할 것
④ 만법萬法을 통합 활용統合活用하여 미래 시대의 방향을 제시할 것

「○」일원상

정전 첫 장에 모셔진 일원상

1. 어떤 느낌 · 어떤 생각이 문득 떠오르는가?!

1) 우주만유 허공법계의 참 모습·실상의 현전現前
   ① 나의 참 모습이다.
   ② 우주만유의 참 모습이다.
   ③ 우주 그대로이다.
   ④ 생생하신 대종사님의 법신法身이시요, 문자文字 밖의 정전正典이다.

2) 「○」을 통해
   ① 참 나를 발견하고 우주 만물의 현전함을 직관하자.
   ② 생생 약동하는 하나의 진리와 한 기운을 느끼고 깨닫자.
   ③ 텅 비어 가득한 공적영지의 광명과 진공묘유의 조화를 터득하자.
   ④ 하나의 세계 속에서 함께 살아갈 한 생명 한 살림의 지혜와 덕을 익히자.
   ⑤ 살아계시는 대종사님을 만나 뵙고 문자 밖의 정전을 읽자.
   ■ 「○」으로 인하여 원불교 정전은 무한한 생명력으로 거듭난다.

3) 「O」을 신앙의 대상과 수행의 표본으로 삼아
    ① 우주만유 허공법계 모두를 「O」 부처님으로 우러러 경외하고 보은 불공하여 감화력을 갖추고 무루의 복전을 개발하자.
    ② 각자의 「O」 부처님을 회복하여 육근 작용을 원만구족하고 지공무사하게 사용하는 삼대력을 양성하자.
    ③ 「O」과 같은 하나의 생명 공동체를 건설하는 주역으로 나서서 일원 세계 안에서 하나로 살아가자!

2. 「O」원 상징 – 한 두렷한 기틀

1) 왜 「O」 상징을 사용하였을까?
    ① 말과 글로써 다 드러낼 수 없는 진리를 표현하기 위한 상징
    ② 과거에 사용했던 상징의 한계를 극복하기 위한 새로운 상징
    ③ 후천개벽 시대 과학 문명의 발달 속에서도 누구나 수긍하고 귀의할 수 있는 상징
    ④ 하나의 세계·일원 세계·낙원 공동체 건설을 목표로 하는 상징

2) 「O」 상징의 의의
    ① 숨은 진리를 직접 형상으로 드러내 보임
    ② 진리를 대중에게 드러내서 누구나 쉽게 진리를 표준하여 실생활에서 수도와 생활에 활용하도록 함

3) 「O」 상징의 활용
    ① 견성성불의 화두
    ② 진리 신앙의 대상
    ③ 원만 수행의 표본

4) 「○」 봉불의 의미
   ① 일반인 누구나 마음의 귀의처를 가까이 두고 생활하도록
   ② 신앙의 대상과 수행의 표본으로 삼아서 공부(수도)하도록

5) 「○」을 모시는 생활 자세
   ① 간절한 마음으로 믿고 우러르고 향해 나아감
   ② 가까운 곳에서 산 부처를 만나고, 한 마음 속에서 자성불을 발견함
   ③ 낚시 바늘에 꿰이듯 의두·성리 연마에 꿰여 살아감

3. 「○」 이러한 진리를 아는 사람은 일원상을 대할 때마다 마치 부모의 사진같이 숭배될 것이니라. (교의품 8)

標語
표어

- 일상생활 속에서 누구나 쉽게 교리를 이해하고 자발적으로 실천에 나설 수 있는 마음을 불러일으키도록 교리를 간명하게 함축적으로 집약 표현함
- 교법敎法의 주제主題 함축含蓄
- 후천개벽 시대 대활동기大活動期에 누구나 불법시생활佛法是生活을 구현하도록 함

- 표어는
  ① 표어는 마음을 끄는 힘(느낌, 울림)이 있다.
    호기심을 불러일으키고 관심을 집중시킨다.
    긴 설명보다 더 많은 깨우침과 교훈을 전달한다.
    감동과 동감을 불러일으키고, 동참으로 나아가게 한다.
  ② 표어 공부는 구체적인 이해와 해석보다는 상징적·함축적인 의미와 느낌을 직감적으로 포착하고 느끼며 깊은 만남으로 이어져 결국 의식과 행동에 변화를 일으키도록 한다.
    • 간명성簡明性·함축성含蓄性·계도성啓導性

1. 물질物質이 개벽開闢되니 정신精神을 개벽開闢하자.
- 대종사 대각을 이루시고 당시의 시국을 살펴 보시사 그 지도 강령을 표어로써 밝히심 (서품 4)

1) 원불교가 주세主世교단으로 개교하게 된 동기와 방향을 표어로 드러냄
   (개교 표어)
   ① 새로운 시대의 도래
   ② 새 시대의 역할 천명
      - 과거에 경험하지 못했던 새로운 물질문명 시대가 열리고, 이 새 문명에 상응하는 새 정신문명을 열기 위한 대안 제시
      - 새로운 종교 운동은 역사 이래로 시대를 따라 계속 이어져 왔다. 원불교 개교는 단순히 과거 정신 개혁 운동을 이은, 보다 진보된 종교 신앙 운동이 아니다. 새로운 시대 새 문명 즉 후천개벽 시대에 물질문명을 선도할 새 주세불 교단으로서 정신개벽을 천명한 것이다.

2) 물질개벽과 정신개벽의 바른 이해
   ① 물질과 정신의 이분법적 해석의 오류를 경계할 것
   ② 물질개벽을 이루고 이끄는 것도 정신임 (물질이 정신개벽을 이루기도 함)
   ③ 물질개벽 : 과학 문명의 발달로 물질적으로 풍요롭고 물질의 세력이 강성해지는 세상이 크게 열리는 것
   ④ 정신개벽 : 물질문명을 일으키고 그 물질을 사용하는 인간의 도덕 문명과 정신문명이 크게 열려 성숙해가는 것

3) '물질이 개벽되니 정신을 개벽하자'는 것은
   ① 선 후천이 교역하는 새 시대·크게 밝은 시대를 맞아 물질문명을 열어가고 사용하는 주체인 인간의 정신과 도덕 문명을 크게 성숙시켜 내외內外가 겸전하는 참다운 문명, 지상 낙원을 건설하자는 것
   ② 기술적 진보에 상응하는 인간의 사회적 지혜를 성숙시켜 문명의 절름발이 현상을 극복하자는 것 (문화적 지연遲延현상의 극복)
      - 기술적 진보는 여건이 갖춰지면 단시일 내에 가능하나 인간의 사

회적 지혜·도덕적 성숙은 돈이나 물질만으로는 가능하지 않으며 또한 시일이 걸림

2. 처처 불상 사사 불공 處處佛像 事事佛供
- 원불교의 신앙법을 표어로 드러냄

1) '처처 불상 사사 불공'의 시대적 의미
① 진리의 원리가 처처 불성佛性이고 현실적으로 우주만유가 죄복을 직접 주재하는 대상이므로 처처 불상佛像이어서 사사 불공 해야 하기 때문이다.
② 후천개벽 시대는 인지가 성숙하여 '처처 불상 사사 불공'의 원리를 이해할 수 있고 실행할 수 있기 때문이다.
③ 양시대가 열릴수록 과학과 기술의 발전으로 우주 만물 곳곳에서 부처의 권능이 개발되어 발휘하기 때문이다.
④ 물질개벽의 대활동기를 살아가기로 하면 공 들이고 빌어야 할 곳과 유념하고 조심해야할 일들이 세상 천지에 가득 하기 때문이다.
- 문명의 이기가 때로 흉기로 변하고 인간을 지배하기도 함

2) 실천 방법
- 자각적·주도적으로 처처불을 더욱 드러내고 개발하며, 사사 불공의 실천으로 더욱 풍성한 은혜의 결실을 수확하자.

(1) 참 부처를 믿고 참 부처임을 확인하기 - 봉불奉佛·견불見佛
① 전체불全體佛 - 법신불 일원상
② 만유불萬有佛 - 사은四恩·화신불化身佛·당처불
③ 자심불自心佛 - 심불心佛

- 모두가 「○」으로 믿고 둘이 아닌 줄로 확인될 때까지 공들임

(2) 부처님 모시고 공들이기 – 시불侍佛·불공佛供

① 일원상 진리 부처님을 온 마음으로 모시고 받들기
  - 심고·기도 (진리 불공) : 언제나 마음 가득 진리로 충만하고 진리를 우러러 하나로 사무침
  - 내 안의 일원상 진리 부처님 그리고 우주 가득 일원상 진리 부처님과 한 기운으로 연하여 그 경외로운 위력 속에 살아감

② 사은님의 크신 은혜와 위력에 늘 감사하고 당처 당처에 실지 보은 불공함
  - 사사물물을 한결같이 성·경·신誠敬信으로 상대함 (경외심과 주의심)
  - 원하는 바에 따라 당처 당처에 실지 불공함
  - 하찮고 해로움 속에서도 부처님의 권능을 믿고 끝까지 불공하여 마침내 그 속의 불성을 일깨움 (은생어해恩生於害 : 진리의 위력 개발)

③ 자신이 곧 부처인 줄 믿고 자신 속 유아독존唯我獨尊을 스스로 귀히 섬기며 절대 복종하여 자신의 욕망과 무지와 업력을 극복하고 자성불의 가르침과 명령 따라 심신을 작용함
  - 내 속에 내가 너무도 많아…
  - 내 마음의 감시 카메라 (마음 속 도덕 관찰자)
  - 공적영지의 광명, 양심

(3) 부처되기 – 생불生佛·조불造佛

① 나를 놓고 자심自心부처 모시고 귀의하여 닮아가기
② 대하는 인연마다 선연善緣·법연法緣으로 이어가기
③ 대하는 인연마다 성불의 길로 인도하기
④ 우주 만물이 다 쓸모 있고 가치가 드러나도록 숨은 불성 개발하여 활용하기

(4) 대불공大佛供의 위력 나투기 – 활불活佛

- 대기 대응으로 당하는 곳마다 부처님의 은혜와 위력 나툼
  - 삼대 불공법三大佛供法 실천
    • 어둔 곳을 밝음으로, 번뇌를 해탈로, 불안을 안심으로, 구속을 자유로, 다툼을 화해로, 배은을 보은으로, 빈곤을 풍요로

(5) 불공드리는 연습하기

- 불공드리는 동기와 목적에 따라 그 부처를 발견하여 모시고 적실한 불공의 연습으로 불공드리기를 체질화 해감

3) 질의와 의견 제안

(1) 과학 문명이 발전하는 현대 사회 속에도 다신 숭배多神崇拜가 존재하고 많은 사람들이 이를 찾는 현상을 어떻게 이해해야 할까?

① 인간의 원초적이고 현실적인 다양한 욕구와 희망 그리고 불안과 고통 등은 인지와 문명의 발달이나 시대의 변화와 무관하게 다양한 염원처와 의지처를 갈망하게 된다. 이는 유일신의 차원에서 다신 신앙을 미신적으로 해석하고 배척 한다고 해소될 수 없는 신앙 현상이다.

② 유일신도 '유일'이라는 관념이 형성되어 이에 사로잡히면 유일신의 본의가 가리고 왜곡되어 진리 신앙에서 멀어질 수 있다.

③ 일원상의 진리를 신앙의 대상으로 드러내고 그 실체인 사은 곧 우주만유가 다 처처 불상임을 일깨워 사사 불공의 길을 열어감은 다신 신앙의 욕구를 진리적이고 사실적으로 수용하는 길이 될 수 있을 것이다.

(2) '불상佛像'이라는 용어가 불교를 멀리하는 입장에서는 거부감을 불러일으킬 수 있고, 미신적 신앙을 연상시킬 수 있으며, 따라서 새 종교의 이미지에는 잘 어울리지 않을 수도 있지 않을까?

① 원불교는 불법佛法을 주체로 한 새 불교·새 종교를 지향하므로, '불佛'의 본래 의미(깨달음)를 바르게 인식시키고 공감대를 형성하여 해소해 갔으면 함
② 시간을 두고 '불佛'을 대신할 원불교 고유의 용어를 창작하여 세상의 공감을 불러일으켜 갔으면 함

3. 무시선 무처선 無時禪 無處禪
■ 원불교의 수행법을 표어로 드러냄

1) 왜 이 시대에 '무시선 무처선'인가?

(1) 선이란 원래 '무시선 무처선'이다.
- ■ 선이란 형식에 관계없이
  분별 주착 없는 성품을 오득하여 마음의 자유를 얻는 공부
  망념을 쉬고 진성을 길러서 오직 공적영지空寂靈知가 나타나게 하는 공부
  (정전 무시선법, 수행품 12)
  - 선이란 언제나 참 마음을 기르고 활용하는 공부
  - 앉아서만 하고 서서는 못하면 이는 병든 선 공부

(2) 현대 사회는 갈수록 선 수행을 필요로 한다.
- ■ 대활동기의 복잡하고 바쁜 생활 속에서
  - 더 많은 정신력을 필요로 하고
  - 더 밝은 지혜력을 필요로 하고
  - 더 원만한 실력을 필요로 함

(3) 현대의 바쁜 생활 속에서는 무시선이라야 누구나 닦을 수 있다.

- 종래에는 음 시대이므로 선 수행의 기본인 좌선 위주의 정靜시 수행이 가능했음

(4) 현대는 인지가 발달하여 누구나 무시선을 이해하고 실천할 역량이 있다.
- 음 시대는 대체로 인지가 부족하여 선의 원리를 제대로 이해하기 어려웠고 따라서 동정 간動靜間에 끊임없이 닦는 선 수행이 대중화 될 수 없는 상황이었음

2) 무시선無時禪의 의미

(1) 좌선에 상대되는 선법으로 주로 동시動時에 일상생활 속에서 간단없이 닦아가는 선법 (생활선, 활선活禪)

(2) 원불교 공부법의 집약
- 무시선은 모든 수행과 모든 신앙의 바탕·기본·전제가 됨
- 무시선은 정신 수양·사리 연구·작업 취사의 삼학을 집약하여 동시에 아울러 닦아감

(3) 무시선에 이르기까지 선의 변화
- 편벽선(고행苦行, 낙행樂行), 습선習禪, 공적선空寂禪, 중도선中道禪, 반야선般若禪, 동정간불리선動靜間不離禪
- 나는 지금 어느 선을 닦고 있는가?

(4) 무시선의 특징
① 삼학병진선三學竝進禪 : 삼학을 아울러 심신을 원만하게 단련하는 수행법
- 모든 분별이 항상 정을 여의지 아니하여 육근을 작용하는 바가 다 공적영지의 자성에 부합이 됨

② 불리자성선不離自性禪 : 성품을 오득하여 마음의 자유를 얻는 공부
- 진공眞空으로 체體 묘유妙有로 용用 삼음

③ 경계부동선境界不動禪 : 생활 속에서 동動하지 않는 행行을 닦는 대법大法
- 청정함은 허공같이 부동함은 태산같이

④ 대기대용선大機大用禪 (대활선大活禪) : 자유자재로 혜복慧福을 나누는 불공법佛供法
- 동하여도 동하는 바가 없고 정하여도 정하는 바 없이 마음 작용

3) 무시선無時禪의 수행

(1) 진공으로 체를 삼고 묘유로 용을 삼음 (수행의 표본)
- 밖으로 경계를 대하되 부동不動으로
  안으로 마음을 지키되 청정하게
  - 좌선으로 '적적성성·성성적적'한 진공묘유의 일심을 양성하여 이를 기본으로 경계에 나아가 응용
  - 의두 성리 연마로 진공묘유심을 터득하여 경계 속에서 활용
    - 생활 속에서 온전한 생각으로 심신을 작용

(2) 동動과 정靜 두 사이에 끊임없이 닦음 (무시선의 강령)
- 동하면 불의를 제거하고 정의를 양성
- 정하면 잡념을 제거하고 일심을 양성

(3) 근기따라 단계적으로 '무시선'의 수행 경지를 높여감
① 집심執心단계 무시선 : 마음의 고삐를 잡고 힘써 닦아감
② 관심觀心단계 무시선 : 공부심을 가지고 끌리고 안 끌리는 대중을 잡아감

③ 무심無心단계 무시선 : 경계에 놓아 맡겨도 자연히 동하지 아니함
④ 능심能心단계 무시선 : 일체 경계에 자유자재함

4. 동정일여動靜一如 영육쌍전靈肉雙全
■ 중도中道에 맞는 공부와 생활 표준을 표어로 드러냄

1) 동정일여動靜一如 : 중도에 맞는 공부 표준·생활 표준

(1) 왜 이 시대에 '동정일여'로 생활해야 하나?
① 생활이 동과 정의 상호 보완과 조화가 잘 이루어져야 하기 때문이다.
- 주로 동動위주의 일반 사회인 ┐
- 주로 정靜위주의 수도인 ┘ ── 모두 중도에 벗어난 생활이다
- 생활 속에서 동할 때 동에 빠지면 정을 방해할 수 있고,
  정할 때 정에 빠지면 동하는데 지장을 주게 된다.
- 생활 속에서 동할 때 정에 빠지면 동을 방해할 수 있고,
  정할 때 동에 빠지면 정하는데 지장을 주게 된다.
- 동하므로 능히 정을 더 잘 할 수 있고,
  정하므로 그에 바탕 하여 동을 더 잘 할 수 있어야 한다.
■ 동과 정이 상호 보완이 되고 조화를 이루어야 건강하고 건전하고 원만하고 유용한 삶이 진행된다.
② 동과 정 사이에 언제나 한결같이 일심 집중할 수 있어야하기 때문이다. 경계가 많은 때는 자칫 산란하고 산만하게 살기 쉽고, 일이 없는 한가한 때는 마음이 풀어지기 쉬워서 동정이 바뀔 때마다 한결같은 심경으로 일관하기가 어렵다.
■ 그러므로 정시에도 동시에도 한결같은 공부심이 진행되어야 한다.

(2) 동정일여의 의미

① 동정 간에 간단없이 보은 불공하고 수행 적공함

② 동정 간에 한결같이 자성自性을 지키고 활용함
- 생활 속의 공부 표준
- 여래의 심경心境이요 일상생활
- 무시선의 구경 목표
- 대종사님의 공부 비법

(3) 동정일여의 실천

① 동시動時 : 성성적적惺惺寂寂 - 동중정動中靜, 일행삼매一行三昧,
　　　　　　　　　　　　　　　　무불경無不敬, 부동심不動心

　정시靜時 : 적적성성寂寂惺惺 - 정중동靜中動, 일상삼매一相三昧,
　　　　　　　　　　　　　　　　사무사思無邪, 불방심不放心 (정전대의)

② 일상생활 속에서
- 동할 때 정에 바탕하고
- 정할 때 동을 대비하여 준비하고

③ 진공묘유를 바탕으로
- 동하여도 분별分別에 착着이 없고
- 정하여도 분별分別이 절도節度에 맞고

④ 공부와 일을 둘로 보지 않고
- 공부를 잘하면 일이 잘되고
- 일을 잘하면 공부가 잘되게

■ 동動과 정靜 두 사이에 지속적으로
　보은 불공으로 복전福田 개발
　삼학 공부로 삼대력三大力 양성

2) 영육쌍전靈肉雙全 : 중도의 생활 표준中道生活標準

(1) 왜 이 시대에 '영육 쌍전'인가?
■ 물질개벽의 시대, 양시대, 대활동기인 후천개벽 시대를 맞아
① 육肉 중심의 세간 생활을 각성하고 보완하기 위하여
② 영靈 중심의 수도 생활을 각성하고 보완하기 위하여
③ 도학과 과학이 병진하고 정신문명과 물질문명이 조화로운 세상 건설에 기여하는 산 종교의 이념을 구현하기 위하여

(2) 영육 쌍전의 실천
① 영과 육에 대한 바른 가치관 정립
  • 영과 육은 근본적으로 미분未分 (하나)
  • 영과 육은 서로 바탕
  • 영이 주主 육이 종從이 되어 서로 조화와 보완으로 원만을 이룸
② 건전한 수도관修道觀 확립
  • 진리적이고 사실적인 신앙·수행·불공을 병진하는 수도
  • 현실 문제 해결에 적극적이고 실생활에 유익한 수도
  • 경계해야 할 수도인 상 : 편벽된 수도인, 공리공론이나 이상에 빠진 수도인, 이기적인 수도인, 놀고먹는 수도인, 게으르고 현실도피적인 수도인, 현실 세속 생활을 부정하거나 폄하하는 수도인 등
③ 건전한 직업관 정립과 직업의식 확립
  • 소명 의식과 사명감으로 직업·생활에 전념하는 생활인
  • 자리이타의 정신으로 인도상의 요법을 원만히 실천하여 세상에 유익 주는 생활인
  • 수도를 병행하여 법력을 증진해가는 생활인
  • 경계해야 할 생활인 상 : 자기중심적이고 이기적인 생활인, 자신의 욕망만을 추구하는 탐욕스런 생활인, 나태하고 무기력한 생활인, 수

도 생활의 의미를 부정하고 일에 빠져 사는 생활인 등
- 수도가 사업에 도움을 주고, 사업이 수도에 도움이 되어 결국 일과 공부가 함께 발전해 감

(3) 의문 거리
- 정전〔영육 쌍전 법〕에 '법신불 일원상의 진리와 수양·연구·취사의 삼학으로써 의·식·주를 얻고 의·식·주와 삼학으로써 그 진리를 얻어서 영육을 쌍전하여'로 되어 있다. 그렇다면 원불교 신앙(기도, 감사 생활, 보은 불공 등)은 영육 쌍전을 해가는 데 무슨 역할을 할 수 있는가?
  - 신앙을 통해 영적 구원과 육적 구원을 실현해 가는 신앙 중심의 교법과 신자의 모습을 널리 참고하자.

5. 불법시생활佛法是生活 생활시불법生活是佛法
- 원불교 교법의 귀결, 원불교인의 생활법

1) 불법佛法의 혁신 (교법의 생활화)
– 생활을 빛내는 불법으로 혁신하자 –

(1) 생활 속에 적용할 수 있고, 누구나 실천할 수 있어야 참 불법
- 생활에 꼭 필요하고, 바람직한 새 불법·산 불법으로 혁신하자.
- 누구나 쉽게 불법을 만나 불법을 닦아서 불법으로 생활을 빛내자.

(2) 교법의 혁신
① 끊임없이 불법을 혁신하여 시대화 생활화 대중화해 가자.
② 교법을 끊임없이 발전시키고 재해석하여
   교법의 실천법을 개발하고 제도를 혁신하자.

- 무유정법 無有定法
- 지금 우리는 세상이 교법에 맞춰들도록 기다리고 강요하지는 않는가?
- 지금 우리는 우리 교법에 지나치게 자만하고 있지는 않는가?

2) 생활生活의 혁신 (생활의 교법화)
― 불법을 빛내는 생활로 혁신하자 ―

(1) 불법이 적용될 수 있고, 불법이 중심이 될 수 있는 새 생활을 개척
- 지금 나의 일상생활의 목표와 원칙은 무엇인가?
- 인생을 가장 행복하게 살아가는 길은 무엇인가?
- 큰 원력으로 새 생활로 나아가자.

(2) 생활을 끊임없이 교법화해 나아감
- 수도인의 일과를 일상생활 속에 자연스럽게 젖어들게 하고 구현시켜감
  - 생활의 원칙과 원리를 진리에 바탕하고, 생활 방식을 교법 구현 속에서 찾아감
  - 교법(불법)을 자기 생활에 맞추려 하는가?
    자기 생활 방식을 교법에 맞추어 가는가?

3) 교법 실천의 순리적이고 창의적인 길을 열어가자.

(1) 사업위주事業爲主 교화종敎化從을 교화위주 사업종, 공부위주 교화종으로 교법 실천의 마땅한 길을 밟아 가자.
- 주主와 종從의 관계를 바르게 확립해 나아가면 주와 종이 함께 발전한다.
- 교화나 사업을 진행할 때 무리하게 이끌어 가지 말고 교법 공부를 통한 기쁨과 보람 속에서 우러나는 마음으로 동참하게 하고, 나아가 교법 공부를

통해 이루어진 자각과 세운바 서원으로써 스스로 주도해 가도록 하자.

(2) **생활을 화두로·중심 과제로 삼아, 교법의 재해석과 일상생활 속에서 쉽게 실천할 수 있는 공부 방법을 끊임없이 모색해가자.**

- ■ 의견제안
    - • 교법이 생활 속에서 자연스럽게 부담 없이 실현될 수 있도록 교법을 발전시키고 생활 일과를 잘 조절해가자.
        - ◦ 교단적으로 아침 좌선에 기쁘게 참여하여 수마나 무기공에 빠지지 않고 선을 닦아 가는 공부인이 얼마나 될까?
        - ◦ 교단적으로 수행 일기를 정해진 규정대로 써가는 공부인이 얼마나 될까?
    - • 교법 실천의 현장을 면밀히 살펴서 문제점과 원인을 진단하여 교법 실천의 더 효과적이고 실질적인 방법을 끊임없이 발전시켜가자.

教理圖
교리도

1. [교리도]의 의의 意義
- 원불교의 교리를 강령 잡아서 도식화함

1) 교리의 전체를 한 눈에 파악하도록 함

2) 교리의 전체와 부분, 부분과 부분의 관계를 파악하도록 함
   ① 일원상의 진리에 근거한 각 부분의 교리 이해
   ② 각 부분의 교리 간 상호 연관성 이해 (상하 좌우로)
   - 교리 상호간에 다 맥脈이 닿아서 살아있는 의미를 체득하도록 구성됨

2. 교리도의 형성

1) 보경육대요령의 교리도 (원기17년)
   - 초기교리 중심
     - 인생의 요도·공부의 요도
     - 정기 훈련법·상시 훈련법

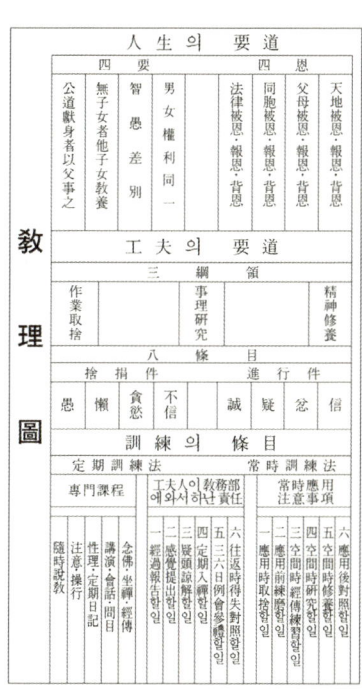

2) 불교정전의 교리도 (원기28년)

- 인과보응의 신앙문
- 진공묘유의 수행문
- 사대강령
- 사요四要·훈련법 빠짐
- 불교적 표현을 많이 씀

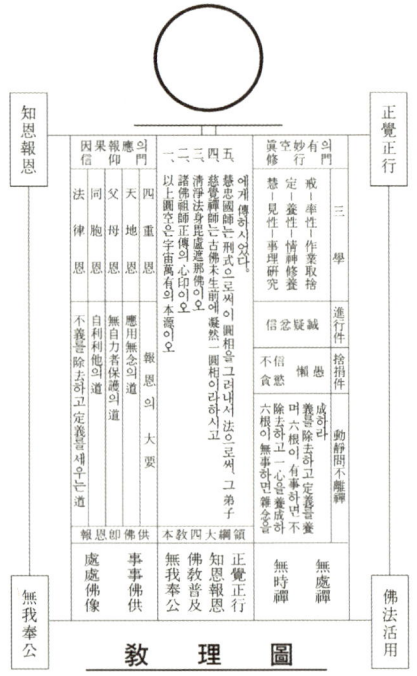

3) 원불교 정전의 교리도 (원기47년)

- 일원·게송·사요 포함

3. 교리도의 참뜻을 온전히 체득하기 위한 공부 자세

- 교리도에 교법의 진수가 다 있건마는 그 참 뜻을 온전히 체득 못하는 원인은 그 정신이 재財와 색色으로 흐르고 명예와 허식으로 흘러서 일심 집중이 못되는 연고 (부촉품 7)

1) 결단決斷과 회심回心
   - 자기 반조(참회와 서원)를 통해 선구적인 결단으로 새롭게 거듭나기
     • 결단 없는 신앙은 끊임없는 갈등과 회의와 이중적 태도 속에서 방황하게 됨
     • 확실한 방향 전환으로 공부 길에 나섬

2) 낙도樂道 우선
   - 믿음과 서원으로 기쁘고 신나는 공부심
   - 빈 마음 갈증 난 마음으로 정진 적공하는 열정
   - 작은 변화 작은 은혜도 소중하고 감사하게 여기는 긍정적 마음
     • "학이시습지 불역열호學而時習之不亦說乎"

3) 신심 집중身心集中 : 몸과 마음을 아울러 집중
   신심 정화身心淨化 : 몸과 마음을 아울러 정화
     • 정화된 몸에 정화된 정신이 깃듦
   - 집중하는 만큼 밝게 깊게 넓게 높이 보인다.
   - 정화된 만큼 밝게 깊게 넓게 높이 드러난다.

4. 교리도의 체제體制

1) 「○」: 법신불 일원상法身佛 一圓相
- 대종사님 대각의 내용

  「만유가 한 체성이요 만법이 한 근원이로다.
  이 가운데 생멸 없는 도와 인과보응되는 이치가 서로 바탕하여
  한 두렷한 기틀을 지었도다.」(서품 1)

2) 신앙문信仰門
- 우주만유의 본원本源인「○」을 신앙의 대상으로 모시고
  「○」의 은혜와 위력을 얻어가는 문門
  ① 만물 생성의 근원불인「○」
  ② 만물의 죄복을 주재하는 권능불인「○」
  ③ 만물이 없어서는 살수 없는 은혜불인「○」

3) 수행문修行門
- 일체 중생의 본성本性인「○」을 수행의 표본으로 닦아서
  「○」에 합일合一하는 문
  ① 원래 요란함이 없는 진공眞空의「○」
  ② 원래 어리석음이 없는 광명光明의「○」
  ③ 원래 그름이 없는 조화造化의「○」

4) 신앙문·수행문의 종합
(1) 진리·제불·제성諸佛諸聖의 입장에서는 나오는 문
- 신앙문과 수행문은

  「○」이 ─┬─ 나투어지는 문
          └─ 발현되는 문

■ 신앙문과 수행문은

제불 제성이 ┌ 무궁한 위력과 은혜를 베푸시는 문
　　　　　　└ 원만한 삼대력三大力을 발현하시는 문

(2) 중생·공부인의 입장에서는 들어가는 문
　■ 신앙문은 갈구하는 문 – 귀의하여 위력 얻는 문
　■ 수행문은 닦아가는 문 – 들어가 합일하는 문

(3) 인과보응因果報應 : 신앙문의 열쇠

　　진공묘유眞空妙有 : 수행문의 열쇠

　■ 일원상의 진리에 들어가는 신앙문과 수행문을 세상에 공개하고
　■ 그 열쇠도 일반 대중에게 공개하여
　■ 누구나 쉽게 직접 대도의 은혜와 위력을 입도록 하고
　　누구나 쉽게 직접 대도의 문에 들어 합일하도록 함
　　• 과거에는 수도의 길을 찾기 위해
　　　얼마나 힘든 구도의 고행 길을 헤매었던가!
　　• 법왕만이 갖는 천국天國의 열쇠
　　　'내가 천국의 열쇠를 네게 주리니' 예수의 말에 따라 사도 베드로와
　　　그 후계자인 로마 법왕의 상징이 됨
　　　죄 사함을 주는 권능과 교회를 통치하는 권능을 열쇠로 나타냄

5.「○」일원상 – 圓相 : 법신불 일원상
　■ 불상佛像이 아닌 법신불 일원상을 모신 뜻을 깊이 헤아리자.

1) 일원一圓은 법신불法身佛이니 : 일원은 진리의 실상實相이니
　① 등상불等像佛이나 인격신人格神이 아닌 진리불眞理佛

- 진리적 신앙과 사실적 훈련의 토대
② 심불心佛이 아닌 법신불法身佛
  - 「… 한 큰 원상이 돌매 천만 작은 원상이 따라 도나니 …」
    (정산종사법어 원리편 7)
  - 천만 작은 원상의 하나인 각자의 심불心佛을 넘어서
    우주의 한 큰 원상을 신앙의 대상과 수행의 표본으로 모심
  - '법신불'의 용어는 원기 20년대 중반부터 교단적으로 쓰임
    '법신불 일원상', '법신불 사은'이라 하여 일원상이 진리불·진리당체
    이고, 사은이 신앙의 강령이요 신앙의 원만한 호칭임을 진리적으로
    드러냄

2) **우주만유의 본원本源**
   - 일원은 우주만유의 본래요 근원이요 우주만유 전체
   - 우주만유 전체가 그대로 일원상의 진리
     - 태극太極과 각구일태극各具一太極 (태극도설)
     - 우주 만물이 이름은 각각 다르나 둘이 아닌 줄을 알며 (일원상 법어)

3) **제불 제성諸佛諸聖의 심인心印**
   - 일원은 제불 제성의 하나로 통하는 마음 도장
     - 일원은 만 종교의 회통처요 제불 제성의 회상을 여신 본의
     - 일원은 마음으로 깨우쳐 증득하는 자리

4) **일체 중생一切衆生의 본성本性**
   - 일원은 일체 중생의 마음 바탕
     - 일체 중생은 견성성불見性成佛 할 수 있는 가능적 존재
     - 일체 중생은 무차별의 절대 평등한 존재
     - 일체 중생은 진리의 응화신應化身으로서 산 부처

6. 인과보응因果報應의 신앙문信仰門

1) 원불교 신앙의 원리
- 신앙문을 통해 은혜와 위력을 나투시고 (진리·제불 제성)
- 신앙문을 통해 은혜와 위력을 얻고 (중생)

2) 인과보응의 이치는 신앙문을 여는 열쇠
- 신앙을 통한 위력은 불가사의한 신비가 아니라 불생불멸의 도에 바탕한 인과보응의 원리에 의한 것
  ① 기복적이고 미신적인 신앙에서 진리적이고 사실적인 신앙으로 전환
  ② 불확실하고 애매한 신앙에서 분명하고 확신할 수 있는 신앙으로 전환
  ③ 인간의 한계, 죄의식, 고통의 세상, 무력감, 운명의 공포 등을 전제하는 신앙에서 누구나 인因을 지으면 반드시 과果의 응답이 있는 무한가능성을 열어주는 신앙으로 전환
  ④ 무조건 매달려 떼쓰는 철 안 난 신앙에서 자각적이고 주도적으로 진행하는 철든 신앙으로 전환
  ⑤ 중개자나 매개자를 통한 신앙에서 스스로 직접 부처님 당처에 행하는 신앙으로 전환
    • 인과보응因果報應의 신앙문信仰門이라 하면 자칫 불생불멸의 도가 바탕 됨을 간과할 수 있으므로 이를 유의해야 한다. 진리는 생멸 없는 도와 인과보응되는 이치가 서로 바탕하여 한 두렷한 기틀을 지은 것이다.

7. 보은즉불공報恩卽佛供 : 원불교 신앙의 방법

1) 일여래-如來시대를 지나 법신불法身佛시대의 신앙법
- 등상불에 불공하는 신앙 방법에서 법신불·처처불에 대한 보은 불공으로 대 전환
  - 신앙법의 일대혁신

2) 봉불奉佛·시불侍佛 중심에서 봉불奉佛·시불侍佛·생불生佛·활불活佛의 병행
① 법신불·처처불을 상대로 인과보응의 이치 따라 당처에 맞춤형으로 감사 보은함
  - 법당에서 의식儀式과 헌공 중심으로 이루어지는 불공에서 부처님이 계시는 곳곳 그 일 그 일에서 보은 불공하는 사실적인 신앙법으로 대 혁신
② 물질문명을 대상으로 감사하고 보은 불공함
  - 은혜불이 되도록 개발하고, 은혜불이 되도록 선용善用 활용活用

3) 「보은즉 불공」은 차원 높은 성숙한 신앙 방법·신앙 행위
- 부처님으로부터 은혜와 위력을 받은 내력과 그 피은 된 도를 본받아 보은의 도를 실천함이 곧 불공임
① 원하는 바에 따라 그 부처님(당처)께 감사 보은함
② 인과보응의 이치 따라 무궁한 은혜를 심어 거둠
③ 잠자는 불성을 일깨우는 적극적인 공드림을 지속함
  - 보은 불공행을 진행함으로써 결과적으로 스스로 부처의 인품을 이루고 부처행을 나투어 그 은혜와 위력을 세상에 베풀게 됨 (생불·활불)

8. 진공묘유眞空妙有의 수행문修行門

1) 원불교 수행의 원리
- 수행문을 통해 삼대력三大力을 발현하시고 (제불 제성)
- 수행문을 통해 삼대력三大力을 양성하고 (중생)

2) 진공묘유眞空妙有는 수행문을 여는 열쇠
- 진공묘유는 공적영지의 광명을 포함한 것으로
  일원상의 속성인 공空·원圓·정正을 의미함
  ① 진공묘유가 수행의 표본임
  ② 부처가 되는 길은 진공묘유의 마음을 찾고 기르고 사용하는 것
    • 진공묘유를 본받아 합일하는 것
  ③ 편벽된 수행을 원만한 수행으로 일원화一圓化
    • 진공 위주의 수행 (양성養性) ┐
    • 광명 위주의 수행 (견성見性) ├ 진공묘유의 삼학 병진으로 일원화
    • 조화 의주의 수행 (솔성率性) ┘
  ④ 진공묘유의 표본 없는 수행 : 오염수汚染修

3) 수행의 표본과 방향을 결정하는데 영향을 주는 요소
① 인간을 어떻게 보는가?
  • 인성론人性論
② 시대가 어떤 인간을 요구하는가?
  • 시대의 진단
③ 수행의 목표가 무엇인가?
  • 치료의 처방전
④ 수도 문중의 가풍이 어떠한가?
  • 지도인과 공부인의 성향

9. 동정간불리선 動靜間不離禪 - 원불교 수행의 방법
- **시공 時空의 제약을 벗어난 전천후 수행법**
  - 언제 어디서나 간단없이 닦아가는 수행법
  - 선 禪의 본래 취지에 합당한 수행법
  - 수행법의 일대 혁신

1) **후천개벽 시대 대활동기 大活動期에 삶의 현장에서 닦아 갈 수 있는 수행법**
   ① 자성 自性의 원만한 성품을 표준 하여 심신 心身을 단련하는 수행법
   ② 정시 靜時에는 수양과 연구를 중심으로 취사를 아울러 닦고
      동시 動時에는 취사를 중심으로 수양과 연구를 아울러 닦아서
      일이 있을 때나 없을 때나 오직 간단없이 삼학 三學을 병진하는 수행법
   ③ 실생활을 여의지 않고 경계 속에서 생활력을 단련하는 수행법
      - 어떤 생활 어떤 상황 속에서도 구애 없이 수행을 진행
      - 생활이 더욱 잘되고(유익) 활력이 생기도록 수행을 진행

2) **수행의 형식적 제약을 벗어나 간단없이 닦아 가는 혁신적 수행법으로서 동정간불리선이 진행되려면?**
   ① 성품의 원리를 표준하는 대중심을 확보할 수 있어야 함
   ② 이러한 대중심을 한결같이 유지하도록 경계마다 챙기는 유념을 지속 할 수 있어야 함
   ③ 이러한 유념을 지속할 수 있는 공부심과 정신력이 구비되어야 함

10. 게송 偈頌
- **정전 제1장 일원상 제6절 게송 참조 (179쪽)**

總序編

1 총서편

- 원불교 정전의 총론으로 [개교의 동기]와 [교법의 총설]을 담았다.
- 초기 경전인 보경육대요령 (원기17년 발행)에서는 [총론]이라 하여 현 정전 (원기47년)의 [개교의 동기]에 해당하는 내용을 담았다.
- 불교정전(원기28년)에서는 [불법연구회의 설립동기]에 [개교의 동기]를, [서序]를 통해서 [교법의 총설]에 해당하는 내용을 담았다.
- 위의 세 경전 사이에서 설명 상 차이가 나는 부분이 발견되는데 이는 원불교 교법 체제의 변화에 직접적인 연관이 있다.

제1장 개교의 동기 開敎動機

1. [개교의 동기]의 소개

1) 대의
　　① 원불교 출현의 직접적이고 주된 동기
　　② 소태산 대종사님의 시대 인식과 구세관
　　③ 후천개벽 시대에 주세 교단主世敎團으로서 역사적 사명

2) 교리 형성

(1) 보경육대요령

　　〔총론總論〕「… 공부의 요도 삼강령 팔조목과 각항 훈련의 요지로써 물질을 사용하난 정신의 세력을 확창하야 날로 융성하난 물질의 세력을 항복 받아 인생의 요도 사은 사요를 지내나서 파란고해의 …」

(2) 불교정전

　　〔설립 동기設立動機〕「… 진리적 종교의 신앙과 사실적 도덕의 훈련으로써 물질을 사용하는 정신의 세력을 확창하여 날로 융성하는 물질의 세력을 항복 받아 …」

(3) 원불교 정전

　　〔개교의 동기〕「… 진리적 종교의 신앙과 사실적 도덕의 훈련으로써 정신의 세력을 확장하고, 물질의 세력을 항복받아, 파란고해의 …」

〈보경육대요령 六大要領〉

總論

現下科學의 文明이여 物質을 使用하난사람의 精神은 漸々衰弱하고 사람이 使用하난物質의 勢力은 날로隆盛하야 衰弱한사람의 精神을 降服받어 物質의 奴隸生活을 하게함으로 모든사람의 生活해가난것이 無知한 奴僕에게 治産의 權利를 喪失한主人갈이되얏으니 어찌 그生活하난대 波瀾苦海가없이리요 이-波瀾苦海를 벗어나서 廣大無量한樂園의 生活을 建設하기로하면 左記工夫의 要道三綱領 八條目과 各項訓鍊의 要旨로써 物質을 使用하난 精神의 勢力을 擴昌하야 날노 隆盛하난 物質의 勢力을 降服받어 人生의 要道四恩四要를 지내나서 波瀾苦海의 奴隸生活하난 一切生靈을 廣大無量한 樂園으로 引導하기 바라는바이다

始創拾六年辛未冬

少太山 識

※ 공부요도 삼강령 팔조목과 각항 훈련의 요지로써
→ 물질을 사용하난 정신의 세력을 확창하야
→ 날노 융성하난 물질의 세력을 항복 받어
→ 인생의 요도 사은 사요를 지내나서
→ 낙원으로 인도

〈불교정전佛教正典〉

佛法研究會의 設立動機

現下 科學의 文明을 따라 物質을 使用하는 사람의 精神은 漸漸 衰弱하고 사람이 使用하는 物質의 勢力은 날로 隆盛하여 衰弱한 사람의 精神을 無知한 奴僕에게 治産의 權利를 喪失한 主人같이 되었으니 어찌 그 生活을 하게 하므로 모든 사람의 生活을 하여 가는 것이 波瀾苦海가 없으리오 이 波瀾苦海를 벗어나서 廣大無量한 樂園의 生活을 建設하기로 하면 「事實的 道德의 訓練」으로써 物質을 使用하는 精神의 勢力을 擴昌하여 날로 隆盛하는 物質의 勢力을 降服받아 波瀾苦海에 奴隸生活하는 一切生靈을 廣大無量한 樂園으로 引導하려 함이 그 動機이다

※ ┌ 진리적 종교의 신앙 ┐
   └ 사실적 도덕의 훈련 ┘
    → 물질을 사용하는 정신의 세력을 확창하여
    → 날로 융성하는 물질의 세력을 항복 받아
    → 낙원으로 인도

〈원불교 정전〉

제 1 장 개교의 동기

제 1 총서편 (總序編)

제 1 장   개교의 동기 (開敎 – 動機)

　현하 과학의 문명이 발달됨에 따라 물질을 사용하여야 할 사람의 정신은 점점 쇠약하고, 사람이 사용하여야 할 물질의 세력은 날로 융성하여, 쇠약한 그 정신을 항복 받아 물질의 지배를 받게 하므로, 모든 사람이 도리어 저 물질의 노예 생활을 면하지 못하게 되었으니, 그 생활에 어찌 파란 고해(波瀾苦海)가 없으리요.
　그러므로, <u>진리적 종교의 신앙과 사실적 도덕의 훈련</u>으로써 <u>정신의 세력을 확장하고, 물질의 세력을 항복 받아</u>, 파란 고해의 일체 생령을 광대무량한 낙원(樂園)으로 인도하려 함이 그 동기니라.

※ ⎡ 진리적 종교의 신앙 ⎤ → ⎡ 정신의 세력을 확장하고 ⎤
　 ⎣ 사실적 도덕의 훈련 ⎦ 　 ⎣ 물질의 세력을 항복받아 ⎦
　　　　　　　　　　→　　낙원으로 인도

3) 본문 이해
— 용어 해설 중심으로 —

(1) 개교開敎
- 원불교를 세상에 엶, 새 회상의 공개
- 창교創敎가 아닌 개교開敎
- 개종開宗이 아닌 개교開敎
  - 개開: ① 닫혔던 것을 다시 열다. (새 불교로 불불계세佛佛繼世)
    ② 새로 시작하다. (기존 종교를 혁신한 새로운 종교를 일으킴)

(2) 동기動機
- 원불교를 개교하게 된 직접적이고 주된 원인
  - '동기'는 원인과 계기로, '목적'과는 구별됨
- 종교의 근본 목적과 성현들의 본의가 다 일맥상통하는 바탕 위에 원불교를 열게 된 직접적이고 주된 원인과 이유를 현실적으로 누구나 쉽게 이해할 수 있도록 설명함
  - 초기 교서에는 「통만법명일심通萬法明一心」이라는 문구 나옴
- 주된 동기는 후천개벽 시대를 맞아, 물질개벽의 주체이면서 이를 사용하는 인간의 정신을 개벽하자는 것
- 원불교의 개교로 한국 역사에 우리 고유의 세계를 지향하는 새 종교가 탄생하였음
- 이로써 세계의 모든 종교 도덕을 통합하여 세계적 종교로 나아가게 됨
- 후천개벽 시대를 주도해 갈 새 주세 교단이 열리게 됨

(3) 현하現下
- 개교의 역사적 시점을 기점으로 하여 그때 이래로
- 영원한 세월에 걸쳐 '현재'나 '지금'이 아님

- 개교한 기점으로서 '현現', 기점 이래로서 '하下'
  - 사전적 의미 : 현재의 형편 아래. 지금. 오늘날

(4) 과학
- 광의로는 학學, 협의로는 철학 이외의 학문 총칭. 자연 과학

(5) 문명
- 사람의 지혜가 열려서 자연을 정복하여 물질적으로 생활이 편리해지고 정신적으로 발달하여 세상이 열리어 진보한 상태
- 과학 문명 : 사람의 지혜가 열려서 학문과 지식이 발전하고 기술이 발달하여 물질적으로 풍요롭고 육신의 의·식·주 생활이 편리한 상태 ⇒ 물질문명
- 도학 문명 : 종교나 도덕으로 인간의 정신을 깨우치고 영혼을 정화하며 사회적 지혜와 윤리 의식을 성숙시켜서 인도 정의를 바로 세우고 정신의 의·식·주를 풍요롭게 하는 문명 ⇒ 정신문명

(6) 물질
① 정신에 대對하여 인간의 의식에 반영反映하며, 의식에서 독립하여 재외在外하는 객관적 실재
② 과학 문명의 소산인 육신의 의·식·주와 재외在外하는 객체들
③ 물질문명의 준말

(7) 정신
① 마음이나 생각·영혼
② 지성적·이성적이며, 능동적·목적 의식적인 능력
③ 형이상학에서 상정想定되어 있는 비물질적인 실체
④ 물질을 개발하고 사용하는 주체인 사람의 마음 상태

- 정신문명
  ① 물질을 초월하여 정신을 기초로 이루어진 문명
  ② 정신을 기초로 종교·도덕·윤리·철학·문학·예술 등을 통해 이루어진 정신 세력의 총체로 사상·가치관·사회적 지혜·도덕적 안목과 실천력 등이 이에 포함됨

(8) 파란고해波瀾苦海

① 작고 큰 수많은 물결의 기복이 심한 것과 같은 고통의 세상
② 대종사님은 후천개벽 시대에 물질문명으로 야기된 일상생활 속의 새로운 고苦를 중심으로 현실을 진단하여 파란고해의 세상을 드러내심. 물질문명과 정신문명 사이의 부조화로 인해 생기는 일체의 고苦 (문명적 고苦)

※ 과거 성현님들의 고관苦觀

① 부처님 : 생·노·병·사의 인간 실존적 고. 무명無明의 불각不覺으로 인한 집착
② 예수님 : 하느님·하나의 진리를 망각한 채 불완전한 인간의 의지와 분별 사량 계교심으로 살아가는데서 받는 천벌의 고
③ 노자님 : 순리 자연·무위를 따르지 않고 인위적 꾸밈과 욕망 추구로 인한 고
④ 공자님 : 하늘의 뜻과 인간으로서 마땅히 밟아 가야 할 소이연所以然과 소당연所當然의 도를 알지 못하고 무지와 욕망으로 자행자지하며 역천逆天함으로 인한 고

(9) 진리적 종교의 신앙

- 우주와 인생의 궁극적 원리를 신앙의 대상과 수행의 표본으로 하는 종교와 도덕의 신행信行

(10) 사실적 도덕의 훈련
- 실다운 종교와 도덕의 신앙과 수행을 훈련으로써 (심신과 생활을) 단련함

(11) 낙원
① 도학과 과학이 병진하여 정신문명과 물질문명이 조화로운 세계
- 영육이 쌍전하는 결함 없는 세상
- 심心낙원과 신身낙원이 원만하게 이루어진 세상
- 개인 구원과 사회 구원이 원만히 이루어진 세상

② 일원 세계가 건설된 세상
- 전반 세계甀盤世界

③ 대각여래위에 승급한 경지
- 여래의 심법으로 지금 여기 존재하는 것

(12) 인도함
① 건설해 감
② 열어감
③ 성숙시켜 감
④ 회복해 감

> 참고

용어에 관련된 법문

1) 개교開敎
    ① … 장차 회상을 열 때에도 … (서품 2)
    ② 대종사께옵서 희미한 불일을 도로 밝히시고 쉬려던 법륜을 다시 굴려 주시니 … (정산종사법어 기연편 15)
    ③ … 이 모든 교리를 통합하여 … 세계 모든 종교의 교리며 천하의 모든 법이 다 한 마음에 돌아와 … (교의품 1)

2) 진리적眞理的 종교宗敎
    ① … 종교라 이름하여 이러한 진리(일원상의 진리)에 근원을 세운 바 없다면 그것은 곧 사도 … (교의품 3)
    ② 불상은 부처님의 형체… 일원상은 부처님의 심체 … 심체라 하는 것은 광대 무량하여 능히 유와 무를 총섭하고 삼세를 관통 … 유가에서는 … 태극 혹은 무극이라 하고 … 불가에서는 … 청정 법신불이라 … 원리에 있어서는 모두 같은 바로서 … 최후 구경에 들어가서는 다 일원의 진리에 돌아가나니 … (교의품 3)
    ③ … 일원상의 진리로써 … 현실 생활과 연락시키는 표준을 삼았으며 … 신앙과 수행의 두 문을 밝히었나니라. (교의품 3)

3) 신앙信仰
    • … 원만한 신앙 … 사실적 신앙 … (교의품 4)

4) 도덕道德
    • … 이제는 우리가 배울 바도 부처님 도덕이요, 후진을 가르칠 바도 부처님의 도덕이니 … (서품 15)

5) 훈련訓練
    • … 부처와 성현이 되는 길은 삼학 팔조 공부요 일체 생령의 복문을 여는 길은 사은 사요 실천이라 이를 원만히 이루려면 훈련으로 단련해야 하나니 … (대산종사법어 훈련편14)

2. 대종사님의 새 시대 인식과 개교의 절박함에 함께 하기
– 선후천先後天 교역기交易期의 밝은 이해 –
- ■ 지금은 어두운 밤이 지나고 동방에 밝은 해가 솟으려는 때 (전망품 21)

1) 선후천의 기점 (대종사님을 중심으로)
- ■ 갑자년甲子年

　　이전은 선천先天 : 천지 창조·천지 개벽

　　이후는 후천後天 : 천지 개벽에 비견할 인류 문명의 대혁신·대창건

2) 선후천 교역의 운도설運度說
- ■ 소강절의 상수역학象數易學 : 일회운一回運 129,600년

　　　　　　　(선천 약 5만년, 후천 약 5만년)

3) 선후천 교역의 원시 반본原始返本
- ■ 최초의 이상 상태로 회귀·회복·근본의 회복·원만한 세계로 진보 발전한다는 의미
  - • 원시 반본은 이상세계를 향하려는 ┬ 역사 개혁 의지
    　　　　　　　　　　　　　　　　└ 역사 창조 의지

　┌ 수운은 천도로
　├ 증산은 한국고유의 풍류도로
　└ 대종사는 일원상의 진리로

(1) 수운 (1824~1864)
- ■ 후천개벽의 대운大運을 처음으로 자각하여 그 첫 소식을 전파
- ■ 새로운 운수를 맞이할 준비하라 외침
- ■ 후천개벽의 창안자
- ■ 농사 지을 준비하라 가르침

- 후천개벽의 사회 건설에 대한 이념적 방향 제시

(2) 증산 (1871~1909)
- 혼란한 선천의 말세 운수末世運數를 뜯어 고쳐 지상 선경 지향
- 천지 공사로 후천개벽의 도수를 명확히 구별하여 정함
- 후천개벽의 설계자
- 농력農曆의 절후節候 밝힘

(3) 소태산 (1891~1943)
- 후천개벽의 건설 (당래불當來佛 사상 수용)
- 옛날 부처님 … 정법·상법·계법으로 구분하여 법에 대한 시대의 변천을 예언한 바 있거니와 … 다시 정법 시대가 오면 … (수행품 22)
- … 그 일을 또한 일 년 농사에 비유한다면 수운 선생은 해동이 되어 농사 지을 준비를 하라 하신 것이요, 증산 선생은 농력農曆의 절후를 일러주신 것이요, 대종사께서는 직접 농사법을 지도하신 것 … (변의품 32)

> **참고**
>
> ### 개벽 사상을 주창한 신앙체의 공통점
>
> ① 유·불·선 삼교를 수용한 통統 종교 사상
> ② 사상의 토대가 시운 교체론時運交替論인 점
> ③ 도덕의 중심지로서 한국(조선)을 둠 (후천개벽이 비롯된 곳)
> ④ 혁세 운동적革世運動的 성격 강조 (민중 운동)
> - 새 시대의 주체는 민중으로, 민중을 의식화·조직화하여 역사·창조의 중심 세력으로
> ⑤ 지상 낙원의 건설 (선경·광대 무량한 낙원)
> - 해원·상생·보은의 평화 사상
> - 만민 평등의 인존人尊사상
> - 정신 육신의 병진 사상

4) 선후천 교역기先後天交易期의 절박한 시대 상황과 대안

■ 지금 세상은 선천先天의 끝이요 후천後天의 시작으로 말세末世의 어지러움과 후천後天의 미숙함이 혼재한 상황

(1) 후천개벽 시대의 도래로 인간의 인지가 성장함에 따라 유치한 어린 시절을 벗어나 성년이 되어감 (서양 근대화를 중심으로)

① 가내 수공업·상업 자본 형성
② 르네상스 운동·종교 개혁으로 신神중심의 중세가 무너지고 인간이 세계의 중심으로 자리하는 근대의 시작
③ 인간의 이성理性은 신비적 계시라는 이름 아래 인간을 구속했던 중세적 속박을 걷어냄
④ 과학 문명의 꾸준한 발달(자연 과학의 발달)로 인간과 세계에 대한 과학적 지식을 많이 획득하고 물질문명 발전
⑤ 인간의 이성理性과 자연 과학 등 물질문명으로 인류가 진보할 수 있다는 낙관주의가 19C까지 이어짐. 이른바 이성의 빛이 근대 계몽의 역사 진행
⑥ 19C에 이르러 이성의 빛에 긴 그림자가 드리워지기 시작. 20C초 인류는 이성과 과학 기술이 만들어낸 최신 무기로 두 차례 세계 대전을 겪음
⑦ 근대가 낳은 이성주의의 문제점
- 근대 이성주의가 지나치게 객관성과 보편성만을 추구한 나머지 개인의 고유한 특성이나 주관적 삶의 문제를 도외시
- 이성에 기초한 과학 기술의 눈부신 발달로 어느 때보다 물질적 풍요를 누리게 되었지만, 그 이면에 수많은 근대화의 병폐가 쌓임 … 비인간화·인간 소외·물질 만능·생태계 위기 등
- 형식화·미신화된 과거의 하느님·부처님의 허상을 벗어날 수는 있었으나, 이전 상징이 기능했던 운명·죽음 등의 불안에 대한 이성의 대처 능력에 한계가 드러남

(2) 후천개벽 시대가 열리는 지금의 시대 상황

① 낙관적인 면 : 살기 편리한 세상
- 과학 문명의 발전과 물질 풍요(빈곤·무지·질병의 해소가 가능한 세상)
- 이성과 지식 발달
- 인권 신장
- 하나로 열려가는 밝은 세상

② 비관적인 면 : 살기 무서운 세상
- 날로 강성해가는 물질문명의 세력
- 물질문명을 일으키고 사용하는 정신문명의 쇠약
- 정신문명과 물질문명간의 부조화 현상 초래
- 비인간화, 인간 소외, 물질의 노예화, 빈부 격차 심화, 풍요 속 빈곤, 폭력과 살상, 정신적 황폐화, 각종 사회 병리 현상, 가치관 전도
- 환경오염과 생태계 파괴, 자원 고갈, 기후 변화, 괴질

■ **후천개벽의 대활동기로 인해 초래되는 모순**
- 정신은 많이 소모하는데
- 비축할 시간은 부족하고 갈수록 강한 정신력 요구 (가마 탈 때와 로켓 탈 때의 비교)

■ **물질문명의 거센 파도 (강성해가는 물질 세력)**
- 갈수록 거세지는 물질문명의 파도와 유혹 앞에 무기력해지는 정신

■ **기성 종교·도덕의 무력화, 기존 가치관 붕괴와 혼란**
- 하느님·부처님의 허상은 각성하면서 스스로 믿었던 이성으로 인간 실존 문제를 해결하지 못하고 불안과 절망에 빠짐

■ **물질문명으로 인한 파란고해가 한이 없을 것이라는 대종사님의 진단**

5) 이 시대의 대안으로서 원불교를 개교하신 소태산 대종사님의 구세 경륜을 마음으로 깊이 새기며 새 주세불로 모시기
   - 세상이 말세가 되고 험난한 때를 당하면 반드시 한 세상을 주장할 만한 법을 가진 구세 성자가 출현하여 능히 천지 기운을 돌려 그 세상을 바로 잡고 그 인심을 골라 놓나니라. (전망품 1)

   ① 후천개벽으로 전개되는 물질문명에 상응하는 정신문명을 일으켜 정신 세력을 확장함으로써 정신문명과 물질문명을 아우르는 낙원 세계 건설
   ② 정신 세력 확장의 길로 진리적 종교의 신앙과 사실적 도덕의 훈련 제시
   - 새 불교·새 종교 운동을 일으키심
     - 옛날 영산회상이 열린 후 정법과 상법을 지내고 말법이 세상에 편만하여 정신이 세력을 잃고 물질이 천하를 지배하여 생령의 고해가 날로 증심하였나니 이것이 곧 구주이신 대종사께서 다시 이 세상에 출현하시게 된 기연이다. (정산종사법어 기연편 17)
     - 창생의 도탄이 장차 한이 없게 될지니 세상을 구할 뜻을 가진 우리로서 어찌 범연히 생각하고 있으리요. (서품 13)
     - 안으로 정신문명을 촉진하여 도학을 발전시키고 밖으로 물질문명을 촉진하여 과학을 발전시켜야 영육이 쌍전하고 내외가 겸전하여 결함 없는 세상이 되리라. (교의품 31)

6) 끊임없이 개교 정신으로 돌아가고 끊임없이 개교 정신을 창의적으로 구현해 가기

   ① 시간의 흐름에 따라 개교 정신이 퇴색할 수 있고 왜곡될 수 있음을 알아 늘 개교 정신 돌이키기
   ② 시대의 변화에 따라 주도적·능동적·창의적으로 개교 정신의 구현 방안을 창출하여 시대를 향도해 가기

3. 개교로 열어가는 새 낙원 세계에 대한 설레임 함께 하기

■ '광대 무량한 낙원', '도학과 과학이 병진하는 참 문명 세계'
'영육이 쌍전하고 내외가 겸전하여 결함 없는 세상'
'미륵불 용화 회상' 등의 표현 속에 담긴 대종사님의 전망과 경륜을 통해

1) 원불교가 열어갈 미래 시대의 광대한 참 문명 세계를 예견하고
2) 그 믿음과 예견으로 미래 낙원 세계의 장엄함에 설레고
3) 그 설레는 마음으로 서원을 크게 세워 그 곳으로 향해 가자.

■ 대종사님의 전망과 경륜을 각자의 비전과 사명으로 삼아 대종사님이 꾸셨던 그 꿈을 자신의 꿈으로 함께 하여 새 회상 만난 행운과 기쁨으로 그 곳을 향해 나아가자.

- 우리가 건설할 회상은 과거에도 보지 못하였고 미래에도 보기 어려운 회상 (서품 8)
- 이 회상이 가장 판이 크므로 (부촉품 10)
- 미래의 불법은 … 부처의 은혜가 화피초목 뇌급만방하여 … 시대가 비록 천만번 순환하나 이 같은 기회 만나기가 어렵거늘 … 다행히 이 기회를 알아서 처음 회상의 창립주가 되었으니 … 멀지 않은 장래에 그 실지를 보게 되리라. (서품 15)
- 미륵불 … 용화 회상 … 처처 불상 사사 불공의 대의가 널리 행하여지는 것 … 지금 차차 되어지고 있나니라. (전망품 16)
- 돌아오는 세상이야 말로 참으로 크게 문명한 도덕 세계일 것 … 오는 세상의 문명을 추측하는 사람이야 어찌 든든하지 아니하며 즐겁지 아니하리요. (전망품 19)
- 아파트 모델하우스를 보며 미리 설레기. 조조의 산 너머 매실 밭

4. 개교를 위한 치열함과 비장함 함께하기

- 큰 사업·대도 회상을 시작함에 그 준비와 진행이 어떠했을까?
  - 얼마나 내공(內功)을 축적하여 왔으며 앞으로 얼마나 더 노력해야 할까?
  - 큰 건물의 기초 공사

1) 구원 겁래의 지극한 원력으로 오신 대종사님의 개교를 위한 치열함과 그리고 그 뜻 받들어 창립의 주역으로 나선 9인 선진님들의 혈인 정신을 계승하기

  ① 석가모니 부처님 시절부터 말세 예견. 새 주세불 미륵불 예정
  ② 다생 겁래로 많은 회상을 열어왔으나 이 회상이 가장 판이 크므로 이 회상과 생명을 같이 할 혈심 인물이 수를 헤아릴 수 없이 나오리라. (부촉품 10)
  ③ 우리가 건설할 회상은 과거에도 보지 못했고 미래에도 보기 어려운 회상이라, 도학과 과학이 병진하여 참 문명 세계가 열리게 하며, 동과 정이 골라 맞아서 공부와 사업이 병진되게 하고, 모든 교법을 두루 통합하여 한 덩어리 한 집안을 만들어 서로 넘나들고 화하게 하여야 하므로, 모든 점에 결함됨이 없이 하려함에 자연 이렇게 일이 많다. (서품 8)
  ④ 원기백년 안에 찾아오는 교도는 전생으로부터 새 회상 건설을 함께 하기로 약속된 인연들 (구전)
  ⑤ 대종사님의 20여 성상 구도 고행
  ⑥ 일원상 진리 대각, 일원주의로 하나의 세계 건설의 경륜 세우심
  ⑦ 새 시대의 절박한 인식 … 일체 생령이 물질의 노예로 파란고해를 면치 못할 것 - '물질이 개벽되니 정신을 개벽하자'
  ⑧ 새 회상 건설의 창립 정신·창립 표준 보여주심
  저축 조합, 방언 공사, 혈인 기도, 교화단 조직 활동

신앙·수행·봉공·훈련 실시

전무출신 정신과 공동체 생활

- 혈인 기도血印祈禱 : 세상을 구할 뜻을 가진 우리로서 어찌 이를 범연히 생각하리요. 천지에 기도하여 천의에 감동이 있게 하여 볼지어다. (서품 13)

  '죽으라!' 그대들의 몸이 죽어 없어지더라도 모든 창생이 도덕의 구원만 받는다면 조금도 여한이 없이 그 일을 실행하겠는가? … 구인단원들은 일제히 '그러하겠나이다.' (교사敎史)

⑨ 우리는 혈인 기도의 정신을 이어 받는가?

- 사무 여한死無餘恨 : 대신성·대단결·대봉공·일심 합력
- 우리는 전무출신專務出身의 정신으로 그 사명을 오롯이 이행해 가는가?
- 우리는 교도로서 교도 사종 의무를 성실히 실행해 가는가?

2) 새 회상 건설의 주역으로서 각자의 위치에서 원불교 개교에 주도적으로 동참하기

■ 우리 교단은 개교를 마친 단계가 아니다. 지금 개교를 진행하고 있다.

① 나는 개교한 원불교에 객客·손님으로 참여하고 있는가?

나는 개교중인 원불교에 주인으로·주역으로·일꾼으로 앞장서 가고 있는가?

② 나는 교단에 몸담고 그저 그렇게 살아가는가?

나는 전무 출신의 정신과 자세로 혈심 인물로 살아가는가?

나는 거진 출진의 정신과 자세로 혈심 인물로 살아가는가?

- 큰 회상을 일어내는 데에는 재주와 지식과 물질이 풍부한 사람을 만나는 것도 물론 필요하나 그것만으로는 오직 울타리 … 설혹 둔하고 무식한 사람이라도 혈심血心 가진 참 사람을 만나는 것이 더욱 중요하나니, 그가 참으로 알뜰한 주인이 될 것이며 모든 일에 대성을 보

나니라. (교단품 32)

③ 교도로서 그 삶·수도·교화가 더 치열하고 더 비장해야 한다.
④ 대종사님 뜻 헤아리고 9인 선진님 본받아 개교 사업에 하나 되어야 한다.
⑤ 각자 삶의 현장 그곳에서 항상 거듭나고 일마다에서 혈인의 이적을 증거하는 창립의 역군이 되자.

5. 광대 무량한 낙원 세계 건설에 함께 하기

1) 기존의 종교·도덕의 한계 인식하기
■ 기존의 종교와 도덕으로는 미래 후천개벽 시대를 감당하기 어려움

(1) 서양의 신 중심 神中心 사상의 한계
  ■ "신은 죽었다."
① 비과학성
  • 이성과 과학의 발전으로 신의 상징성이 사라져감
② 인본주의와 배치
  • 신본주의 神本主義는 인간의 자각과 성숙을 저해함
  • 창조주 신에게만 매달리기에는 너무 커버린 인간
③ 신앙·의식 중심
  • 원만한 인격과 자각적이고 주체적인 인격 도야에 장애
④ 배타성
  • 유일신관으로는 세계가 하나로 열려가는 시대에 서로의 만남에 장애
  • 인간뿐 아니라 우주 만물이 다 평등하게 생명을 구가해 가는 앞으로의 열린 시대에 선민의식이나 차별관은 시대에 뒤떨어진 사고방식

(2) 동양의 수도 중심 도덕 사상의 한계

■ 도덕의 정맥이 끊어진 말세末世 도래

① 출세간적이고 수도 중심이어서 현실 경영에 무기력
② 관념화 하여 현실 생활의 욕구와 생활 향상에 대한 방향을 제시하지 못함
  • 시대적 지혜 개발 외면, 사회 발전 능력과 개발 의지 결핍
③ 형식화·의례화에 치우쳐 실생활 발전에 장애가 되고 여러 폐단을 야기함
④ 혹세무민하여 세상의 민심을 혼란시키고 정신을 병들게 하며 폐해를 끼침

2) 인간의 한계 인식하기

(1) 불완전한 인간성

■ 무명無明·욕망·불완전한 이성과 의지 등

(2) 후천개벽 시대에 겪는 인간의 이중성

① 성년 시대를 맞아 인간의 지적 성장은 눈부신 물질문명을 일으키며 기존의 종교와 도덕의 한계를 깨달아 비판하고 거부하면서도
② 스스로 자신의 욕망과 의지를 다스리고 심신을 바르게 사용할 지혜와 의지는 부족하고
③ 인간의 운명(죽음 등)에 대해서는 늘 불안해하고
④ 날로 융성하는 물질의 세력에 노예 생활을 면하지 못하여 파란고해가 한이 없음

■ 인간의 부조리
  • "우주는 여행할 수 있어도 자기 마음속은 갈 수 없고"

- "문명인은 식인종을 야만인이라고 하면서 (문명인은) 인간을 대량 살상하는 무기를 만들고 사용"

3) 원불교의 개교로 열어 갈 정신개벽의 방향 인식하기
   - 동서양의 신앙과 수도를 아우르고 동과 정이 골라 맞아 공부와 사업을 병진하며 도학과 과학을 함께 발전시키는 새로운 종교 신앙 운동·새로운 도덕 훈련 운동을 일으킴
     - 진리적 종교의 신앙과 사실적 도덕의 훈련으로써
     → 쇠약해진 정신의 세력을 확장하고, 물질의 세력을 항복받아
     → 진정한 낙원 세계 건설

   - 정신개벽
   ① 물질 세력으로 쇠약해진 정신 세력 회복하기
   ② 날로 강성해져가는 물질 세력에 상응하는 불공력과 삼대력을 양성하기
   ③ 인본人本시대·민주 평등 시대·성년 시대에 주인 의식 갖기
   ④ 세계화 시대에 전 생령과 더불어 함께 잘사는 생명 공동체 건설의 주역으로서 열린 시민의식과 공도주의적 삶의 자세 확립하기

4) 진리적 종교의 신앙眞理的 宗敎 信仰
   - 미신적 신앙·등상불等像佛 우상 신앙·인격 신앙·편협하고 독선적 신앙에서 깨어남
   - 탈종교 시대에 새로운 종교·도덕을 지향함

(1) 진리적 종교의 신앙
   - 궁극적 진리·우주와 인생의 근본 진리를 직접 신앙의 대상과 수행의 표본으로 하는 종교

- ■ 「O」: 우주만유의 본원
  - 제불 제성의 심인 ┐ 일원상의 진리를
  - 일체 중생의 본성 ┘ 신앙하고 수행하는 종교
  - 일원상 진리에 근원을 세운 바 없으면 사도邪道 (교의품 3)
  - 종교의 문에 성리를 밝힌 바 없으면 원만한 도가 아님 (성리품 9)
  - "광명 속에서 주장하지 못하고 어둠속에서만 주장하는 교의敎義는 불과불 인류에게 그 영향력을 상실하게 되며 인류 발전에 해를 끼친다."

① 진리眞理
  - 참다운 이치
  - 궁극적인 것
  - 우주의 실상
  - 언어도단하고 심행처가 멸한 '그 것'
  - 유도 아니고 무도 아닌 '그 것'
  - 소이연 소당연
  - 불생불멸의 도와 인과보응의 이치
  - 참 하느님
  - 참 부처님
  - 참 도

■ '진리가 무엇이다'고 표현한 것은 진리 그 자체를 규명한 것이 아니라 진리에 대한 나름의 관점을 설명한 것

② 진리적眞理的
  - 합리·원리·법칙·이치·과학·상식·사회성·역사성·인간성·윤리성을 갖춤

③ 종교宗敎
  - 동양에서는 주로 도덕道德이라고 하였음

④ 신앙信仰

- 신앙과 수행을 아우르는 일반적인 통칭
- 믿음·수도·공부

(2) 대종사께서 진리적 종교의 신앙을 강조하신 본의

① 과거 종교나 도덕이 진리의 상징과 운용면에서 참 진리가 왜곡되어 비진진화·미신화·악마화·형식화로 흐르는 폐단이 발생하였으므로
② 후천개벽 시대는 인지가 밝아져 누구나 쉽게 진리를 이해하고 직접 진리를 상대할 수 있으므로
③ 동서양이 서로 만나고 소통할 때 서로 장애가 되지 않고, 날로 발전하는 과학 문명 시대에도 누구나 이해되고 수긍할 수 있는 신앙과 수도의 표본이 요청되므로
④ 바쁜 일상생활 속에서 누구나 쉽게 신앙과 수행을 진행할 수 있어야 하므로
⑤ 물질 세력(과학 문명)의 허상과 미망을 깨뜨리고 이를 지혜롭게 발전시키고 활용할 수 있는 힘은 오직 '진리'를 통한 인간의 자각과 이를 통한 정신 세력의 확장뿐이므로
- 비非진리적인 힘이 지배하지 못하도록 진리로 삶의 원칙을 삼도록 하기 위함

5) 사실적 도덕의 훈련 事實的 道德 訓練
- 공리 공론空理空論·형식적·내세적來世的·기복적祈福的인 도덕에서 벗어남
- 탈종교 시대에 새로운 패러다임의 종교와 도덕을 지향함

(1) 사실적 도덕
- 실생활에 부합(필요하고 유익함)하는 신앙법과 수행법으로 실다운 인품과 생활 역량을 기르며 사회 발전에 기여하는 도덕
① 실생활 속에서 신앙과 수행을 병진해가는 도덕

② 인간의 본성을 회복하여 원만한 인격을 이루는 도덕
③ 인간의 도리를 원만히 밟아가고 인간 생활을 향상시키는데 유용한 도덕
④ 사회를 개조하고 시대를 향도하는 도덕
⑤ 물질문명을 선용하고 그 위세에 슬기롭게 대처해 갈 수 있는 가치관과 지혜와 힘을 육성하는 도덕

(2) 사실적 도덕의 훈련
- 교당 중심의 신앙이나 수행에 머무르지 않으며 형식이나 이론에만 그치지 않고 교당과 실생활 속에서 실다운 신앙법과 수행법으로 심신의 변화가 일어나도록까지 반복하여 단련해감으로써 참 인격과 원만한 심신을 육성하고 생활을 향상시킬 수 있는 능력을 배양하는 도덕의 훈련

(3) 사실적 도덕의 훈련을 강조하신 뜻
① 기존의 형식화 무력화된 도덕을 실생활에 유용한 도덕으로 되살려 무너진 윤리 도덕을 바로 세우기 위함
② 물욕 충만한 세상에 올바른 가치관과 윤리 의식을 정립하고 강한 정신력과 실천력을 단련하기 위함
  - 훈련을 하지 않으면 의식 변화·행동 변화·인격 변화·생활 변화가 일어나지 않는다.
  - 기존의 교당 법회 중심·의례儀禮중심·관념화 형식화된 믿음과 도덕과 수도로는 진정한 정신개벽을 원만히 이룰 수 없다.

(4) '사실적 도덕의 훈련'에서 '도덕'은 종교와 일반 수도의 의미를 모두 포함
- 실다운 종교와 도덕의 훈련을 통한 단련을 의미함

(5) 진리적 종교의 신앙과 사실적 도덕의 훈련을 강조하신 대종사님의 판단과 경륜
- 오직 참다운 종교와 실다운 도덕의 신앙·수행·훈련을 통한 정신 세력 확장

과 인간 성숙의 힘으로써만 후천개벽 시대 물질문명의 거대한 세력을 항복받아 진정으로 내외 문명이 겸전하는 참 문명 세계·참 낙원 세계를 건설할 수 있다는 것
- 원불교를 개교하여 그렇게 하겠다는 것

6) 정신의 세력을 확장하고 물질의 세력을 항복받는 정신개벽 이루기

(1) 물질 세력으로 쇠약해진 정신 세력 양성하기

- 동정 간 삼대력動靜間三大力 양성하기

① 정신 수양으로 온전한 마음·청정심·부동심을 기름
- 정할 때 ─ 진공(정력定力) 양성
  ─ 심신을 쉬고 또 쉼
  ─ 욕심·분별 망상·업력·무의식 등 정화
- 동할 때 ─ 멈추어서 온전한 생각을 일으키도록 함
  ─ 그 일 그 일에서 일심 양성

→ 부동심·불방심·정화력 양성 (브레이크와 정화력 강화)

② 사리 연구로 밝고 빠른 분석력과 판단력을 기르고 무명과 욕심을 타파하여 자성 광명을 밝힘
- 정할 때 ─ 성리 공부로 공적영지 회복
  ─ 경전 법규 연습, 학문, 견문 쌓기, 물질문명에 대한 공부
  ─ 의두 연마로 분석력과 판단력 단련
- 동할 때 ─ 그 일 그 일에서 알음알이를 구함
  ─ 묻고 연마하여 밝혀감 (의심건 발견·연마)
  ─ 경험·체험으로 확인

→ 문제점 발견 능력과 문제 해결 역량 키움

　　　　밝고 빠른 분석력과 판단력 키움
　　　　자성의 관조력과 인간·생명·우주에 대한 통찰력을 심화해감
　　　　우주에 다북한 진리·식識을 감지함
　　　　자성 광명을 회복함 (헤드라이트와 센서의 성능 강화)
　③ 작업 취사로 정의롭고 원만하고 에너지 넘치는 실행력을 기름
　　　• 정할 때 ─┬─ 진공묘유심 단련
　　　　　　　　├─ 생기 넘치는 심신간의 에너지 비축
　　　　　　　　├─ 정의관 확립
　　　　　　　　└─ 계문 공부
　　　• 동할 때 ─┬─ 온전한 생각으로 취사
　　　　　　　　├─ 정의 실행하고 계문 지키기
　　　　　　　　├─ 유념·주의심 챙기기
　　　　　　　　└─ 생동감 넘치는 생활 진행하기
　→ 결단력·일의 추진력·정의 실행력 강화
　　　건강하고 에너지 넘치는 심신 유지
　　　역량 있는 심신 육성
　　　물질 세력을 자유자재로 활용하는 능력 양성
　　　(엔진 출력과 작동 기능 강화)

(2) 은혜를 발견하고 보은 불공하는 역량 기르기

　① 없어서는 살 수 없는 네 가지 소중한 은혜를 발견함
　② 사은四恩의 공물公物인 자기 자신을 자각함
　③ 은혜 입은 내력을 살펴 감사 보은함
　④ 목적에 따라 당처에 실지 불공함
　⑤ 물질문명에 불공하여 해독을 입지 않고 은혜와 위력을 얻음
　⑥ 법신불 일원상께 진리 불공을 드려 자타력을 병진함

(3) 후천개벽 시대를 선도하는 성숙된 의식과 공도주의적 삶으로 일원 세계 건설의 주역되기

① 선천 시대가 가고 후천개벽의 대 문명 시대가 열려 감을 밝게 인식함
② 인본주의 시대에 세상의 주인으로서 자력을 양성하여 이기적이고 개인주의적 삶을 벗어나 세상의 일꾼으로 나섬
③ 민주 평등 시대에 성숙한 민주 시민 의식을 갖춰 공동체 발전에 주도적으로 합력함
   - 열린 시민 의식으로 공동체적 연대에 자발적으로 참여하여 협력하고, 법과 약속을 소중히 지키며, 어두운 곳 소외된 곳과 약자의 손을 잡아 이끌어 주고 위하는 심법으로 은혜 베풀며 살기
④ 사생일신四生一身의 나大我 실현해감
   - 만유와 한 몸 한 가족 한 살림을 꾸려서 무아 봉공을 실천하기

참고

1. 성숙한 시민 의식

- 정직과 성실로 직분에 충실하며 자제와 양보 속에 서로 배려하고 존중하여 공동체 발전에 합심 합력하는 성숙한 시민으로 행동하기
- 성년 시대가 도래하므로 유치한 사고 방식·생활 태도·신앙에서 벗어나 진리적이고 실다움을 추구하며 자기 주도적으로 어른스럽게 살기
- 세계화 시대에 전 생령과 더불어 함께 공생 공영하는 공도주의적 삶의 자세 확립하기
  - 일원의 진리를 믿고 깨달아 만유가 한 체성 만법이 한 근원으로 전 생령이 한 집안 한 권속임을 알아 하나로 사세! 한 집안 만드세! 일원 세계 건설하세!
  - 사은의 큰 윤리를 믿고 깨달아 전 생령이 서로서로 '없어서는 살 수 없는' 소중한 은혜의 관계임을 알아 서로 감사하고 보은하고 도우며 함께 더불어 은혜롭게 살자.
  - 사요의 세상 고르는 불공법을 믿고 깨달아 전 생령과 더불어 함께 잘 사는 세상 만드는데 주역으로 앞장 서 나가자.
  → 전 생령이 하나의 생명 공동체 안에서 서로 은혜의 관계로 만나 서로 도우며 평화의 세상을 건설해 감

> 참고

2. 정신개벽 精神開闢

1) 관계 속의 나 정립
   ① 진리와 우주 만물을 감사와 경외심으로 모시기
   ② 진리 불공과 실지 불공을 체질화하기
   ③ 더불어 하나로 감사 보은하기

2) 주체적인 나 확립
   ① 진공묘유의 자성 표준 삼기
   ② 삼대력 양성하기
   ③ 원만구족하고 지공무사한 심신 육성하기

3) 무아無我·무불아無不我·대아大我의 구현
   ① 자타의 국한 벗어나기
   ② 스스로 사은 부처로서 은혜 나투기
   ③ 대세계주의로 일원 세계 건설의 주역되기

6. 개교 동기의 결어

1) 나는 대종사님의 교법으로 나날이 변화가 일어나는 정신개벽을 이루어가고 있는가?

2) 나는 정신개벽의 일꾼으로 세상의 주인 되어 낙원 세계를 건설해 가고 있는가?

제2장 교법의 총설 (教法總說)

1. 요지
- 교법 제정의 본의(本意)
- 교법의 대체(大體)와 운용 방향 등을 밝힘

2. 교리 형성
- 불교정전 〔서(序)〕 (원기28년)

- 불교정전 〔서(序)〕와 원불교 정전 〔교법의 총설〕의 비교

	불교정전의 〔서〕	원불교 정전의 〔교법의 총설〕
1	불교의 진리와 방편이 호대 … 부처님이 전해주신 그 진리와 제도와 대의는 다르지 아니하 …	불교는 무상 대도라 … 세계의 모든 종교도 그 근본되는 원리는 하나 …
2	각종 각파	모든 종교와 종파
3	석존의 본의	제불 제성의 본의
4	수행의 표본과 신앙의 대상	신앙의 대상과 수행의 표본
5	심인의 오득과 수행을 하기 위하여 계정혜 삼학으로써 공부의 요도를 정함	천지 부모 동포 법률의 사은과 수양 연구 취사의 삼학으로써 신앙과 수행의 강령을 정함
6	각종의 모든 교지도 우리 수행에 참고	모든 종교의 교지도 이를 통합 활용
7	불교 신자로 세상 일을 잘하자	광대하고 원만한 종교의 신자가 되자

① 불교를 혁신하여 석가모니불의 본의를 드러내는 교법에서 나아가 세

계 모든 종교의 근본 원리에 돌아가서 제불 제성의 본의를 드러내는 교법으로 확대함
② '수행과 신앙'을 '신앙과 수행'으로 순서를 바꾸고 공부의 요도 삼학 중심에서 나아가 신앙과 수행의 양문을 확립함
③ 불교의 각종 교지를 수행에 참고하는데서 나아가 세계 모든 종교의 신앙과 수행의 교지도 통합 활용 하도록 열어감
④ 참된 불교 신자에서 나아가 광대하고 원만한 종교의 신자를 목표로 함

3. 소태산 대종사의 종교관 (교법관)

1) 불교는 무상 대도 佛教 無上大道

(1) 「불교는 무상 대도」의 본의

① 불법佛法은 무상 대도라는 의미
- … 부처님의 무상 대도 … (조선불교혁신론, 서품 16)
- … 불법은 천하의 큰 도 … (서품 3)

② 「무상 대도」는 절대 유일의 도라는 의미 보다는 무상 대도의 필요 충분 조건을 갖춘 교법이라는 의미로 받들어, 불교가 아니라도 이 조건을 구비하면 무상 대도가 될 수 있다는 열린 자세로 이해해야 할 듯
- … 세계의 모든 종교도 그 근본의 원리는 본래 하나 … (교법의 총설)

③ '불교는 무상 대도'라는 전제는 새로운 교법을 열 때 무상 대도를 지향하겠다는 선언이요, 원불교 교법의 나아갈 바를 불법佛法으로 주체 삼겠다는 것의 암시

(2) 불교가 무상 대도인 이유 (소태산 대종사의 불법관)

① 불법은 천하의 큰 도라 모든 교법에 뛰어난 바 있기 때문

- 참된 성품의 이치를 밝힘
  생사의 큰 일을 해결함
  인과의 이치를 드러냄
  수행의 길을 갖춤 (서품 3)
- … 그 중에 제일 큰 도로 말하면 곧 우리의 본래 성품인 생멸 없는 도와 인과보응되는 도이니, 이는 만법을 통일하며 하늘과 땅과 사람이 모두 여기에 근본 하였으므로 이 도를 아는 사람은 가장 큰 도를 알았다 하나니라. (인도품 1)
- … 경전을 열람하신 후 … 그 중에도 진리의 심천深淺이 없지 아니한 바, 그 근본적 진리를 밝히기로는 불법이 제일이라 … (교사)
- … 불교는 장차 세계적 주교가 될 것 … (서품 15)

② … 석가모니불은 진실로 성인들 중의 성인이시므로 … (서품 2)

(3) 무상 대도의 요건

① 궁극적 진리에 근원하여 두루 소통하고 만법을 통합 활용하는 종교
  - … 만일 종교라 이름하여 이러한 진리에 근원을 세운 바가 없다면 이는 곧 사도邪道라 … (교의품 3)
  - … 큰 도는 서로 통하여 간격이 없건마는 …, 누구나 만법을 통하여 한 마음 밝히는 이치를 알아 행하면 가히 대원 정각을 얻으리라. (성리품 5)

② 대각 성자에 의해 일어난 종교

③ 신앙·수행·봉공·훈련의 교법 체계와 그 운용 방안이 원만하게 갖추어진 종교 (종교적 품성과 실천 능력을 원만하게 도야하는 종교)

④ 개인의 구원과 세상 구원에 실답게 기여하는 종교 (개인과 세상 발전에 기여하는 종교)

⑤ 언제 어디서나 누구나 쉽게 귀의하여 밟아갈 수 있는 종교 (시대화 생활화 대중화된 교법)

2) 세계의 모든 종교의 근본 원리는 본래 하나

(1) '세계의 모든 종교'는 종교 일반을 의미함
- 사도邪道가 아닌 종교

  현상적으로 존재하는 모든 종교를 의미하지 않음
  - … 종교의 문에 성리를 밝힌 바가 없으면 이는 원만한 도가 아니니 … (성리품 9)
  - … 종교라 이름하여 이러한 진리(일원상의 진리)에 근원을 세운 바 없으면 그것은 곧 사도 … (교의품 3)

(2) 종교의 근본 원리는 하나
① 진리가 하나이므로
  - … 심체라 하는 것은 광대 무량하여 … 태극 혹은 무극 … 자연 혹은 도 … 청정 법신불이라 …, 원리에 있어서는 모두 같은 바로서 … 최후 구경에 들어가서는 다 이 일원의 진리에 … (교의품 3)

② 성자의 깨달으신 경지와 회상을 열어 제도하시는 본의가 서로 통하므로
  - 일원은 제불 제성의 심인心印

3) 각종 각파로 분립하는 현상
① 시대적 과제의 인식과 그 해결 방법의 차이로 시대와 지역에 따라 교화의 주체를 달리하여 교문을 별립
② 깨달음의 심천深淺과 교화 방편의 차이
③ 교법의 해석과 실천의 방법적 차이
④ 후래 대중의 특성과 문화적 차이
  - 긍정적 요소 : 전문화, 다양화, 토착화, 창조적 재해석과 응용
  - 부정적 요소 : 근본 정신 훼손, 지리멸렬, 상호 융통을 보지 못함

4) 과거 조선 불교에 대한 비판

(1) 출세간 본위의 제도
- 참다운 불교 신자가 되기로 하면 세간 생활에 대한 의무와 책임이며 직업까지도 불고하게 되었음
  - 「… 이와 같은 생활을 계속하여 오는 동안에 부처님의 무상 대도는 세상에 알려지지 못하고 승려들은 독선기신의 소승에 떨어졌나니 …」(서품 16)

(2) 각종 각파로 분립
- 근본 원리와 제불 조사의 본의를 알지 못하고 서로 융통을 보지 못한 일이 없지 아니하였음
  - 재래와 같은 제도의 불법 (서품 15)
  - 「… 소수인의 불교 …, … 편벽된 수행 …」(서품 16)
  - 서품 18, 19

5) 미래의 불법佛法
- 장차 회상을 열 때에도 불법으로 주체를 삼아 완전무결한 큰 회상을 이 세상에 건설하리라. (서품 2)

(1) 사·농·공·상을 여의지 않는 제도
- 재가 출가를 막론하고 일반적으로 공부하는 불법
- 우주 만물 허공법계를 다 부처로 모시는 불법
  - 일과 공부가 따로 있지 아니하고 세상 일을 잘하면 그것이 곧 불법 공부를 잘하는 것, 불법 공부를 잘하면 세상 일을 잘하는 것 그 일과 원에 따라 불공하는 처소와 부처를 모심 (서품 15)

(2) 대중의 불교·원만한 수행
- 부처님의 무상 대도는 변함이 없으나 부분적인 교리와 제도는 이를 혁신하여 소수인의 불교를 대중의 불교로, 편벽된 수행을 원만한 수행으로 (서품 16)
- 서품 18, 19

6) 포부와 경륜
■ 새로운 교법과 그 운용 방향을 천명

(1) 과거 조선 불교를 비롯하여 기성 종교들에 대한 비판을 통해 새 불교 새 종교를 열어야 할 당위성을 밝히고, 앞으로 새 교법을 운용해 갈 때 이를 거울 삼고 교훈 삼아가도록 함

(2) 불법을 주체로 하되 장차 세계의 주교가 될 미래의 불법으로 나아갈 것

(3) 제불 제성의 본의를 원만히 드러내는 일원 교법을 제정하고 모든 종교의 교지도 이를 통합 활용하여 광대하고 원만한 교단을 열어갈 것

4. 새 교법(미래의 불법·원불교의 교법)의 기본 강령과 그 운용법

1) 법신불 일원상法身佛 一圓相을 신앙의 대상과 수행의 표본으로 모심
■ 궁극적 진리·성리性理에 근원을 세우고 이를 밝혀 신앙과 수행을 병진하도록 함
■ 의견 제안
① 법신불法身佛의 뜻을 쉽게 이해하기 어렵고, 그 쓰임이 일반화되지 않

은 점을 어떻게 극복해 갈까?
② 법신불法身佛이 진리眞理를 의미하므로 '일원불一圓佛'이라하면 더 원불교적이지 않을까?
③ '일원불一圓佛'도 결국 '불佛'이어서 불교적 한계를 드러내므로 '일원상의 진리一圓相 眞理'로 하면 어떨까?

2) 천지·부모·동포·법률의 사은으로써 신앙의 강령을 정함
■ 천지 만물 허공법계를 다 은혜로우신 부처로 모시고 원만하고 사실적인 신앙의 길을 열어감

3) 수양·연구·취사의 삼학으로써 수행의 강령을 정함
■ 원만구족하고 지공무사한 진리를 체받아서 삼학의 병진으로 원만한 인격을 양성하는 길을 열어감

4) 모든 종교의 교지教旨도 이를 통합 활용함
① 원불교 교법의 주체를 확립함
② 각 종교의 교지에 두루 응함 (회통)
③ 열린 자세로 각 종교의 교지를 활용함
④ 각 종교와 한 마음으로 함께 나아감
- 불교정전의 [서序]에서는 '불교의 각종 모든 교지'도 우리 수행에 참고하라 하였으니 이 의미를 살려 교법의 통합 활용에 적용할 것
- 원불교 정전 [교법의 총설]에서는 '모든 종교의 교지'도 이를 통합 활용하라 하였으니 이 의미를 깊이 깨닫고 열린 마음으로 만법에 응하여 제일 좋은 법으로 믿어 활용해 갈 것
- … 모든 교법을 두루 통합하여 한 덩어리 한 집안을 만들어 서로 넘나들고 화하게 하여야 … (서품 8)
- … 앞으로는 그 일부만 가지고는 널리 세상을 구원하지 못할 것이므

로 우리는 이 모든 교리를 통합하여 수양·연구·취사의 일원화와 또는 영육 쌍전·이사 병행 … (교의품 1)

5) 광대하고 원만한 종교의 신자
- 원불교의 이상적인 교도상敎徒像
- 후천개벽 시대의 새로운 신자상信者像
① 일원상의 진리(성리)를 신앙의 대상과 수행의 표본으로 함
② 신앙, 수행, 훈련, 봉공을 일상생활 속에서 원만히 진행함
③ 모든 종교와 국한 없이 회통하여 그 교지를 통합 활용함
④ 제불 제성의 본의를 깨닫고 서로 합력하여 그 본의를 구현해 감

5. 원불교는 후천개벽 시대의 주세主世교단인가?

1) 교법 체계와 그 운용을 통해 주세 교단을 지향함
① 궁극적 진리에 근원하여 신앙과 수행을 병진하고 세계 모든 종교의 교지도 통합 활용하므로
② 후천개벽의 시대적 과제인 정신개벽을 앞장서 이루고 물질의 세력을 항복 받아 참 문명 세계를 건설해 가므로

2) 혈인 기도와 창립 정신과 무아 봉공의 실천으로 주세 교단을 지향함
① 창생 구원을 서원한 기도와 그 응답으로 법계의 인증을 받았음
② 무아 봉공의 정신으로 회상을 창립하고 운영하여 세상의 인증을 받아옴
③ 미래에도 능히 주세 교단이라는 인증을 받을 수 있도록 시대가 갈망하는 세상 구원을 위해 교단 이기주의를 극복하고 끊임없이 무아 봉공의 정신으로 혈인의 이적을 나투어 가야함

6. 원불교와 불교의 관계
■ 원불교는 새 불교요 새 종교다.

1) 새 불교
■ 불교의 시대화 생활화 대중화를 위해 불법의 부단한 혁신으로 미래의 불법을 열어감

2) 새 종교
■ 궁극적 진리인 불법을 주체로 세계의 모든 종교의 교지도 이를 통합 활용하여 광대하고 원만한 새 종교를 열어서 세계적 주교를 지향함
① 신앙과 수행을 병진하고 수도와 생활을 일치하여 탈종교·초종교 시대를 선도하는 새로운 종교·도덕의 지평을 열어감
② 모든 교법을 두루 통합하여 한 덩어리 한 집안을 만들어 서로 넘나들고 화하는 가운데 일원 세계를 건설해 감
③ 동動과 정靜을 골라서 공부와 사업을 병진함
④ 도학과 과학을 병진하여 참 문명 세계를 건설함

■ 무상 대도인 불법에 뿌리하여 그 기운을 타고 석가모니불의 정신과 사업을 계승 발전시켜 이를 발판으로 후천개벽 시대를 선도해 갈 세계적 주교를 지향함
- 불교의 혁신은 과거 불교의 리모델링
- 원불교의 개교는 불법佛法의 재건축

7. 질의와 대안

1) 본문의 내용에서
- '불교는 무상 대도라'
- '세계의 모든 종교도 그 근본되는 원리는 본래 하나이나'
- '과거의 불교는 그 제도가 … 이 어찌 원만한 대도라 하리요.'
  - 이상의 표현은 이에 대한 다양한 견해와 비판이 있을 수 있어서 새 교법을 제정하려는 의도와 본의에 대해 불필요한 오해를 불러일으킬 소지가 있지 않을까?

2) 그러므로 대종경 교의품 1장을 참조하여 다음과 같이 표현했으면 함

> **시안**
>
> **제2장 교법의 총설**
> 불법은 무상 대도라 그 진리와 방편이 호대하므로 여러 선지식이 이에 근원하여 각종 각파로 분립하고 포교문을 열어 많은 사람을 가르쳐 왔으며, 세계의 종교들도 그 근본되는 원리는 본래 하나이나 시대와 지역을 따라 교문을 별립하여 오랫동안 제도와 방편을 달리하여 온 만큼 교파들 사이에 서로 융통을 보지 못한 일이 없지 아니하였나니, 이 어찌 제불 제성의 본의시리요. (이하는 원문과 동일)

教義編

2 교의편

- 교의편에는 원불교 교리의 기본적이고 주된 이론 체계를 담고 있다.
- 신앙의 대상이요 수행의 표본인 제1장 일원상을 비롯하여 총 7장으로 구성되어 있다.

보경육대요령	불교정전	원불교 정전
제1장 인생의 요도 사은사요	제1장 사대강령 제2장 일원상 제3장 게송 제4장 사은	제1장 일원상 제2장 사은 제3장 사요 제4장 삼학
제2장 공부의 요도 삼강령 팔조목	제5장 사요 제6장 삼학 제7장 팔조 제8장 삼대력 제9장 인생의 요도와 　　　 공부의 요도 관계	제5장 팔조 제6장 인생의 요도와 　　　 공부의 요도 제7장 사대 강령

제1장 일원상
一 圓 相

1) 소태산 대종사님의 대각하신 바를
   강연히 형상으로 상징한 한 둥근 모양 :「○」
   ■ 원기圓紀 원년 사월 이십팔일(음 3월 26일)에 대종사大宗師 대각大覺을 이루시고 말씀하시기를「만유萬有가 한 체성體性이며 만법萬法이 한 근원根源이로다. 이 가운데 생멸 없는 도道와 인과보응因果報應되는 이치가 서로 바탕하여 한 두렷한 기틀을 지었도다.」(서품 1)

2) 소태산 대종사님이 대각하신
   우주만유의 본래 이치와 인간의 자성自性 원리 : 일원상의 진리

3) 원불교 신앙의 대상과 수행의 표본

4) 형성 과정
   ① 소태산 대종사님의 대각 : 한 두렷한 기틀
   ② 경축가 : 일원 대도 될 것이니 경축가나 불러보세
   ③ 구간 도실 상량문 : 사원기일월梭圓機日月 직춘추법려織春秋法呂… (원기3년)
   ④ 정산종사 '일원'으로 운을 삼아 시詩 지음 (원기4년)
   ⑤ 소태산 대종사님 금산사에서「○」그리심 (원기4년)
   ⑥ 조선불교혁신론 : '등상불 신앙을 불성 일원상으로', '불성 일원상 조성법'에「○」표현 (원기20년)
   ⑦ 익산 총부 대각전에 심불 일원상心佛 一圓相 봉안 (원기20년)

5) 일원상에 담긴 구세 경륜

■ **성자들이 시대를 따라 출현하여 구세 경륜을 세우심**
- 부처님 : 고통의 원인인 무명無明·집착심을 깨달음으로 타파하여 해탈 열반의 극락세계를 이루고자 하심
- 공자님 : 천天·도道로써 땅에 떨어진 인륜人倫의 도리를 회복하여 평천하平天下를 이루고자 하심
- 노자님 : 무위의 도로써 인위와 욕망 속에 어지러운 세상을 무위 안락한 세상으로 만들고자 하심
- 예수님 : 우주와 생명의 근원인 하나의 진리로써 무지와 죄악에 빠진 생령을 구원하고자 하심

① 하느님·부처님 등 과거 진리의 상징이 후천개벽 시대에 이르러 인격화·형식화·미신화하여 배척을 받게 되고, 이를 대신하여 인류에게 진보와 행복을 가져다 줄 것으로 믿었던 인간의 이성理性과 자연 과학 문명의 한계를 경험한 현대 인류에게 새로운 정신문명의 원천과 대안으로 누구도 수긍하고 귀의할 참다운 진리의 상징으로서「○」일원상을 제시하심. 일원상으로 온 인류가 귀의하여 정신개벽을 이룸으로써 과학 문명과 도학 문명이 병진하는 참 문명 세계를 건설하기 위해 밝히신 진리관

② 하나의 세계로 열려가는 시대에 전 생령이 원래 한 집안 한 권속인 이치를 깨달아 서로 소통하고 한 자리에서 만나 한 형제의 윤기로 또한 세계 시민으로 함께 더불어 은혜로운 생명 공동체를 가꾸어 일원 세계를 건설해 가기 위해 밝히신 진리관

③ 참되고 원만한 신앙의 대상과 참되고 원만한 수행의 표본을 누구나 쉽게 생활 속에서 표준 잡고 직접 신앙하고 수행할 수 있도록 하고, 나아가 세계의 모든 종교의 교지도 이를 통합 활용하여 광대하고 원만한 종교의 신자가 될 수 있도록 밝히신 진리관

- **소태산 대종사님은 후천개벽 시대의 도수에 맞게 구세 경륜을 펴시었다.**

- **우리는 어찌 다행 대종사님의「일원상」을 신앙의 대상과 수행의 표본으로 모시고 살게 되었다. 대종사님의 진리관대로 살자!**
  - 그대로 믿고 실천하면 내 인생 구원·성공! 세상 구원·평화 낙원!
    믿지 않고 자기 방식대로 살면 내 인생 실패! 세상 혼란·파란고해!

제1절 일원상─圓相의 진리眞理

[일원상의 진리]의 자의字義
- 한 두렷한 기틀 -

1) 일一
   ① 유일 절대唯一絶對이며 전체全體
   ② 독존獨尊이며 내재內在
   - 절대적 존재이나 현실 외에 따로 존재하지 않음
   ■ 만법 귀일萬法歸一·불여 만법不與萬法
   동원 도리同源道理·동기 연계同氣連契
   만유萬有가 한 체성體性이요 만법萬法이 한 근원根源

2) 원圓
   ① 원만구족하고 지공무사함
   ② 두렷함·가득함·무결함·원융 무애함·생생 약동함·조화 무궁함
   ■ 광명光明이 시방에 편조遍照하고 조화造化가 만상에 두루함

3) 상相
   ① 두렷한 기틀 (무어라 형용할 수 없으나 생생 약동하는 '그 무엇')
   ② 궁극적인 실체 (무상無相의 실상實相)
   ③ 상징 (달을 가리키는 손가락)

4) 진리眞理
   ① 참다운 이치·한 기운 (원기元氣)·광명·조화
   ② 만법萬法의 조종祖宗·궁극적 실체·우주만유의 본원·인간의 본성

③ 경외敬畏로움 (경외로운 대상)
④ 불성佛性·신성神性·심불心佛·대각大覺의 경지
- "예로부터 '진리가 무엇인가?'에 대한 물음에 오직 '침묵'하였다."
- "종교는 진리를 설명하는 것이 아니라 진리에 대한 관점을 설명하는 것"
  - 진리관이란 '진리가 무엇이다'가 아니라 '진리라고 생각하는 것이 무엇이다'의 설명임

5) 교리 형성

- 불교정전 (원기28년)
  '일원은 우주만유의 근본根本 자리며 제불 조사諸佛祖師의 본성本性 자리며 범부 중생의 불성佛性자리며 …'

6) 종합

(1) 진리가 있다.

- 하나의 진리다.
  우주에 다북 찬 하나의 진리가 두렷하게 생생약동한다.

(2) 소태산 대종사께서 대각大覺을 이루시고 그 깨달으심을 '한 두렷한 기틀', 「일원상」으로 드러내시었다.

- 이를 좀 더 적확하고 이해하기 쉽게 가르쳐주기 위해 여러 가지로 표현해 주셨다.
① 불성佛性 일원상 (조선불교혁신론 원기20년)
② 심불心佛 일원상 (총부 대각전에 봉안 원기20년)
            (예전 : 모든 식순에 '심불전 일동 심고')
            ([심불 일원상 내역급 서원문] 원기23년)
③ 법신불法身佛 일원상 (불교정전 원기28년)

④ 일원一圓은 법신불法身佛 (원불교 정전 [교리도] 원기47년)
⑤ 법신불法身佛 사은四恩 (원불교 정전 [심고와 기도] 원기47년)
- 보경삼대요령寶經三大要領에서는 '사은四恩'으로 심고의 호칭을 삼음

1. 본문의 이해

1) 일원一圓은

고불미생전 응연일상원古佛未生前 凝然一相圓
청정법신불淸淨法身佛·태극太極·무극無極·도道·자연自然
부처님의 심체心體
언어도단의 입정처言語道斷 入定處
천지 만물의 본원天地萬物 本源
유무 총섭有無摠攝·삼세 관통三世貫通
복혜의 원천福慧 源泉

2) 우주만유의 본원宇宙萬有 本源이며,

■ 「○」은 만법의 근원이요 만법의 실재 (정산종사법어 경륜편 1)

(1) 일원은 우주만유의 본래本來요 만법의 근원根源

① 일원은 우주만유의 본래 면목本來面目
- 숲과 나무 : 모든 나무들로 이루어진 숲
- 만유가 한 체성이요 만법이 한 근원 (서품 1)

② 일원은 언어도단의 입정처요 유무 초월의 생사문 (일원상 서원문)

③ 일원은 우주만유의 근본 자리 (불교정전)

(2) 우주만유 모두가 일원

- 우주 만물이 이름은 각각 다르나 둘이 아닌 줄을 알며 (일원상 법어)
- 천지 만물 허공법계가 다 부처 아님이 없나니 (교의품 4)
- 법신불의 실체를 말씀하자면 우주만유가 모두 법신불 아님이 없으므로 (정산종사법어 원리편 1)
- 천지 만물 허공법계가 다 부처님의 성품 (조선불교혁신론)
- 법신불이라 함은 곧 만법의 근원인 진리불을 이름이요, … 화신불 가운데에는 진리 그대로 화현한 정화신불이 있고 또는 진리 그대로 받지 못한 편화신불이 있으니, 정화신불은 곧 제불 제성을 이름이요 편화신불은 곧 일체 중생을 이름인 바, 비록 지금은 중생이나 불성만은 다 같이 갚아 있으므로 편화신불이라 하나니라. 그러므로 우리의 마음이 청정하고 바른 때에는 곧 내가 정화신불이요, 삿되고 어두울 때에는 편화신불임을 알아야 할 것 (정산종사법어 원리편 5)
    - 본체와 현상의 이분법적 이해와 해석을 극복해야 한다.
        - 불상리 不相離 : 본체와 현상은 서로 떠나지 않음
        - 불상잡 不相雜 : 본체와 현상은 서로 섞이지 않음

(3) 「우주만유의 본원」의 시대적 의의

① 크게 밝아져가는 후천개벽시대를 맞아 우주 전체 그대로가 한 두렷한 기틀인 일원상을 신앙의 대상으로 모시고 진리 불공 하도록 함
② 우주만유 모두가 불성이 갚아 있는 처처 불성 處處佛性임을 깨달아 처처 불상 사사 불공의 신앙을 진행하고, 스스로 각자의 불성을 개발하는 수행의 표본을 삼아가도록 함
- 미륵불 용화회상 (전망품 16·17·18)
- 원불교의 우주론·존재론의 근거

3) 제불 제성 諸佛諸聖의 심인 心印이며,

- ■ 「○」은 모든 부처님 모든 성현님의 증득하신 마음자리
  - 심心 : 「○」은 마음으로 증득함
  - 인印 : 증명·인가·하나로 맞아서 통하고 만남

(1) 마음으로 깨달아 「○」에 계합 하신 분이 곧 제불 제성

(2) 「제불 제성의 심인」의 시대적 의의
  ① 하나로 열려가는 시대에 「○」으로써 모든 종교가 귀의·회통하여 제불 제성의 본의를 회복함으로써 종교와 사상·지역 간의 불신과 대립과 갈등을 해소하고 함께 더불어 하나의 세계를 만들어가는 터전을 제공함
  - … 원리에 있어서는 모두 같은 바로서 … 최후 구경에 들어가서는 다 「○」 진리에 돌아가나니 … (교의품 3)
  - "종교의 특성과 차이를 인정하면서도 진리 앞에서 겸손해지는 신앙"
  ② 제불 제성을 모시고 귀의하여 구원 받는데서 더 나아가 스스로 제불 제성의 심인을 증득하여 그 지혜와 능력으로 제불 제성의 경륜을 이어서 성업聖業에 동참하고 물질문명을 은혜롭게 선용해 감
  - 교리와 사상보다는 사랑과 자비와 보은이 일체 생령을 구원하는 힘임을 깊이 깨닫고 적극적으로 실천에 나섬
- ■ 원불교의 종교관·성현관·인식론의 근거

(3) 함께 생각하기
- ■ 불교정전의 '제불 조사의 본성'을 '제불 제성의 심인'으로 바꾼 본의?
  ① 「○」으로써 만법을 회통함
  ② 「○」으로써 새 불교 새 종교로 나아감

4) 일체 중생 一切衆生의 본성 本性이며,
- ■ 「○」은 일체 중생의 본래 성품 – 천만 생각·행위의 바탕

■ 중생衆生을 진리적 차원에서 지존至尊한 존재로 봄

(1) 견성성불見性成佛할 수 있는 가능적 존재로서의 중생衆生
　　■ 누구나 부처 이룰 수 있는 무한 가능적 존재

(2) 절대 평등絶對平等(무차별無差別)한 동질적同質的 존재로서의 중생
　　■ 동기연계同氣連契·사생일신四生一身·한 집안 한 권속인 존재

(3) 「○」의 응화신·산 부처로서 중생
　　■ 일체 중생은 죄복을 직접 베푸는 권능불인 존재

(4) 「일체 중생의 본성」의 시대적 의의
　① 신존神尊시대에서 인간 중심 시대로 이동하면서 인간의 권리와 역할과 책임이 막중함을 자각하고, 물질 위주의 가치관 속에서 인간성 상실의 위기가 초래함을 각성함
　② 물질 중심의 전도된 가치관을 갖고 사는 현대인들에게 인간성을 회복하고, 후천개벽 시대에 지대해진 인간의 역할과 본분을 원만히 이행할 수 있는 새 인간(개벽 인간) 탄생이 시대적 과제임을 인식함
　③ 일체 중생一切衆生이 「○」임을 자각하여 자기 존엄성을 확신·확인·회복하고, 처처 불성을 발견하여 타인의 존재와 그 존엄성을 확신·확인·회복함
　④ 자성불을 완성하여 자기실현으로 보은하며, 처처불을 두루 섬겨 불공하고 물질문명을 자유자재로 활용함
　⑤ 후천개벽 시대에 미륵불 용화 회상 건설의 주역으로 새 세상·하나의 세계를 건설하는 주인이 됨
　　■ 원불교의 인간론·인성론·생명론의 근거

(5) 질의 문답

■ 본성에서 왜 중생심이 나올까?

① 성품이 경계 따라 순하게 발하면 선善 거슬려 발하면 악惡 바르게 발하면 정正 굽게 발하면 사邪 가리움을 받으면 어두워지고 참이 나타나면 밝아짐 (정산종사법어 원리편 10)

② 소소 영령한 영지가 경계를 대하매 습관과 업력에 끌리어 종종의 망상을 일으키니 중생. 영지로 경계를 비추되 항상 자성을 회광 반조 하여 청정한 혜광이 나타나므로 부처 (정산종사법어 원리편 11)

③ 성품은 원래 청정하나 마음의 동정으로 인하여 무명이 발생하게 되나니, 마음이 동하되 정한 가운데 동하면 동하여도 부동이라 그대로 밝고, 동하는 가운데 요란하게 동하면 무명이 생하여 어둡다. (정산종사법어 원리편 16)

5) 대소유무大小有無에 분별分別이 없는 자리,

(1) 시공時空을 초월한 자리, 진공眞空의 실상實相

■ 일체의 분별이 끊어진 자리

■ 말과 글과 생각으로 이를 수 없는 자리
- 육조六祖 : 유일물어차有一物於此

  남악화상南嶽和尙 : 설사일물즉부중說似一物卽不中

■ 대소유무大小有無는 진리를 인식하는 원만한 사유의 틀, 진리 분석법, 진리를 파악하는 방식 (패러다임), 대종사님의 사유 방식
- 대소는 성리의 체體 유무는 성리의 용用

　　┌ 유교는 소와 유 중심 : 현실적이나
　　│　　　　　　근본 귀일처를 떠나 지리멸렬할 수도
　　└ 불교는 대와 무 중심 : 본체에 치우쳐
　　　　　　　현실을 건설해나가는 능력이 결여될 수도

(2) 「대소유무에 분별이 없는 자리」의 시대적 의의

- 바쁘고 복잡한 현대 사회 생활 속에서 시급히 치유해야 할 정신적 과제 해결의 길을 제시함
  - 우리는 얼마나 '분별 망상'을 덜 일으키고 살 수 있을까?
  - 우리는 언제쯤이나 '나'의 집착을 놓고 살 수 있을까?
  - 우리는 어떻게 '상대·상황'을 대상화하지 않고 살 수 있을까?
  - 우리는 고정 관념을 벗어나 살 수는 없는 것일까?
  - 우리는 날로 고갈되어 가는 정신력을 어떻게 보충하며 살 것인가?
  - 평소 생활 속에서 일어나는 들 뜬 마음, 불안하고 초조한 마음, 조각나고 상처난 마음, 빼앗기고 도둑맞은 마음을 어떻게 무엇으로 안정시키고 위로받고 치료하여 편안하고 온전한 본래 마음으로 회복할 수 있을까?

- 현대인의 각박한 심리 상태, 불안, 초조, 우울증 등의 마음 병세가 갈수록 심각해져 가므로 「대소유무에 분별이 없는 자리」를 단련하여 정신력을 확충하는 공부가 더 요구됨

(3) 터득의 길

① 대소유무의 분별 속에 살아온 평소 일상생활 습관대로 그냥 저절로 그렇게 매몰되어 생활하지 말고, 그 분별 망상심을 알아차려서 툴툴 털어버리는 연습을 하자.

- 생각도 말도 생활도 ┬ 번잡한 것을 단순하게
  　　　　　　　　　├ 화려한 것을 조촐하게
  　　　　　　　　　└ 꾸미는 것을 가식 없이

→ 분별을 줄여가는 생활로 바꿔가자.

② 무無·공空 체험하기

- 시간 나는 대로 망념을 쉬고 분별심分別心·상相·관념 등을 도방하都放下하여 진공眞空에 사무치자. (텅 빈 「O」으로 돌아가기)

- 천지미분전天地未分前 일념미생전一念未生前 소식을 터득하자.
- 원래 흔적 없는 마음을 단련하여 병든 마음, 조각난 마음, 들뜬 마음, 고갈된 마음을 치유하자.
    - 무사시無事時 : 염불·좌선 등으로 망념 제거 일심 양성
    - 유사시有事時 : 응무소주이생기심應無所住而生其心
- 앞생각과 뒷생각의 연결 고리를 끊어(전후단속前後斷續) 중간자고中間自孤의 공空·무無인 상태를 기르자.
- 육근을 작용 할 때 안계眼界 내지 의식계意識界를 형성하지 않고 흔적 없이 육근을 작용하고 (대상화하는 의식 차단), 틈나는 대로 이미 형성되어 쌓여진 안계眼界 내지 의식계意識界 내지 무의식계無意識界를 정화 해가자.

(4) 무無·공空의 체험을 통해 지속적으로 대소유무에 분별이 없는 마음을 한없이 확보하고 강화해 가자.
  ■ 본래 순수하고 두렷이 생생 약동하는 한 마음을 끊임없이 확충하여 풍성한 정신력으로 마음의 중심축을 확고히 세우고 온전한 심신 작용으로 활기차게 생활하자.

6) 생멸 거래生滅去來에 변함이 없는 자리며,

(1) 불생불멸不生不滅하여 여여 자연如如自然한 경지
  ① 여여 자연하여 무량 세계를 전개함
  ② 텅 빈 일심으로 여여함
  ③ 대소유무에 분별이 없으므로 모든 생멸 변화가 구공俱空
   - 영천영지영보장생永天永地永保長生
   - 우주의 진리는 원래 생멸 없이 돌고 도는지라 … 이것이 만고의 변함없는 상도니라 (인과품 1)

- 세존이 도솔천을 떠나지 아니하시고 이미 왕궁가에 내리시며 …

(2) 「생멸 거래生滅去來에 변함이 없는 자리」의 시대적 의의
① 양시대·대활동기를 맞아 세계가 하나로 열려 두루 소통하고 분주히 만나서 거래하는 세상, 그리고 생존 기간이 계속 늘어나 오래 변화하며 살아가야할 세상 속에서 편안하고 걸림 없고 변함없는 여여한 마음으로 수많은 생멸 거래를 해 나가는 표본임
② 인생의 큰일인 생사 문제 해결의 길을 제시함

(3) 터득의 길
■ 대소유무에 분별없는 심경으로 자신·상대·상황에 대한 분별과 주착심을 놓고 빈 마음으로 생멸 거래에 해탈 자재하자.
■ 생멸 없는 본래 마음에 근본하고 거래 없는 한 생각을 대중하자.
① 평상심으로 일관하여 변태심 극복하기
② 공空을 관하여 선입견·분별 주착심 놓기
③ 여여한 심경을 길들여 조급함 해소하기
④ 생멸 없는 자성을 연마하여 영원한 생명을 확보하기
■ 능이성 유상能以成 有常하는 힘을 기르자!

7) 선악 업보善惡業報가 끊어진 자리며,

(1) 선악이 구공俱空한 경지, 업業이 성립되지 않는 자리
① 선과 악의 분별이 없음
② 선과 악의 분별심을 일으키지 않음
③ 선과 악의 업력業力을 초월함
④ 선과 악의 지은 바가 없음
⑤ 죄성罪性이 공空함 (죄의식罪意識이 성립되지 않음)

(2) 터득의 길

① 선과 악의 분별심과 고정 관념 놓기
- 선한 '것' 악한 '것'의 간택심과 고정 관념 부수기

② 선과 악을 초월하여 선악 경계에 담담하기

③ 선과 악의 업보에 끌리지 않고 달게 받아 해탈하고 업業을 쉬기

④ 선을 행하되 행한 바 없이 하기 (상相 없이·흔적 없이)
악을 끊되 끊은 바 없이 하기 (다툼 없이·상처 없이)

⑤ 죄의식 녹이기 (이참理懺)

⑥ 지선至善의 경지 단련하기

■ 선과 악의 관념을 벗어난 순수·천진을 함양하자!

(3) 〔일원상의 진리〕에 「생멸 거래」와 「선악 업보」를 특별히 드러내 설명하는 의미

■ 축약하고 축약한 진리의 설명이지만 〔일원상의 진리〕로서 천하의 큰 도를 밝히므로, 그 내용에 생사 문제와 인과 문제를 필수적으로 언급하였음

■ 불법은 천하의 큰 도라 참된 성품의 원리를 밝히고 생사의 큰일을 해결하며 인과의 이치를 드러내고 수행의 길을 갖추어서 능히 모든 교법에 뛰어난 바 있나니라. (서품 3)

8) 언어 명상言語名相이 돈공頓空한 자리로서

(1) 진공眞空의 실상實相, 텅 비어 고요한 경지

■ 천지미분전天地未分前·일념미생전一念未生前

(2) 터득의 길

① 관공觀空하는 공부 : 공을 관조함
(돌이키기·바라보기·비추기)

② 양공養空하는 공부 : 공을 함양함
  (정화함·사무침·온전함)
③ 행공行空하는 공부 : 공을 응용함
  (무념행·무착행·중도행)
- 공가출입자재空家出入自在 공계주유자재空界周遊自在 공보활용자재空寶活用自在 (좌산종사)

9) 공적영지空寂靈知의 광명光明을 따라

(1) 소소 영령한 진리의 광명·알음알이·식識·알아차림
- 본체와 현상의 연락 관계로 현상 전개의 계기
① 분별·차별의 현상을 일어나게 하는 원리 : 인과因果
② 분별·차별상의 조명照明 : 인식의 빛
  - "제법개공지처諸法皆空之處 영지불매靈知不昧 부동무정不同無情 성자신해性自神解 차시此是 여지공적영지청정심체汝之空寂靈知淸淨心體 … 중생본원각성衆生本源覺性"
  - "역력고명歷歷孤明 물형단자勿形段者"
  - "차본원청정심此本源淸淨心 상자원명편조常自圓明徧照"
  - "차안개시此眼開時 … 삼라만상森羅萬像 지재면전只在面前"
- 대상 의식 아닌 본질적 사유
- "삶에서 가장 중요한 것은 내 안에서 빛이 꺼지지 않도록 노력하는 일이다. 안에 빛이 있으면 스스로 밖이 빛나는 법이다."

(2) 터득의 길
① 육근문을 쉬어 「밝음」 회복하기
  "육근문두六根門頭 일시휴헐一時休歇 자연허명自然虛明 자조요요지自照了了地"

- 주객主客 대립을 쉬고 아견我見·아상我相의 주착심이 사라지면 자연히 광명光明이 현전現前함 (흙탕물이 가라앉으면 맑은 물에 빛이 비추듯) 적조현전寂照現前

② 청풍을 불리어 「밝음」 드러내기
"청풍월상시만상자연명淸風月上時萬像自然明"
- 태양이 솟으면 암흑이 자연 물러나듯, 맑고 서늘한 바람이 불어 구름이 걷히면 밝은 달빛이 만상을 비추듯
  중생의 견문각지見聞覺知·사량 분별심을 청풍(서원·신심·공부심·공심·자비심·선심禪心·의두 삼매심·기도 일념 등)에 날려 보내면 저절로 공적영지의 혜월이 비친다.

③ 골똘한 생각 끝에 또는 일상생활 속에서 문득 한 생각 떠오르는 「밝음」 알아차리기
- 의두 연마, 경전 공부, 의견 교환, 견문하는 가운데서
- 명상, 걷기, 청소, 작업 하는 중에 등등

(3) 함께 생각하기

① 공적영지空寂靈知의 광명이 빛난다고 하였는데 왜 바른 판단이 되지 못하는가? 공적영지의 광명이 참으로 나타나는가?
② 공적영지의 광명은 왜 때로 습관과 업력을 이기지 못하는가?
③ 무명無明은 어디에 있다가 힘을 발휘하는가?
- 소소 영령한 영지가 경계를 대하매 습관과 업력에 끌리어 종종의 망상을 일으키니 중생, 영지로 경계를 비추되 항상 자성을 회광 반조하여 청정한 혜광이 나타나므로 부처 (정산종사법어 원리편 11)
- "신이 있다면, 세상의 악은 어디서 오는가? 신이 악을 제거할 의지가 없다면 선하지 않고, 악을 제거할 능력이 없다면 전능하지도 않다. 선하지도 않고 전능하지도 않다면, 그를 왜 신이라 불러야 하는가?"

10) 대소유무大小有無에 분별分別이 나타나서

- 소소 영령한 진리의 광명(인식의 빛)으로 우주와 만물 그리고 그것의 변태 현상(온갖 분별)이 드러나서

- 존재는 오직 인간을 긴히 요용要用하면서 현전現前한다. 왜냐하면 원래 인간만이 비로소 현현顯現의 터전을 마련하면서 존재를 현전現前시키는 까닭이다. 존재의 현전에는 조명照明의 광장이 요용要用되는 것으로서 이 요용要用 때문에 존재는 인간에게 내맡겨져 있다. 그렇다고 해서 존재가 인간에 의해 비로소 조정措定된다는 말은 아니다. 분명코 인간과 존재는 서로서로 내맡겨져 있다. 존재存在와 인간人間은 상호 공속의 일체一體이다. (하이데거)

※ 조정措定 : 어떤 물건을 대상으로서 또는 존재하는 것으로서 규정함

- "차안개시此眼開時 건곤대지乾坤大地 일월성신日月星辰 삼라만상森羅萬像 지재면전只在面前 불견유호리지상不見有毫釐之相"

- 대大라 함은 우주만유의 본체를 이름
  소小라 함은 만상이 형형 색색으로 구별되어 있음을 이름
  유무有無라 함은 천지의 춘·하·추·동 사시 순환과 풍 운 우 로 상 설과 만물의 생 로 병 사와 흥 망 성 쇠의 변태를 이름 (사리 연구)

  - 대大를 소小로, 소를 대로 만들 줄 알아야 성리의 체體를 완전히 아는 것
    유有를 무無로, 무를 유로 만들 줄 알아야 성리의 용用을 완전히 아는 것 (성리품 27)

  - 유는 변하는 자리, 무는 불변하는 자리이나 유라고도 무라고도 할 수 없는 자리가 이 자리 (성리품 31)

11) 선악 업보善惡業報**에 차별**差別**이 생겨나며,**
- 소소 영령한 선악 업보의 차별 세계(차별상)가 드러남

① 공적영지의 광명(인과의 원리)으로 선악 업보의 차별이 있게 되고
② 공적영지의 광명(밝은 인식의 빛)으로 선악 업보의 차별상이 드러나고
- 선악 업보의 차별이 진행되는 것은 조화 작용에 해당됨

- 함께 생각하기
  「생멸 거래에 변화가 (두렷하고)」의 부분이 본문에서 빠진 것에 관하여
  • 변화의 상이 드러나고 그것을 인식하는 것을 의미하면 (의미하는 표현이라면) '생멸 거래의 변화상'을 포함시킬 수 있을 것임

12) 언어 명상이 완연하여 시방 삼계가 장중의 한 구슬같이 드러나고,

(1) 공적영지를 회복하여(드러나서) 시방 삼계가 그대로 현전現前**함**
- 소소 영령한 비침(알음알이·알아차림)으로
① 대소유무의 분별이 확연하고
② 생멸 거래의 변화상이 두렷하고
③ 선악 업보의 차별상이 분명하고
④ 시방 삼계가 소소 영령하게 드러남
- 사유 구조와 존재 구조는 내외 일상內外一相으로서 양면
- 분별 망상으로서가 아니라 공적영지로 비춤
  • "창해만리허滄海萬里虛 무아무인천無我無人天 암상일소신岩上一少身 안전시방현眼前十方現"
  • "간간看看 만상여삼라萬像與森羅 지차일신상독로只此一身常獨露"

(2) 이무애理無碍**·사무애**事無碍**하여 일과 이치 간에 걸림 없이 통달함**

13) 진공묘유의 조화造化는 우주만유를 통하여 무시 광겁無時曠劫에 은현자재隱現自在하는 것이 곧 일원상의 진리니라.

(1) 진공묘유眞空妙有의 조화
   ① 돈공·광명·조화의 삼면 가운데 조화면을 의미하는 경우 (돈공과 공적영지의 광명에 대비되는 분야)
   ② 돈공·광명·조화의 삼면을 종합하여 일원상 진리의 전모를 의미하는 경우

(2) 조화
   ■ 공적영지·진공묘유가 우주만유를 통하여 무시 광겁에 은현자재함
      • 그 쓰임에 따라 「조화」의 의미가 다양함
   ① (공적영지·진공묘유의) 작용·변화
   ② 진공한 중에 또한 영지 불매靈知不昧하여 광명이 시방을 포함하고 조화가 만상을 통하여 자재하는 것 (광명·조화 = 묘유)
   ③ 진공과 묘유 그 가운데 또한 만법이 운행하여 생멸 거래와 선악 업보가 달라져서 드디어 육도 사생으로 승·강급하는 것 (조화 = 인과)
   (정산종사법어 원리편 2)
      • 음양이 상승하고 인과가 보응되어 우주는 성·주·괴·공과 춘·하·추·동으로 순환 무궁하고 만물은 생·주·이·멸生住異滅과 생·로·병·사로 변화하되, 상생 상극으로 조화 무궁한 것 (각산종사)

2. 일원상 진리의 요약 (속성)

공空
원圓
정正
(교의품 7)

1) 공空

■ **언어도단하고 심행처가 멸滅한 지극한 경지**

① 존재론적으로 고정된 실체實體 관념을 부수고 ─┐
　　　무자성無自性 인식　　　　　　　　　　　　│
　• 제법무아諸法無我·무무역무무無無亦無無　　　│
　※ 무자성 : 일체의 사물과 현상의 무실체성　　├─ 진공眞空의
　　　(연기적 존재이기 때문)　　　　　　　　　│　 실상實相
② 인식론적으로 고정된 관념과 분별심을 놓고　 │
　　　무규정無規定 유지　　　　　　　　　　　　│
　• 제행무상諸行無常·비비역비비非非亦非非　 ─┘
③ 마음이 고요하여 분별성과 주착심이 없음
④ 무명無明으로 말미암아 일체의 분별 망상심 (주객 대립主客對立의 심연상心緣相)으로 조작된 허상(표상의 세계)을 비움으로써 은폐되었던 실상이 드러남

■ 봉사(무명 삼독심으로 눈이 멀고 아상으로 눈이 가려짐)가 더듬거리며(분별 망상심으로) 대상을 파악하다가(주객 대립의 심연상 형성) 문득 눈을 뜨니(무명을 파하고 아상을 놓아 주객 대립 해소) 그대로 현전現前함 (진공의 실상이 드러남)

- 무안이비설신의無眼耳鼻舌身意 (주관공主觀空)
  무색성향미촉법無色聲香味觸法 (객관공客觀空)
  무안계無眼界 내지 무의식계無意識界 (표상 세계·무의식 세계 공空)
- 설사 한 물건이라 하여도 맞지 않다.

2) 원圓
- 진리의 빛과 조화가 우주에 가득 두렷한 경지

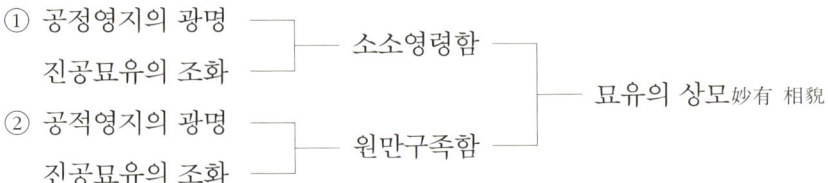

① 공정영지의 광명 / 진공묘유의 조화 — 소소영령함
② 공적영지의 광명 / 진공묘유의 조화 — 원만구족함
— 묘유의 상모妙有 相貌

③ 천지의 식天地 識·인과의 묘리因果 妙理
  • 우주에 가득 찬 진리의 블랙박스·CCTV
④ 인간의 밝고 원만한 분별·인식의 빛
  • 마음속의 양심·공명정대한 도덕 관찰자·소소 영령한 분별 인식 작용

3) 정正
- 순리 자연하고 공정하게 치연히 작용하는 진리의 생생한 경지

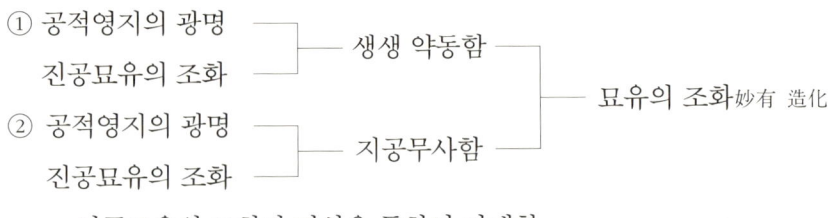

① 공적영지의 광명 / 진공묘유의 조화 — 생생 약동함
② 공적영지의 광명 / 진공묘유의 조화 — 지공무사함
— 묘유의 조화妙有 造化

  • 진공묘유의 조화가 만상을 통하여 자재함
    인과보응이 여실히 작용함
③ 천지가 쉼 없이 지공무사하게 운행함

④ 심신 작용이 원만구족 지공무사하게 이루어짐

3. 일원상 진리의 체득

■ "진리를 찾겠다는 사람은 믿을지언정 진리를 찾았다는 사람은 믿지 말라."

(1) 신앙으로 (신앙의 대상 삼음)

① 일원상 진리를 모시고 늘 기도함
② 처처 불상 사사 불공의 실천으로 매사에 감사하고 보은 불공함
③ 인과보응의 원리를 믿고 심신 작용으로 심어서 거둠

(2) 수행으로 (수행의 표본 삼음)

① 그 일 그 일에서 알음알이를 구하기
② 의심건을 궁굴려 만법 귀일의 실체를 증거하고 대적공실을 마련하여 성리 단련하기
③ 밖으로 지향하는 마음을 차단하고 앞뒤로 이어지는 마음의 연결 고리를 차단하여 텅 빈 일원상에 안주하기
④ 육근에 일원상을 봉안하여 육근 작용의 표본으로 삼아 단련하기
⑤ 일체 경계마다 자성의 정 自性 定 을 세우고
　　　　　　　　자성의 혜 自性 慧 를 세우고
　　　　　　　　자성의 계 自性 戒 를 세우기

4. 질의와 대안

■ 본문 중에 '생멸 거래'에 관한 내용이 광명의 측면부터는 누락된 이유?

(1) 대소유무에 분별이 나타난다는 것은 대와 소의 분별이 나타나고 천지의 춘·하·추·동 사시 순환과 풍·운·우·로·상·설과 만물의 생·로·병·사와 흥·망·성·쇠의 변태가 분별된다는 의미이므로 '생멸 거래에 변화가 드러남'을 포함시켜도 무방할 듯함 (시안-1에 적용)

(2) 대소유무에 분별이 나타나는 것이 곧 숨은 진리가 나타나는 것을 의미한다고 해석하는 견지에서 묘유에 광명과 조화를 포함시킴 (시안-2에 적용)

시안-1

돈공·광명·조화의 3측면으로 설명하는 구조

제1절 일원상의 진리

일원은 우주만유의 본원이며, 제불 제성의 심인이며, 일체 중생의 본성이며, 대소유무에 분별이 없는 자리며, 생멸 거래에 변함이 없는 자리며, 선악 업보가 끊어진 자리며, 언어 명상이 돈공한 자리로서 공적영지의 광명을 따라 대소유무에 분별이 나타나서 ① 생멸 거래의 변화가 드러나며, 선악 업보의 차별이 드러나며(② 생멸 거래의 변화와 선악 업보의 차별이 드러나며), 언어 명상이 완연하여 시방 삼계가 장중에 한 구슬같이 드러나고, 진공묘유의 조화는 우주만유를 통하여 무시 광겁에 은현자재하여 ① 생멸 거래에 변화가 일어나며, 선악 업보에 차별이 생기는 것이(② 생멸 거래의 변화와 선악 업보의 차별이 생겨나는 것이) 곧 일원상의 진리니라.

시안-2

진공묘유의 양면으로 설명하는 구조

제1절 일원상의 진리

일원은 … 대소유무에 분별이 나타나서 생멸 거래에 변화가 일어나고, 선악 업보에 차별이 생겨나며, (언어 명상이 완연하여 시방 삼계가 장중에 한 구슬같이 드러나고), 이러한 진공묘유(의 조화)는 우주만유를 통하여 무시 광겁에 … 곧 일원상의 진리니라.

> 참고

1. 정산종사법어 원리편 2장에 「일원상의 진리」를 진공·묘유·인과로 설명한 본의

① 상대처가 끊어져서 말과 사량으로 계교 형용 못함 : 진공
② 광명이 시방을 포함·조화가 만상을 통해 자재 : 묘유
③ 진공·묘유 그 가운데 만법이 운행하여 생멸 거래와 선악 과보가 달라져서 드디어 육도 사생으로 진강급 : 인과
• 이는 진공과 묘유와 인과의 3측면적 설명이라기보다는 「일원상의 진리」를 신앙의 대상과 수행의 표본으로서 그 속성을 설명한 것이 아닐까?

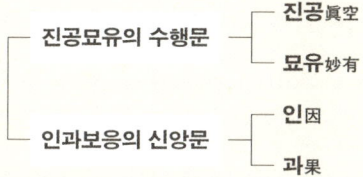

2. 진리 공부의 필요성

■ 진리 공부는 스스로 그 필요성을 절감하는 데서부터 출발하고 진리를 소중히 여기고 나아가 사랑하는데서 깊어진다.
■ 생멸 없는 진리와 인과보응의 진리를 믿고 깨닫게 하여 주는 것이 가장 급한 일이 되나니라. (인과품 16)

1) 인간다운 삶을 살기 위해서다.

사람은 자기 존재를 문제시 하는 유일한 동물이다. '이렇게 살아도 될 것인가?' 사람만이 진리를 깨달을 수 있다. (각혼覺魂 소유)
사람 몸 받고 대도 회상 만난 이 소중한 기회!

2) 진리의 은혜와 위력 속에 살기 위해서다.

진리는 생명의 근원이요 혜복의 원천으로 행복한 삶과 진급하는 삶의 비법이 그 속에 있다. 순천자順天者는 존存하고 역천자逆天者는 망亡한다.
• 「○」 속에 무궁한 묘리와 보물과 조화가 빠짐없이 다 갖추어 있다. (불지품 20)

> 참고

3) 살아계시는 대종사님을 친견하며 신앙과 수행의 바른 표본을 모실 수 있기 때문이다.

4) 진리에 관심을 둠으로써 진리에 젖고 진리에 눈이 떠져 진리를 사랑하게 되고 행동으로 실천할 수 있기 때문이다.

5) 날로 강성해져가는 물질문명의 세력을 항복 받아 이를 선용할 지혜와 힘은. 결국 진리를 깨달은 부처님 마음·하느님 마음에서 나오기 때문이다.

- ■ 제불 제성님들의 일생은 온 몸으로 진리의 가치를 일깨워 주시고 진리에 헌신하신 생애이시다. 심신을 온통 바쳐 진리를 사랑하고 진리 공부의 모습을 표본으로 보여 주셨다.
- 부처님의 유성출가·중생제도 : 더 급한 것을 찾으라!
- 공자님의 철환천하 : 아침에 도를 듣고 저녁에 죽어도 가可하다.
- 소크라테스의 독배 : 나는 죽으러 가고 너희는 살러 간다. 누가 더 행복할까?
- 예수님의 십자가 죽음 : 나를 따르려거든 네 소유한 것을 세상에 나눠주고 자기 십자가를 지고 따르라.

- ■ 윤복희 '여러분'
  'You raise me up' (to more than I can be)
- 각자에 있어서 '여러분'은 누구인가? 무엇인가?
   'You'는 누구인가? 무엇인가?
- 진정한 구원·영원한 생명·무궁한 혜복은 어디로부터 오는가?

> 참고

3. 진리 공부의 방법

1) 진리를 물어야 한다.
- 네가 큰 진리를 물었도다. (교의품 3)
① 진리 공부의 필요성을 절감하면 자연적으로 진리에 관심이 가고 공부에 대한 서원이 싹트게 된다. 서원이 커 갈수록 진리에 대한 궁금함과 의문이 일어나게 된다.
② 고정 관념·고정된 사고의 틀을 벗어나 새로운 시각과 창의적 발상으로 살게 되면 새삼스레 많은 궁금함과 의문이 일어난다.
- "이데올로기는 그 내부에 모순을 갖고 있지 않다."
  이데올로기의 모순은 그 밖으로 나와야 비로소 보인다.
- 대종사님은 「구름」을 물으셨다.
- 수보리의 물음으로 금강경金剛經이 탄생하였다. 부처님께서 '착하고 착하다!'고 수보리를 칭찬하셨다.

2) 오래오래 궁굴린다.
① 쉽게 대강 대강 해결하려 말고 의문에 꿰이고 묶임을 당하여 치열하게 그러나 흔적 없이 두고두고 연마해 간다. 그러기 위해서는 의문을 오래 견디며 용기 있게 밀고 나아가는 힘이 필요하다.
② 의문을 쉬지 않고 궁굴리는 과정에서 진리에 젖고 망념이 사라지고 일심이 뭉쳐지고 욕심이 담백해지고 무명이 차차 사라져 간다. 의문이 커지고 사무쳐 간다.

3) 그 일 그 일에서 알음알이를 구하고 결국은 하나의 원리로 돌아감을 확인·확신한다.
① 일상생활을 공부심 놓지 않고 진지하고 까닭 있게 진행하자. 보고 듣는 것이 다 진리 아님이 없다.
② 일사 일리一事一理이니 그 일 그 일에서 알음알이를 캐내자.
③ 수많은 깨우침과 이치와 원리와 알음알이들이 결국은 하나의 원리 밖에 있지 않음을 알아채자.
- 추리 분석으로 알음알이 구함
- 밝게 분석하고 빠르게 판단하는 능력을 기름

> 참고

4) 대적공실大積功室을 운용한다.
- 마음속에 대적공실을 두고 끊임없이 화두의 불꽃이 타오르게 한다. 생나무도 탈 수 있는 밑불이어야 한다.
- 일이 없을 때 궁굴리고 심신 작용 할 때 대조하여 한 없이 마탁해 간다.

5) 의견을 교환하고 스승의 문답 감정을 받는다.
- 자신의 한계와 착각을 알아차려야 한다.
- 자기의 등불을 꺼야 타인의 불 밝기를 알 수 있다.
- 깨달음의 경지는 천 층 만 층이다.
- 의견 교환과 문답 감정을 통해 크게 트이고 깊어져 간다.

6) 실천으로 검증하고 현실에 응용한다.

7) 우주 대자연과 생명과 운명 등의 신비함과 부조리함을 늘 묵상한다.

제2절 일원상(一圓相)의 신앙(信仰)

1. 신앙의 이해

1) 신앙에 대하여

(1) 신앙이란?
- **궁극적 대상(진리·절대적 대상)을 향해**
① 절대적 믿음을 바침
② 외경심(畏敬心)으로 우러러 귀의함
③ 소원을 빌어 위력과 구원을 얻고 낙원(안심입명 安心立命)을 수용함
④ 그 명을 따르고 헌신함
  - 교리상에서 '신앙'이라는 용어는 「보경삼대요령」에 처음 명시
    '…이 원만한 사은으로써 신앙의 근원을 삼고…'

(2) 신앙은 왜 필요한가?
- **신앙 없이도 사는 사람·신앙 없이도 잘 사는 사람이 있지 않은가?**
  신앙하면 더 잘 살기 때문이다.
① 믿고 모시며 의지하여 빌면 반드시 이로움이 있기 때문이다.
  - 무심치 않는 하늘·감응하는 진리가 있다.
  - 어른·스승을 모시면 저절로 행동이 달라진다.
② 세상을 살아가기로 하면 자력(自力)과 함께 타력(他力)이 필요하기 때문이다.
  - 혼자서는 살아갈 수 없는 세상살이다.
  - 신앙은 타력을 얻는 인간만의 능력이요 위대한 지혜다.
  - 식물이 땅에 뿌리박고 살 듯 동물들은 하늘에 뿌리하고 살아간다.
    (인과품 3)

- 이 가운데는 (큰 우주의 본가인 일원상의 진리) 무궁한 묘리와 무궁한 보물과 무궁한 조화가 하나도 빠짐없이 갖추어 있나니라. (불지품 20)
③ 인간의 한계를 극복하고 나아가 구원을 얻을 수 있기 때문이다.
- 법열 속에서 미래에 대한 서원과 희망으로 성스러움을 지향하게 된다.
- 생명의 유한성과 운명의 불확실성 그리고 인간의 이성·지성·감성·의지 등等의 한계로 인해 어쩔 수 없이 빠지게 되는 욕망, 분노, 애증, 두려움, 부끄러움, 외로움, 좌절과 허무감 등을 극복하고 자신감과 거듭남의 위력 속에 살 수 있다.
- 죽음, 운명, 죄악, 업장의 그늘에서 벗어나 구원을 얻게 된다.
- 이기심을 넘어 헌신 봉공하는 성숙된 삶과 자아실현의 진정한 행복을 누릴 수 있다.
④ 수행의 굳건한 토대를 구축하고 강한 에너지를 샘솟게 하기 때문이다.
- 간절한 마음으로 번뇌 망상을 정화하며 온전한 마음을 회복하고 밝은 마음을 솟게 하며 의지력과 실천력을 강화시킨다.
- 호의 불신증 해소로 굳건한 수행의 토대를 구축한다.
- 사사邪私를 끊어 위력을 얻고 수행 상에 큰 진전을 이룬다.

(3) 신앙의 원리

① 우주에는 불가사의한 위력과 은혜(만물을 생성하게 하고 죄복을 주재하는 능력 등)가 충만하고, 인간에게는 우주의 불가사의함을 감동시킬 요소(믿음·일심·원력·정성)가 있다.
- 우주에는 서로 마음과 마음이 통하고 기운과 기운이 응하는 이치가 있다.

- 텅 비어 통하고
- 오롯함으로 응하고
- 간절함으로 동한다.
- 정성으로 뭉치고 뭉치면 커지고, 클수록 강한 힘으로 끌어 당긴다.
- 극하면 변화가 일어난다.
- 지성으로 기원하여 확호한 심력心力을 얻으면 무궁한 천권天權을 잡아 천지 같은 위력을 발휘 할 수 있다. (서품 13, 교의품 16, 17, 불지품 13)

② 가면 오고 오면 가고, 심으면 거두는 인과의 이치가 있다.
(인과품 3, 5, 천도품 29)

2) 자기의 신앙에 대하여

(1) 자기 돌아보기
① 자기의 한계(인간의 유한성, 운명의 불확실성 등)를 확실히 알고 철들기
② 스스로의 책무를 원만히 이행하고, 보람 있는 인생을 살아가기 위한 타력他力의 필요성 절실히 인식하기
③ 가장 아쉬운 사람임을 자각하고 머리 숙여 '어리석은 중생' 되기

(2) 믿고 우러러 의지할 대상 찾기
① 자신의 믿음에 대한 검토
- 믿고 의지 할 것 없이도 살아갈 수 있을까?
- 지금껏 무엇을 믿고, 무엇을 불신하며 살아왔는가?
- 믿을 수 있고, 믿고 싶고, 믿어야 하는 것이 무엇인가?
- 빌려는 마음이 우러나고, 빌 곳이 있는가?
- 세상에 절대적인 믿음의 대상이 존재 하는가?

② 세상의 믿음에 대한 검토
- 기성 종교·도덕 등을 빈 마음으로 응하여 두루 살핌
- 이성·과학적 지식·상식·경험적 토대 위에서 살핌

③ 궁극적인 것, 진리에 대한 연마와 체험
④ 신앙의 원리에 대한 연마와 바른 이해

(3) 믿음에 서원을 세우고 지성으로 매달리기
① 구원의 확신과 기쁨 충만으로 믿음의 대상에 귀의함
② 큰 서원으로 믿음의 대상에 지성으로 매달림
- 역경이나 순경이나 언제나 한결같이 지성으로 갈구함

③ 믿음의 간절함 속에서 위력·감사·보람 충만으로 스스로에게 변화가 일어남을 체험 (심력心力 능력能力 충만)
④ 자신의 변화와 신념이 주위를 감동·감화시킴

(4) 믿음의 대상과 하나로 승화되어 그 대행자가 됨
① 자신을 놓고(잊고) 믿음의 대상에 귀의하여 진리의 부르심·진리의 뜻과 명령으로 향함 (지천명知天命, 순천順天, 대공심大空心)
② 믿음의 대상과 하나 되어 그 대행자로서 세상의 의지처·주인·일꾼·선도자로 나섬 (보은 불공, 헌신, 희생, 대공심大公心)

3) 일원상 신앙의 의의

- 과거 선종禪宗에서 심불心佛의 상징이었던 「○」을 신앙의 대상으로 모심
- 「○」 일원상 (일원·일원상의 진리·법신불 일원상)
    - 자신 속의 「○」 : 심불心佛·자성불自性佛을 신앙의 대상으로
    - 우주에 가득한 천지 만물 허공법계의 「○」 : 법신불·처처 불성佛性·처처 불상佛像을 신앙의 대상으로

→ 후천개벽 시대에 일원상의 신앙으로 물질문명·물질 세력에 상응하는 정신문명과 정신 세력을 이루어 그 은혜와 위력으로 낙원 세계를 건설함

① 편협한 신앙(등상불·유일신 등)을 원만한 신앙으로 (법신불·범신 등)
② 미신적 신앙(등상불에게 불공 등)을 진리적·사실적 신앙으로 (인과보응의 원리 따라 처처불에게 직접 보은 불공)
③ 타력 위주 신앙을 자타력 병진 신앙으로
④ 타력에 매달려 갈구하는 신앙을 넘어 자신을 바쳐 헌신하는 데까지 성숙한 신앙으로
⑤ 신앙 위주에서 수행을 병진하는 신앙으로

4) 일원상 신앙법

(1) 일원상의 진리를 신앙의 대상으로 하고 그 진리를 믿어 복락을 구함

① 어느 때 어느 곳에서나 항상 경외심을 놓지 말고 존엄하신 부처님을 대하는 청정한 마음과 경건한 태도로 천만 사물에 응할 것
② 만 사물의 당처에 직접 불공하기를 힘써서 현실적으로 복락을 장만할 것

(교의품 4)

(2) 일원상의 신앙이란?

① 자기의 마음이 곧 부처이며 자기의 성품이 곧 법인 것을 확인 함
② 인과의 묘리가 지극히 공변되고 지극히 밝아서 가히 속이지 못할 것을 신앙함
③ 죄복 인과를 실지 주재하는 사은의 내력을 알아 각각 그 당처를 따라 실제적인 신앙을 세우고 일을 진행하자는 것
④ 곳곳이 부처요 일일이 불공이라는 너른 신앙을 갖자는 것
■ 진리를 사실적으로 신앙하는 길

- 자력을 양성하고 타력을 바르게 받아들이는 신앙(정산종사법어 원리편 3)

5) 일원상의 신앙은 과거 신앙법을 혁신한 새로운 패러다임의 종교 신앙법
① 법신불 일원상을 신앙의 대상으로 하는 동시에 일원 즉 사은이요, 사은 즉 우주만유로, 천지 만물 허공법계를 다 부처님으로 모심
② 보은 즉 불공으로 진리적·사실적·현실적으로 복락을 장만해 감
③ 신앙과 수행을 병진하여 서로 원동력이 되고 서로 보완해 감

6) 개교 백년에 〔일원상의 신앙〕에 대한 성찰

(1) 정전 제2절 〔일원상의 신앙〕을 통해 신앙적 감흥이 얼마나 일어나는가?
- 이법적理法的 신앙으로 흐르지 않도록 유의하자.

(2) 각자 신앙을 진행해 가는 심력心力의 밀도를 어떻게 높일 것인가?
① 모두를 부처로 믿고 깨달아가는 신앙심의 정도
② 항상 경외심으로 우러르고 모시는 신앙심의 정도
③ 쉬지 않고 기도하며 감동과 감화의 위력을 나투는 신앙심의 정도
④ 당처에 직접 적실한 보은 불공을 진행해 가는 신앙심의 정도
⑤ 원력을 성숙 시키고 헌신해 가는 신앙심의 정도
⑥ 자타간의 잠재한 불성(역량)을 개발해 가는 신앙심의 정도
- 자신과 세상에 가득한 위력·보물·묘리를 개발해 가는 감동적인 공들임과 창의적인 불공의 밀도를 높여가자.

(3) 각자 신앙하는 「○」은 어떤 원상(부처님)인가?
- 천만 원상을 통해 그 속에 관통하는 한 큰 원상을 동시에 모시는 신앙 자세를 확립하자.
  - … 한 큰 원상이 돌매 천만 작은 원상이 따라 도나니 … (정산종사

법어 원리편 7)
- 나무만 보고 숲을 보지 못하는 경우도 있고, 그릇에 담긴 바닷물에서 태평양의 물을 보지 못하는 수도 있다.
- 하느님 앞에 선 기독교인과 부처님 앞에 선 불교인과 일원상 진리 앞에 선 원불교인의 신앙 자세를 비교해 보자.

(4) 〔일원상의 신앙〕이 교법의 구석구석에 어떻게 전개되고 반영되어 있는가?
  ① [일원상 서원문]에서 일원상의 신앙은?
  ② [훈련법]에서 일원상의 신앙은?
  ③ [영육 쌍전 법]에서 일원상의 신앙은?
  ④ [법위 등급]에서 일원상의 신앙은?

(5) 신앙의 호칭 문제를 어떻게 정립할 것인가?
  ① 신앙의 대상 : 법신불 일원상·일원상의 진리·일원상·일원
  ② 신앙의 강령 : 천지·부모·동포·법률의 사은四恩
  ③ 신앙의 호칭 : 법신불 사은님!·사은님!
  ※ 통용되는 호칭들 ~ 일원불·심불心佛·법신불 일원상 등

2. 본문의 이해와 그 실행법

- 함께 생각하기
  일원상의 진리 내역 하나하나를 낱낱으로 다 믿으라 하신 본의?
  • 구체적·사실적·실천적 신앙의 길로 나아가 원만한 신앙·실다운 신앙을 하라는 뜻이 아닐까함

(1) 일원상의 진리를 우주만유의 본원으로 믿으며,
- 만유가 한 체성이요 만법이 한 근원이니, 우주만유 그대로가 곧 법신불 일원상의 진리이므로 우주만유를 일원상의 진리로 믿음
① 허공법계를 진리 부처님으로 경외하고 기도 올림
② 어느 한 때도 어느 한 대상도 부주의함 없이 오직 경외심과 경건한 태도로써 존엄하신 부처님으로 접응함
③ 원하는 바에 따라 당처에 직접 불공함
  - 우주만유의 본래 면목(본성本性·불성佛性)을 굳게 믿고 부처님으로 모시고 보은 불공

(2) 제불 제성의 심인으로 믿으며,
- 제불 제성의 깨달으신 경지(마음)가 곧 「○」임을 믿음
① 일원상의 진리가 곧 심불心佛임을 확신함
② 제불 제성을 계교심 없이 한 마음으로 모시고 그 본의를 헤아려 진리적으로 그 뜻을 받들어 성업聖業에 동참해 감
  - 각종 각파가 진리 앞에 겸허한 자세로 서로 회통하여 제불 제성의 본의를 살피고 한 마음 한 뜻으로 합력하여 평화로운 일원 세계를 건설해 감

(3) 일체 중생의 본성으로 믿으며,
- 일체 중생(너와 나)의 본성이 곧 부처임을 확신함
① 자성불自性佛을 소중히 모시고 귀의함
  - 자기 자신에 대한 믿음의 태도 확립
  - 스스로를 부처로 인정해 주시고 그 능력과 가능성을 확신·확인 시켜주시고 그 능력을 회복시켜 주시는 자성불님 모시기
② 일체 중생에 대한 절대적 신뢰와 소통으로 대평등의 자비 실현하기 끝까지 믿어 주고 살려 주고 한 집안 한 형제 한 살림으로 '하나로 사세!'

③ 일체 중생이 죄와 복을 직접 주재하는 권능불임을 믿고 경외심과 감사심으로 보은 불공하기

(4) 대소유무에 분별이 없는 자리로 믿으며,
- 분별을 초월한 진공의 경지가 있음을 믿음
① 복잡한 현대 사회 생활에서 무시로 수많은 분별이 일어날 때마다 「○」의 분별없는 자리를 믿고 우러러 그 마음을 녹여내고 위로 받고 치유함
② 평소 분별없는 자리를 믿음으로 단련하고 함축하여 실생활에 나아가 분별없이 소소영령하고 생생약동하는 경지를 바탕으로 원만구족하고 지공무사하게 심신을 작용 함

(5) 생멸 거래에 변함없는 자리로 믿으며,
- 진리의 여여 자연한 유상有常함을 확신함
① 변화무쌍한 현실 속에서도 진리의 여여 자연함을 굳게 믿음으로써 변화 하는 가운데서도 평상심을 확보함
② 거래에 변함없는 자리를 믿고 단련함으로써 변화에 휩쓸리지 않고 부동하고 안분 해탈하는 여유와 힘으로 여여자재함

(6) 선악 업보가 끊어진 자리로 믿으며,
- 선악 업보를 초월한 지선至善의 경지를 믿음
① 선악 업보가 끊어진 자리를 확신하고 돌이켜서 죄업의 뿌리를 녹여냄 (신앙으로 이참理懺)
② 선악의 분별심과 업보의 끌림을 돌아보는 여유와 지혜를 얻어서 분별심을 끊고 업보의 끌림을 무력화하여 부동하고 해탈 자재하는 힘 발휘

(7) 언어 명상이 돈공한 자리로 믿으며,
- 언어도단하고 심행처가 멸한 절대 진공의 경지를 믿음

① 진공에 사무치는 믿음의 힘으로 본래 면목을 회광 반조함
② 언어 명상에 묶이고 분별 집착하는 마음을 돌아보아 돈공의 믿음으로써 해소함

(8) 그 없는 자리에서 공적영지의 광명을 따라 대소유무의 분별이 나타나는 것을 믿으며,
- 언제 어느 곳에나 소소 영령한 진리의 광명이 비침을 믿음
① 소소 영령한 광명을 따라 현상 세계가 분명히 드러남을 확신함
② 텅 빈 가운데 소소 영령한 진리의 광명·인식 작용을 믿어 마음속의 분별 망상을 잠재우고 텅 빈 마음에 본래 밝은 지혜 광명이 빛나도록 공들임

(9) 선악 업보에 차별이 생겨나는 것을 믿으며,
- 공적영지의 비침으로 인과 묘리의 소소 영령함이 드러남을 믿음
① 세상의 차별상이 공적영지의 광명을 따라 호리도 틀림없이 전개됨을 확신함
② 인과의 묘리를 믿고 지은 바 업을 달게 받으며 선업 짓기를 노력하고 업을 초월하는 힘을 기름

(10) 언어 명상이 완연하여 시방 삼계가 장중에 한 구슬같이 드러나는 것을 믿으며,
- 진리의 광명으로 시방 삼계가 두렷이 드러남을 믿음
① 자성의 광명을 믿고 회복하여 시방 삼계를 여실히 현전하기
② 우주 만유(당처 당처)가 은혜를 주시고 죄복을 주재하시는 권능불임을 믿음으로 발견하여 모심

(11) 진공묘유의 조화는 우주만유를 통하여 무시 광겁에 은현자재하는 것을 믿는 것이 곧 일원상의 신앙이니라.
- 일원상 진리의 무소 부재함과 진공묘유의 조화가 치연히 작용함을 믿음

① 세상 가득 진공묘유의 조화가 충만함을 믿어 경외하고 그 은혜와 위력에 감사하며 보은 불공함
② 자신 속에 진공묘유의 조화가 충만함을 믿고 개발하여 풍성한 자력을 양성함

3. 신앙 연습

1) 모시는 대상 찾는 연습
- 모시는 대상 없이 살아가는 삶과 잘못된 대상을 모시고 살아가는 삶의 위태함을 돌아보아 진정으로 모시고 살아야 할 대상에 눈뜨기

(1) 삶 속의 믿음 확인하기
① 의식적으로 믿어온 것들
② 무의식적으로 또는 관습적으로 믿어온 것들
③ 미처 깨닫지 못했거나 발견하지 못한 믿음들
- 생각해 보고 배우고 깨달아 갈수록 무수한 믿음들이 삶을 지탱해 주고 지속시켜 왔음을 새삼 확인하게 된다.
- 믿음 없이는 그 누구도 살아갈 수 없음을 확신하게 된다.

(2) 느끼고 배우고 생각해온 모든 믿음들을 분석해 보기
① 그릇된 믿음, 허망한 믿음, 불확실한 믿음
② 실다운 믿음, 정당한 믿음, 거룩한 믿음
- 내 믿음의 보따리에는 어떤 믿음들이 갈무리 되어 있는가?
- 믿음은 이성적 합리적으로만은 이해될 수가 없다.

(3) 종교적 믿음에 대해 공부하기

① 하느님·부처님 등의 기존 믿음 체계와 실생활 속에서 이루어지는 세상의 다양한 믿음 현상에 대해 공부하기
② 종교적 믿음에 대한 불신 풍조의 원인 공부하기
③ 참다운 종교적 믿음과 미래 시대가 요구하는 종교적 믿음에 대해 생각해 보기

- 함께 생각하기
  탈종교 시대의 바람직한 믿음 체계를 어떻게 구축해 갈까?

(4) 일원상의 신앙에 대해 공부하고 묵상하기

① 하나의 이치·원리·기운 알아가고 느끼기
② 없어서는 살 수 없는 은혜 발견하고 느끼기
③ 생명의 근원이요 죄복의 주재자로서 일원상을 깨닫고 모시기
- 과학 문명의 시대·세계가 하나로 열려가는 시대에 누구나 공감하고 귀의할 수 있는 신앙 체계가 바로 진리적 종교의 신앙 곧 일원상의 신앙이다.

2) 모시고 받들어 섬기는 연습

- 섬기고 사는 것이 있는가?
- 평소 무엇을 섬기고 사는가?
- 진심으로 섬기는 자세가 확립되었는가?
  • "섬김을 받으러 온 것이 아니라 섬기러 왔다."

(1) 일원상의 진리·대종사님의 교법·스승님 가르침의 본의를 두 마음 없이(조금의 간격도 없이) 높이 받들어 자신의 원력 삼기

- 사대불이신심四大不二信心, 과일 나무 접붙이기
- 부처님 머리에 모셔진 수많은 부처님 (불상佛像)

(2) 일체를 두루 평등하게 존엄하신 부처님으로 섬기기
① 스스로 어리석은 중생이 되어 굴기하심하고 섬기기
② 대상을 수단화 하지 않고 진심으로 공경하여 섬기기
③ 하찮고 해롭고 원망스러운 대상도 차별 없이 섬기기

(3) 청정한 마음과 경건한 태도로 응하기
① 오직 감사 보은하는 정성으로 상대하기
② 경외심을 놓치지 않고 섬김으로 상대하기

3) 진리 불공 연습
- 평소에 빌며 사는가?
- 어디에 무엇을 어떻게 비는가?
- 심고와 기도의 위력을 체험하는가?

(1) 일원상의 진리와 한 기운으로 연하기
① 일원상의 진리를 간절히 우러러 하나로 연하기
- 천지영기아심정 天地靈氣我心定 하여 항상 진리의 기운이 자신과 주위에 다북 어리게 함
- 생선 가게에 오래 머물면 비린내가 배고, 진리와 연하여 한 기운으로 계속하면 진리의 기운이 감응하고 그 향기가 풍긴다.

② 진리를 속이거나 위배되는 심신 작용 경계하기
- 진리를 속이거나 위배하면 빌 곳이 없다.

(2) 지극한 원력을 세우고 정성으로 빌기
① 지극한 원력 세우기 : 큰 원력을 세워야 더 간절해지고 그 공덕도 크다.
- 조석 심고 올릴 때 제 몸을 위해서만 빌지 말고 세상과 회상을 위해 빌기를 잊지 말라. 그 공덕이 훨씬 크리라. (정산종사법어 권도편 16)

② 정성으로 빌기 : 정성으로 빌어야 위력이 내린다.
- 일백 골절이 다 힘이 쓰이고 일천 정성이 다 사무쳐야 (교의품 16)

(3) 쉬지 않고 빌기
- 심고와 기도를 생활화하여 조석 심고 뿐 아니라 평소에도 쉼 없이 기도 일념으로 지속함
  - 공자님의 기도 : 따로 특별히 기도드릴 것이 없다. 기도드려 온지 오래다.

(4) 기도의 확호한 심력心力을 얻어 여의如意 활용 자재하기
- 기도의 능력을 발휘하여 극락 수용하고 제중 사업에 전력하기
  - 결국 소원을 이루는 동시에 큰 위력이 나타나 악도 중생을 제도할 능력과 백천사마라도 귀순시킬 능력이 있을 것 (교의품 16, 17)

4) 실지 불공 연습
- 부처가 누구인가? 산 부처가 어디 계신가?
- 성공하는 불공을 드리고 있는가?
- 실지 불공의 위력을 체험하는가?

(1) 인과의 이치를 달관하여 심신 작용의 원칙 삼기
  ① 심어서 거두는 신앙 자세 확립하기
  ② 공들이고 베푸는 일이 자연스럽게 생활화 되도록 연습하기

(2) 그 일 그 일에 절대 감사심으로 임하는 연습하기
  - 당연한 일 원망할 일까지도 감사심으로 돌리기

(3) 원하는 바 당처에 직접 불공하기를 힘써서 현실적으로 복락을 장만하기
- 노인 부부의 「자부」에게 불공하기 (교의품 15)

(4) 대상의 특성 따라 시대 따라 맞춤형 불공하기
- 개교 백년에 노인 부부의 「자부」에 대한 불공법은 어떻게?

(5) 대상의 잠자는 불성을 일깨워서 끝내 성공시키기
- "지금 공부를 잘 하는지 보다 무엇을 좋아하고 무엇을 잘 하는지를 살피라."

(6) 위기 상황·역경을 기회삼아 은혜로운 상황으로 반전시키는 불공하기
- 위기와 역경에 매몰되거나 그냥 흘려보내지 말 것

(7) 삼대 불공법 三大佛供法 익히기
- 불석신명불공 不惜身命佛供
  ~ 몸과 마음을 다하여 지극 정성으로 공들임
- 금욕난행불공 禁慾難行佛供
  ~ 참기 어려운 욕심과 힘든 일도 마다 않고 공들임
- 희사만행불공 喜捨萬行佛供
  ~ 기쁘게 오직 위하는 심법으로 힘껏 베풀어 공들임

4. 질의와 대안

(1) 〔일원상의 신앙〕에는 '일원상의 진리를 수행하는 동시에'라는 설명이 없고, 〔일원상의 수행〕에는 '일원상의 진리를 신앙하는 동시에'라는 설명이 있는 이유?

- 의견
    - 교법의 원리가 신앙과 수행을 병진하게 되어 있으므로 서로 병진하게 함으로써 서로 바탕이 되고 영향을 주어 신앙과 수행의 효율을 높이도록 했으면 함
    - 따라서
    ① 신앙절에 '일원상의 진리를 수행하는 동시에'를 추가하든지
    ② 수행절에 '일원상의 진리를 신앙하는 동시에'를 삭제하든지

(2) 〔일원상의 신앙〕과 〔일원상의 수행〕의 내용 구성에 있어 그 흐름이 다른 이유?
- [일원상의 신앙]은 [일원상의 진리] 원문 하나하나를 그대로 일일이 믿으라 하였고, [일원상의 수행]은 수행의 표본으로서 일원상의 진리를 달리 규정하여 일원상과 같이 원만구족하고 지공무사한 각자의 마음을 닦아 가도록 하였음

- 의견
    - [일원상의 수행]과 같은 흐름(수행의 표준과 방법 제시)으로 [일원상의 신앙]도 신앙심이 간절히 우러나도록 신앙의 대상으로서 [O]과 신앙법을 새롭게 규정 했으면 함

| 시안 |

제2절 일원상의 신앙

일원상의 진리를 (수행하는 동시에) 신앙의 대상으로 하고 그 진리를 믿어 복락을 구하나니, 일원의 내역은 곧 사은四恩이요, 사은의 내역은 곧 우주만유이므로 천지 만물 허공 법계를 다 부처로 모시고 (끊임없이 간절히) 기도하며 항상 청정한 마음과 경건한 태도로 천만 사물에 응하여 직접 당처에 불공하는 것이 곧 일원상의 신앙이니라. (교의품 4장 근거)

제3절 일원상의 수행
_{一 圓 相 修 行}

1. 수행의 이해

1) 수행이란?
   - 심신을 바르게 닦고 원만하게 길들임

2) 수행은 왜 필요한가?

(1) 인간의 불완전함을 보완하기 위해서
   ① 욕망으로 인한 죄업을 방지하고 고통 해소
   ② 무지로 인한 죄업을 방지하고 고통 해소
   ③ 습관과 업력으로 인한 죄업을 방지하고 고통 해소
   ④ 정신적 피폐로 인한 죄업을 방지하고 고통 해소
   ⑤ 분별식심으로 인한 죄업을 방지하고 고통 해소
   ⑥ 이성·지성·감성의 한계로 인한 갈등과 불안의 해소
      • 하늘과 땅 사이의 인간, 성현과 동물 사이의 인간

(2) 인간의 무한 가능성을 개발하기 위해서
   ① 하늘 마음·성현의 마음을 회복
   ② 심신을 법으로 질박아 육성하고 각종 교육으로 능력 배양
      • 보석도 갈고 닦아야 빛이 난다.

(3) 후천개벽 시대에 물질 세력·물질개벽에 상응하는 정신 세력·정신개벽을 이루기 위해서
   ① 물질개벽을 선도할 정신개벽 이루기

② 밝은 시대 대활동기에 필요한 정신력과 심신 작용의 역량 배양

3) 일원상 수행의 의의
① 일체 중생의 본성인 일원상의 진리를 표본으로 일원상과 같이 원만구족하고 지공무사한 각자의 마음을 알고, 양성하고, 사용하도록 수행의 원리를 밝힘
② 공리공론空理空論·형식·출세간出世間 중심의 수행을 누구나 생활 속에서 쉽게 닦아갈 수 있는 진리적이고 사실적인 수행으로 혁신
③ 한 분야를 중심으로 편수하는 수행을 진리를 표본으로 심신을 아울러 원만하게 닦아가는 수행으로 혁신
  ─ 유儒·불佛·선仙 수행법의 일원화一圓化
  ─ 수양·연구·취사 공부의 병행
  ─ 모든 종교의 수행법도 통합 활용

4) 일원상의 수행법
■ **일원상을 수행의 표본으로 그 진리를 체받아서 자기의 인격을 양성함**
① 일원의 진리를 깨달아 천지 만물의 시종 본말과 인간의 생·노·병·사와 인과보응의 이치를 걸림 없이 알자는 것 (견성·사리 연구·혜慧)
② 일원과 같이 마음 가운데 아무 사심이 없고 애욕과 탐착에 기울고 굽히는 바가 없이 항상 두렷한 성품을 양성하자는 것 (양성·정신 수양·정定)
③ 일원과 같이 모든 경계를 대하여 마음을 쓸 때 희 로 애 락과 원근 친소에 끌리지 아니하고 모든 일을 오직 바르고 공변되게 처리하자는 것 (솔성·작업 취사·계戒)   (교의품 5)

■ **일원의 수행은 일원의 진리를 그대로 수행하자는 것**
① 일과 이치를 아는 공부를 하되 그 지엽에만 그치지 말고 우리 자성의

근본 원리와 일원 대도의 전모를 원만히 증명하자는 것
② 회광 반조하여 그 본래 성품을 잘 수호하자는 것
③ 천만 사물을 접응할 때 일원의 도를 잘 운용하자는 것
　　　　　　　　　　　　　　　　　　(정산종사법어 원리편 4)

■ 수신의 요법
① 시대를 따라 학업에 종사하여 모든 학문을 준비할 것이요,
② 정신을 수양하여 분수 지키는데 안정을 얻을 것이며, 희·노·애·락의 경우를 당하여도 정의를 잃지 아니할 것이요,
③ 일과 이치를 연구하여 허위와 사실을 분석하며 시비와 이해를 바르게 판단할 것이요,
④ 응용할 때에 취사하는 주의심을 놓지 아니하고 지행을 같이할 것이니라.　　　　　　　　　　　　　　(정전 최초법어)

2. 본문의 이해

1) 일원상의 진리를 신앙하는 동시에 수행의 표본을 삼아서

■ 일원상을 신앙하는 것은 곧 진리를 사실로 신앙하는 길이라, 능히 자력을 양성하고 타력을 바르게 받아들여 직접 정법 수행의 원동력이 되게 한 것 (정산종사법어 원리편 3)

① 교법의 기본 원리가 신앙과 수행을 병진하도록 짜임
② 신앙과 수행을 병진함으로써 서로 바탕이 되고 영향을 줌
　• 일원상의 신앙은 수행상에서 길잡이(표준·스승)가 되고 수행에 대한 확신을 심어 주고 비전을 제시하고 분발심을 일으키고 새로운 돌파구와 도약의 힘을 제공하여 수행을 끝없이 성장 성숙시켜가는 위력을 발휘한다.

- 불교정전에는 '일원상의 진리를 신앙하므로써 수행의 표본을 삼나니 …'로 되어 있음 : 신앙은 수행의 전제요 원동력이요 보완제

2) 일원상과 같이 원만구족圓滿具足하고 지공무사至公無私한 각자의 마음을

① 수행의 표본을 「원만구족·지공무사한 마음」으로 잡아주심
- 일원상의 진리를 인격적으로 표준할 때 여러 표현이 가능한데, '원만구족·지공무사'로 후천개벽의 표준 인격을 삼으신 본의를 깊이 헤아리자.

■ 원만구족하고 지공무사한 마음
- 텅 비어 밝은 광명이 소소 영령하게 가득 빛나고, 생생 약동하는 조화가 원만구족하고 지공무사하게 작용하는 마음
- 지극히 맑고 밝고 바른 마음 (원래 요란함도 어리석음도 그름도 없음)
- 온전한 한 마음 (진공묘유심)

② 원만구족·지공무사의 시대적 의미
- 원만구족 : 후천개벽 시대에 인도상의 요법을 능히 구현해 나가고, 물질문명을 선도해 갈 수 있는 원만한 정신개벽의 요건 (빠짐없이 두루 갖춤)
  - 도학과 과학을 병진
  - 공부와 사업을 병진
  - 신앙과 수행을 병진
  - 영과 육을 쌍전
- 지공무사 : 후천개벽 시대에 우주가 하나의 생명 공동체를 이루고 함께 살아갈 때 공도의 주인으로서 건전한 시민이 되는 요건 (더불어 공도를 위함)

├─ 준법지계遵法持戒의 실천
　　├─ 중도中道와 정의의 구현
　　├─ 자리이타自利利他 내지 공도公道 우선의 심법
　　└─ 소통과 참여의 기본 자세

3) (일원상과 같은) 각자의 마음을 알자는 것이며, 양성하자는 것이며, 사용하자는 것이다.

① 수행의 원리 원칙 중심으로 : 알고 → 양성하고 → 사용하고
　• 삼학에서는 수행 공부 중심으로 : 수양 → 연구 → 취사
　• 생활(훈련)에서는 실행 중심으로 : 주의하고 → 닦고 → 깨우치고
② 알자는 것 : 일원상과 같은 밝음을 회복하는 공부를 하자는 것
　• 이理와 사事에 밝고 빠른 분석력과 판단력을 기르고, 인간·생명·우주에 대한 통찰력을 구비함
③ 양성하자는 것 : 일원상과 같은 정신 세력의 총체적인 역량을 회복하는 공부를 하자는 것
　• 광명光明과 조화造化를 발현하는 정신의 바탕인 온전한 한 마음을 기르고 강화해감
④ 사용하자는 것 : 일원상과 같은 원만구족하고 지공무사한 마음을 일상생활 속에서 실행하는 공부를 하자는 것
　• 경계 따라 일 따라 근본 마음을 여의지 않고 그 일 그 일에 적실한 판단을 하여 정의롭고 은혜로운 심신 작용의 역량을 기름

3. 수행의 연습

■ **구체적인 수행 연습은 제3 수행편 참고 (271쪽)**

1) 의심건 궁굴리는 연습
    ① 대적공실大積功室을 마련하여 의두·성리 연마
        • 관조·통찰·사무침·감정
    ② 그 일 그 일에서 의심건 궁굴리기
        • 호기심·문기·연마·창의적 발상·의견교환·문답

2) 텅 비워서 자성 광명을 솟게 하는 연습
    ① 분별 식심·번뇌 망상·삼독심 등을 가라앉히기
        • 선·염불·기도
    ② 탁한 기운과 망상을 청풍淸風으로 날려 보내기
        • 선·염불·기도·묵상·서원 반조·봉공작업

3) 육근에「○」봉안하여 심신 작용하는 연습
    ① 육근에 원상을 봉안하여 법으로 길들이기
        • 주의·조행·유념
    ② 육근을 쓸모 있고 건강하게 육성하기
        • 일인일기一人一技연마·운동·봉공 작업

제4절 일원상 서원문 (一圓相誓願文)

1. [일원상 서원문]의 소개

1) 대의
- 대종사께서 오득(悟得)하신 일원상의 진리를 체받아 그 위력을 얻고 체성에 합하도록까지 공부하겠다고 법신불·대종사님·스승님·법동지·자신에게 올리는 대 서원 서약

2) 서원의 중요함
① 공부인에게 무엇보다 큰 서원이 있어야 한다. 서원은 공부의 씨앗이요 출발이며 공부의 방향로요 추진력과 목표가 된다.
② 진리에 대한 서원은 자신에 대한 서원보다 세상에 대한 서원보다 가장 크고 성스러운 원력이다. 지고한 서원을 세우도록 서원문을 주셨다.

3) 일원상 서원문을 입으로 외우고 마음으로 새겨서 진정 자신의 서원으로 불타오르게 하고, 서원문에 온통 젖어 저절로 서원문과 하나 되고 나아가 일체 중생의 서원문(주문)이 되게 하자.
① 큰 소리로 외우자!
  - 스스로와 법계에 울려 퍼져서 모두의 귀에 젖게 하자.
② 마음으로 새기자!
  - 스스로와 법계에 사무쳐서 마음에 감흥을 불러일으키자.
③ 지성으로 공부(실천)하자!
  - 스스로와 법계를 감동시켜 큰 위력을 얻고 체성에 합일하자.

4) 교리 형성

① [심불 일원상 내역급 서원문心佛一圓相內譯及誓願文] 발표 (원기23년 회보 11호)
- 「○」을 예전禮典·조선불교혁신론朝鮮佛敎革新論에서는 불성 일원상佛性一圓相으로 표현하거나, 각종 의식에 심불心佛로 모심

② [일원상 서원문]으로 바뀜 (원기28년 불교정전)
- [심불 일원상 내역급 서원문]의 '… 제불 조사 범부 중생의 불성佛性으로 … 차此 심불 일원상을 체받아서 …'가 [일원상 서원문]에서는 '… 제불 조사 범부 중생의 성품性品으로 … 차 법신불 일원상을 …'으로 바뀜

■ 함께 생각하기
제목과 본문에서 「심불」을 「법신불」로 변경한 본의?
- 서원 올리는 대상을 작은 원상에서 한 큰 원상으로 전환하기 위함인 듯
'한 큰 원상이 돌매 천만 작은 원상이 따라 도나니…'

2. 본문 이해

1) 일원一圓은 언어도단의 입정처言語道斷 入定處이요,

■ 「○」의 체성은 형체가 없으므로 형상을 가히 볼 수 없으며, 언어가 끊어졌으므로 말과 글로 가히 이를 수 없는 지극한 자리, 바탕, 진공체

■ 설사 한 물건이라 해도 맞지 않는 그 자리, 그 경지
일념미생전一念未生前·천지미분전天地未分前 소식
- 법신불의 근본은 언어와 명상이 끊어진 자리며 그 실체는 우주만유가 모두 법신불 아님이 없으므로 (정산종사법어 원리편 1)

- 일원상의 원리는 모든 상대가 끊어져서 말로써 가히 이르지 못하며 사량으로써 가히 계교하지 못하며 명상으로써 가히 형용하지 못 할지라 이는 곧 일원의 진공체眞空體요 (정산종사법어 원리편 2)

2) 유무 초월의 생사문有無超越 生死門인 바,
- 「〇」은 유무 변화를 초월한 진리 당체에서 능히 유와 무를 생성生成하고 변화를 일으키는 주체
- 그 진공한 중에 또한 영지 불매하여 광명이 시방을 포함하고 조화가 만상을 통해 자재하나니 이는 곧 일원의 묘유요, 진공과 묘유 그 가운데 또한 만법이 운행하여 생멸 거래와 선악 업보가 달라져서 드디어 육도 사생으로 승급 강급 하나니 이는 곧 일원의 인과인 바 (정산종사법어 원리편 2)
- 유도 아니요 무도 아닌 그것이나 그 중에 그 있는 것이 무위이화 자동적으로 생겨나 (천도법문)

3) 천지·부모·동포·법률의 본원本源이요,
- 「〇」은 천지·부모·동포·법률 즉 우주만유의 본래 면목이요 근원임
  우주만유는 「〇」의 실재임
- 우주 만물은 서로 없어서는 살 수 없는 은혜불이요 죄와 복을 직접 주재하는 권능불임

4) 제불·조사·범부·중생의 성품性品으로
- 「〇」은 일체 중생의 본래 마음이요, 제불 조사의 증득한 마음
- 의견 제안
  '제불·제성·범부·중생'으로 변경하면 어떨까.
  ① [교리도]·[일원상의 진리]의 표현과 합치하기 위하여
  ② 새 불교로서 뿐 아니라 모든 종교의 교지도 통합 활용하여 광대하고 원만한 새 종교로 나아가는 근거를 바로 세우기 위하여

5) 능이성 유상能以成有常하고 능이성 무상能以成無常하여
- **능이성能以成 : 일원상 진리의 무위이화無爲而化 자동성自動性과 역동성力動性**

  진리는 스스로·저절로 (자연自然) ┬ …함
  ├ …를 이룸
  └ …이 가능함

- **능이성 유상能以成有常 : 일원상 진리는 저절로 항상 그러함으로 (그러함을 이루어서)**

① 불생불멸不生不滅·여여 자연如如自然함·진공眞空
   한결같은 일심一心·텅 빈 마음·평상심
② 진리는 스스로(저절로, 무위이화로) 능히 유상有常을 이루고
   인간은 자각적·주도적인 자기 선택과 성실로 능히 유상할 수 있고 혹은 상황이나 습관과 업력 등을 따라 무기력과 무기공에 빠질 수도 있고
   - 나태심, 지루함, 무료함, 초조함, 성급함, 변태심, 조울증 등을 극복하고 원대한 서원 속에 시공時空을 초월하는 생생함으로 평상심을 유지하여 부동심과 여여한 마음으로 시비를 초월하고 생사에 해탈하자.

- **능이성 무상能以成無常 : 일원상의 진리는 스스로(저절로) 끊임없이 변화를 이루고(변화하고)**

① 진공묘유의 조화, 인과보응, 성·주·괴·공, 생·노·병·사
   찰나간의 분별 식심, 끊임없는 심신 작용
② 진리는 스스로(저절로) 능히 무상無常하여 끊임없이 변화하고, 인간은 자기 선택과 실천 의지로 변화를 주도할 수 있고 혹은 상황이나 습관과 업력 따라 수시로 변화되고
   - 게으름, 악습, 고정 관념, 경계 따라 요란하고 어리석고 그른 마음속에서 변태되어 가는 생활을 서원과 신심과 공부심으로 인과의 이치

따라 늘 새롭게 밝게 바르게 거룩하게 변화되어 가는 진급하는 생활로 나아가자.

6) **유상으로 보면 상주 불멸로 여여 자연하여 무량세계를 전개하였고,**
   - 상주 불멸 : 공간의 유상
   - 여여 자연 : 시간의 유상

7) **무상으로 보면 우주의 성·주·괴·공과 만물의 생·노·병·사와 사생의 심신 작용을 따라 육도로 변화를 시켜 혹은 진급으로 혹은 강급으로 혹은 은생어해로 혹은 해생어은으로 이와 같이 무량세계를 전개하였나니,**
   - 우주의 변화와 만물의 변화는 자연의 공도요 천지의 조화로서 무위이화 자동적으로 끊임없이 진행됨
   - 그 중에 사생四生은 자의식이 있어 스스로 생生을 결정하여 진행해 가므로 각자의 심신 작용이 변화를 일으키는 주된 요인이 되고, 이에 우주와 만물의 변화가 직·간접적인 영향을 미치게 된다.

   "진화는 돌연변이와 자연의 선택을 통해 이루어진다."

   - 사생四生
     ① 모든 생명체를 그 출생 방식에 따라 네 가지로 분류한 것
        태생胎生·난생卵生·습생濕生·화생化生
     ② 인간의 마음 상태를 사생에 비유하여 설명함
        습성에 젖음·어리석음·사견邪見에 끌림·변태와 윤회에 떨어짐
   - 은생어해恩生於害 : 해로움에서 은혜로움이 나온다. 인과의 이치·음양상승의 도를 따라 심신 작용에 의하여 무궁한 변화가 일어난다. 운명·행불행의 역전이 가능하다.
   - 우주 자연·천지 만물·인간은 어느 것 하나 변화하지 않는 것이 없으며(제법무아諸法無我, 제행무상諸行無常) 그 변화하는 모습이 대체적으로 향상하는 것과 퇴보하는 두 길이 있다.

- 육도六道 : 중생이 업業에 따라 윤회하는 6가지 세계
  지옥도·아귀도·축생도 (삼악도三惡道)
  수라도·인간도·천도 (삼선도三善道)

8) 우리 어리석은 중생은
   - 어리석음을 자각하고 일원상의 진리를 향해 우러르는 서원인은
   ① 일원상 진리를 깨닫지 못하고 실천하지 못하는 중생
   ② 일원상 진리를 향해 간절히 서원 올리는 공부인
   - 의견 제안
     '우리 어리석은 중생'을 '저희 어리석은 중생'이라 하면 어떨까?

9) 이 법신불 일원상을 체받아서
   - 법신불 일원상을 신앙의 대상과 수행의 표본으로 모시고
     - 인과보응의 신앙문·진공묘유의 수행문 (교리도)
     - 우주만유의 본원이요 제불 제성의 심인인 법신불 일원상을 신앙의 대상과 수행의 표본으로 모시고 (교법의 총설)
   - 일원상의 진리로써 우리의 현실 생활과 연락 시키는 표준을 삼았으며, 또는 신앙과 수행의 두 문을 밝히었나니라. (교의품 3)
   - 「일원상을 모본하라」(회보 40호, 원기22년)

10) 심신을 원만하게 수호하는 공부를 하며,
    - 마음 뿐 아니라 몸까지도 원만하게 수호하는 신앙과 수행과 훈련을 진행하는 공부
    - 원만히 수호함
    ① 온전한 마음과 건강한 몸으로 가꿈
    ② 일원상의 진리를 신앙의 대상으로 모시고 그 위력 속에 보호를 받음

- 심고와 기도·감사 생활·보은 불공·경외심
- "새벽에 심고 드리지 않고 낮에 무슨 배짱으로 세상을 활보하며 사는지 모르겠다."(원로 교도님)

③ 일원상의 진리를 수행의 표본으로 삼아 심신을 온전하게 수호
- 염불·선·무시선·주의·불방심·부동심

11) 사리를 원만하게 아는 공부를 하며,

■ 이치 뿐 아니라 일事에 이르기까지 원만하게 아는 공부

■ 원만하게 알아감

① 일과 이치에 두루 통달함

② 일원상의 진리를 신앙의 대상으로 우러러 모시고 사무침으로써 그 위력 속에 영감과 깨우침을 얻고

③ 일원상의 진리를 수행의 표본으로 삼아 천조의 대소유무와 인간의 시비이해를 연마하고 궁구하여 알아감

12) 심신을 원만하게 사용하는 공부를 지성으로 하여

■ 마음 뿐 아니라 몸까지도 원만하게 사용하는 공부

■ 원만하게 사용함

① 원만구족·지공무사하게 심신을 기르고 사용함

② 일원상의 진리를 신앙의 대상으로 모시고 기도의 위력과 보은 불공의 정성으로 심신을 작용함

③ 일원상의 진리를 수행의 표본으로 삼아 법 있고 활력 있는 심신 작용을 길들임

13) (공부를) 지성으로 하여

■ 서원문의 생명

- 서원은 지성으로
- 신앙은 간절히
- 수행은 정성으로
- 훈련은 철저히

> 지성으로 공부하겠다는 뜻을 세우고 실행에 옮김

① 스스로 감동하도록 지성으로 공부함

② 일원상 진리가 감동하도록 지성으로 공부함

③ 주변과 세상이 감동하도록 지성으로 공부함

14) 진급이 되고 은혜는 입을지언정, 강급이 되고 해독은 입지 아니하기로써

① 심신 작용·공부 여하에 따라 진강급과 은혜·해독이 결정된다.

② 진급의 길은 처음에는 힘이 드나 시간이 흐를수록 쉬워지고 은혜가 충만한 기쁨의 문이 열린다. 강급의 길은 처음에는 수월하나 시간이 갈수록 해독과 괴로움에 빠져들게 된다.

③ 진강급의 길은 최초의 한 생각에서 갈리고 매 순간순간의 결단에서 변화가 일어난다.

- 신·분·의·성의 서원·신심·공부심·공심이 진급의 길로 나아가게 한다.

④ 자타력 병진이다. 앞에서 끌어주고 뒤에서 밀어 주면 힘이 덜 든다. 그러나 스스로 하지 않으면 어떤 타력도 소용이 없다.

15) 일원 一圓의 위력을 얻도록까지 서원하고

■ 우주에 다북찬 일원의 위력과 은혜를 입도록까지 공부하기로 지성으로 서원하옵고

■ 일원의 위력

① 진공력 眞空力 : 지극히 비고 맑음의 위력

　　　　→ 해탈·안정·새 마음·새 기운

② 광명력光明力 : 지극히 소소 영령한 위력
→ 밝은 지혜·분석력·판단력·창의력·통찰력
③ 조화력造化力 : 지극히 생생 약동하는 위력
→ 정의행·자비행·무념행·무착행·중도행
- 정산종사 법설 「불교정전 의해義解」 중 〔일원상 서원문〕에서는 '일원의 위력을 얻음은 삼강령으로써 공부하여 차차 삼대력을 얻어가는 것'이라고 해석함
이는 「보경육대요령」의 교법 체계에 입각한 의해로 사료됨

- 위력을 얻는 원리
① 마음에 사사私邪가 끊어져서 진리(법신불 사은)와 하나로 통하게 되어 위력을 얻게 됨
  • 그대들의 마음은 곧 하늘의 마음이라 마음이 한 번 전일하여 조금도 사가 없게 되면 곧 천지로 더불어 그 덕을 합하여 모든 일이 다 그 마음을 따라 성공이 될 것 (서품 13)
② 신앙의 지극한 원력이 뭉치고 뭉쳐 능히 진리를 감동시킴으로써 불가사의한 위력을 얻게 됨
③ 진리의 원리를 응용하여 피은된 도를 보아서 당처에 직접 보은 불공을 함으로써 무한한 덕과 은혜가 나타남

- 위력을 얻도록까지 서원한다는 것
① 일원상 진리를 절대적으로 믿고 큰 서원을 올림
② 믿음과 원력이 지극하여 마음에 사사私邪가 끊어지도록까지 간절히 서원함
③ 진리가 감동하도록까지 큰 원력으로 매달려 기도함
④ 처처 불상의 너른 신앙을 통해 상대가 감동 감화하여 은혜를 베풀 때까지 계교함 없이 불공함

- '… 일원의 마음 부처님을 봉안하여 지성 발원으로써 그 위력을 얻 도록 까지 노력하고 한 걸음 더 나아가서 일원으로 더불어 합하도록 까지 노력 …' (회보49호)

16) 일원 一圓의 체성體性에 합하도록까지 (서원함)
    - 자성불(공적영지·진공묘유)에 계합하도록까지 공부하기를 지성으로 (서원하옵나이다.)

17) 서원함
    - 진리·스승·대중·세상·자신에게 서원하기를 서약함
    ① 말로·마음으로·실천으로 서원하자.
    ② 지금 그리고 계속하여 끊임없이 '서원함'을 생활화하자.
       '서원함!'에 위배된 생활의 과보를 생각하자.
    - 의견 제안
       '서원함!'을 법신불께 간절히 '서원 올리옵나이다!'로 했으면 함

18) 일원의 위력을 얻고 일원의 체성에 합하는 것의 진행 관계
    ① 신앙을 통해 위력을 얻고, 수행을 통해 체성에 합한다.
    ② 진리 불공을 통해 그 위력으로 체성에 합한다.
    ③ 실지 불공을 계속하여 위력을 얻어가 마침내 체성에 합한다.
    ④ 수행을 통해 위력을 얻어가 마침내 체성에 합한다.
    ⑤ 수행을 통해 체성에 합하여 무궁한 위력을 나툰다.

3. 본문 체득

1) 일원은 언어도단의 입정처이요,

- 일원의 무진장한 빛과 에너지를 함양하기

(1) 입정入定 연습하기

- 유념 공부로 입정하는 생활 태도 익히기
  ① 조석으로 염불과 좌선을 닦고 틈나는 대로 입정 챙기기
  ② 순간순간에 생각을 멈추고 의식을 끊어서 입정하기를 유념하기
  ③ 희·노·애·락의 경계와 감정이 일어날 때 입정으로 대처하기

(2) 입정의 밀도 높이기

- 진공眞空을 체험하고 밀도 있게 지속하는 힘 기르기
- 언제 어디서나 어떤 경계 상황 속에서도 능히 입정할 힘 기르기
  ① 어느 때나 자연스럽게 입정이 생활화 되도록 익히기
  ② 무사시無事時 저절로 입정 상태를 유지하기
  ③ 텅 빈 일원상을 묵상하기
  ④ 공가출입자재空家出入自在하는 힘 기르기
  ⑤ 그 일 그 일에서 우선 멈추어 온전해지기
  ⑥ 기도 일념으로 입정에 사무치기
  ⑦ 꾸준히 선禪 닦기
  - 감정 조절하기
  - 욕심 승화시키기
  → 대정력大定力 양성
  　참 고향 찾아 안식 얻음
  　새 생명 새 기운 새 광명으로 거듭남

(3) 지극히 광활하고 여여한 우주 대자연을 묵상하고 계합契合하기

2) 유무 초월의 생사문인 바,

■ 일원의 무궁한 묘리와 조화를 연마하기

(1) 능유能有·능무能無 인식하기

① 텅 빈 가운데 영지의 광명으로 대소유무에 분별이 나타나서 생멸 거래와 선악 업보에 차별이 생겨나 언어 명상이 완연히 드러나는 현전의 세상을 실견하기
② 텅 빈 가운데 묘유의 조화가 우주만유를 통해 생생 약동 하는 현전現前의 세상을 체험하기
③ 텅 빈 가운데 인과의 묘리가 세상에 가득 소소 영령함을 알아차리기
④ 자취 없는 마음에서 한 생각이 나고 한 행동이 이루어짐을 바라보기

(2) 능유·능무의 힘 기르기

① 유有도 아니요 무無도 아닌 텅 빈 진공의 마음에서 한 생각 내고 들이기 연습하기
② 유도 아니요 무도 아닌 텅 빈 진공의 마음에서 한 행동(취사) 하고 한 행동 거두기 연습하기
③ 텅 빈 마음으로 공적영지의 광명을 비추기
　 텅 빈 마음으로 진공묘유의 조화를 나투기
④ 텅 빈 마음으로 능유·능무하기
　 → 무위이화의 역동성 함양
　　• 해탈 자재력 단련
　　• 무한 창조력 개발
　　• 만사 성공의 불공력 발휘

(3) 우주 대자연의 생생 약동하는 생성 변화의 현상을 탐구하여 달관하기

3) 능이성 유상能以成有常하고 능이성 무상能以成無常하여
- **능이성**能以成 : 인간 스스로의 선택과 성실로 무한 가능성을 열어감
  - 변하는 이치를 보아서 묵은 습관을 고치고 … 그 변화하는 가운데 불변하는 이치가 바탕해 있음을 깨달아 한없는 세상에 각자의 본래 면목을 확립하여 천만 변화를 주재 … (정산종사법어 원리편 34)

(1) 능이성 유상能以成有常
① 유상有常의 이종二種
  - 생생 약동하는 유상 : 온전한 마음, 평상심, 정성의 일관
  - 고착 부동의 유상 : 자기 주견의 고착, 습관과 업력에 젖고 묶임

② 능이성 유상의 힘 기르기
  서원·신심·공부심으로 능히 유상함 기르기
  - 불생불멸의 진리를 믿어 여여한 마음·해탈의 심경 유지하기
  - 청정한 자성을 회복하여 오롯한 한 마음·생생한 산 마음 함축
  - 일체 경계에 평상심·부동심不動心·불방심 기름
    - 염불과 좌선으로 진공 양성
    - 심고와 기도로 전일함 지속

(2) 능이성 무상能以成無常
① 무상無常의 이종
  - 생생 약동하는 무상 : 늘 새롭게 거듭나는 산 마음·새 마음
    새 생활·미래 지향적이고 창의적인 삶의 자세
  - 일상성에 빠진 무상 : 변태심·부동심浮動心·허무감
    업력·습관·욕심·경계에 휘둘려 살아감

② 능이성 무상의 힘 기르기
- 서원·신심·공부심으로 능히 무상함 기르기
- 인과보응의 진리를 믿고 실천하기
- 자각적 주도적으로 심신 작용하기
- 일체 경계에 공적영지의 광명을 비추고 진공묘유의 조화를 나투기
  - 온전한 생각으로 취사하기
  - 적실하게 보은 불공하기

4) 유상으로 보면 상주 불멸로 여여 자연하여 무량 세계를 전개하였고,
① 상주 불멸함 발견하고 느끼기
여여 자연함 발견하고 느끼기
② 상주 불멸한 심경·상태 이르기
여여 자연한 심경·상태 유지하기

5) 무상으로 보면 우주의 성·주·괴·공과 만물의 생·노·병·사와 사생의 심신 작용을 따라 육도로 변화를 시켜 혹은 진급으로 혹은 강급으로 혹은 은생어해로 혹은 해생어은으로 이와같이 무량 세계를 전개하였나니,
① 우주의 성·주·괴·공과 만물의 생·노·병·사로 변화하는 모습 발견하기
사생의 심신 작용으로 진급과 강급 또는 은생어해와 해생어은으로 변화하는 현상 발견하기
우주 만유의 변화와 처한 상황이 각자의 심신 작용에 미치는 영향을 살피기
② 잘 낳고 잘 죽는 도 연마하기
진급 강급되는 원리 연마하기
은생어해 해생어은 되는 원리 연마하기
- 생사의 원리와 변화의 원리 깨닫고 달관하기
- 인과보응의 진리를 믿고 깨닫고 실천하기

- 자만하거나 자포자기하지 말고 자기 변화와 세상 변화를 주도하기
  ◦ 인간만이 자기 주도적으로 변화시켜갈 수 있다.
    → 심신 작용 잘하기!

6) 우리 어리석은 중생은

(1) 우리의 어리석음을 각성
① 진리의 소중함을 모른 체 알려고 하지도 않고 깨닫지도 못하는 중생
② 자만하여 자행자지 하는 중생
③ 물욕 속에서 물질의 노예 생활을 하는 중생
④ 죄 짓는 생활을 하면서도 두려워하지 않는 중생
⑤ 은혜를 발견하지 못하고 배은 생활 하는 중생
⑥ 부처님을 발견하지 못하고 모실 줄 모르는 중생
⑦ 어리석음을 자각해야 지혜로워지고, 진리전에 나아가 서원을 올리게 되는 중생

(2) 진리 향해 스스로 고개 숙여 매달리기
■ 서원문을 올리는 마음 자세
① 스스로 어리석음을 자각하고 큰 서원으로 진리를 향해 나아가기
② 누구나 진리 앞에 자기를 비우고 어리석은 중생이 되어 매달리기
  - 진리를 모실수록 서원이 클수록
    겸손해지고
    경외심이 우러나고
    감사심이 생기고
    그 기운을 느끼게 된다.
③ 그래서 '우리 어리석은'이 아닌 '저희 어리석은'이 된다.

■ 의견 제안

성가 128장 「심고가」 중 '우리들의 서원을'을 '저희들의 서원을'으로 고쳐 부르면 어떨까?

7) 이 법신불 일원상을 체받아서

■ 앞 부분에서 설명한 일원상의 진리를 신앙의 대상과 수행의 표본으로 모시기

(1) 스스로를 다 내려 놓는다.
- 자기 생각과 자기 방식을 버림

(2) 진리를 향해 대 전환한다.
- 새로운 패러다임 형성
① 진리 그대로 믿고 그대로 행한다.
② 진리를 화두 삼고 스승 삼고 표준 삼고 목표 삼는다.

■ 일원상 진리를 잘 모를 때는
믿음과 가르침 따라 꾸어서라도 체받아야 한다.

■ 체받지 않는 공부
① 자기 방식의 틀을 벗어나지 못하고 자기 한계를 넘어서지 못한다.
② 미신과 방편에 흐르게 된다.
③ 방황 속에서 숱한 유혹에 흔들려 시행착오를 범하게 된다.
④ 결국 사도에 흐른다.
  오렴수·흉내 내기에 그쳐 근원적 변화를 이루지 못하고 이중적 인격을 형성하게 된다.
④ 참다운 은혜와 위력을 얻지 못하고 요행에 빠지게 된다.
  - … 이러한 진리에 근원을 세운바 없다면 그것은 곧 사도邪道 … (교

의품 3)
- … 일원상의 진리로써 우리의 현실 생활과 연락시키는 표준을 삼았으며, 또는 신앙과 수행의 두 문을 밝히었나니라. (교의품 3)

■ 의견 제안
'이 법신불 일원상'에서 나아가 '저 거룩하시고 위대하시고 은혜로우신 법신불 일원상'으로 모셨으면 함

8) 심신을 원만하게 수호하는 공부를 하며,

(1) 일원상 진리를 신앙의 대상으로 모시고 귀의하여 간절히 매달리고 어느 때 어느 곳에서나 경외심을 놓지 않고 부처님 대하는 청정한 마음과 경건한 태도로 천만 사물에 응하여 심신을 원만하게 수호하는 공부를 진행함
　① 안심입명을 얻음
　② 일원상 진리의 상생의 기운 속에서 위력과 보호를 받음
　③ 자성불·처처불의 은혜와 위력을 얻음

(2) 일원상 진리를 수행의 표본으로 삼아 삼학 공부를 통해 심신을 원만하게 수호해감
　① 정신 수양 공부로 온전한 심신을 양성하여 지속해감
　② 사리 연구 공부로 심신의 원만한 수호법을 알아서 관리해감
　③ 작업 취사 공부로 주의·조행을 통해 심신을 원만하게 수호해감

9) 사리事理를 원만하게 아는 공부를 하며,

(1) 신앙으로 밝음 얻음
　① 믿음으로 화두 단련의 원동력 강화
　　- 신信이 곧 법을 담는 그릇·모든 의두를 해결하는 원동력 (신성품 10)

② 진리 전에 간절히 갈구하여 영감을 얻고 위력으로 밝아짐
③ 실지 불공을 진행하는 가운데 그 일 그 일에서 알음알이 얻음

(2) 삼학 수행으로 사리 밝힘
① 정신 수양 공부로 정신을 맑혀 지혜를 솟게 함
② 사리 연구 공부로 대소유무와 시비이해를 단련함
③ 작업 취사 공부로 경험과 실천을 통해 산 지식을 얻고 밝은 지혜를 단련함

10) 심신을 원만하게 사용하는 공부를 (지성으로 하여)

(1) 신앙으로 원만한 심신 작용을 단련하고 사용함
① 믿음의 법열과 그 위력으로 심신을 원만하게 단련하고 사용함
② 섬기고 받드는 경외심으로 심신을 단련하고 사용함
③ 감사 보은 불공의 실천으로 심신을 단련하고 사용함

(2) 삼학 수행으로 원만한 심신 작용을 단련하고 사용함
① 정신 수양으로 안정되고 차서 있게 힘 있는 심신 작용을 단련하고 사용함
② 사리 연구로 원만한 심신 작용법을 터득하여 밝게 단련하고 사용함
③ 작업 취사로 경계 속에서 실답게 단련하고 사용함

11) (공부를) 지성으로 하여
① 공부에 대한 필요성 자각
② 공부할 수 있음에 대한 감사
③ 결단과 서원과 신념
④ 주도적이고 자율적인 공부 태도 정립
⑤ 늘 새 마음으로 까닭 있게 정진

⑥ 서둘지도 미루지도 쉬지도 말고 꾸준히 정성으로
　├ 정기 훈련으로 연마
　├ 상시 응용 주의 사항 실천·교당 내왕시 주의 사항 실천
　├ 처처 불상·사사 불공, 무시선·무처선 실행
　└ 일상수행의 요법 대조

12) 진급이 되고 은혜는 입을지언정, 강급이 되고 해독은 입지 아니하기로써

(1) 진급하는 생활과 강급하는 생활이 무엇인지 분명히 아는 지혜 기르기

- 진급으로 가는 강급도 있고, 강급으로 가는 진급도 있다.
- 자연으로 되어지는 진강급 : 천지의 운행하는 도수 따라 저절로 되어
  인력人力으로 되는 진강급 : 수도와 행동 여하에 따라 각자 업인으로 되어짐　　　　　　　　　　　　　　　　(정산종사법어 원리편 37)
- 진급하는 길
① 스스로 타락심을 내지 않고 꾸준히 향상함
② 견실한 신성으로 천만 순역 경계에 부동할 신근을 확립함
③ 나 이상의 도덕을 가진 이를 친근 공경하고 숭배 신봉하며 정진함
④ 나만 못한 근기를 항상 포용 보호하여 나 이상이 되도록 인도함
⑤ 공부와 사업에 대하여는 스스로 만족하지 않고 항상 부족한 생각으로 계속 정진함
⑥ 모든 수용에 대하여는 언제나 스스로 만족하며 부족한 이웃에게 보시하기를 좋아함　　　　　　　　　　(정산종사법어 원리편 38)

(2) 진강급의 원인과 결과를 분명히 알기

- 법신불 일원상을 체받아서 신앙과 수행과 봉공의 공부 사업을 지성으로 하면 진급하고 은혜를 입게 된다.
  - 정산종사법어 원리편 39

(3) 진급이 되고 은혜 입는 생활하기

① 인과보응의 진리를 믿고 깊이 깨닫기
② 사람으로 태어나 공부의 기회 만난 행운에 감사하고, 지난날을 참회하여 새 생활을 개척하고 법열로 서원 충만한 생활하기
③ 상 없는 마음으로 신앙과 수행에 정진하기
④ 두루 포용하고 경외심으로 모시기
⑤ 힘 미치는 대로 보은 불공하기
⑥ 위하는 심법으로 상대를 밀어주어 진급시키기
- 서원하고 지성으로 공부하는 중에 진급·은혜가 나타나지 않을 수도 있으니, 결과에 계교하지 말고 계속할 것

(4) 강급이 되고 해독을 입는 생활로 빠져 가는 징조

① 자만하기, 허세 부리기
② 시기, 질투, 모함, 상대심, 해심害心, 범계犯戒
③ 방심, 부주의
④ 게으름, 무기력, 자포자기
⑤ 아상, 욕심
⑥ 인과의 이치 부인, 주견, 고집, 집착
⑦ 중근병, 원망병
- 그냥 살아도 강급이 되지 않고 해독을 입지 않는다고 방심하거나 착각하지 말 것

13) 일원의 위력을 얻도록까지 (서원 …)

① 일원상의 진리를 신앙의 대상으로 모시고 큰 서원을 세운다.
② 끊임없이 간절히 진리 불공을 한다.
- 쉼 없이 기도하기

③ 끊임없이 간절히 사은 전에 감사 보은 불공을 한다.
- 그 일 그 일에 실지 불공하기

④ 신앙과 병행하여 삼학 수행 공부를 정성으로 진행한다.

14) 일원의 체성에 합하도록까지 (서원 …)

① 정신 수양 ┐
② 사리 연구 ├ 무시선·무처선을 닦는다.
③ 작업 취사 ┘

④ 부동심과 불방심을 챙겨 매사에 온전한 생각으로 취사한다.
⑤ 수행과 병행하여 기도와 보은 불공의 정성을 쉬지 않는다.

15) … 서원함

(1) 〔서원문〕을 어떻게 공부 표준 삼는지 돌아보기

① 말로써 '서원함!' 하고 망각 하는가?
② 마음으로 '서원함!' 하고 새기고 마는가?
③ 말과 마음과 실천으로 '서원함!' 하며 노력하는가?
④ 진리 전·우주만유에 사무치는 '서원함!'으로 지성껏 실천하며 사는가?

(2) 지금 여기 이 일 속에서 〔서원문〕으로 생활하기

① 서원 안함
② 서원 못함
③ 서원 덜함
④ 서원함

■ 서원문을 외우는 스스로의 마음 자세가 어떠한지를 살펴서 '서원함!'이 진정으로 '일원상 진리 전에 간절히 서원하옵고 실천에 옮기겠나이다!'의 말과 마음과 생활이 되도록까지 챙기고 또 챙기자.

제5절 일원상 법어 一圓相法語

1. [일원상 법어]의 소개

1) 대의
- 일원상의 진리를 깨달은 경지와 육근을 통해 사용하는 법을 밝히신 법문

① 진리를 깨닫고 실행해 가는 확실한 표준이 되고 각자의 공부 정도를 측정하는 효율적인 기준이 됨
② 진리의 원만하고 미래지향적인 각행覺行의 경지를 열어 줌
  - '무無'자字 화두를 든 수도인과 [일원상 법어]를 표준한 공부인을 비교해 보자. ~ 일원상 법어에서는 견성성불·생사 해탈·복전 개척·원만한 심신 작용과 생활 표준을 제시하고 나아가 후천개벽 시대에 하나로 열려가는 세상에서 우주와 합산한 큰 살림의 주인공으로 거듭나게 인도하심

2) 일원상 법어의 구조

(1) 「○」 큰 원상 : 대소유무大小有無로 깨달음의 표본을 밝힘
① 대와 소大·小 : 시방 삼계가 다 오가의 소유인 줄을 알며, 만물이 이름은 각각 다르나 둘이 아닌 줄을 알며, 제불 조사와 범부 중생의 성품인 줄을 알며
② 유무有無 : 생·노·병·사의 이치가 춘·하·추·동과 같이 되는 줄을 알며, 인과보응의 이치가 음양상승과 같이 되는 줄을 알며

(2) 「○○○○○○」 작은 원상 : 시비이해是非利害를 건설하는 표본을 세워줌

- 육근을 원만구족하고 지공무사하게 사용하는 표준으로써 일원상

2. 본문 이해

1) 「○」이 원상의 진리를 각_覺하면

(1) 이 원상(의 진리)
- 대종사께서 깨달으신 진리(의 상징)
- 만유가 한 체성이며 만법이 한 근원이로다. 이 가운데 생멸 없는 도와 인과보응되는 이치가 서로 바탕하여 한 두렷한 기틀을 지었도다. (서품 1)
- 광대 무량하여 능히 유와 무를 총섭하고 삼세를 관통하였나니 곧 천지 만물의 본원이며 언어도단의 입정처라 유가에서는 … 태극 … 무극, 선가에서는 … 자연 … 도라 하고, 불가에서는 … 청정법신불이라 …, 원리에 있어서는 모두 같은 바로서 비록 어떠한 방면 어떠한 길을 통한다 할지라도 최후 구경에 들어가서는 다 이 일원의 진리에 돌아가나니 … (교의품 3)

(2) (진리를) 각_覺하면
- (우주만유의 본래 이치와 우리의 자성 원리를)
  깨달으면
  해결하여 알면 (깨달음의 내용·결과·표준·비전을 포함)
- 각_覺 : 깨달음·해결하여 안다는 것?
① 일념을 일으킴 (생각)
  • 나는 생각한다. 고로 나는 존재한다.
② 육근으로 느낌 (감각)
③ 객관적_{客觀的}·주관적_{主觀的}으로 이해하고 파악함 (지각 : 분석과 판단)
④ 문득 떠오르고 또는 알아차림 (감상·감각·직관)

⑤ 돌이켜 묵묵히 반조함 (회광반조)

⑥ 스스로 밝게 드러남 (적조현전寂照現前 물래즉조物來卽照)

⑦ 깨달았으므로 저절로 실행이 따름 (지행합일知行合一 돈오돈수頓悟頓修)

2) 시방 삼계가 다 오가吾家의 소유인 줄을 알며,

(1) 시방 삼계十方三界

① 시방十方 : 불교에서 우주에 대한 공간적 구분. 동·서·남·북 사방과 동북·동남·서북·서남의 사유四維와 상·하의 열 방향

② 삼계三界 : 욕계·색계·무색계, 천계·지계·인계로서 시방 속에 사는 전체
  • 천지 만물 허공법계 전체

(2) 오가吾家의 소유所有

■ 천지 만물 허공법계 전체가 다 내 집 내 소유

① 오가吾家 : 일원상의 진리를 깨쳐 이에 합일한 대아大我의 본가本家

② 소유所有 : 일원상의 진리를 깨닫고 이에 합산한 대아大我의 본가本家 살림살이. 천지 만물 허공법계의 어버이요 주인으로서 자유 자재의 능력을 갖추고, 무한 책임 의식을 자각함 (일원가장一圓家長으로 일원가의 살림살이를 책임 맡음)

• 경편차 소유 (불지품 17)

• 남중리 소나무 (불지품 20)

• 망아진아현 위공반자성忘我眞我現 爲公反自成 (정산종사)

• 무아무불아 무가무불가無我無不我 無家無不家 (대산종사)

• 우주의 본가와 합산하여 시방 삼계를 자유자재로 활용할 수 있는 국량과 지혜와 역량을 갖추며, 우주 생명 공동체 속에서 함께 더불어 공생 공영하는 대 윤리를 실천하는 주인공이 됨

3) 우주 만물이 이름은 각각 다르나 둘이 아닌 줄을 알며,
- 만유가 한 체성이요 만법이 한 근원임을 깨달아 우주 만물 하나하나가 다 일원상 진리의 실재임을 알게 됨
  - 우주 만물이 모두 일원상 진리의 한 포태 속에서 존재하는 산 부처들로 각각이 다 천상천하유아독존임을 깨닫게 됨
  - 잎, 가지, 줄기, 뿌리가 다 한 나무

4) 또는 제불·조사와 범부·중생의 성품인 줄을 알며,
- 일체 생령의 성품이 다 평등하게 일원상 진리임을 알게 됨
  - 원만 평등한 성품 자리를 표본삼아 일원의 체성에 합일해 감
- 의견 제안
  [일원상의 진리]에 맞춰서 '제불·조사'를 '제불·제성'으로 하면 어떨까?

5) 또는 생·로·병·사의 이치가 춘·하·추·동과 같이 되는 줄을 알며,
- 일원상 진리의 무상적無常的 측면인 우주의 순환 원리와 일체 생령의 변화 이치가 같음을 알게 됨
  - 누구라도 쉽게 이해할 수 있는 우주 순환의 원리를 통해서 미묘한 인생 변화의 이치(자타의 생·노·병·사)를 이해하고 달관하도록 함

6) 인과보응의 이치가 음양상승과 같이 되는 줄을 알며,
- 일원상 진리의 무상적 측면인 우주의 순환 원리와 인과因果의 변화 이치가 같음을 알게 됨
  - 누구라도 쉽게 경험하고 이해할 수 있는 동양의 음양론을 통해 불교의 인과론을 이해하고 실천하도록 함
- 인과보응因果報應 : 인·연·과因緣果의 법칙
  - 원인이 있으면 연을 따라 반드시 결과가 있고, 그 결과는 새로운 원인이 되어 다시 새로운 결과를 내는 원리

- 음양상승陰陽相勝 : 음陰과 양陽이 상추相推하여 순환하는 원리

7) 또는 원만구족한 것이며 지공무사한 것인 줄을 알리로다.
   - 일원상의 진리는 두루 갖추어 공변되게 작용하는 것임을 알게 됨
     - 대종사님의 진리관 (「O」의 결론) : 후천개벽 시대에 이상적인 심신 작용의 표준이 곧 '원만구족하고 지공무사'
   - 우주가 하나로 열려가는 하나의 세상에서 자력을 원만히 양성하여 각자의 책임과 의무를 다하며 더불어 함께 잘 살아갈 수 있는 심신 작용의 표준

8) 「O」을 표본으로 육근 거듭나기
   - O 눈을 사용하는 표본 : 원만구족하고 지공무사하게
   - O 귀을 사용하는 표본 : 원만구족하고 지공무사하게
   - O 코를 사용하는 표본 : 원만구족하고 지공무사하게
   - O 입을 사용하는 표본 : 원만구족하고 지공무사하게
   - O 몸을 사용하는 표본 : 원만구족하고 지공무사하게
   - O 마음을 사용하는 표본 : 원만구족하고 지공무사하게

     - 우주의 진리를 잡아 인간의 육근 작용에 둘러 씌워 활용하는 사람이 곧 천인이요 성인이요 부처니라. (불지품 12)
       - 성형으로 육근 거듭나기
       - 학습(예의범절, 교육, 훈련, 운동 등)으로 육근 거듭나기
       - 심리적 힐링과 육신의 휴식으로 육근 거듭나기
       - 법어를 표준으로 육근 거듭나기

3. 본문 체득

1) 「○」이 원상의 진리를 각覺하면

(1) '이 원상의 진리'를 확신하고 확인하기
① 진리가 있다·하나의 진리다·한 두렷한 기틀을 지었다.
② 우주만유의 본래 이치요 각자 마음의 본성이다.
③ 언어도단의 입정처요 유무 초월의 생사문이다.
④ 대종사님의 진리관으로 신앙의 대상이요 수행의 표본이다.

(2) 각覺하기
① 한 생각 일어남을 알아차리기
  • 마음은 미묘하여 잡으면 있어지고 놓으면 없어진다.
  • 일념一念 일념을 알아차림 (유념 지속)
② 육근의 지각과 느낌을 온전히 하기
  • 에고·감정·선입견·망상·관념 비우기
③ 그 일 그 일에서 알음알이 구하기
  • 일사 일리一事一理·만사 만리萬事萬理·만법 귀일萬法歸一
  • 소이연所以然 소당연所當然 찾기
  • 적실한 원리와 법칙 발견
  • 밝게 분석하고 빠르게 판단하기
④ 의두 연마와 성리 단련으로 반조返照하기
  • 의심건 발견하기 (매사에 깊은 관심·호기심)
  • 의심건 궁굴리기 (의심건을 오래 지속적으로 밀고 나가기)
  • 의두 삼매
  • 자성 관조觀照
  • 인생·생명·우주에 대한 통찰

⑤ 진리 불공과 실지 불공의 간절함 속에서 진리에 감응하고 체험하기
- 쉬지 않고 기도하기
- 진리를 묵상하고 서원 올려 영감 얻기
- 실지 불공 속에서 진리의 광명과 조화력 체험하기

⑥ 공적영지空寂靈知 나투기
- 망념을 쉬고 진성을 기름 (선禪·염불 공부)
- 육근공六根空·육경공六境空·육계공六界空하여 오직 자성 광명이 비치게 함(육근문 쉬기·청풍월상시만상자연명淸風月上時萬像自然明)
- 온전한 생각 내기·밝고 빠르게 판단하기·실천으로 증득하기

⑦ 그 일 그 일에서 심신작용을 통해 진공묘유심 나투기

2) 시방 삼계가 다 오가吾家의 소유인 줄을 알며,

(1) 오가吾家(내 집안)의 울 벗어나기
① 내 집안(가족·혈연)에 대한 고정 관념과 집착 확인하기
② 큰 나 (대아大我)·우주의 본가 발견하기
③ 처하는 곳곳에서 오가를 벗어난 오가 이루기
- 망아진아현 위공반자성忘我眞我現 爲公反自成
- 무아무불아 무가무불가無我無不我 無家無不家

(2) 시방 삼계를 다 소유하기
■ 소유한다는 것은 참다운 주인의 권리를 찾고 활용의 역량을 갖춘다는 것
① 소유에 대한 욕망과 집착 조절하기
② 시방 삼계를 소유할 삼대력과 불공력 기르기
③ 처하는 곳곳에서 주인 의식 갖고 주인 노릇하기
④ 우주 생명 공동체 속에서 함께 공생 공영하는 새 삶의 윤리 확립하기

3) 우주 만물이 이름은 각각 다르나 둘이 아닌 줄을 알며,

(1) 만법 귀일의 소식을 연마하기
① 뿌리·줄기·잎이 나무를 이루어 하나이고, 수많은 나무들이 숲을 이루어 하나 된다.
② 우주 만물이 일원상 진리 속에서 하나임을 알아가자.
③ 수많은 분별심이 한 마음으로 비롯하고 각각 다 한 마음 밖에 있지 않다.

(2) 우주 만물과 더불어 하나로 살기
① 마음을 열고 먼저 손을 내밀어 두루 함께 하기
② 한 기운을 느끼고 통하기
③ 은혜로움을 발견하여 감사하기
④ 우주 만물이 다 「○」으로 보일 때까지 기도 올리고 불공하기
⑤ 더불어 함께 잘 살기
  • 동기연계 동척사업 同氣連契 同拓事業

4) 또는 제불·조사와 범부·중생의 성품인 줄을 알며,
① 부처와 중생의 다른 점 찾기
② 각자의 한 마음 속에서 부처님 같은 자비심과 동물 같은 잔인함이 나옴을 발견하기
③ 스승님들의 평소 언행과 생활하심을 본받기
④ 일원상 진리를 표본으로 체성에 합하는 공부하기

5) 또는 생·로·병·사의 이치가 춘·하·추·동과 같이 되는 줄을 알며,
① 생·로·병·사에 대한 자신의 태도 바라보기

② 자신의 생·로·병·사가 춘·하·추·동의 변화 같이 진행됨을 새삼 깊이 자각하기
③ 춘·하·추·동 사시가 자연스럽게 진행되듯 생사 해탈 연습하기
④ 생사 자유의 힘 기르기
- 신앙으로 간절히 매달려 안심입명 얻기
- 수행으로 삼대력 길러 자유하기
- 보은 불공의 생활로 미래의 복전 개척하기

6) 인과보응의 이치가 음양상승과 같이 되는 줄을 알며,
① 음양상승의 원리 이해하기 (음과 양이 서로 극하면 상대를 밀어서 변화함)
② 인과보응의 이치 이해하고 믿기 (인因 → 연緣 → 과果 → 인因 …)
③ 인과보응의 이치 활용하기 (심어서 거두기, 달게 받기, 다시 짓지 않기 등)

7) 또는 원만구족한 것이며 지공무사한 것인 줄을 알리로다.

(1) 〔일원상의 수행〕을 표준으로 공부하기
■ 일원상의 진리를 신앙하는 동시에 수행의 표본으로 삼아 일원상과 같이 원만구족하고 지공무사한 각자의 마음을 알고, 양성하고, 사용하는 공부를 함

(2) 「천지 8도」를 신앙적으로 경외하여 닮아가기
① 천지의 지극히 밝은 도에 감사하고 경외심으로 이를 체받아서 천만 사리를 발견하고 깨우쳐 걸림 없이 알 것
② 천지의 지극히 정성한 도에 감사하고 경외심으로 이를 체받아서 만사를 작용할 때 간단 없이 시종이 여일하게 그 목적을 달할 것

③ 천지의 지극히 공정한 도에 감사하고 경외심으로 이를 체받아서 만사를 작용할 때 오직 중도를 잡을 것

④ 천지의 순리 자연한 도에 감사하고 경외심으로 이를 체받아서 합리는 취하고 불합리는 버릴 것

⑤ 천지의 광대 무량한 도에 감사하고 경외심으로 이를 체받아서 편착심을 없이할 것

⑥ 천지의 영원불멸한 도에 감사하고 경외심으로 이를 체받아서 만물의 변태와 인생의 생·노·병·사에 해탈을 얻을 것

⑦ 천지의 길흉 없는 도에 감사하고 경외심으로 이를 체받아서 길흉에 끌리지 않을 것

⑧ 천지의 응용 무념의 도에 감사하고 경외심으로 이를 체받아서 동정 간 무념의 도를 양성할 것

(3) 〔일원상의 신앙〕을 표준으로 공부하기
■ 지극히 텅 빈 가운데 소소 영령함과 무소 부재함과 생생 약동함이 충만한 일원상의 진리를 믿고 우러름

8) 「○○○○○○」: 행行의 표준

(1) 「○」이 원상은 눈을 사용할 때 쓰는 것 → 눈에 「○」 봉안
   ① 건강하고 생기 넘치는 눈으로 가꾸어 존절히 관리하기
   ② 「○」으로 보고 「○」으로 돌아가기

(2) 「○」이 원상은 귀를 사용할 때 쓰는 것 → 귀에 「○」 봉안
   ① 건강하고 생기 넘쳐 잘 들리는 귀로 가꾸어 존절히 관리하기
   ② 「○」으로 듣고 「○」으로 돌아가기

(3) 「O」이 원상은 코를 사용할 때 쓰는 것 → 코에 「O」 봉안
　① 건강하고 생기 넘쳐 냄새 잘 맡는 코로 가꾸어 존절히 관리하기
　② 「O」으로 코를 사용하고 「O」으로 돌아가기

(4) 「O」이 원상은 입을 사용할 때 쓰는 것 → 입에 「O」 봉안
　① 건강하고 온화하고 유용한 입으로 가꾸어 존절히 관리하기
　② 「O」으로 입을 사용하고 「O」으로 돌아가기

(5) 「O」이 원상은 몸을 사용할 때 쓰는 것 → 몸에 「O」 봉안
　① 법 있고 건강하고 쓸모 있는 몸으로 육성하여 존절히 관리하기
　② 「O」으로 몸을 사용하고 「O」으로 돌아가기

(6) 「O」이 원상은 마음을 사용할 때 쓰는 것 → 마음에 「O」 봉안
　① 맑고 밝고 바른 마음으로 단련하여 존절히 관리하기
　② 「O」으로 마음을 사용하고 「O」으로 돌아가기

제6절 게송(偈頌)

1. [게송]의 소개
- 원기26년 1월 대종사께서 대중에게 내리심

1) 대의
- 대종사께서 깨달으신 바를 노래 형식의 글귀로 집약하여 표현하신 전법 게송
- 대종사님 게송 내리심의 특징
① 미리 전함
② 대중에게 고루 전함 (공전 公傳)
  • 각자의 공부에 따라 법을 오롯이 받고 못받고 함 (부촉품 2)

2) 게송 공부의 유의 사항
- 이 자리가 곧 성품의 진체(眞體)이니 사량으로 이 자리를 알아내려 말고 관조로써 이 자리를 깨쳐 얻으라. (성리품 31)

2. 본문 이해

1) 유(有)
① 있는 것·감각되는 것·지각되는 것·현상으로 나타나 변화하는 것
   심신(心身)을 갖춘 '나'와 내 소유 그리고 우주 만물
② 천지이분후(天地已分後)의 세계
   일념이생후(一念已生後)의 마음

③ 변화하는 자리이나 유_有라고도 할 수 없고 무_無라고도 할 수 없는 자리 (성리품 31)

2) 무_無
① 없는 것·감각할 수 없는 것·현상으로 존재하지 않는 것·숨은 것 (드러나지 않은 것)
② 천지미분전_{天地未分前}의 소식
일념미생전_{一念未生前}의 소식
③ 불변하는 자리이나 무_無라고도 할 수 없고 유_有라고도 할 수 없는 자리

3) 유는 무로 무는 유로
① '있는 것은 없어지고, 없는 데서 있어지고'하는 유와 무의 순환 변화의 모습
② 고정된 실체가 없이 은현_{隱顯}으로 끊임없이 순환하는 현상 세계의 모습

4) 돌고 돌아 지극하면
① 돌고 돌아 : 끊임없이 변화하는 능이성 무상_{能以成無常}의 세계
② 지극하면 : 순환의 연속성 전모를 일괄적으로 통찰하여 포착한 능이성 유상_{能以成有常}의 세계

5) 유와 무가 구공_{俱空}이나
① 유와 무가 다 비었음
② 유도 아니요 무도 아님
③ 유와 무의 상대적 분별과 집착을 벗어남 (유무 초월)
   • 색불이공_{色不異空} 색즉시공_{色卽是空}

6) 구공具空 역시 구족具足이라
   ① 텅 빈 가운데 두루 빠짐없이 다 갖추었음
   ② 유有와 무無의 분별 집착을 벗어나 능유能有하고 능무能無 자재함
   - 공불이색空不異色 공즉시색空即是色

3. 본문 체득

1) 유有 (유단有段)

(1) 유의 세계 알기
- 우리는 유有의 세계를 얼마나 알고 있는가? 얼마나 제대로 알고 있는가?
- 유有의 세계를 알기 위해 현실에 대한 적극적 관심과 부단한 공부가 필요하다.
  - 성리를 알았다는 사람으로서 대大와 무無는 대략 짐작하면서도 소小와 유有의 이치를 터득하지 못한 사람이 적지 아니하나니 어찌 완전한 성리를 깨쳤다 하리요. (성리품27)
  ① 교양과 상식 쌓기
  ② 과학·학문적 지식·물질문명 탐구
  ③ 사회 현실(정치·사회·문화·교육 등)의 이해
  ④ 다양한 삶의 이해와 체험

(2) 유의 세계에 대한 바른 시각과 원만한 관계를 정립하기
  ① 온전한 마음·깨어있는 마음으로 현전하는 현실 유의 세계·날로 더 빠르게 변화하는 세상을 직시하여 찰나찰나(순간순간)를 놓치지 말자.
  - 방심하면 놓치기 쉽다. 잡으면 있어지고 놓으면 없어진다.

• 인간·사회·생명·우주·물질개벽 등에 대해 깊은 관심·호기심·창의적 안목으로 살피고 묻고 탐구하고 통찰하기

② 유에 대한 '고정된 실체 관념'을 놓고 유의 변화(과거·현재·미래를 통한)를 꿰뚫어 인과의 묘리를 터득하자. 나아가 이를 통해 미래를 밝게 내다보는 혜안을 갖추자.

• 유에 집착하여 묶이거나 또는 유에 대한 허무감으로 부정해버리는 양극단을 놓고 중도적 中道的 입장 세우기
• 자기 소유에 대한 바른 태도 정립하기

③ 우주만유가 모두 법신불의 응화신으로 권능불이요 은혜불이시니 항상 경외심을 놓지 말고 감사하고 보은 불공하여 복전을 개척하자.

• 인도 상 요법을 원만히 실천하기
• 급속히 발전하는 물질문명에 대해 밝게 이해하고 지혜롭게 대처하기

④ 사람 몸으로 태어나 정법 회상을 만났으니 부지런히 공부하며 삼대력을 원만히 갖추자.

• 사람의 몸을 받았으므로 (유 有) 공부할 수 있고 깨달을 수 있는 것

⑤ 유 有의 세계에 주도적으로 참여하여 성숙된 주인 의식과 시민 정신으로 세상을 진화시켜 가자.

• 사람이 행할 바 도 … 요약하면 생과 사의 도 … 살 때 생의 도를 알지 못하면 능히 생의 가치를 발휘하지 못할 것 (천도품7)

2) 무 無 (무단 無段)

(1) 무의 세계 알기

■ **우리는 무에 대해 얼마나 알고 있는가? 얼마나 제대로 알고 있는가?**

① 입정 入定 상태 실습 (일념미생전 一念未生前 소식)
② 생각 멈춤 (앞생각과 뒷생각의 연결 고리 끊기)
③ 마음 비움 (내려놓고 잊기)

④ 존재의 소멸과 소유의 상실을 체험
⑤ 자신의 죽음 묵상 (존재의 멸滅 직시하기)

(2) 무에 대한 바른 시각과 태도를 정립하기
① 숨은 세계·보이지 않는 세계·상실·없음·죽음·공空에 눈을 뜨자.
② 후천개벽의 대활동기에 사는 현대인일수록 '무적無的 체험'이 필요하다.
- 무무역무무無無亦無無 비비역비비非非亦非非 단련
- 선禪과 염불 수행으로 입정 단련
- 주송·기도의 몰입 체험

③ 무無에 심취해 유有의 세계를 경시하거나 무에 주착하여 허무감에 빠지지 않도록 조심하고 무사 안일에 흐르지 않도록 정신을 차리자.
④ 생생한 '무無'의 심경을 확보하자. (양공養空)
- 사람이 행할 바 도 … 요약하면 생과 사의 도 … 죽을 때 사死의 도를 알지 못하면 능히 악도를 면하기 어렵나니라. (천도품 7)

3) 돌고 돌아 지극하면 (순환지극단循環至極段)
① 자신과 세상에 대한 '고정된 실체 관념'이 자리하는지 돌아보기
② 존재의 끊임없는 변화를 두루 체험하여 변화 속에서 정신 차리고 달관하기
한 마음 속에서 일어나는 분별심을 알아차려 변태심 극복하고 집착심 놓기
③ 유에서 무로, 무에서 유로, 돌고 도는 모습을 추리 분석으로 이해하고 직관으로 터득하여 유와 무의 변화에 자연스러움 얻기
④ 끊임없이 변화하는 무상無常의 세계를 바라보며 능유能有하고 능무能無하는 능이성 무상의 역량(변역變易의 묘妙) 기르기
⑤ 순환의 연속성 전모를 꿰뚫어 변화의 달관을 통한 변화의 초월로 능이성 유상能以成有常의 역량 기르기

4) 유와 무가 구공俱空이나 (유무구공단有無俱空段)

(1) 유와 무의 상대적 분별과 집착심 놓기
　① 유에 처해도 유의 분별과 집착을 놓고 (유가 유가 아니요)
　② 무에 처해도 무의 분별과 집착을 놓고 (무가 무가 아니요)

(2) 유무有無 초월의 경지 궁구窮究하기
　■ 공空마저도 공空한 구경처 단련 (진공眞空 체득)

5) 구공俱空 역시 구족具足이라 (유무구족단有無具足段)
　① 공적영지·진공묘유 단련하기
　② 빈 마음으로 육근 작용하기
　■ 유有를 무無로 만들 줄도 알고 무無를 유有로 만들 줄도 알아서 천하의 모든 이치가 변하여도 변하지 않고 변하지 않는 중에 변하는 진리를 아는 것이 성리의 용用을 완전히 아는 것 (성리품 27)

6) 게송을 관조觀照하기
　① 수행적으로 : 묵묵히 비춰보기 / 실천으로 체득하기
　② 신앙적으로 : 간절히 사무치기 / 불공으로 구현하기

7) 〔게송〕의 유有·무無와 〔삼학〕 사리 연구(정전p47)의 유무有無
　┌ 〔게송〕에서는 유有와 무無를 나누어 설명
　└ 〔사리 연구〕에서는 유무有無로써 천지의 순환과 풍 운 우 로와 만물의 변태를 나타냈다.
　■ 〔게송〕에서는 일원상의 진리(성품의 진체)를 깨우치기 위해 설명 상 강연히 유와 무를 나누어 상식의 세계에서 인식하는 유와 무로부터 구극의 경지까지를 단계적으로 밝혔고

- 〔사리 연구〕에서는 유와 무의 실상을 표현한 것이다. 유도 실상은 유무요 무도 실상은 유무다. 실상은 유도 아니요 무도 아닌 '그것' 바로 유무다. 유와 무가 구공俱空이나 구공 역시 구족具足인 것
  - 유는 변하는 자리요 무는 불변하는 자리나, 유라고도 할 수 없고 무라고도 할 수 없는 자리가 이 자리며, 돌고 돈다, 지극하다 하였으나 이도 또한 가르치기 위하여 강연히 표현한 말에 불과하나니, 구공이다, 구족하다를 논할 여지가 어디 있으리요. (성리품 31)

4. 참고 : 각자의 게송

- 종법사님께서 각자의 게송을 지어보라고 하셨다.
  (수위단회의 개회사 중에서)

空心으로 한 마음
公心으로 한 살림
하나로 사세
더불어 하나로 사세

원기 98년 4월 28일
明山 合掌

제2장 사은(四恩)

1) 〔사은〕의 의미

- 세상이 하나로 열려 가는 후천개벽 시대에 온 인류 전 생령이 더불어 함께 공생 공영하는 은혜로운 낙원 세계(인간성 회복·정신문명과 물질문명의 조화·생태계와 낙원 공동체 복원 등) 건설의 새 신앙법이요 새 윤리로 후천개벽 시대 새 삶의 길

(1) 원불교 신앙의 강령으로 '사은 부처님'의 준말
① 만물 생성의 근원불(根源佛)
② 없어서는 살 수 없는 대자비불(大慈悲佛)
③ 인과(因果)를 직접 나투는 권능불(權能佛)

(2) 일원상 진리의 실재(實在)로 존재의 은적 사범주(恩的四範疇)
- 일원(一圓) 즉 사은, 사은 즉 삼라만상

(3) 일원상 진리의 덕화(德化)
- 없어서는 살 수 없는 지극한 은혜

(4) 교리 형성
① 보경육대요령 (원기17년) : 인생의 요도 사은 사요
② 불교정전 (원기28년) : 사은
- 유가법(儒家法)의 경천(敬天)·사친(事親)·애인(愛人)·복례(復禮) 등 인간 윤리 규범을 후천개벽 시대에 맞게 확대 심화하여 신앙적으로 재정립

2) 사은 신앙四恩信仰의 시대적 의의

(1) 미신적이고 편벽된 과거 종교 신앙을 혁신하여 신앙의 진리화·사실화·생활화의 길을 엶
  ① 신앙의 원만한 대상 : 부처님·하느님에서 진리 당처와 우주만유 처처불로
  ② 신앙 원리의 진리화 : 기복 신앙에서 인과보응의 신앙 원리로
  ③ 신앙 방법의 사실화 : 당처에 직접 보은 불공하는 방법으로
  ④ 신앙 생활의 적극적 구현 : 봉불奉佛·시불侍佛 중심에서
  　　　　　　　　　　　　　 생불生佛·활불活佛 중심으로

(2) 현대 물질문명의 병폐로부터 전 생령을 구원할 새로운 종교 윤리를 제시함
  ■ 모두가 은혜로운 삶으로 나아가는 비법
  ① 하늘만 받들던 과거의 신앙과 윤리
  　 땅만 바라보고 사는 물욕의 현대인
  　→ 하늘을 외면한 지나친 인간 중심과 물질 중심은 천벌의 위험 초래
  　→ 천지은天地恩으로
  　→ 하늘과 땅을 두루 섬겨서 천도를 체받고 자연을 보호하여 세상을 구원
  ② 아버지만 섬기고 현세 부모만 섬기던 과거 윤리
  　 개인의 안일 위주·성性의 향락을 추구하는 현대인
  　→ 지나친 개인주의와 향락 중심은 전통 가정의 붕괴와 윤리 타락 초래
  　→ 부모은父母恩으로
  　→ 삼세의 모든 부모를 섬기고 무자력자를 보호하며 생명의 근원을 경외하여 정의情誼로운 세상 만들어 구원
  ③ 특수 신분만을 선별적으로 숭상하던 과거 세상
  　 인간 중심적 사고와 배타적 선민사상
  　 동포 간의 불신과 다툼 속에 사는 현대인

→ 개인이나 집단의 지나친 이기심과 황금만능의 출세주의는 삶의 공
　　동체를 자리自利만 추구하는 전쟁터로 만들어 공멸共滅의 위험 초래
→ 동포은同胞恩으로
→ 모든 동포가 평등한 가운데 서로 기운을 연하여 감사와 사랑으로
　　더불어 함께 잘 사는 세상으로 가꾸어 구원
④ 법에 무지하거나 타율에 무조건적으로 순응하는 태도
　법을 악용하여 사리私利를 취하는 생활
→ 지나친 자기 위주의 편법주의와 욕망 추구는
　　질서 문란과 생명 보호막 파괴의 위험 초래
→ 법률은法律恩으로
→ 인도 정의의 공정한 법칙을 생명선生命線으로 자각하고
　　자율적으로 법을 활용하여
　　세상의 질서를 회복하고 인간으로서 마땅한 길을 걸어서 구원

3) 왜 「은恩」인가?
■ 원불교 신앙의 대상은 「○」 일원상의 진리(법신불 일원상)다.
■ 그런데 신앙의 강령을 「사은」으로 하신 뜻은?
① 「○」은 과거 불가에서 주로 「심불心佛」의 의미로 사용
② 「일원상의 진리」는 자칫 세월의 흐름 속에서 또 하나의 '유일신'적인
　오해를 불러 올 수도 있음
③ 「일원상의 진리」는 일반 대중으로 하여금 귀의의 감정을 불러일으키
　기가 쉽지 않음
　　• 원리적 이법 신앙理法信仰 중심으로 흘러갈 가능성이 없지 않음
④ 불교의 관음보살 신앙, 기독교의 아버지·마리아 신앙 등과 같이 일원
　상 진리의 '무소 부재하시어 만물 생성의 근원이 되시고, 없어서는 살
　수 없는 은혜를 베푸시는' 그 면을 주로 드러내 「사은 부처님」으로 표
　현하지 않았나 생각됨

4) 원불교 신앙의 호칭 문제와 신앙의 자세

■ 종교마다 그 호칭 속에 성자님들의 구세 경륜이 담겼다.
■ 「법신불 사은님!」의 호칭이 '어렵다', '이해가 잘 안 된다', '쉽게 들어오지 않는다' 등의 의견이 있음
　→ 그러므로
　　여러 호칭을 주장할 수 있는데, 경우 따라 다양하게 불러서 그 의미가 살아나고 신앙심을 더욱 고취시키는 긍정적 면이 없지 않을 것이나, 통칭의 경우는 통일해야 할 것이며, 사실 「법신불 사은님」처럼 원불교 교법에 합당한 표현이 또 있을까?

① 일원상은 과거로부터 주로 마음 부처·수행의 표본으로 사용해 왔고 진리불은 법신불로 표현해 왔음
② 사은四恩은 일원상 진리의 실체로서, 일원상 진리의 구체적 모습
　사은 이외에 일원상의 진리가 존재하지 않으며, 일원상의 진리라는 용어의 관념화를 막아주는 역할을 함
　• '법신불'은 진리 불공의 대상으로서는 적합하나 당처 불공의 대상으로서는 막연한 느낌이 있음
　• '사은님'은 당처 불공의 대상으로서는 적합하나 진리적 의미를 드러내 신앙의 대상으로 모시는 데는 미흡한 면이 있음
　• 법신불 + 사은 → 진리불이시며 사실적 권능불이신 법신불 사은님!
　　　　　　　　　은혜롭고 거룩하신 법신불 사은 부처님!
　• 「법신불 사은님」의 호칭은 진리를 바탕으로 실생활에서 가장 가깝고 친밀하게, 거룩하고 은혜로우신 부처님을 모시고 경외하며 감사와 기쁨으로 보은 불공할 수 있는 호칭
③ 다만, 원불교에서 처음 지어서 사용하는 생소한 용어이므로 이를 이해하고, 기억하고, 신앙의 간절함을 불러일으키기까지는 다소의 시간이 필요함

- 그러므로 이 세상에 신앙 호칭으로 보편화될 때까지(인식의 필터에 걸러지지 않도록까지) 인내하며 확산 시켜가야 할 것
- 우리 교도들부터 우러나는 마음으로 모시고 부르고 함께 하자.
- 잘 알려질수록 오히려 더 광고를 하는 세상의 유명 상표를 보라!

④ 평소 법신불 사은님을 모시는 우리의 신앙 자세를 돌아보자.
- 법신불 사은님을 향한 지극한 마음이 늘 살아나는가?
- 법신불 사은님과 한 기운으로 연하는 마음이 늘 지속되는가?
  법신불 사은님께서 늘 염원해 주시고 관장해 주시는 관계가 형성되었는가?
  법신불 사은님께 늘 염원 올리고 그 뜻 받들어 사는 관계가 형성되었는가?
- 말이나 머리속에만 머무는 법신불 사은님이 아니라 온 가슴 온 심신으로 받들어 함께하는 법신불 사은님이시게 하자.
- 서로 뜨거운 윤기가 통하는 법신불 사은님이시게 하자.
  어린 아이가 부모님 품 그리며, 그 품에 안기듯
  환자가 링거 주사 꽂고 치료 받듯, 라디오 주파수 맞춰 청취하듯
- 과거 교육부 근무시 체험 : '천지하감지위! …' 어느 교무님의 땅이 꺼져라 하늘이 감동하라 간절히 부르시는 그 모습처럼 저절로 마음에서 우러나고 목소리로 터져 나오도록까지 간절해지자.
- 간절한 원, 지극한 정성, 진지한 신앙 자세를 확립해야 미지근한 신앙 태도를 극복할 수 있다.
- 신앙 생활을 하다 보면 모든 것이 다 통해져 있고 숨길 수 없이 그대로 반응이 나타나므로 함부로 생각하거나 마음을 먹거나 말하거나 행동할 수 없음을 체험할 때가 있다.
  진리에 대한 두려움 속에서 신앙에 철이 들어간다.
- 「영주」를 외울 때 어떤 기운을 느끼는가? 천지 영기가 온통 마음 가득 깃들어 충만한 감흥이 일어나는가?

「심고」 모실 때 그 심경이 어떠한가? 간절함 속에 하감하시고 응감하시는 기운을 느끼고 벅찬 감사의 감흥이 일어나는가?

5) 새삼스레 왜 「사은四恩」인가?

① 너무 크신 은혜라 오히려 당연한 것으로 여겨온 철없는 생각의 일대 각성이요, 인간 무지를 일깨우심
② 후천개벽시대를 맞아 전 생령의 운명이 우주만유 서로서로 간에 또는 모든 문명에 대해 은혜를 발견하여 보은하느냐 은혜를 모르고 배은하느냐에 달려 있음을 일깨우심

6) 사은 신앙의 실천

■ 지은知恩하여 보은報恩하고, 보은즉불공報恩卽佛供의 방법으로 실생활 속에서 사실적이고 성숙한 신앙의 길을 열어주심
① 무조건 비는 신앙을 넘어, 심어서 거두는 적극적 신앙으로
② 억지로 떼쓰는 신앙을 넘어, 감동과 감화로 이루어지는 신앙으로
③ 위력을 입고 감사하는 신앙을 넘어, 위력을 나투고 은혜를 베푸는 신앙으로

7) 「은恩」을 느끼고 알아가게 하는 순서

(1) 가장 쉽게 느끼고 알아가도록 안내함

「… 없어서는 살 수 없음」으로 은혜를 자각시켜 줌
■ 은혜를 지극히 당연한 것으로 여기며 늘 더 바라기만 하고, 때로 원망까지 하는 철 안든 경우를 돌아보게 함
■ 자기 생명生命·자기 삶·살아있음·살아감에 대한 소중한 가치를 자각시켜서 은혜를 깨닫도록 함
  • 사람은 무엇으로 사는가?

(2) 은혜恩惠를 은혜로 알고 보은해야 진정한 은혜가 되고 더 큰 은혜로 돌아옴을 원리적으로 이해시킴

- 은생어해恩生於害·해생어은害生於恩하는 원리와 인과보응因果報應의 원리를 가르쳐 줌
- 인과의 이치에 따라 변화의 원리를 활용하여 미래를 개척하게 함

(3) 절대 은혜恩惠를 자각하게 함

① 스스로가 곧 부처(천상천하유아독존)임을 깨닫도록 함
② 세상 만물이 모두 부처님(은혜불·권능불)이요, 우주에 무궁한 조화와 보물과 원리가 가득함을 깨닫도록 함
→ 모두가 은혜임을 자각하여 스스로 우러나는 마음으로 언제나 감사하고, 늘 경외심으로 보은 불공하도록 함

8) 질의와 의견 제안

■ 사은이 신앙의 강령이 되는 이유와 근거를 사은의 본문 가운데 어디서 찾을 수 있을까?

■ 의견

① 원래 [사은] 교리는 「보경육대요령」의 교법 체계 속에서 탄생하였다. 따라서 신앙적 측면보다 인생의 요도로서 사은이고, 유가의 법을 의미한다고 설명되어 있다. (회보4호)
② 「일원상 장」이나 [심고와 기도] [불공하는 법] 그리고 대종경 교의품 4장 등에 설명된 사은 신앙 관련 법문을 참고하여 「사은 장」에 사은이 신앙의 강령이 되는 진리적 근거를 〈개요〉로써 직접 표현하는 방법도 생각할 수 있을 것임

제1절 천지은(天地恩)

1) 〔천지은〕

(1) 천지는 진리의 화신化身으로 만물이 살아가는데 없어서는 안 될 지중한 은혜를 베푸시는 대시주불大施主佛이시다.
- 하늘·땅(日)·월月·풍風·운雲·우雨·로露의 은혜

(2) 천지 없이는 살 수 없음을 절실히 깨달아, 천지를 부처님으로 모시고 그 은혜에 감사하며 보은 불공하는 신앙을 하자는 것
- 그냥 천지가 아니라 지극히 경외롭고 은혜로운 천지 부처님

2) 왜 새삼스레 천지은인가?
- 천지은을 바로 이해하기 위하여 이 시대에 왜 새삼스레 천지가 은혜로우신 부처님이니 불공하라 하는지를 깊이 헤아리자.
① 천지 안에서 살아가는 것이 자연스럽고 당연한 것일지라도 천지 없이는 살 수 없는 큰 은혜를 입고 있는 것은 부인할 수 없는 사실이고, 또 이런 은혜를 감사로 느끼면 이로써 천지를 새롭게 인식하게 될 뿐 아니라 배은 생활을 하지 않게 되어 천지와 더불어 서로 윤기를 통하고 천지로부터 더 큰 은혜와 위력을 얻게 될 것이다.
  • 천지은을 깨닫는 순간 천지 안에 사는 것 자체만으로도 무한히 감사하고 더할 수 없는 감격과 기쁨을 느끼게 된다.
    ◦ 무심코 잊고 지내던 그런 '공기'가 아니라 나를 살려주는 그 '공기!' ~ 문득 천지에 원망할 일이 없게 된다.
② 천지는 인간(특히 후천개벽의 성년기에 처한 인간)의 생활 태도에 따라서 은혜가 아닌 천벌(무서운 자연 재해 등)을 내릴 수 있으므로 신앙

적 차원에서 천지를 모시고 우러러 불공해야 한다.
- 과거에는 동서양의 대부분이 하늘을 믿고 받들었다. 그러나 인간의 지적 성장과 학문 기술의 발전을 따라 하늘을 모시는 마음이 차차로 약해져 가면서 물질문명의 위력과 세속적 권세가 그 자리를 대신해 가고 있다. 이제 천지는 더 이상 경외의 대상이 아니라 정복의 대상·인간 욕망 추구의 수단으로 전락해 간다. 그 결과 인간 중심의 사고와 물신 풍조가 만연하고 이에 따라 가치관 혼란·각종 사회 병리 현상·빈부 격차·갈등과 대립·자연 파괴·환경오염 등의 대재앙이 속출하고 있다.

3) 천지 보은天地報恩의 길

- ■ 인류는 지금 인류의 생존과 번영을 위해 인간이 천지 자연과 조화로운 관계를 정립해가야 할 시대적 과제에 직면해 있음을 명심해야 한다.
- ■ 일상적으로 대해 오던 천지 대자연이 아닌 불가사의한 위력과 무량한 은혜로 '없어서는 살 수 없는' 지극히 은혜로운 천지 대자연을 발견하자.
- ■ 천지의 지극한 위력과 은혜에 경외하고 감사하는 마음으로 천지를 부처님으로 모시고 귀의하여 천지와 막 통하는 직로直路를 개척하자.
  - 천지영기아심정天地靈氣我心定·천지여아동일체天地與我同一體
- ■ 자기중심·인간 중심·물질 중심의 욕망과 무지 속에서 천지에 배은했던 지난 생활을 반성 참회하고 새로운 삶의 방식으로의 전환을 다짐하자.
- ■ 천지로부터 피은된 도道를 체받아 보은 불공하여 천지의 무궁한 은혜와 위력을 입자.

(1) 자연自然의 천지은天地恩을 빠짐없이 느끼고 발견하여 감사하고 불공하는 마음으로 활용·보존해 가자.

① 천지 대자연의 지극한 은혜와 위력을 깊이 느끼고 깨달아 감사하기
② 천지 대자연의 효율적 이용과 원형 회복의 지혜 창출하기

③ 천지 대자연과 더불어 조화하고 공생하는 삶 살기
→ 천지 대자연이 항구적으로 위력과 은혜 베푸는 천지 부처님 되도록 불공함

(2) 의리義理의 천지은天地恩을 간절한 신앙심으로 체받아 천지天地 팔도八道를 닮아가자.
① 천지의 경이로운 팔도八道를 느끼고 발견하기
② 천지 팔도八道에 감사하고 이를 경외심으로 우러러 모시고 닮아가기
　㉠ 천지의 지극히 밝은 도를 체받아서 천만 사리事理를 연구하여 걸림 없이 알 것이요,
　• 천지의 지극히 밝은 도에 감사하고 이를 경외심으로 받들어 우러르기
　• 천지의 지극히 밝은 도를 간절히 믿는 마음으로 본받아 천만 사리를 연구하여 천지 같은 밝음을 얻어감
　　◦ 천지의 지극히 밝은 도에 감동하고 이를 간절히 믿는 마음으로 인해서 천만 사리가 발견되고 알아지며 자연스럽게 지혜가 밝아지고 현명한 심신 작용이 이루어진다.
　　◦ 인과의 진리를 굳게 믿으면 스스로의 생각과 행동이 밝고 바르게 변화된다.
　㉡ 천지의 지극히 정성한 도를 체받아서 만사를 작용할 때에 간단없이 시종이 여일하게 그 목적을 달할 것이요,
　• 천지의 지극히 정성한 도에 감사하고 이를 경외심으로 받들어 우러르기
　• 천지의 지극히 정성한 도를 간절히 믿는 마음으로 본받아 천지 같은 정성심으로 만사를 진행하여 그 목적을 이루어감
　　◦ 천지의 지극히 정성한 도에 감동하고 이를 간절히 믿는 마음으로 경외하면 자연스럽게 시종이 여일한 심신 작용이 이루어진다.
　㉢ 천지의 지극히 공정한 도를 체받아서 만사를 작용할 때에 원·근·친·소와 희·노·애·락에 끌리지 아니하고 오직 중도를 잡아갈 것이요,

- 천지의 지극히 공정한 도에 감사하고 이를 경외심으로 받들어 우러르기
- 천지의 지극히 공정한 도를 간절히 믿는 마음으로 본받아 천지 같은 공정함으로 만사를 진행하여 오직 중도를 잡아 나아감
  - 천지의 지극히 공정한 도에 감동하고 이를 간절히 믿는 마음으로 경외하면 자연스럽게 중도를 실천하는 심신 작용이 이루어진다.

㉣ 천지의 순리 자연한 도를 체받아서 만사를 작용할 때에 합리와 불합리를 분석하여 합리는 취하고 불합리는 버릴 것이요,
- 천지의 지극히 순리 자연한 도에 감사하고 이를 경외심으로 받들어 우러르기
- 천지의 지극히 순리 자연한 도를 간절히 믿는 마음으로 본받아 천지 같은 순리 자연함으로 만사를 작용하여 합리를 취해 나아감
  - 천지의 지극히 순리 자연한 도에 감동하고 이를 간절히 믿는 마음으로 경외하면 자연스럽게 합리를 취하는 심신 작용이 이루어진다.

㉤ 천지의 광대 무량한 도를 체받아서 편착심을 없이할 것이요,
- 천지의 광대 무량한 도에 감사하고 이를 경외심으로 받들어 우러르기
- 천지의 광대 무량한 도를 간절히 믿는 마음으로 본받아 편착심을 놓아감
  - 천지의 광대 무량한 도에 감동하고 이를 간절히 믿는 마음으로 경외하면 자연스럽게 마음이 커져가고 편착심이 사라진다.

㉥ 천지의 영원불멸한 도를 체받아서 만물의 변태와 인생의 생·노·병·사에 해탈을 얻을 것이요,
- 천지의 영원불멸한 도에 감사하고 이를 경외심으로 받들어 우러르기
- 천지의 영원불멸한 도를 간절히 믿는 마음으로 본받아 만물의 변태와 생사에 대한 불안을 해소해감
  - 천지의 영원불멸한 도에 감동하고 이를 간절히 믿는 마음으로 경외하면 자연스럽게 만물의 변태와 생사에 대해 해탈을 얻게 된다.

Ⓒ 천지의 길흉 없는 도를 체받아서 길한 일을 당할 때에 흉한 일을 발견하고, 흉한 일을 당할 때에 길한 일을 발견하여, 길흉에 끌리지 아니할 것이요,
- 천지의 길흉 없는 도에 감사하고 이를 경외심으로 받들어 우러르기
- 천지의 길흉 없는 도를 간절히 믿는 마음으로 본받아 길흉에 끌리지 않음
  ○ 천지의 길흉 없는 도에 감동하고 이를 간절히 믿는 마음으로 경외하면 자연스럽게 길흉에 끌리지 않게 된다.

　　Ⓓ 천지의 응용 무념應用無念한 도를 체받아서 동정 간 무념의 도를 양성할 것이며, 정신·육신·물질로 은혜를 베푼 후 그 관념과 상相을 없이할 것이며, 혹 저 피은자가 배은망덕을 하더라도 전에 은혜 베풀었다는 일로 인하여 더 미워하고 원수를 맺지 아니할 것이니라.
- 천지의 응용 무념한 도에 감사하고 이를 경외심으로 받들어 우러르기
- 천지의 응용 무념한 도를 간절히 믿는 마음으로 본받아 응용 무념한 심신 작용을 길들여감
  ○ 천지의 응용 무념한 도에 감동하고 이를 간절히 믿는 마음으로 경외하면 자연스럽게 응용 무념한 심신 작용을 나투게 된다.

→ 각자가 소천지小天地임을 자각하여 간절한 신앙심으로 천지행天地行을 실천으로 나투는 천지 부처가 되도록 불공함

■ "큰 바위 얼굴"
　　경이로운 큰 바위 얼굴을 평생 동안 우러르며 살아온 노인이 있었다. 어느 날 석양의 노을 속에 빛나는 큰 바위 얼굴을 바라보는 그의 얼굴에서 큰 바위 얼굴이 드러난 것이다.

(3) 의지意志의 천지은天地恩을 마음 가득 모시고 그 위력 속에 살자.

① 무심치 않은 천지님·감응하시는 천지님을 믿고 감사하기

② 천지님을 모시고 늘 기도하고 매달려 그 위력 체험하기

③ 천지님이 호념하시고 간섭하시어 천지님과 함께 하는 신앙인 되기

→ 천지天地 두려운 줄 알고 그 뜻을 좇아 보은하며 천지와 더불어 하나로 살아가는 철든 신앙인이 되도록 불공함

- 옛 성현들도 창생을 위하여 천지에 기도하여 천의天意를 감동시킨 일이 … 그대들의 마음은 곧 하늘의 마음이라 마음이 한 번 전일하여 … 모든 일이 다 그 마음을 따라 성공이 될 것이니 그대들은 각자의 마음에 능히 천의를 감동시킬 요소가 있음을 알아야 할 것 … (서품 13)

4) 천지은의 결론

(1) 천지는 은혜 부처님이시니 감사하고 불공하자.

(2) 천지가 그대로 천지이게 잘 보존하고 가꾸어 언제나 천지은天地恩이시게 불공하자.

(3) 각자가 소천지小天地이니 천지 보은으로 천지행天地行을 나투는 천지 부처가 되자.

- 천지 같은 위력과 천지 같은 수명과 일월 같은 밝음을 얻음

5) 질의와 대안

- 천지 보은의 강령에 '먼저'라는 표현의 의미?

먼저 보은해야 할 조항일 것이므로

천지 팔도八道 실천 외에도 더 많은 보은행을 개발해 가야할 것임

시안

천지 보은報恩의 강령

사람이 천지의 은혜를 갚기로 하면 마땅히 그 피은된 도를 보아서 보은행을 할 것이니라.

천지 보은의 조목

1) 천지 대자연의 무한한 은혜와 위력에 감사하며 겸허히 대자연과 더불어 조화로운 공생의 길로 나아갈 것이요,

2) 천지에 전일한 마음과 지극한 정성으로 기도하여 천의를 감동시킬 것이요,

3) 천지의 도에 감사하고 이를 경외심으로 체받아서 닮아갈 것이니라.
   ① 천지의 지극히 밝은 도에 감사하고 이를 경외심으로 체받아서 닮아갈 것이요,
   ② 천지의 지극히 정성한 도에 감사하고 이를 경외심으로 체받아서 닮아갈 것이요,
   ③ 천지의 지극히 공정한 도에 감사하고 이를 경외심으로 체받아서 닮아갈 것이요,
   ④ 천지의 순리자연한 도에 감사하고 이를 경외심으로 체받아서 닮아갈 것이요,
   ⑤ 천지의 광대 무량한 도에 감사하고 이를 경외심으로 체받아서 닮아갈 것이요,
   ⑥ 천지의 영원불멸한 도에 감사하고 이를 경외심으로 체받아서 닮아갈 것이요,
   ⑦ 천지의 길흉 없는 도에 감사하고 이를 경외심으로 체받아서 닮아갈 것이요,
   ⑧ 천지의 응용무념한 도에 감사하고 이를 경외심으로 체받아서 닮아갈 것이니라.

제2절 부모은 ^{父母恩}

1) 〔부모은〕

(1) 부모는 진리의 화신化身으로 생명生命을 낳아 주시고 양육하여 주시는 대자비불大慈悲佛이시다.

(2) 부모 없이 살 수 없음을 절실히 깨닫고 부모를 부처님으로 모시어 감사하고 보은 불공하는 신앙을 하자는 것

■ 그냥 부모가 아니라 지극히 자비롭고 은혜로우신 부모 부처님

2) 왜 새삼스레 부모은인가?
① 부모 은혜를 당연한 것으로 여김은 철없는 생각이며, 은혜를 간절히 깨달을수록 부모를 새롭게 인식하게 되어 부모 자식 간의 사랑과 윤기가 더욱 깊어지고, 자녀로서 인간의 마땅한 도리를 실천하는 바른 삶이 되어지며, 정의情誼와 인륜 도덕이 넘치는 가정·사회가 되기 때문이다.
- 과거에는 부모은을 가정 생활 속에서 온몸으로 체득했으나 오늘날의 핵가족 부부 중심의 가정 속에서는 부모은을 망각하기가 쉬운 상황이다.
② 후천개벽 시대가 전개되면서 급속한 사회 변화와 의식 변화, 생활 구조 변화가 일어나 인간은 누구나 의례히 부모가 되고 자애로운 부모가 된다는 것을 예상할 수 없는 시대 상황으로 진행되어가기 때문이다.

■ 결혼하여 부부가 되는 것이 선택적으로 이루어지고
결혼해도 자녀를 두는 것이 또한 선택적으로 이루어지고

자녀를 두어도 양육이 선택적으로 이루어지는 세태로 변해감
- 어른의 기침 소리가 사라진 가정, 어른을 모실 줄 모르는 세상
- 부모 노릇을 소홀히 하거나 이혼 등으로 결손 가정이 증가하는 세태
- 날로 출산율이 저하되어가는 심각한 사회 문제

3) 부모 보은父母報恩의 길
   ① 부모님의 육신 봉양과 누후 잘 모시기 : 우러나는 마음으로 사랑과 정성을 다함
      - 부모님의 크신 은혜 깨닫기 : 감사하고 존경함
      - 부모님의 권위 받들기 : 말씀과 뜻을 실천함
      - 부모님의 마음 편하게 해드리기 : 걱정하실 일 삼가고 친한 관계 유지
      - 부모님의 육신 봉양해 드리기 : 힘 미치는 대로 우러나는 마음으로 모심
      - 부모님의 뜻 실현해 가기 : 부모와 가정을 빛내는 자녀 노릇함
      - 부모님 열반하신 후 천도 축원 드리기 : 역사와 영상을 길이 기념하고 천도 축원을 드림
   ② 무자력자를 보호하고 삼세三世 모든 부모님께 보은하기
      - 세상의 무자력자를 부모 모시듯 보호해 드리기
      - 개인·가정 윤리(생부모生父母·양부모養父母·사부師父모심)로서의 효孝(보은)를 사회 공동체 윤리(무자력자 보호)로 확산하고 생명의 근원에 대한 외경(삼세 부모 숭배)으로 심화해감
   ③ 부모 부처 노릇하기
      - 부모가 곧 자애로운 부처임을 알아 인생의 요도와 공부의 요도를 빠짐없이 밟고 부모 됨의 참 뜻을 실천하여 참 부모 노릇 잘하자.
        ◦ 부모가 됨은 곧 진리의 대행자로 생명을 낳고 그 생명을 양육하는 성스러운 진리행을 하는 것 : 부모 됨의 큰 가치와 의미를 모두가 깨쳐야 한다.

㉠ 부부가 되고 부모가 되고 참 부모가 되자.
　내가 곧 부모 부처이니 부처 노릇 잘 하자.
㉡ 부부로 만난 깊은 인연의 소치를 새기며, 부부의 도道를 실천하자.
　부부 관계가 좋아야 부모 보은행도 가능하다.
㉢ 좋은 자녀가 태어날 수 있도록 원을 세우고 기도드리자.
㉣ 태교를 법도 있게 하자.
㉤ 모범적 가정을 이루어, 사랑과 지혜와 신앙으로 잘 가르치자.
㉥ 공도에 헌신하는 모범을 보이자.

- 요즘 가정 문제, 자녀 문제, 사회 문제의 원인을 생각해보면 대부분 「부모은」 실천이 결핍된 가정과 세상으로 인한 것임을 알 수 있다.

4) 질의와 대안

- 부모 피은의 강령 중 '대범 사람의 생사라 하는 것은 자연의 공도요 천지의 조화라 할 것이지마는, 무자력할 때에 생육하여 주신 대은과 …'의 해석에 대한 질의

① 세상의 추세가 갈수록 결혼 기피·출산 기피·육아 기피로 흐르고 육아의 경우 오히려 사회와 국가에서 상당 부분을 책임지는 방향으로 나아가는 속에서 부모 피은의 강령이 자칫 부모 됨과 자녀 출산의 은혜가 무자력할 때 생육하여 주신 은혜에 미치지 못한다는 오해를 불러일으키지 않을까?

② 날로 출산율이 저하되고 과학의 발달로 생명의 탄생이 인간의 조작으로 가능해져 가며, 죽음도 안락사 문제가 주요 논쟁 거리로 부각되고 있는 추세에서 사람의 생사가 자연의 공도요 천지의 조화라고 하는 입장을 굳이 드러낼 필요가 있을까?

> 시안-1안

1. 부모 피은의 강령
「… 대범, 사람의 생사라하는 것은 자연의 공도요 천지의 조화라 할 것이지마는, 낳아 주시고 무자력할 때에 생육生育하여 주신 대은과 …」

> 시안-2안

「… 있으리요. 대범, 이 세상에서 가장 존귀한 이 몸을 낳아 주시고 무자력할 때에 생육生育하여 주신 …」

제3절 동포은 _{同胞恩}

1) 〔동포은〕

(1) 동포는 진리의 화신化身으로 서로를 살려주시는 대협동불大協同佛이시다.

(2) 동포는 하나의 진리 포태에서 나온 한 집안 한 권속이다.

(3) 동포 없이 살 수 없는 은혜를 절실히 느껴서 동포를 부처님으로 모시고 감사하고 보은 불공하자.

■ 그냥 동포가 아니라 지극히 위대하고 은혜로운 동포 부처님

2) 왜 새삼스레 동포은인가?
① 동포 은혜를 당연한 것으로 여김은 철없는 생각이며, 은혜를 간절히 깨달을수록 동포를 새롭게 인식하게 되어, 모든 동포가 서로 지친의 윤기를 확인하고 더욱 은혜와 사랑을 나누는 훈훈한 사회가 되기 때문이다.
② 세계가 하나로 열려 가는 후천개벽 시대에 모든 동포가 하나의 생명공동체 속에서 서로 어울려 살아가야 할 시대적 과제를 슬기롭게 해결하는 길이기 때문이다.
 • 세계의 모든 사람 모든 생령이 함께 살아가기 위해서는 혈연·지역·믿음의 울을 벗어나 두루 만나야 하고 더불어 함께 잘 사는 관계로 이어져야 한다. 동포의 울이 좁게 되면 서로 담을 쌓고 단절된 속에서 상극의 관계로 빠질 수밖에 없다.
 • 만유가 한 동포요 서로 은혜 베푸는 소중한 존재임을 알아 서로서로

소중한 동포 부처님으로 모시고 살아갈 때 모두가 염원하는 평화 세상이 될 것이다.

3) 동포 보은同胞報恩의 길

(1) 모든 동포가 진리의 한 포태에서 나와 한 집안 한 권속 한 살림하는 지친의 관계임을 깨닫자.
■ 동포를 생각하고 대하는 우리의 인식과 태도를 새롭게!

① 모든 동포는 그대로「O」'천상천하 유아독존' 절대 평등한 부처님으로 아무리 하찮은 대상이라도 절대적인 존재의 의미가 있음
② 모든 동포는 서로서로 없어서는 살 수 없는 관계임
  - '생각한다. 고로 존재한다'에서
    '네가 있으므로 고로 내가 존재한다'로 의식을 전환하자.
    "그대 있음에 내가 있네 …"
  - 자리이타自利利他로 서로 도우며 살아가자.
  - 부부 간에도 시간이 흐를수록 더욱 은혜로운 동반자가 되자.
    '당신 만나 행복 합니다.'
    '당신으로 인해 내 인생이 더욱 빛납니다.'
    '당신의 덕으로 부족한 내가 이렇게 잘 살아왔습니다.'
③ 끊임없이 동포의 울을 넓혀 가자. (형제의 윤기 확산)
  - 자신과 가족 친척에서 사회와 국가 세계로 넓히자.
  - 남녀·세대·종족·종교의 울을 트자.
  - 친구와 이웃뿐 아니라 모르는 사람이나 원수와 적까지도 함께 살아가야할 공동 운명체임을 깊이 자각하자.
  - 내가 먼저 기운을 보내고, 손을 내밀고, 보듬고, 베풀자.
  - 미운 사람 꼴 보며, 더 챙기고 살피자.

- 금수 초목까지도 기운을 통하고 살자.

(2) 스스로가 동포 부처임을 자각하자.

■ 동포은에 감사 보은하는 데서 나아가 스스로가 동포 부처임을 자각하여 자리이타의 도自利利他道로써 동포 부처 노릇을 잘 하자.

① 스스로 자력을 세우고 나아가 사요의 자력 양성이 널리 실현되도록 세상에 불공하자.
- 세상에 빚지는 사람이 되지 말자.
- 자력을 세워 동포에게 보은하자.
- 자력을 양성하는 세상이 되도록 공을 들이자.

② 함께 더불어 상생 상화하는 삶을 살자.
- 자기중심적 생활 태도를 벗어나
  공동체 의식을 함양하여
  서로 소통하고 화합하는 가운데 의견을 조정하며
  합심 합력한다.
- 대하는 인연마다 진정으로 감사 불공하여 은혜 나투고 두루 성공으로 이끌자.
- 세상에 유익을 주고 환영을 받는 소중한 인물이 되자.

③ [강자 약자 진화상 요법]이 구현되는 사회를 앞장서 만들자.
- 약자를 배려하고 보살피는 '따뜻한 사회', 강자를 인정하고 따르는 '지자본위의 사회'가 되도록 먼저 모범을 보이고 세상을 일깨우자.
- 자본주의의 한계와 모순점을 해소해 가는데 지혜와 힘을 모으자. 승자 독식으로 빈부 격차가 심화되어 가고 대부분이 빈곤층으로 전락하는 전 지구적 불행에 신앙적 차원으로 대처해 가자.

4) 함께 생각하기
- 원기102년(2017)에 국내외적 상황 속에서 어떻게 동포은을 느끼며 보은 생활을 해나갈 것인가?
  ① 국내적으로 지역 간 갈등·진보와 보수의 갈등·노와 사의 갈등·빈부의 갈등 속에서 감사 보은 생활의 길?
  ② 국제적으로 남북 대치 속에서 미국 중국 일본 러시아 등과의 정치 경제 군사적 이해관계를 감사 보은으로 풀어갈 길?

- 의견

  진공으로 체를 삼고 묘유로 용을 삼아 각자 자력을 세워 자리이타의 도로써 보은 불공하여 동포 보은을 실천하자.

(1) 진공의 체
① 만유가 한 체성 만법이 한 근원임을 자각하기
② 하나 그것도 없는 절대 공空에 사무치기
- 좋고 나쁘고, 가깝고 멀고, 같고 다르고, 크고 작고, 강하고 약하고, 높고 낮고, 은혜롭고 해롭고 등의 일체 분별심을 놓고 무자성無自性과 무규정無規定의 진공眞空의 심경에 사무치기
③ 선입견 없이, 업보 업력에 끌림 없이, 일체의 판단을 유보한 텅 비어 오롯한 마음 유지하기
→ 진공의 빈 마음으로 스스로와 일체 동포를 상대함

(2) 묘유의 용
① 상대하는 동포와의 관계를 정확히 판단하기
- 과거의 역사적 관계 : 왜곡된 시각·자기중심적 시각이 아닌 서로 상대의 입장을 존중하며 가능한 한 보편타당한 역사적 시각으로 판단
- 현재의 상황 : 있는 그대로 두루 적실히 파악하고 판단

- 미래의 전망 : 낙관적 미래와 비관적 미래를 아울러 고려하여 판단
② 어떤 동포도 예외 없이 없어서는 살 수 없는 은혜로운 존재요, 죄복을 주재하는 은혜불이요 권능불로서, 불공의 대상으로 경외하고 모시어 평화와 번영의 미래로 나아가도록 자리이타의 도로써 불공하기
- 모든 동포를 부처님으로 모시는 절대 감사의 마음으로 어떤 경우에도 미움과 적개심을 놓고 어떤 경우라도 폭력과 전쟁을 하지 않음을 원칙으로 함
- 상호 신뢰와 용서와 관용과 감사와 합력으로 공존의 길을 열어감
- 상대가 원하는 것을 진심으로 먼저 실행하고, 상대가 싫어하는 것을 먼저 하지 않음 (고마운 상대되기)
- 어느 상대와도 먼저 손을 내밀어 소통하고, 불신의 원인을 찾아 먼저 해소하는 성의를 다함 (믿을 수 있는 상대되기)
- 힘 미치는 대로 상대를 위해 주고 진급의 길로 나아가도록 최선을 다함 (은혜로운 상대되기)
- 상대에게 은혜를 베풀 수 있는 자력自力을 갖추고, 상대가 무법·비법·폭력을 행사하지 못할 힘을 갖춤
→ 원만한 자력을 양성하여 자리이타의 도로써 일체 동포를 상대함

(3) 북한과 군사적 대치 상황 속에서 동포은 실천의 길

① 북한에 대한 미움과 적개심을 놓고 동포은 느끼기
- 우리는 한 동포로 통일되어 함께 할 지친임을 어떤 상황에서도 잊지 않아야 함
② 어떤 경우에도 폭력을 사용하고 전쟁을 해서는 안 된다는 확고한 원칙 고수하기
③ 북한 정권의 한국·미국 등에 대한 불신과 두려움을 정확히 파악하여 해소의 길 모색하기

④ 북한 핵은 어떤 경우에도 용납의 대상이 될 수 없음을 분명히 하고 국가 안보에 국내의 단합된 모습으로 철저한 대비를 해나가도록 합심하기
⑤ 한반도 주변의 강대국들과 외교적 노력을 강화하여 평화 공존 방안 모색하기
⑥ 남한의 빈부 격차·청년 실업 문제·이념 갈등·부정 부패·사회 병리현상 등 현안 과제들을 해결하는 데 적극 나서기
⑦ 북한의 어려운 경제 문제 등에 힘 미치는 대로 합심 합력하기
⑧ 북한의 인권 문제에 깊은 우려와 관심으로 개선의 길에 합력하기

제4절 법률은 ^{法律恩}

1) 〔법률은〕

(1) **법률**法律은 진리의 주신 바로, 모두를 살려 주시는 대보호불이시다.

(2) **법률 없이 살 수 없음을 절실히 깨달아 법률을 부처님 받들 듯 감사하고 보은 불공하는 신앙의 태도를 갖자는 것**

- 그냥 법률이 아니라 지극히 위대하고 은혜로운 법률 부처님

2) 왜 새삼스레 법률은인가?
- 세상이 열려가고 대활동기가 전개될수록 법률의 필요성과 영향력이 증가한다.

- 법률을 법률은法律恩·법률 부처님으로서 신앙의 차원으로 자리매김 해주신 대종사님의 본의를 깊이 헤아리자.
① 법률 없이 살 수 없음을 깨달을 때 법률에 대한 생각과 태도가 달라져서, 법률의 보호를 받고 혜택을 입으며 나아가 좋은 법률로써 세상을 유익 줄 수 있기 때문이다.
② 후천개벽 시대는 인권이 평등하여 오직 법률로써만 질서가 유지될 수 있고, 대활동기라 질서 유지가 곧 생명과 직결되며, 세계가 하나로 열려가므로 온 생령이 함께 더불어 살아가기로 하면 법률이 더욱 발전되고 법률 지키는 수준(의식)이 더 높아져야 하기 때문이다.
- 과거에는 길에 주행선 표시가 없어도 별 불편이 없었으나 지금은 주행선이 곧 생명선이 되었음

- 과거에는 법 없이도 사는 사람이 잘 사는 사람이었으나 지금은 법 있게 사는 사람이 잘 사는 사람이다.

3) 법률 보은의 길

① 법률이 우주에 다북 차 있고, 그래서 우리가 속일 수 없고 숨을 수 없으며, 오직 그 명命을 좇아 살고 활용해 갈 뿐이다.
- 순천자존順天者存 역천자망逆天者亡
- 감시 카메라 앞에서 운전하기
- 온 우주에 다북 찬 진리의 감시 카메라를 인식하는 안목 갖기
- 마음속에 있는 도덕 관찰자·양심의 거울 비춰보기

② 법률이 곧 진리·도·삶의 비법·생명선이다. 법률은 지극한 은혜 부처님이니, 법률의 순기능을 깊이 깨달아 감사한 마음으로 법률에 보은하여 보호 받고 안락한 삶을 누리자.
- 세상이 밝아질수록 법률의 영향이 커진다.
- 공격 제한 시간 24초 룰이 생김으로써 농구경기에 새바람이 일어나고 대중의 사랑을 받게 되었다.

③ 법률 앞에 만민이 평등하다.
- 예외의 기대 심리, 온정주의, 적당주의, 편의주의 (편법), 권위의식 등을 철저히 배격하고 법률의 권위를 높이자.
- 힘 있고 높은 지위에 있는 사람부터 모범을 보이자. (노블레스 오블리주의 실천)
- 한국의 압축 성장 후유증을 극복하고 법에 대한 피해의식도 갖지 말아서 모두가 법 잘 지키는 건전한 시민으로 거듭나자.

④ 인도 정의의 공정한 법칙을 바르게 이해하고 정의롭게 실천해 갈 수 있는 학습을 빠짐없이 실시하자.
- 가정, 학교, 사회, 종교, 도덕가와 국가에서 법규를 연습하고 모범을 보이자.

⑤ 입법자立法者가 곧 법률 부처님의 대행자이다.
- 이기심이나 특정 집단의 이익을 대변함을 경계하고 개인의 권리와 의무를 바르게 규정하며 공동체의 갈등을 합리적으로 조정하고 조화와 균형을 잡아가며 미래의 비전을 밝게 열어가는 입법이 되도록 최선을 다하자.
- 입법 활동에 대한 모든 시민의 참여와 감시 활동을 강화하자.

⑥ 치법자治法者가 법률 부처님의 대행자이다.
- 이기심이나 자기중심의 편법적 법 집행을 경계하고 공익 정신과 봉사심으로 법의 본의를 최대한 살려가도록 하자.
- 치법 활동에 대한 모든 시민의 참여와 감시 활동을 강화하자.

⑦ 종교의 울을 넘어 모든 성현님들의 가르침과 교훈을 늘 새롭게 학습하고 실천하자.
- 제불 제성의 교법이 곧 법률 부처님이다.
- 모든 종교가 손잡고 정의正義로운 세상, 평화로운 낙원 세계를 함께 건설해 가자.

제3장 사요 四要

1) 〔사요〕의 의미

(1) 교법상에서 사요는

- 후천개벽 시대를 맞아 새 주세불 소태산 대종사님의 구세 경륜을 실현하기 위한 네 가지 요긴한 법
- 원불교 교리가 사요로 종합 귀결하여 후천개벽 시대에 주세 교단으로서 시대적 사명을 구현해 감

- 구세 경륜
① 과거로부터 성현들은 시대를 따라 출현하시어 말세末世의 세상에 새 길을 닦아 중생을 구원하심
  - (말세가 되면) 반드시 한 세상을 주제할 만한 법을 가진 구세 성자가 출현하여 능히 천지의 기운을 돌려 세상을 바로잡고 그 인심을 골라 놓나니라. (전망품 1)
  - 등산길 오르내리면서
    "누가 이 길을 내고 닦았을까?" "누가 보수했을까?"
② 성자님들의 구세 경륜 속에 담긴 주된 관점觀點
  - 그 시대의 주된 문제 (시대의 병病과 고苦의 진단)
  - 구세救世의 목표와 이상 세계의 비전
  - 인간·인성관人性觀
  - 구세救世의 방향과 방법
③ 과거 구세 경륜의 예

- 공자님 : 세도인심이 무너지고 권모술수가 횡행하던 춘추 전국 시대에 스스로 천하를 구원할 사명을 하늘로부터 위임 받았다고 생각하고 정치 지도자가 되어 변혁을 주도하려 했으나, 그 뜻을 제대로 펼치지 못하게 되자 제자 교육으로 새 세상 건설의 인재를 육성함 (도道·예禮·인仁으로 세상을 건지려 함)
- 노장老莊계통 : 무위 자연한 도道를 본받아 소박素朴·무형無形·무욕無慾한 삶으로 대자연의 순리 자연한 삶에 동화하는 길을 엶
- 예수님 : 로마의 악정 속에서 메시아를 갈구하던 시대, 다신多神숭배·율법주의 속에서 참 진리가 드러나지 않던 암흑시대에 스스로 하느님의 아들이라 칭하고 하느님이라는 절대 유일의 참 진리를 드러냄 (회개로써 새 생명으로 거듭나 믿음·소망·사랑 실천)
- 부처님 : 무명無明 삼독심三毒心으로 집착과 죄업罪業의 고해 속에 사는 중생을 깨달음을 통해 무명을 타파하고 죄업을 청산하여 열반을 수용하도록 인도함 (부처님의 지혜 광명과 자비로 불국토 건설)

④ 대종사님의 구세救世경륜
- 새 시대 인식 : 선후천先後天의 대교역기大交易期로 후천개벽의 새 하늘이 열림. 양시대, 성년시대, 대활동기를 맞아 물질문명의 급속한 발전(개벽)으로 밝은 빛(편리함)과 어두운 그림자(노예 현상)가 동시에 전개됨
- 대종사님의 시대적 사명 인식과 시대적 소명의 천명
  ◦ 대각을 이루신 후 「물질이 개벽되니 정신을 개벽하자」
  ◦ 구인九人 제자들에게 '사람의 정신이 물질에 끌리지 않고 물질을 사용하는 사람이 되어 주기를 천지에 기도하라.'
- 대종사님의 인간·인성의 관점
  ◦ 물질개벽으로 인간성 타락, 황폐화, 물질의 노예화, 가치관이 전도되는 현실적 인간 직시
    → 앞으로 파란고해波瀾苦海가 한이 없을 것

- 인간의 본성은 곧 일원상의 진리 : 성품性品이 정靜하면 무선 무악無善無惡, 동動하면 능선 능악能善能惡
- 인간과 만물은 더불어 공생·공영하는 서로 없어서는 살아갈 수 없는 하나의 생명 공동체를 이룸
- 대종사님의 구세관 (구세 방법)
  - 개인적으로는 원만한 용심법과 불공력을 익히고 시대적 학업을 준비하여 혜복을 증진하게 함
  - 사회적으로는 사회인으로서 마땅한 책임을 다하며 스스로의 권리를 찾을 수 있는 힘을 양성하고 힘 미치는 대로 사회 발전에 합력하게 하여 물욕 충만한 세상에 심화되어 가는 빈부 격차 등의 차별 세상을 모두가 함께 잘사는 균등의 사회로 나아가게 함
  - 대종사께서는 사요 실천에 세상 구원의 일대 경륜을 담아 주셨다.
- 세상에는 자칭 도인의 무리가 왕왕이 출현하기도, 스스로 미륵불이라 칭하기도…

(2) 원불교인으로서 사요는

- 개인의 진리적 체험과 정신력 확충을 통한 구원을 넘어서 세상을 진화 시키고 구원하는 길에 동참하여, 세상의 구원을 통해 개인의 구원을 더불어 이루는 길
- 원만 평등한 일원의 진리가 현실 속에 생생히 구현되고 있음을 사회 구성원 모두가 체감하도록 원불교인(교단의 한 구성원)으로서 마땅히 앞장서 세상을 고르는 네 가지 요긴한 불공법 (평천하의 불공법)
  - 평천하의 불공법平天下 佛供法 : (개인이 사회를 변화시키는 것은 한계가 있으므로) 사회의 각 개인과 단체와 특히 종교가 앞장서 사회 전반의 의식·조직·제도 등의 개혁을 통해 불합리·불평등·결함된 사회를 은의恩誼가 충만한 원만 평등의 전반甄盤 세상으로 건설해 가는 세상 진화의 불공법

(3) 사회 구성원으로서 사요는

- 세상에서 자기의 의무와 책임을 다하고 스스로의 권리를 회복하며 더불어 함께 잘 사는 사회를 만들기 위해 마땅히 밟아야 할 네 가지 요긴한 도

2) 교리 형성

순	사요내용	시기	원전
1	부부권리동일夫婦權利同一 유무식차별有無識差別 무자녀자타자녀교육無子女者他子女教育 무자력자보호無自力者保護	원기13년	월말통신
2	부부권리동일夫婦權利同一 지우차별智愚差別 무자녀자타자녀교육無子女者他子女教育 공도헌신자이부사지公道獻身者以父事之	원기14년	월말통신
3	남녀권리동일男女權利同一 지우차별智愚差別 무자녀자타자녀교육無子女者他子女教育 공도헌신자이부사지公道獻身者以父事之	원기17년	보경육대요령
4	자력양성自力養成 지자본위智者本位 타자녀교육他子女教育 공도자숭배公道者崇拜	원기28년	불교정전

3) 사요가 신앙문에 들어간 까닭

(1) 인생의 요도人生要道이므로

- 공부의 요도 삼학 팔조에 편입하는 것보다 사회 구성원으로서 마땅히 밟아야할 길이므로 인생의 요도인 신앙문에 포함

(2) 사회 구원의 대불공법이므로

① 자기중심, 개인 중심, 가족 중심 구원의 좁은 신앙에 머무르지 않고 더불어 세상을 함께 구원하는 성숙한 신앙 체계로 사회의 진보와 구원을 통해 개인의 구원과 위력을 얻음
② 기복적이고 관념적 신앙법에서 벗어나 구체적, 사실적, 적극적으로 사회에 참여하여 세상을 개선하고 개혁하는 불공
■ 사요 실천으로 원불교 신앙이 새 시대의 고등 종교·개벽 종교임을 실증함

4) 시대(사회의 변화)에 따른 사요 실천의 새 길 모색
■ 미래 시대, 변화하는 사회 상황에 따른 사요 실천의 방향
① 구체적인 실천 방안은 「정전 사요四要」를 하나의 모델로 삼아서 사요의 근본 정신을 바탕으로 그 시대 그 사회의 상황에 따라 적절하게 마련한다.
- 「정전 사요」는 대종사님 당대를 중심으로 한국 사회의 발전을 위한 불공법 위주
② 사요의 실천 방안은 그 시대 그 사회에 적합하게 구체적이고 현실적으로 제시하는 데 그 생명력이 있다.
그러기 위해서는
  - 그 사회 그 시대를 직시하고 구체적으로 파악해야
  - 그 사회 그 시대의 인간·생령을 구체적으로 파악해야
  - 미래 시대에 대한 밝은 전망과 비전을 수립해야
- 생명·인간·사회에 대한 사랑과 관심 속에서 미래를 전망하고 시대적 소명 의식과 세상 구원의 원력이 서야 한다.
③ 사요 실천의 새 길 모색하기
- 그 시대 그 상황에 맞는 「자력 생활하는 사회」를 어떻게 만들 것인가?
- 그 시대 그 상황에 맞는 「잘 배우는 사회」를 어떻게 만들 것인가?
- 그 시대 그 상황에 맞는 「잘 가르치는 사회」를 어떻게 만들 것인가?
- 그 시대 그 상황에 맞는 「공익심 있는 사회」를 어떻게 만들 것인가?

5) 사요 실천의 자세와 요건

(1) 처한 시대와 사회의 바른 진단

① 자비와 혜안으로 관찰

② 전문가적 식견으로 판단

③ 교법적 시각으로 대안 제시

- 두루 살피고 구체적으로 진단할 것
- 한 편에 착하지 말고 중지를 모을 것

(2) 일원주의와 삼동윤리三同倫理 정신으로 사회(생명 공동체)에 대한 감사와 관심과 사랑을 바탕

① 사요 실천은 타인과 세상을 위한 의무가 아니라 모두의 바람을 이루어 가는 공동의 노력이다.

- 자신과 가족과 사회 공동체를 구원하는 원력으로
  큰 은혜에 보은하는 마음으로
  생명 경외의 심경으로 나서자.
- 사회의 발전 없이 개인의 발전에 한계가 있고
  사회의 행복 없이 개인의 행복에 한계가 있다.

② 일원 세계 건설에 큰 원력을 세워 사회 개혁과 발전에 자신감을 갖고 적극적으로 나서자.

- 세상의 참 주인·참 일꾼이라는 스스로의 책임감과 소명 의식으로

(3) 개혁을 위한 역량의 배양

① 삼학 수행으로 마음의 힘 기르고 ─┐ 　자신과 가정으로부터
　사은 보은으로 불공의 역량 기르고　│ 　변화를 일으키고

② [병든 사회와 그 치료법] 공부 ─┐
　　　　[강자 약자의 진화상 요법] 공부 ─┤ 　법문에 깊이 공감하고
　　　　[지도인으로서 준비할 요법] 공부 ─┘ 　원력을 세워 실행 의지를
　　　　　　　　　　　　　　　　　　　　　　 키워서
　　③ 사회적으로 이슈화 ─┐
　　　　법제 정비 ─────┤ 　사회 개혁을 위한 계몽과
　　　　관행 검토 ─────┘ 　분위기를 조성하고
　　④ 지도자(개벽의 일꾼) 양성
　　⑤ 재원 마련

(4) 법도 있는 실행의 태도와 주도적인 참여
　　① 근원적 개선 방안으로 항구적 치유의 길로 나아감
　　② 요행이나 초인적인 위력에 힘입기보다 진리적이고 사실적인 불공법으로 나아감 (이소성대以小成大)
　　③ 인본주의와 생명 존중의 입장에서 무저항 비폭력으로 상생 상화하며 모두가 진화하도록 함
　　④ 공도公道정신과 동심同心의 자세로 서로 마음을 열고, 소통과 합심 합력으로 동참하여 진화의 길을 모색해 감
　　　• 사요 실천할 기회 만난 것을 행운으로

6) 사요 실천의 다짐

　　• 대종사님은 전 인류가 사요 실천을 통해서 사회 진화와 세상 진보의 대업에 동참하는 길을 열어 주셨다.
(1) 대종사님의 구세 경륜에 전 인류가 함께 동참하도록 일깨우자!
(2) 대종사님의 심경으로 사요 실천에 나서자!

제1절 자력 양성
<small>自力養成</small>

1) 대의
   - **자타력을 병행하되 자력을 본위**本位**하자는 것**
     자력 생활하는 세상을 만들자는 것
     - 사회 발전의 주체, 바탕, 기반 -

2) 자력
   ① 개인을 넘어 사회(가정·사회·국가·세계 공동체)의 한 구성원으로서 그 시대에 책임과 의무를 다하고 스스로의 권리를 찾아 자유롭고 행복한 삶을 누릴 수 있는 힘
   ② 물질문명을 선용하고 물질 세력을 항복 받을 수 있는 힘
   ③ 타력도 스스로의 힘으로 삼을 수 있는 능력
   ④ 신앙·수행·봉공을 주체적으로 진행해 갈 수 있는 역량
   ⑤ 수행을 통한 삼대력과 신앙을 통한 감화력을 갖춘 정신력
   ⑥ 영靈과 육肉을 쌍전雙全해 갈 수 있는 생활력

3) 자력 세우기
   - **시대가 요구하는 자력 세우기**
   ① 부당한 의뢰 생활, 습관적인 타력 생활 고치기
   ② 정신·육신·물질의 3방면에서 자력 세우기
      • 정신의 자주력 精神 自主力 (시대가 요구하는 정신력)
        ◦ 신앙·수행·훈련으로 정신 세력 양성
        ◦ 교육·교양·학습으로 지식 양성
        ◦ 도덕·윤리 함양으로 가치관을 확립하고 조행과 실천력 양성

- 육신의 자활력肉身 自活力 (시대가 요구하는 육신의 자활력)
  - 운동·영양·법도 있는 생활로 육신을 건강하게 관리
  - 육근을 쓸모 있고 원만하게 육성
- 경제의 자립력經濟 自立力 (시대가 요구하는 경제력)
  - 건전한 직업 윤리와 역량을 갖춰 생업 종사
  - 나태심, 의뢰심, 과소비를 줄이고 근면 성실한 생활 태도 확립
- 스스로가 제일 잘 할 수 있고, 제일 하고 싶은 분야에서 자력 세우기

③ 공도에 헌신할 수 있는 자력 양성
- 불공의 역량 키우기
  - 두루 소통하고 상대를 감동·감화 시키는 역량
  - 살려 쓰고 키워 쓰고 잠자는 불성 일깨우는 역량
  - 두루 타력他力을 동원하여 자력으로 활용하는 역량
- 참 나를 구현하는 힘 키우기
  - 자기 울 벗어나기
  - 위하는 심법 기르기
  - 무아無我 대아大我로 공도에 함께 하기
- 타인과 세상을 자력 세우도록 도와주고 이끄는 역량 키우기

4) 자력 양성의 자세

① 의뢰심은 나의 보구宝具를 사장死藏한다.
② 병든 사회의 주원인이 무자력과 부당한 의뢰 생활이다.
③ 한 없이 자력을 양성해 가자.
④ 자력만으로 넘치지 말고, 자력을 위주 하되 타력을 병진하자.

5) 함께 생각하기

① 이 시대가 요구하는 자력을 바로 알고 그 자력을 세우는가?
② 이 시대에 원만한 자력 양성이 가능한가?

③ 이 시대에 자력 양성으로 인권 평등과 자유로운 삶을 구가할 수 있을까?
④ 자력이 세상에서 제대로 인증 받는 건강한 풍토를 조성하고 법으로 보장받도록 하자.
⑤ 자력 양성을 위한 사회적 배려와 적극적 뒷받침이 필요하다.
- 자력을 세웠으되 사회인으로서 능력을 제대로 펼 수 없다든지 세운 자력이 사회에 별 도움이 되지 못하는 경우도 있다.

제2절 지자(智者) 본위(本位)

1) 대의
   - 불합리한 차별을 없애고 지자(智者)가 우자(愚者)를 선도(先導)하자는 것
     잘 배우는 세상을 만들자는 것
   - 사회 발전의 향도력 -

2) 지자(智者)
   - 각 분야에서 앞서는 사람
     (각 분야에서 자기 이상이 되고 보면 스승으로 알 것)
     • 솔성의 도와 인사의 덕행에서
     • 모든 정사하는 것에서
     • 생활에 대한 지식에서
     • 학문과 기술에서
     • 기타 모든 상식에서
   - 최고의 지자(智者)는 공도자(公道者)!

3) 지자 본위의 의의
   ① 각 분야에서 자기보다 이상인 사람을 스승으로 알아 잘 배우고 뒤따라서 자기도 지자 되자는 것
   ② 민주 평등 시대에 지자를 본위로 하는 새로운 가치 체계의 기준을 제시하여 지자가 선도하는 정의로운 세상을 만들자는 것
   - 지자 본위가 되지 못하는 사회에서는 체제에 반대하거나 무관심하는 방관자가 양산될 수 있다.
   - 지자 본위가 되지 못하는 사회에서는 가치관의 혼란 속에 발전이 지연되고 지자와 우자 모두가 쇠락의 길로 향한다.

- 지자 본위가 되어야 정의로운 사회, 모두가 발전하는 사회가 된다.

4) 지자 본위의 실천
   - **성숙한 사회가 참 지자 본위를 구현하고, 참 지자가 진정한 성숙의 사회로 진화시킨다.**
   ① 불합리한 차별 제도와 차별 의식 없애기
      - 요즘 사회에서도 지위의 고하, 빈부, 출신 성분, 성별, 친 불친, 성향, 직업, 용모 등에서 특권 의식과 불합리한 차별 대우가 사라지지 않고 있다.
   ② 아만심과 주견, 관습, 나태심 등으로 잘 배우려 하지 않는 마음을 돌려 세상의 지자를 인정하고 받들어 잘 배우는 생활 태도 기르기
   ③ 큰 원력과 지적 호기심으로 언제 어디서나 적극적이고 주도적으로 배우고 가르치기에 힘쓰기
   ④ 공도 정신에 투철한 지자 되기
   ⑤ 지자를 알아보고, 존경하고, 따르고, 앞세우는 성숙된 시민 의식과 사회풍토 조성하기
   - 지자의 객관적 기준과 평가가 쉽지 않다.
   - 지자를 알아보고 선도자로 삼을 만큼 지혜롭고 사심 없는 사람이 얼마나 될까?
      - 지자가 선도자 되는가?
      - 선도자가 결국 지자인 셈인가?
      - 친 불친과 이해利害관계를 넘어서 지자를 선택하는가?
   - **지자 본위를 주창하는 사람부터 지자 본위를 실천하자!**

5) 함께 생각하기
   ① 지자의 횡포를 어떻게 견제할 것인가?
   ② 우자의 억지를 어떻게 설득할 것인가?

제3절 타자녀 교육 (他子女敎育)

1) 대의
   - 자타간의 자녀를 국한 없이 두루 가르쳐서 교육을 융통 시키자는 것
     잘 가르치는 세상을 만들자는 것
   - 사회 발전의 원동력 -

2) 타자녀 교육의 의의
   ① 교육에 꿈을 심어 주고 두루 교육을 융통시켜 가자는 것
     - 교육을 통해 누구나 자기를 성장시키고 행복한 삶을 구현할 수 있다는 꿈을 심어 주는 세상을 만들고, 누구나 원하면 교육받을 수 있는 세상을 만들어 감
     - 교육을 통해 개인과 세상을 발전시키고 행복하게 만들 수 있다는 기대와 희망으로 장학 사업에 적극 동참함
   ② 잘 가르치자는 것
     - 교육 목표를 건실하게 : 자신을 발전시키고 세상을 유익주는 공도자 육성 교육
     - 교육 내용을 원만하게 : 과학과 도학을 병행
     - 교육을 다양하게 : 학교 교육·가정 교육·사회 교육·종교 교육 등으로 전인 교육 실시
     - 세상 모두가 합심 합력하여 이 세상 그대로가 교육자·교육 도량 되도록 함

3) 함께 생각하기
   ① 각자 가정 교육도 부실한데 세상을 국한 없이 가르칠 수 있을까?
   ② 인간으로서 자타의 국한을 얼마나 벗어날 수 있을까?

③ 교육의 역기능을 어떻게 보완해 갈까?
- 과제
㉠ 교육을 통해 더 교활해질 수 있는 소지가 증가 할 수도 있음
㉡ 교육을 통해 신분과 부富의 대물림이 이루어져 신분 상승 기회가 차단되는 등으로 인해 사회 불평등이 더 심화되는 경향이 나타나기도 함

■ **힘 미치는 대로 국한 없이 가르치자! 잘 가르치자! 공도자 되게**

제4절 공도자(公道者) 숭배(崇拜)

1) 대의
   - 공(公)과 사(私)를 쌍전하되 공도(公道)를 우선하자는 것
     공익심 있는 세상을 만들자는 것
   - 사회 발전의 지속력, 성숙력 -

2) [공도자 숭배]는 사요의 귀결이요 종합
   - 공도에 헌신 할 수 있는 자력이 참 자력
   - 공도자로 나서는 지자(智者)가 참 지자
   - 공도자 육성하는 교육이 참 교육

3) 공도자 숭배하기
   - 무엇을 숭배하느냐에 따라 그 사회의 주된 지향점이 형성되고, 사회 변화의 방향과 결과가 달라진다.
   ① 공도자를 부모같이 숭배하기 (사회 풍토 조성)
   ② 공도 정신 체받아 공도자 되기
   - 숭배
     · 절대자를 신앙적 차원에서 우러러 모심이 아니라, 동양의 전통윤리와 도덕인 군사부일체(君師父一體)차원의 존경과 모심
     · 부처님, 보살님, 부모님, 스승님과 같이 공도자를 높은 가치로 부각하여 모시고 찬양하고 닮아가자는 본의

4) 공도 정신의 구현
   ① 해심(害心) 없애기 : 최소한 타인이나 세상에 피해를 주지 않으며, 배은 하지 않고 살기

- 인과 이치를 믿지 않으면 해심害心과 욕심이 나올 수 있다. 해심과 욕심은 결국 자신에게 해로 돌아온다.

② 자기중심적自己中心的 생활 태도 벗어나기 : 서로 연결·연관되어 함께 살아가는 생명 공동체를 인식하여 자기중심과 자기 위주의 시각에서 탈피

③ 위하는 심법心法으로 살기 : 세상에 감사하고 세상을 위해 기원하고 세상의 발전을 위해 적극 동참하여 함께 기쁨과 슬픔을 나눔

④ 하나의 공동체 속에서 한 가족 한 형제로 살기
- 일원주의에 입각하여 세상의 주인으로 살아감

⑤ 세상의 공도자를 높이 드러내 숭배하고 공도 정신을 널리 선양하여, 모두가 공도의 길에 나서게 함
- 공도 헌신을 세상 제일의 가치로 드러내고 공도 우선의 삶이 보편화·생활화 되도록 적극 나섬

5) 공심公心 키우기

① 1단계
- 공公의 개념을 밝게 인식하여 공과 사를 명확하게 구분하기

② 2단계
- 공公의 가치를 밝게 인식하여 공과 사를 함께 병용하기
- 사私 중심에서 벗어나 자기를 절제하여 공을 구현함 (자리이타自利利他)

③ 3단계
- 적극적으로 공을 구현하여 큰 나大我를 이루기
  - 선공후사先公後私
  - 지공무사至公無私

- 자기의 이욕이나 권세를 떠나 대중을 위하여 일하는 사람은 대중이 숭배해야 할 가치가 있는 사람이며, 또한 마음이 투철하게 열린 사람은 대중을 위하여 일하지 아니할 수 없는 것 (인도품 51)

6) 함께 생각하기
   ① 진정한 공도자를 어떻게 알아보는가?
      • 숨은 공도자, 무명 공도자 숭배는 어떻게 할까?
   ② '숭배'의 효과적 방법?
   ③ 사회의 지도층, 강자가 공도 정신을 실천하려면?

제4장 삼학 (三學)

1. [삼학]의 소개

1) 마음공부는 왜 해야 하는가?

(1) 마음은 공부하고 관리해야 하는 대상이기 때문이다.
  ① 마음속에는 온갖 묘리와 보물과 조화가 빠짐없이 다 갖추어져 있다.
  ② 마음은 미묘하여 잡으면 있어지고 놓으면 없어지며, 관리하면 옥토가 되고 방치하면 잡초밭이 되며, 정화하면 생명수가 되고 오염되면 삼독 三毒을 품는다. (좌산 종사)
  ③ 후천개벽 시대에 거센 물질문명의 세력은 마음속에서 온갖 유혹의 바람과 거센 폭풍우를 일으킨다.

(2) 사람의 몸 받은 소중한 기회, 대종사님 교법 만나 성불제중의 서원을 이룰 소중한 기회를 만났기 때문이다.
  ① 원만한 인격, 강한 정신력을 양성할 수 있다.
  ② 영원히 진급의 길로 나아갈 수 있다.

(3) 날로 강성해 가는 물질문명의 세력을 항복 받아 선용하기 위함이다.

(4) 앞으로 전개되는 지구촌 시대에 전 생령이 공생 공영할 새로운 삶의 지혜를 개발하고 원만한 삶의 방식을 연습하기 위함이다.

2) 마음공부법으로 왜 삼학 공부인가?
- 육신에 있어 의·식·주가 필수적이듯 정신에 있어서는 지知, 정情, 의意 삼 방면으로 원만한 인격을 이루어야 인간다운 삶을 살 수 있기 때문이다.

3) 교리 형성
① 수양연구요론 (원기12년) : [연구의 강령] 정신 수양, 사리 연구, 작업 취사
② 보경육대요령 (원기17년) : [공부의 요도 삼강령]
③ 불교정전 (원기28년) : [삼학]

4) 원불교 삼학三學을 이해하는데 도움을 주는 법문

(1) 수양연구요론 [연구의 강령]
- 정신을 수양하면 마음이 편안하야 일이 없어지고 심령이 밝아진다 하니 연구할 사
- 사리를 연구하면 일과 이치가 밝아진다 하니 연구할 사
- 작업을 취사하면 넉넉하고 급함이 곳을 어더 골라 마지며 시비이해가 밝아지매 세세 생생 그침이 업는 부귀 빈천이 들어난다 하니 연구할 사

(2) 대종경 (교의품 1)
- 대종사 말씀하시기를 「과거에 모든 교주가 때를 따라 나오시어 … 그 교화의 주체는 시대와 지역을 따라 서로 달랐나니, …. 불가佛家에서는 우주만유의 형상 없는 것을 주체 삼아서 생멸 없는 진리와 인과보응의 이치를 가르쳐 전미 개오轉迷開悟의 길을 주로 밝히셨고, 유가儒家에서는 우주만유의 형상 있는 것을 주체 삼아서 삼강·오륜과 인·의·예·지를 가르쳐 수·제·치·평修齊治平의 길을 주로 밝히셨으며, 선가仙家에서는 우주 자연의 도를 주체삼아서 양성養性하는 방법을 가르쳐 청정 무위淸靜無爲의 길을 주로

밝히셨나니, …. 앞으로는 그 일부만 가지고는 널리 세상을 구원하지 못할 것이므로 우리는 이 모든 교리를 통합하여 수양·연구·취사의 일원화一圓化 와 또는 영육 쌍전 ….」

(3) 〔최초법어〕 1. 수신의 요법
① 시대를 따라 학업에 종사하여 모든 학문을 준비할 것이요,
② 정신을 수양하여 분수 지키는 데 안정을 얻을 것이며, 희·노·애·락의 경우를 당하여도 정의를 잃지 아니할 것이요,
③ 일과 이치를 연구하여 허위와 사실을 분석하며 시비와 이해를 바르게 판단할 것이요,
④ 응용할 때에 취사하는 주의심을 놓지 아니하고 지행知行을 같이 할 것 이니라.

5) 기존의 삼학三學 수행법 또는 마음 수련법(관리법) 등이 있는데 왜 새로 원불교 삼학 공부법인가?
■ 새 시대의 도래에 따라 이 시대가 요청하는 새 정신문명을 일으키기 위함

① 기존의 마음 수련이나 관리법은 주로 심리 차원의 마음 조절이나 마음 치료법이요, 삼학三學공부도 부지중 삼학이요 요령적 삼학 공부였다.
② 과거 불교의 삼학은 주로 어느 한 분야를 중심한 편벽된 공부법이요 정靜 위주의 삼학 수행이었다.
③ 과거에는 성현들이 때를 따라 나오시어 그 시대와 지역에 따라 교화의 주체를 달리하여 불가는 전미개오의 길을 주로 밝혔고, 유가는 수·제·치·평의 길을 주로 밝혔으며, 선가에서는 청정무위의 길을 주로 밝혔으나, 앞으로는 그 일부만 가지고는 널리 세상을 구하지 못할 것이므로 이 모두를 통합하여 수양·연구·취사의 일원화로 나아가기 위해서 다. (교의품 1)

④ 진리를 수행의 표본으로 하여 삼학을 병진하고 실생활 속에서 동정 간에 간단없이 닦아가기 위해서다.
- 원불교 삼학의 탁월한 원리·방법·효과를 실증해야 한다. 원불교인의 인격과 생활 속에서 심법과 역량으로 인정을 받아야 한다.

6) 원불교 삼학의 특징
- 원불교 삼학은 후천개벽 시대가 요구하는 정신의 힘(세력)을 일상생활 속에서 가장 원만하고 풍성하게 양성한다.

① 불교의 계·정·혜 삼학을 시대화·생활화·대중화하고, 유儒·불佛·선仙 삼교三敎의 견성·양성·솔성의 일원화一圓化로 정신개벽을 원만히 이루는 공부 요도임
② 자성自性(진공묘유)을 표본으로 하여 자성정自性定·자성혜自性慧·자성계自性戒를 원만히 육성함
③ 동정간불리선動靜間不離禪으로 언제 어디서나 전천후로 닦아가도록 함
④ 삼학을 병진하여 세 가지 공부가 서로 간에 상호 상승 작용으로 효과를 높여 가고, 수행과 신앙을 병진하여 상호 보완해 감

7) 질의와 의견 제안

(1) 삼학을 병진하는 것이 자칫 산만함으로 흐르지 않을까?
- 삼학 병진이 산만해져서 어느 한 과목이라도 제대로 진행되지 못하는 결과를 초래하지는 않을까?
  - 병진으로 인해 산란하거나 산만해지지 않도록 수행의 원리와 방법으로 교법적 보완이 되어 있으므로 이를 잘 이해하고 실천에 주력하면 오히려 상호 보완과 상승효과를 가져오게 됨

① 무시선법의 강령 : 육근이 무사하면 잡념 제거 일심 양성
　　　　　　　　　　육근이 유사하면 불의 제거 정의 양성
② 정기 훈련과 상시 훈련의 간단없는 단련
③ 일상 수행의 요법 9조 대조
④ 삼학 병진하는 법三學並進法 참조 (정전대의)

(2) **일과 경계 속에서 진행하는 공부가 생각처럼 쉽지 않아서 간혹 일 속에 파묻혀 공부심을 놓고 살게 되거나, 공부의 대중심을 챙기느라 일에 방해가 되고 실수는 하지 않을까?**
- ■ 일과 경계 속에서 진행하는 공부가 참 공부임을 알아서 공부 표준을 효과적으로 세우고 챙기는 마음을 놓지 말 것
- ① 무시선법의 이해와 단련
- ② 동정 간 삼대력 얻는 빠른 법 참조 (수행품 2)
- ③ 상시 응용 주의 사항 6조와 교당 내왕시 주의 사항 6조의 실행
- ④ 일상 수행의 요법 대조
- ⑤ 유념과 주의 공부
- ⑥ 일기로 점검

(3) **원불교 삼학의 정체성을 어떻게 세워갈까?**
- • 과거 불교 삼학의 혁신인가?
- • 유·불·선 삼교의 일원화인가?
- • 제3의 수행법인가?

- ■ 의견
- ① 원불교 삼학은 수양연구요론과 보경육대요령의 삼강령에서 비롯하였다. 유·불·선 삼교의 일원화一圓化를 토대로 한 것이다.

② 그런데 오늘날에는 과거 불교 삼학의 혁신이 주된 방향으로 진행되고 있다.
③ 앞으로는 불교 삼학의 혁신은 물론 유·불·선 삼교의 일원화 내지 세계 모든 종교의 교지도 이를 통합 활용해 나가자는 정전 [교법의 총설]의 본의를 적극 살려 갔으면 함

2. 삼학 수행의 시대적 의의

- ■ 원불교 삼학은 후천개벽 시대를 밝게 열어갈 정신의 힘을 제공 한다.
- ■ 시대적 상황이 매우 어렵게 전개되고 있다.
  - 정신은 많이 써야 하고
    정신 빼앗길 일은 많으며
    갈수록 욕심은 치성해가는데
    마음공부 할 시간·장소·상황은 점점 더 어려워 짐
  - 그러므로 새로운 공부법이 필요하고
    공부인의 특별한 각오와 효과적인 공부법 숙지가 요구된다.

- ■ **양성해야 할 정신의 힘**
① 물질 세력의 유혹과 위세로부터 자유 할 정신의 힘
② 물질문명의 개발과 활용을 선도할 정신의 힘
③ 마음속 분별 망상, 삼독심, 업業의 정화력
④ 사리를 밝게 분석하고 빠르게 판단하는 힘
⑤ 인간·생명·우주를 꿰뚫는 통찰력
⑥ 시대를 밝게 조명하고 향도할 비전과 리더쉽
⑦ 대소유무의 이치를 따라 인간의 시비이해를 건설하는 힘
⑧ 상황에 적실한 중도행을 실천할 수 있는 힘
⑨ 세계 시민으로서 원만한 심신 작용을 진행할 수 있는 힘

⑩ 전 생령을 한 권속으로 품는 자비

- 후천개벽의 새 시대 도래(물질문명의 개벽)로 새로운 정신 도덕 문명 요청 (정신문명의 개벽)

| 걷고 뛰던 시절의 브레이크, 헤드라이트, 엔진 | → | 자동차·로켓 타는 시대의 브레이크, 헤드라이트, 엔진 |

- 원불교 삼학으로 새로운 시대가 요청하는 「○」표 브레이크·라이트·엔진 장착해야

제1절 정신 수양
精神修養

- 경계에 요란하지 않는 힘을 기르며
  분별성과 주착심을 없이 하며
  고요하고 두렷한 정신을 기르는 공부

1) 〔정신 수양〕의 필요성
   ① 온전한 참 마음을 회복하기 위하여
   ② 현대 물질문명 속에서 정신 차리고 흔들림 없이 살며 나아가 물질의 세력을 항복 받아 이를 선용하는 힘을 기르기 위하여

2) 닦아야 할 마음
   - 육신 씻듯 마음 씻기
   ① 경계 따라 요란해지는 마음
   ② 본성을 덮고 있는 마음의 때
      - 분별 망상심, 아상, 아견, 무의식 등

3) 양성해야 할 마음
   - 육신의 밥 먹듯 마음의 밥을 먹음
   ① 요란함이 없다고도 할 수 없는 원래 지극한 마음
      - 적적 성성한 마음·자성정 自性定
   ② 동정 간에 일심을 여의지 않는 온전한 마음
      - 일심 一心

4) 〔정신 수양〕의 방법

(1) 무사시 無事時

- 진공묘유를 표준하여 온전한 일심 양성
- 잡념 제거하고 일심 양성

① 마음속의 사심 잡념·정신의 쓰레기 청소하기
- 우리의 마음속에 얼마나 많은 쓰레기가 쌓여있나?
  육근 작용을 통해 마음에 묻혀온 '~것'이 계속 쌓이고 증식하고 썩고 발효되고 (오온)
  → 분별성·주착심·아상·아집·선입견·습관·욕망·업력·업장 형성
  → 무명無明을 형성하고 삼독심三毒心을 일으키고
  마음속에 잡초의 씨앗으로 잠재 하였다가 연을 따라 솟아남
  → 스스로 이 정신적 쓰레기에 중독되어 마음병 환자가 되고
  놀부 심보·조울증·노이로제·세상에 악취와 독기를 뿜어내고
  오염시키고 요란하게 하고 온갖 죄악을 저지르고 괴로움을 불러옴
- 이 정신적 쓰레기를 어떻게 처리하나?
  ◦ 중생들은
  방치하고 망각하고 잊으려 도피하고 억지로 눌러서 결국 쓰레기를 더욱 키워 육근 작용에 영향을 크게 미치게 한다.
  ◦ 정신 수양 공부인은
  좌선과 염불 공부로 진공묘유의 일심을 표준 하여 텅 빈 마음 「O」의 용광로에 쓰레기를 넣어서 소멸시킨다.
- 그러므로 공부인은
  잠깐씩이라도 마음을 멈추고 공空을 관觀하고 틈나는 대로 입정入定하기를 힘쓴다.

- 그런데 중생들은
  - 일이 없으면 심심해하고

    온갖 망념 끄리고 키우고

    죄 지을 사심을 품고
  - 일을 당하면 준비가 없이 허둥대며

    정신없이 바빠 심신 작용을 하여

    온갖 업을 짓고 일 그르치며

    또 다른 쓰레기를 장만한다.

② 요란한 마음 가라 앉히기
- 현대 사회가 복잡하고 바쁘게 진행되므로 늘 들떠서 생활하기 쉽다.
- 수많은 경계 속에서 자칫 마음이 요란해지기 쉽다.
- 흙탕물처럼 요란해진 마음을 어떻게 처리하나?
  - 중생들은   요란해진 마음으로

    삼독 오욕심 증가 시키고

    어리석어지고 피곤해지고

    죄악의 마음을 불러일으킨다.
  - 현대인들은 잘 쉬지 못한다. (밤을 잊은 그대에게!)

    푹 쉬지 못하므로 늘 피곤하여

    더욱 요란하고 흐리멍텅하고 날카로워진다.
  - 정신 수양 공부인은 좌선·염불 공부로

    요란한 마음을 고요히 가라앉히고

    동정 간의 조화를 이루도록 정靜시간을 확보하여

    피곤한 심신을 편히 쉬고 (휴휴암休休庵에 안주)

    심신의 건강을 유지하며

    의식뿐 아니라 무의식無意識까지도 정화해 간다.

③ 새어나가는 마음 때우고 온전한 마음 기르기
- 불필요한 육근 작용을 단속하여 정신력 함축
  존야기存夜氣 : 청정심을 길러감
  　　　　　　저수지에 물 가두듯 고요한 마음을 모아감
  신기독愼其獨 : 그 홀로를 조심하여 공부심으로 지속함
  　　　　　　방심하는 마음을 챙겨서
  　　　　　　오롯하고 온전하게 한 마음을 기름
- 부동심不動心 불방심不放心 공부
- 대산종사 : 눈 가리고, 입 막고, 귀 막은 원숭이

(2) 유사시有事時

■ 진공묘유를 표준하여 그 일 그 일에서 일심一心으로 전일專一하기
■ 정신 차리고 생활하기

① 멈추는 공부
- 일을 당하여 마음을 작용 할 때 '일단 멈춤'으로 의식의 흐름을 차단하고 앞생각과 뒷생각의 연결 고리를 끊어서
  무안이비설신의無眼耳鼻舌身意 (무주관無主觀)
  무색성향미촉법無色聲香味觸法 (무객관無客觀)
  무안계無眼界 ~ 무의식계無意識界 (무주객대립無主客對立)
  온전한 생각으로 취사하는 마음 바탕 만듦
  늘 중간자고中間自孤의 온전한 마음으로 심신을 작용
- 현대 사회에서 브레이크의 중요성이 날로 더 증가함
  평소에 브레이크 성능을 한없이 향상시켜감 (부동심·불방심 공부)
- 멈추는 공부를 많이 할수록 영단이 커나서 생사를 자유 할 수 있는 큰 정력定力이 생길 것 (대산종사)

② 담담한 생활을 길들이고 정신 시끄럽게 할 일을 짓지 말며 육근 작용을 한 후 쌓이는 정신적 쓰레기(~것)를 순간순간 비우기
- 무관사 부동, 평상심 유지
- 육근 작용을 하되 단지 작용했을 뿐이고 : 텅 비움
- 수시로 청풍淸風 불리기

③ 그 일 그 일에 일심으로 전일專一하기
- 맡은 바 책임 범위에서 온전히 관리하기 (복합 일심)
- 그 때 그 일 하기 (매사 전일)
  미루거나 또는 욕속심 내지 말고
  습관에 끌리거나 또는 방심하지 말고
  좋고 싫은 데에 끌리거나 편착하지 말고

5) 정신 수양력의 활용

■ 정신 수양 공부로 수양력을 키워서
- 일 없을 때 「O」표 정화기를 작동하여 번뇌 망상을 비우고
- 일 있을 때 「O」표 브레이크를 작동하여 온전한 일심을 확보

제2절 사리 연구 (事理研究)

- 인간의 다단한 일과 천조의 난측한 이치를 연마하고 궁구하여 사리 간에 밝게 분석하고 빠르게 판단하는 지혜력을 기르는 공부
- 함께 생각하기
  - 보경육대요령·불교정전에는 '빠르게 분석하고 밝게 판단하여'라고 했는데,
  - 원불교 정전에는 왜 '밝게 분석하고 빠르게 판단하여'라고 했는가?

1) [사리 연구]의 필요성

① 이 세상의 한량없는 일과 이치를 밝혀 지혜롭게 살기 위하여
  - 급속히 변화 진보하는 현대 문명 속에서는 사리 간 연구력이 더 필요하다.

② 무명을 타파하고 자성 광명을 회복하기 위하여
  - 자성 광명을 회복해야 지혜롭고 성스러운 인간이 될 수 있다.
  - 현대 물질문명 속에서 물욕 충만과 많은 지식과 많은 생각과 많은 일들이 더욱 자성 광명을 어둡게 만든다.

2) [사리 연구] 방법

- 두 개의 낚시로 자성 광명 낚고 알음알이 낚고

(1) 마음 찾는 공부

① '마음'을 묻기 (마음 경전 찾아가기)
  - 부처 이루려는 원력
  - 화두에 관심·집중 ┤ '마음'에 화두가 걸려야

② 마음 찾는 힘 기르기
  - 믿음과 서원과 공부심을 새롭게 한다.

- 의심건을 발견하고 화두를 든다.
- 의심건과 화두를 연마 한다.
- 오래오래 지속하여 사무친다.
- 의견을 교환 한다.
- 정신을 맑힌다. (정靜·청淸)
- 실천으로 확인한다. (검증)

③ 견성 오단見性五段 공부

㉠ 1단 : 만법 귀일의 실체萬法歸一實體를 증거 함
- 천만 현상의 근원인 하나의 원리를 증거 함
- 천만 분별의 바탕인 한 마음을 확보 함

- 우주만유 그대로가 일원상 진리로 이해되고 느껴지도록까지 추구해 들어가기
- 천만 분별심이 한 마음 밖에 있지 않음을 인식하기

㉡ 2단 : 진공眞空의 소식을 터득함
- 만법 귀일의 실체에 사무쳐 분별 주착을 여읨
- 일념미생전一念未生前 소식을 관관하기
  ○ 무안이비설신의無眼耳鼻舌身意
     (주관공主觀空, 에고와 감정의 속박 벗어남)
  ○ 무색성향미촉법無色聲香味觸法
     (객관공客觀空, 대상 지향성을 끊어서 주객主客 대립을 성립시키지 않음)
  ○ 무안계無眼界 ~ 무의식계無意識界 (무의식마저도 비움)

㉢ 3단 : 묘유妙有의 진리 터득
- 공적영지의 광명 밝히기
  진공묘유의 조화 나투기
- 적조현전寂照現前 ┐ 한 마음 그대로 비추고
  물래즉조物來卽照 ┘ 한 마음 그대로 발하기

- 보는 바 없이 적실히 보고·보았을 뿐이고
  듣는 바 없이 적실히 듣고·들었을 뿐이고
  행한 바 없이 적실히 행하고·행했을 뿐이고
ㄹ) 4단 : 보림保任 공부
- 공적영지의 광명 ┐ 원만구족 하도록 확충하고
  진공묘유의 조화 ┘ 지공무사하게 활용 하도록 능을 냄
- 정기 훈련으로 심도 있게 집중적으로
  상시 훈련으로 일상생활 속에서 지속적으로
  경계 속에서 방심하지 말고 유념으로
  대중 속에서 상相 없이 정성으로
  동지·스승과 더불어 문답으로
→ 온전한 한 마음 더 키우기
→ 진공묘유심 더 능을 내기
ㅁ) 5단 : 대기 대용大機大用으로 활용함
- 원만구족하고 지공무사하게 육근 작용
- 시방 일가十方一家 사생 일신四生一身으로 생활하고 무아無我 대아大我로 보은함

(2) 그 일 그 일에서 알음알이 찾는 공부
■ 세상의 산 경전과 마음 경전 읽기. 수많은 지식과 경험 쌓기

① 알음알이 캐는 힘을 기르자.
- 매사에 깊은 관심과 적극적 자세를 갖자.
- 호기심과 창의력을 키우고 늘 묻고 의견 교환하는 습관을 갖자.
- 연구의 순서와 요령을 터득하자.
- 의문을 오래오래 궁굴리자.
- 많은 경험을 하자.

- 실천으로 검증하고 문답을 통해 감정받자.

■ 앞으로의 세상을 누가 이끌까?
- 주로 창의적 발상의 소유자일 것

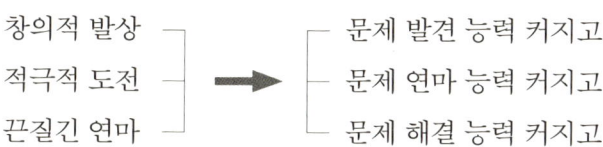

② 알음알이를 캐는 공부를 하자.
■ 곳곳에 지혜의 빛이 깔아져 있다.
- 경전 연습으로
- 경험·견문으로
- 사색으로
- 학업·독서로
- 의견 교환·문답 감정으로
- 의두 연마로
- 감각 감상, 심신 작용 처리건으로
- 수행 일기로

3) 사리 연구력의 활용
■ 사리 연구 공부로 연구력을 키워
- 「O」표 고성능 헤드라이트를 작동하여 자성 광명 비추고
- 「O」표 고성능 센서(감지기)를 작동하여 밝고 빠르게 분석하고 판단해 감

제3절 작업 취사 作業取捨

■ 정의는 취하고 불의는 버리는 실천력을 단련하여
  육근을 원만구족하고 지공무사하게 사용하는 힘을 기르는 공부

1) 〔작업 취사〕 공부의 필요성
① 법도 있는 심신 작용을 길들이기 위하여
② 쓸모 있고 힘 있는 육근 작용의 역량을 갖추기 위하여
  • 욕망이 들끓는 세상, 바쁘고 할 일 많은 세상, 물질 세력이 더욱 강성해져가는 세상이 전개되는 현대 문명 속에서는 원만하고 힘 있는 작업 취사 공부가 더욱 중요하다.

■ 경계 따라 정의正義를 실천 하려면
① 정의관正義觀을 확립해야 하고
② 법도에 맞는 심신 작용의 원칙을 확립해야 하고
③ 자성 반조력自性返照力을 양성해야 하고
④ 용맹한 실천력을 단련해야 함

2) 〔작업 취사〕 공부법

(1) 정의관正義觀을 확립하는 공부
① 일상생활 속에서 정의가 응당 자연스럽게 실천되도록 평소에 '정의로운 것'에 대한 밝은 판단력을 기르고, 정의감을 불러일으킬 수 있는 '정의'에 대한 공부가 필요함
  • 저절로 우러나서 기쁘게 정의를 실천할 수 있는 지혜와 의지가 준비되어 있어야 경계를 당하여 주저하지 않는다.

- 경계를 당하여 정의의 판단이 애매하고 정의 실천에 갈등을 일으키면 대부분의 취사는 실패한다.
② 정의의 기준
- 진리, 교법, 스승의 가르침, 교단의 방향
- 양심의 거울
  자신 안에 있지만 끊임없이 자신을 비춰주고 채찍질 해주고 진리에게 보고 하여 응답하게 함. 양심은 곧 진리의 대리인·감독자
- 수양력으로 떠올리고 연구력으로 통찰한 바의 종합
- 이성적 판단과 감성적 울림
- 열 사람의 법을 응하여 제일 좋은 법
- 취사하는 대중의 표본
- 스스로의 서원·스승의 가르치는 본의·당시의 형편 (수행품 33)
- 건전한 상식, 대중의 집약된 의견

(2) 육근의 법력六根 法力을 기르는 공부
① 육근에 「○」 봉안하여 단련
- 수도인의 일과 실천, 계문 준수, 예전·조행 연습, 유무념·주의심 대조
② 결단력決斷力·실천력實踐力 기름
③ 법도 있는 행行·착着 없는 행을 병진하여 연마
④ 자성 반조력自性返照力(자성의 계自性 戒)양성

(3) 육근의 활력活力을 기르는 공부
① 육근을 힘 있고 건강하게 육성하기
② 육근을 쓸모 있고 원숙하게 육성하기
- 전문 기능 익히기, 다양한 경험 습득
- 운동, 바른 생활 습관 길들이기

3) 작업 취사력의 활용
- 작업 취사 공부로 취사력을 키워
  - 「○」표 고성능 엔진 작동으로 생생 약동하는 활기찬 심신 작용하기
  - 「○」표 고성능 핸들 작동으로 원만구족하고 지공무사하게 심신 작용하기

> 참고
>
> ## 원불교 삼학의 탁월성
>
> - 과거 삼학과 우리 삼학 (정산종사법어 경의편 13)
> - 만사의 성공에 원불교 삼학을 벗어나지 못 하는 것이니 이 위에 더 원만한 공부 길은 없다.
>
> ### 1) 성품의 원리(진공묘유)를 표본으로 불보살의 인품과 역량을 갖춤
>
> - 자성의 정定·혜慧·계戒를 세우는 공부로 근본적인 인격의 변화를 일으켜서 중생의 탈을 벗고 불보살로 거듭남
> - 필요에 따라 일시적 부지중 삼학을 이용한다든지 요령으로 삼학의 원리를 응용하는 것 또는 심리적 치료나 강화 등으로 마음을 단련하고 힐링 하는 것과는 근본적으로 다름
> - 원불교 삼학은 성품의 원리를 표준하여 근원적이고 지속적으로 인격의 변화를 진행시키고, 생활과 경계 가운데서 성품의 무한 역량을 개발하여 활용하도록 함
>
> ### 2) 삼학을 병진하여 닦음
>
> - 과거에는 인지가 덜 성숙한 때문이거나 특별한 목적 등으로 삼학 중 어느 분야를 중심으로 편수하여 차차로 원숙시켜 가는 경향이 있었으나, 후천개벽 시대의 성숙한 인간으로서는 능히 삼학을 병진 할 수 있으므로, 원불교 삼학은 세 과목을 병진하여 닦 음으로써 상호 보완과 상호 상승 작용의 효과를 내도록 함

> 참고

- 현대 사회는 삼학의 모든 과목이 더불어 필요한 시대임
- 그러나 삼학 병진이 자칫 산만하게 진행되어 어느 것 하나도 제대로 힘을 갖춰가지 못하는 부작용을 초래할 수 있음을 유념해야 함

■ 삼학의 병진 (정산종사법어 경의편 15)
- 수양 : 염불·좌선·무시선·무처선이 주主가 되나 연구·취사가 같이 수양의 요건이 됨
- 연구 : 견문·학법學法·사고思考가 주가 되나 수양·취사가 같이 연구의 요건이 됨
- 취사 : 경험·주의·결단이 주가 되나 수양·연구가 같이 취사의 요건이 됨

■ 삼학 병진하는 법 (정전대의)
- 정신 수양 = (혜 계慧戒)
  ㉠ 자성을 알아야 대정력을 길러내고 대정력을 얻어야 자유자재하는 대해탈행이 나올 것이다. (혜慧)
  ㉡ 늘 마음을 멈추는 공부를 많이 하면 할수록 영단이 커져서 생사를 자유할 수 있는 큰 정력定力이 생길 것이다. (정定)
  ㉢ 평소에 삼학 공부를 잘 해 놓아야 정력을 쌓는데 마장이 없을 것이다. (계戒)
- 사리 연구 = (정 계定戒)
  ㉠ 큰 일심(정신 통일)이 되어야 대각을 빨리 이룰 것이다. (정定)
  ㉡ 대각의 열쇠인 의두를 늘 연마하여야 큰 지혜가 솟을 것이다. (혜慧)
  ㉢ 큰 실천의 공을 쌓은 후에야 대각을 이룰 것이다. (계戒)
- 작업 취사 = (정 혜定慧)
  ㉠ 큰 수양의 힘을 얻어야 용맹 있게 취사할 것이다. (정定)
  ㉡ 옳은 일을 하고 그른 일을 아니하는 공부를 많이 하여야 마음을 마음대로 하는 여의보주를 빨리 얻을 것이다. (계戒)
  ㉢ 대각(정각)을 하여야 천지 같은 무념행과 원만행이 나올 것이다. (혜慧)

> 참고

3) 동정 간 어느 때나 쉼 없이 닦아감 (동정간불리선)

- 일이 없을 때는 물론이고 일과 경계 속에서도 구애 없이 닦을 수 있는 전천후 수행법으로 원불교 삼학은 현대인에게 매우 적합한 수련법이요 꼭 필요한 공부법이다.
- 누구나 언제 어디서나 쉽게 닦을 수 있고, 현대인에게 날로 고갈되어가는 정신력을 사용하면서도 한편으로는 정신력을 동시에 보강해 가는 최첨단 공부법이다.
- 일과 이치 속에서·경계 속에서 동과 정을 아울러 단련하는 공부이므로 매우 강하고 매우 효율이 높은 정신력(삼대력)을 양성하는 공부법이다.

■ 육근이 무사無事하면 잡념을 제거하고 일심을 양성하며, 육근이 유사有事하면 불의를 제거하고 정의를 양성한다.

■ 동정 간 삼대력 얻는 빠른 법 (수행품 2)
- 수양력
  ㉠ 일할 때 정신 시끄럽게 하고 정신 빼앗아갈 일 짓지 말고 멀리 할 것
  ㉡ 사물을 접응할 때 애착 탐착을 두지 말며 담담한 맛을 길들일 것
  ㉢ 일 할 때 다른 일에 끌리지 말고 그 일 그 일에 일심만 얻도록 할 것
  ㉣ 여가 있는 데로 염불·좌선하기를 주의할 것
- 연구력
  ㉠ 그 일 그 일에서 알음알이 얻도록 힘쓸 것
  ㉡ 스승 동지와 더불어 의견 교환하기를 힘쓸 것
  ㉢ 의심건을 연구하는 순서 따라 해결하도록 힘쓸 것
  ㉣ 우리의 경전 연습과 모든 도학가의 경전을 참고로 지견을 넓힐 것
- 취사력
  ㉠ 정의를 죽기로써 실행할 것
  ㉡ 불의는 죽기로써 하지 않을 것
  ㉢ 정성으로 끊임없이 실행에 공을 쌓을 것

제5장 팔조 八條

1) 출처

- **수양연구요론**修養研究要論 제1 정정요론定靜要論 상上편 가운데서 선요禪要를 인거함

  - 참선하는데 세 가지 요긴한 것으로
    '크게 믿음·뜻을 크게 분忿 내는 것·크게 의심 내는 것'을 강조

  - '의심은 신信으로 체體를 삼나니 신이 십분十分 있으면 의심이 십분 있어서 깨달음이 십분 있게 하니 이 말이 곧 정정定靜을 얻는데 요긴한 법이라. 어찌 그런가 하면 큰 원이 없으면 지극한 정성이 나지 아니하고, 큰 신심이 아니면 참 의심이 나지 아니 하나니라... 탐욕자나 우자와 불신하는 자가 와서 이르면 곧 너희는 각각 지켜서 막고 어떠한 사람이든지 정성스럽고 믿음이 진실한 자가 와서 이르면 곧 문을 열어 들여서 빈집의 주인을 삼아 무궁한 재보를 사용하도록 하라'

2) 교리 형성

① 불법연구회규약 (원기12년) 연구인의 공부 순서
  - 연구 시 진행 건으로 신·분·의·성
  - 연구 시 사연 건捨捐件으로 불신·탐욕·나懶·우愚를 명시
  - 강령 공부를 위해 신·분·의·성 세움

② 수양연구요론 (원기12년) 연구의 진행 조건·사연 조건
- 신이라 하는 것은 선악 간 마음을 정한다 하니 신의 결과를 연구할 사 …
- 불신이라 하는 것은 무슨 일이든지 입지立志를 못한 가운데 불신이 되나니 불신의 본말을 연구할 사…
- 팔조의 각각에 대한 최초의 설명이 이루어짐

③ 사업보고서 (원기12년, 13년)
- 삼강령을 적극적으로 이행하기 위하여 신·분·의·성과 불신·탐욕·나·우를 '교육의 조건과 훈련의 조건'으로 삼음

3) 진행 사조進行四條와 사연 사조捨捐四條

(1) 진행 사조(신信·분忿·의疑·성誠)는 삼학 공부를 추진하는 힘

(2) 사연 사조(불신不信·탐욕貪慾·나懶·우愚)는 삼학 공부를 방해하는 힘

(3) 왜 진행 사조는 적극 추진해야 하고, 사연 사조는 저절로 강성해 지는가?

① 오래 묵혀둔 밭에는 온갖 잡초가 깊게 뿌리를 내리고 많은 씨가 뿌려져서 곡식이 힘을 쓰지 못하고 잡초의 세력이 강성하듯, 무시 이래로 무명 삼독심 속에서 중생심으로 생활해온 결과 온갖 욕망과 번뇌가 치성하고 삼독심에 중독이 되었으므로

② 마음이 육신의 지배를 받아 욕심과 습관과 안일에 끌리므로

③ 육근이 밖으로 열려 있어 경계의 영향과 지배를 받게 되므로

④ 살려는 의지, 진화 과정 속에서의 생존 경쟁 의식, 재색 명리에 향하는 본능이 경계 속에서 쉽게 왜곡되어 사연 사조로 발현하므로
- 도심과 인심 (지란과 가시덤불)
- 성선설性善說과 성악설性惡說

(4) 진행 사조가 왕성하려면?
- 중근병에 걸리면 진행 사조에 병이 깊어진다.

① 진행 사조와 사연 사조가 각각 공부에 미치는 영향이 지대함을 알아 서원, 신심, 공부심 챙기기 (동기 부여)

② 순간적으로 일어나는 감정과 판단에 흐르지 않도록 주의할 것
- 심신 작용의 처리건 기재하기
- 온전한 생각으로 취사하기

③ 긍정적 사고, 감사 생활, 미래에 대해 설레는 비전으로 생활하기
- 스스로의 자신감과 주위의 격려와 조언

④ 자타력을 병진하기
- 기도 생활
- 스승님 모시고 살기
- 법동지와 함께 공부하기

⑤ 한 순간이 갈림길임을 잊지 않고 방심을 경계하기
- 한 순간 방심하지 않고 잘 챙겨서 돌리면 진행 사조가 살아난다.
- 마음이 가라앉고 죽으면
  마음에 사심이 생기고 바람 구멍(틈새)이 생기면
  욕속심을 부리거나 자만해지면
- → 진행 사조가 흔들리고 추진력이 약화된다.

⑥ 사연 사조도 마음의 에너지이므로 잘 돌려서 진행 사조의 에너지로 선용하기

⑦ 사연 사조의 마음이 치성해지면 자연스럽게 대처하여 순리적으로 해소하기
- → 사연 사조를 무조건 억누르거나 의식적으로 무시하거나 방치하지 말 것
  오히려 부작용이 일어날 수 있다.
- 초발심 챙기고 서원 반조하기

- 분위기를 전환하기
- 정서적 순화의 방법 시도하기

⑧ 공부를 진행할 때 처음 출발로부터 어느 정도 안정이 될 때까지가 제일 힘이 든다. 이때까지는 방심하거나 안심하지 말고 스스로 챙기고 타력의 힘을 입어서 강하게 밀고 나아가야 한다.
- 로켓 발사할 때 처음 지상에서 대기권을 벗어날 때까지 연료의 70%를 소비한다고 한다.
- 밑으로 떨어져 가는 그 이상의 힘이라야 위로 상승할 수 있다.

4) 팔조八條 공부의 유의 사항
① 팔조 공부는 인간성을 있는 그대로 드러내 이해하고 인정하는 데서부터 제대로 된 공부길을 잡을 수 있다.
② 팔조 공부를 해나가는데 처음이 쉬우면 갈수록 힘이 더 들고, 처음에 힘을 많이 들이면 갈수록 수월해 진다.
③ 결국은 스스로의 원력과 신성과 공부심에 달렸다.

제1절 진행 사조進行四條

- 진행 사조 강화하기 -

1) 신信
    - 만사를 이루려 할 때 마음을 정하는 원동력
    - 공부심의 기반을 강화하는 원동력

(1) 정신正信
    ① 자성불自性佛을 믿음 (진공묘유의 일심)
    ② 사은 사요와 삼학 수행三學修行이 원만한 공부길 임을 믿음
    ③ 스승·동지의 지도와 격려를 믿음
    ④ 이 회상이 참다운 공부 도량임을 믿음

(2) 큰 원이 있어야 믿음이 생기고 참으로 알아야 믿음이 깊어진다.

(3) 신은 법法을 담는 그릇이다. 믿는 만큼 담게 된다.
    - 전신전수全信全受, 전탈전수全奪全受
        • 다른 것은 모르지마는 이 법으로 부처되는 길만은 확실히 자신하였노니 (정산종사법어 권도편 10)

(4) 신은 뿌리다. 뿌리만큼 줄기와 가지를 뻗는다.
    - 신信은 기초다. 기초만큼 높이 올라간다.
        • "성공을 확신하는 것이 성공에의 첫 걸음이다."

(5) 미신迷信을 경계하자.

2) 분忿

- 만사를 이루려 할 때 권면하고 촉진하는 원동력
- 공부를 지고至高의 경지로 밀고 나아가는 원동력

(1) 정분正忿

① 죽기로써 한다.
- 신념, 사명감, 공부심, 투지로!
- 오뚜기 정신으로!
- 사람 몸 받고 정법 만난 이 소중한 기회!

② 즐겁게 한다.
- 서원, 미래에 대한 부푼 꿈과 희망으로
- 할 수 있다는 자신감으로
- 타력의 믿음(공부할 수 있는 능력을 주시고 공부 잘 할 수 있도록 무한한 위력을 내려주시는 은혜에 대한 믿음)으로
- 부모가 자녀 뒷바라지 하듯, 고통을 낙으로 삼아
- 처음처럼 늘 초발심을 불러일으켜
- 발분망식發憤忘息 낙이망우樂以忘憂 순하인舜何人 아하인我何人

(2) 객기客氣를 부리지 말자.

- 객기를 부리면 쉽게 좌절하고, 몸을 상 할 수도 있어

① 억지로 밀어 붙이지 말 것. 무리가 따르고 결국은 퇴굴심이 난다.
② 어리석게 고집을 피우지 말 것. 눈앞의 함정을 피하지 못한다.
③ 혼자서만 하려고 말 것. 함께 하는 가운데 서로 힘을 탄다.
- 근기에 맞게, 순서 있게, 상황에 적절히, 원리대로, 서둘지 말고
- "우리가 두려워해야 할 것이 있다면 두려움 이외는 없다."
- "결코 그르치는 일이 없는 사람은 아무것도 하지 않는 사람뿐이다."
- "감히 도전해 보지 못한 사람은 아무것도 하지 못한다."

3) 의疑
- 모르는 것을 알아내는 원동력
- 공부를 무한히 심화 시키는 원동력
  - 깨달음의 씨앗

(1) 바른 의문 내기

① 신심과 큰 서원으로 정진한다.
  - 믿음과 서원 속에서 바른 의심이 생긴다.

② 두루 관심을 갖고 생활한다.

③ 스스로의 무지無知를 자각한다.

④ 문제의식을 갖고 산다.
  - 의문 거리 찾고, 궁굴리고, 창의적 발상으로 시도해 보고, 묻고

⑤ 의두·성리 연마를 지속한다.

- 호기심, 창의력을 개발하자.
- 자만하거나 건성으로 살지 말자.
- 의문을 계속 밀고 나아가면서 인내심을 갖고 숙성 시키자.
- 격물치지格物致知 : 그 일 그 일에서 알음알이를 얻자.
  - 무엇일까? 어떻게? - 늘 의심건으로 궁굴림
  - 의견 교환하기
  - 일기 쓰기

(2) 호의 불신증狐疑不信症을 경계하자.

- 자신을 의심하고 가까운 인연을 의심하고 스승과 동지를 의심하고 세상을 의심하고 교법을 의심하고 진리를 의심하고 세상 모든 것을 의심하여 결국 의심 속에 파묻혀 버린다.
- 자기중심적 사고와 자기 욕망 추구의 시각으로 바라보고 판단하는 것을 경계하자.

■ 인간에게는 주어진 여건에 피동적으로 이끌려 사는 노예적 삶과 능동적으로 창조해 가는 주체적 삶이 있다. 선택은 스스로의 결단에 달려있으며 수행편은 결단한 자에게 새 삶을 약속해 주는 것이다.

■ 질의와 의견 제안
  • 정전의 구성이 교의편 다음으로 수행편인데 신앙편은 필요치 않은가?
  • 의견
    ① 수행편에서 '수행'은 신앙에 대비되는 개념이 아니라 신앙과 수행을 아울러 닦아 길들인다는 의미로 사용하여 수행편 속에 신앙의 단련법이 포함될 수 있을 것이다. 그러나 일반적으로는 수행을 신앙과 구분하여 사용하므로 이럴 경우 자칫 혼선과 오해를 불러일으킬 수 있다. 따라서 '수행편'보다는 '신행信行편', '공부편', '수도修道편' 등으로 불렀으면 함
    ② 수행편에 포함된 신앙의 단련법이 수행에 비해 그 비중이 약하고 덜 체계화된 점은 부인할 수 없으므로 신앙편으로 분리하여 보완하는 방향도 검토 했으면 함

- 시기심과 상대심에서 나오는 의심은 대부분 호의 불신증이다.
- 중근병을 조심하자.

4) 성誠
- 만사를 이루게 하는 원동력
- 무한창조·무한생성의 원동력

(1) 정성正誠
① 큰 서원을 가꾼다.
② 굳은 믿음으로 충만한다.
③ 목표에 대한 설레임과 할 수 있다는 자신감으로 기쁘게 추진한다.
④ 조그만 방심과 사심을 경계한다.
⑤ 평상심으로 흔적 없이 꾸준히 지속한다.

(2) 욕속심을 경계 하자.
① 거저 이루려는 사행심과 속히 이루려는 욕속심을 극복하자.
② 끝없는 욕망을 자제하자.
③ 어리석은 집념 집착과 상대심을 버리자.
④ 성과에 대한 지나친 계교심을 놓자.
⑤ 정성심의 기복을 조절하자.
- "운명은 우리 행위의 절반을 지배하고 다른 절반은 우리에게 양보한다."
- "그릇도 차면 넘치고, 사람도 차면 잃게 된다."
- "천재란 노력을 계속할 수 있는 재능이다."
- 근래에 인심을 보면 공부 없이 도통을 꿈꾸는 무리와 노력 없이 성공을 바라는 무리와 준비 없이 때만 기다리는 무리와 사술로 대도를 조롱하는 무리와, ～ 이것이 이른바 낮도깨비니라. (전망품 9)

제2절 사연 사조 (捨捐四條)

- 사연 사조 극복하기 -

1) 불신
- 믿지 아니함이니 만사를 이루려 할 때 결정을 못하게 하는 것

(1) 왜 불신이 생기나?
① 모르기 때문에 (무지 無知)
② 어리석음으로 (무명 無明)
③ 왜곡과 분별 집착으로
④ 업장과 인연 관계로
⑤ 속았거나 피해 의식으로
⑥ 습관적으로
⑦ 결단력 부족으로 (망설임·저울질)

(2) 불신을 극복하려면
① 진리·법·스승에 대한 믿음 세우기
② 빈 마음으로 생활하기
③ 의두 연마로 모르는 것을 스스로 알아가기
④ 풍문이나 다른 사람의 주장에 흔들리지 않기
⑤ 스스로 확인해 보기
⑥ 불신의 무서운 결과를 헤아리기
⑦ 이해관계나 자기중심적 사고에서 벗어나 판단하기
⑧ 결단력 기르기

2) 탐욕貪慾
- 모든 일을 상도에서 벗어나 과히 취함

(1) 왜 탐욕하게 되나?
① 본능과 욕망을 자제하지 못하므로
② 어리석음으로 만족하지 못하므로
③ 지나친 생존 경쟁 의식과 상대심으로
④ 박탈감·상실감·배고픔의 보상 심리로

(2) 탐욕을 자재하려면?
① 탐욕의 무서운 결과를 깊이 각성하기
② 분수에 안분하는 마음과 담담한 생활 태도 길들이기
③ 서원과 공심으로 욕심 키우기
④ 멈추는 공부하기
⑤ 밝고 바르게 판단하기
⑥ 정의를 실천하는 공부하기
⑦ 자비심 기르고 베푸는 연습과 위하는 심법 기르기
⑧ 문화 예술 활동이나 레저 스포츠 활동 등으로 욕구 해소하기
- 욕심내는 에너지를 공부 욕심으로 활용하고 큰 서원으로 키우고 공심으로 승화하기
- 소탐대실小貪大失

3) 나懶
- 만사를 이루려할 때 하기 싫어 함

(1) 왜 나태에 빠지는가?
① 편히 쉽게 살려는 생각으로

② 인간으로 태어난 소중한 의미와 정법 회상 만난 행운을 모르므로
③ 의욕과 서원이 약하므로
④ 실패·좌절·억압 등으로 마음이 죽어 있으므로
⑤ 순경 속에 마음이 녹아내리므로
⑥ 세속의 일에 정신이 빼앗기므로
⑦ 의뢰 생활의 타성에 젖어서

(2) 나태에서 벗어나려면
① 큰 서원과 신심으로 신나고 보람 있는 목표를 향해 나아가기
② 부지런한 생활 태도 길들이기
③ 계획적인 일과 지키기
④ 자력 양성·자력 생활하기
⑤ 어른을 모시고 대중과 더불어 함께하기
   • "나태심이 일어날 때는 살고도 죽은 송장이 되는 것이다."
   • 날로 새롭게!

4) 우愚
■ 대소유무와 시비이해를 전연 알지 못하고 자행자지함

(1) 왜 우치해지는가?
① 욕심에 가리고 편견에 치우쳐서
② 지식·지혜·견문이 약하므로
③ 자기 생각(아상·아견·자만), 자기중심적 생활에 빠져 있으므로
④ 깊게 헤아리지 않고 조급히 판단하고 실행에 옮기므로
   (업장에 가리고 상황에 휘말리고 편착된 견해에 기울고)

(2) 우치에서 벗어나려면

① 무지의 자각
② 스승과 어른을 모시고 지도 받으며 살기
③ 아상을 지우고 편견에서 벗어나기
④ 업장과 욕심으로 가려진 눈뜨기
⑤ 빈 마음으로 배우기를 즐기기
⑥ 두루 견문을 넓히고 경험을 쌓기
⑦ 의두 성리 연마하기
⑧ 멈추어서 깊이 헤아리기
⑨ 동지와 의견 교환하기
⑩ 지자 본위로 지자를 선도 삼아서 나아가기
⑪ 열 사람의 법을 응하여 제일 좋은 법으로 믿기
- '어리석은 우리 중생'의 서원문 올리는 심정으로 생활하기
- '우물 안 개구리'의 자각

제6장 인생의 요도와 공부의 요도

1) 대의
① 인생의 요도와 공부의 요도 각각에 해당하는 교리 내용을 규정하고, 양대 요도의 관계를 밝혀서, 이 양대 요도로 인간의 원만한 삶을 진행하도록 함
② 공부의 요도 삼학 팔조로 인생의 요도 사은 사요를 원만히 밟아가고, 인생의 요도 사은 사요로 공부의 요도 삼학 팔조의 효력을 다 발휘하게 함

2) 교리 형성

(1) 수양연구요론 (원기12년)
① 연구의 강령 : 정신 수양·사리 연구·작업 취사
② 연구의 진행 조건 : 신·분·의·성
③ 연구의 사연 조건 : 불신·탐욕·나·우
- 연구의 강령은 유儒·불佛·선仙 3교의 일원화—圓化 (교의품 1)
- 연구의 진행 조건과 사연 조건은 「선요禪要」 등에 근거

(2) 보경육대요령 (원기17년)
① 인생의 요도 : 사은 사요
② 공부의 요도 : 삼강령 (정신 수양·사리 연구·작업 취사)
　　　　　　　　팔조 (진행 조건·사연 조건)

- 인생의 요도는 유가법儒家法을 주체 (회보 4호)

  경천敬天·사친事親·애인愛人·복례復禮의 인간 윤리를 확대 심화 함

(3) 보경삼대요령 (원기19년)
- 인생의 요도에 〔심고와 기도〕 첨부

(4) 조선불교혁신론 (원기20년)
- 〔불공법〕이 소개되고, 공부 요도 취사 과목에 '과보 받는 내역', '네 가지 중대한 은혜 단련'이 포함 됨
  이로써 「공부의 요도」에 「인생의 요도」의 내용이 포함되어서 양대 요도 간에 상호 중첩이 되는 변화가 일어남

(5) 불교정전 (원기28년)
① 인과보응의 신앙문 : 사은
② 진공묘유의 수행문 : 삼학 팔조
- 인생의 요도와 공부의 요도 대신 신앙문과 수행문 등장 (불리도佛理圖)
- [인생의 요도와 공부의 요도의 관계]를 규정하는 내용에 사은 사요와 삼학 팔조가 누락됨
- 보경육대요령 [총론]에서는 '공부요도 삼강령 팔조목과 각항 훈련으로써 정신의 세력을 확장하여 물질의 세력을 항복 받아, 인생의 요도 사은 사요를 지내나서 낙원으로 인도함'으로 되어 있는데, 불교정전 [설립동기]에서는 '진리적 종교의 신앙과 사실적 도덕의 훈련으로써 정신의 세력을 확장하여 물질의 세력을 항복 받아 낙원으로 인도함'으로 변화됨

(6) 원불교 정전 (원기47년)

　① 인과보응의 신앙문 : 사은 사요

　② 진공묘유의 수행문 : 삼학 팔조

　③ 인생의 요도 : 사은 사요

　④ 공부의 요도 : 삼학 팔조

3) 질의와 의견

(1) 인생의 요도와 공부의 요도로 나눌 수 있는가?

　■ 의견

　① 인생의 요도를 실천하는데 있어 공부의 요도가 중요한 비중을 차지함 (천지 보은의 조목·부모 보은의 조목 등)

　② 공부의 요도에 사은 사요가 포함되어야 할 것 (사은 사요도 배우고 익혀야 하므로)

　③ 결국은 인생의 요도에도 사은 사요와 삼학 팔조가 다 포함되어야 하고, 공부의 요도에도 사은 사요와 삼학 팔조가 다 포함되어야 할 것으로 생각됨

　■ 사람이 세상에 나서 할 일 가운데 큰 일 두 가지 : 성불, 제중 (인도품 6)

　　• 인생의 요도 가운데는 말 그대로 인간이 세상을 살아갈 때 마땅히 밟아야 할 모든 요도가 다 포함되어야 하는 것이 아닐까 함

(2) 그런데 왜 인생의 요도와 공부의 요도를 나누어 드러냈을까?

　■ 의견

　① 과거 종교 도덕가에서 주로 출세간 중심, 법당 중심으로 수도와 신앙에만 주력하고 인간으로서 마땅히 밟아야 할 도리를 소홀히 한 점을 시정하여 수도와 신앙이 인간 생활을 빛내는데 기여해야 함을 드러내고, 누구나 인생의 요도와 공부의 요도를 원만히 밟아야 함을 강조하

기 위함인 듯함

② 인생의 요도와 공부의 요도가 서로 바탕이 되고 도움이 되어야 인간 생활에 원만히 기여하게 됨을 드러내신 듯함

(3) 처음에는 인생의 요도와 공부의 요도로 드러낸 교리 체계를 신앙문과 수행문으로 정비한 이유?

■ 의견

새 종교의 개교 목적을 지난날의 폐단(공부의 요도 중심)을 시정하고 인도상의 요법을 원만히 구현해 감을 중심으로 드러내는 초기의 계몽 시기를 거쳐서, 세계 보편 종교로서 광대하고 원만한 종교로 나아가기 위한 교리 체계를 확립하기 위함인 듯함

제7장 사대강령
四大綱領

1) 대의
   ① 교리 전반이 요약된 핵심이요 줄거리
   ② 교리의 4대 이념, 교단의 4대 목표, 신앙 수행 봉공의 표준이요 실천 강령

2) 교리 형성

(1) 불교정전 (원기28년)

> **제2 교의편, 제1장 사대강령** 四大綱領
> **정각정행** 正覺正行
> **지은보은** 知恩報恩
> **불교보급** 佛敎普及
> **무아봉공** 無我奉公
>
> **1. 사대강령의 대의** 大義
>   정각정행正覺正行이라 하는 것은 일원一圓의 진리 즉 불조 정전佛祖正傳의 심인心印을 오득하여 그 진리를 체받아서 안 이 비 설 신 의 육근을 작용할 때 불편불의不偏不倚 무과불급無過不及한 원만행圓滿行을 하자는 것이며,
>   지은보은知恩報恩이라 하는 것은 사람사람이 은혜입기는 좋아하되 은혜주기는 싫어하며, 입은 은혜는 잘 잊어버리되 준 은혜는 잊어버리지 아니하며, 은혜를 준 후에 보답하지 아니하는 것을 원망은 하되 은혜를 받은 후에 보답을 아니하면 원망하는 줄은 알지 못하는 것이, 비하건대 자기가 자녀의 자리에 있을 때에 그 부모의 은혜는 몰라주면서, 자기 자녀가 자기의 은혜 몰라주는 것은 잘 아는 것과 같이 서로 탐. 진. 치에 끌려서 다

른 사람의 사정은 알아 줄 여유도 없이, 다만 자기 생각 하나 뿐으로써 서로 원망하고 서로 미워하여 개인. 가정. 사회. 국가에 해독이 많이 미치게 되나니, 그러므로 원망할 일이 있거든 사중은四重恩으로 모든 은혜의 소종래所從來를 발견하여 원망할 일을 감사함으로써 그 은혜를 보답하자는 것이며,

불교보급佛敎普及이라 하는 것은 재래와 같이 불제자로서 불법에 끌려 세상일을 못할 것이 아니라, 그 못할 일을 불제자가 됨으로써 잘 하자는 것이니, 다시 말하자면 불제자가 됨으로써 세상에 무용無用한 사람이 될 것이 아니라, 그 불법을 사용함으로써 유용有用한 사람이 되어 개인. 가정. 사회. 국가에 도움이 되고 보면, 그 불법은 자연히 보급된다는 것이며,

무아봉공無我奉公이라 하는 것은 자기나 자기 가족만을 위하려는 사상과 자유 방종하는 사상을 버리고, 오직 이타적 대승행으로써 일체 중생을 제도하는 데 성심성의를 다하자는 것이니라. 몰아 말하자면, 정각정행을 하고 지은보은을 하고 불교보급을 하는 것은 다 무아봉공을 하기 위함이니라.

(2) 불법연구회 근행법佛法硏究會勤行法 (원기28년)

사대강령四大綱領

정각정행正覺正行 지은보은知恩報恩 불교보급佛敎普及 진충보국盡忠報國

이 사대강령은 본회의 지도정신指導精神인 바, 그 대강을 해석한다면,

정각정행正覺正行이라 함은 원래에 요란함도 없고, 어리석음도 없고, 그름도 없는 각자의 본성을 오득하여 그 진리를 체받아서 요란함도 없고, 어리석음도 없고, 그름도 없는 원만행을 닦자는 것이요,

지은보은知恩報恩이라 함은 천지 부모 동포 법률의 사중은四重恩을 알아 그 은혜를 갚는 동시에 모든 역경 난경을 당할지라도 이상의 은혜를 생각하여 감사로 돌리자는 것이요,

불교보급佛敎普及이라 함은 재래의 산중 불교를 일반 대중의 불교로 개선하여, 생활과 불교가 둘이 아닌 산 불교를 만들어 누구에게든지 부처님의 은혜를 고루 입히자는 것이요,

진충보국盡忠報國이라 하는 것은 자기나 자기 가족만을 위하려는 사상과 자유 방종

하는 사상을 버리고, 무아봉공의 대승행으로써 오직 국가를 중심으로 충성을 다하자는 것이니, 몰아 말하자면 정각정행을 하고, 지은보은을 하고, 불교보급을 하자는 것이 다 이 국가를 중심으로 진충보국하자는 것이다.

3) 〔사대강령〕의 실천

(1) 정각정행正覺正行

- 일원상을 원만히 깨달아서 그 진리를 체받아 육근을 원만하게 사용하자.
① 바르게 깨닫지 못하고 원만하게 닦지 못하는 그릇된 수도의 폐해를 크게 경계 하자.
② 일원상의 진리를 수행의 표본으로 하여 원만구족하고 지공무사한 각자의 마음을 찾아 기르고 사용하자.
③ 일원상의 진리를 신앙의 대상으로 모시고 그 일 그 일에서 부처를 발견하여 경외심으로 부처의 행을 체받아 닮아가자.
- 정正은 명明이요 원圓이다.

(2) 지은보은知恩報恩

- 사은의 은혜를 알아서 보은 불공하자.
① 기복 신앙의 허망함과 어리석음을 깊이 각성하자.
② 우주에 다북 찬 은혜를 발견하여 느끼고 깨닫고 온통 받들어 오직 감사하자.
③ 원망 생활을 감사 생활로 돌리자.
④ 은혜의 소종래를 발견하고 그 피은된 도를 체받아서 부처의 지행知行을 갖추고 보은 불공하자.
- 지知는 각覺이요 피被이다.

(3) 불법활용佛法活用

① 과거의 종교 특히 출세간 본위의 불교로 인한 폐단점을 깊이 헤아리자.
② 불법佛法을 시대화 생활화 대중화하여 이 미래의 불법을 널리 보급하자.
③ 일상생활 속에서 미래의 불법을 믿고 닦아서 인과보응의 진리에 바탕하여 보은하며 복락을 장만하고, 생멸 없는 진리를 깨쳐 생사生死문제를 해결하며 부처의 인격을 갖추자.
④ 미래의 불법인 일원 교법이 진리적 종교의 신앙과 사실적 도덕의 훈련으로써 정신의 세력을 확장하여 도학 문명과 과학 문명이 병진하는 참 문명세계를 건설하는 새 문명의 원천이요 미래 시대의 대안임을 온 천하에 드러내고 인증을 받자.
⑤ 끊임없는 교법의 현실 구현으로 시대의 과제에 답을 주고 미래의 밝은 비전을 제시하며, 새로운 상황에 주도적으로 대응해 가도록 교법의 부단한 재창조와 재해석의 노력을 기울이자.
- 수요자 중심의 불법 공급이 되도록 끊임없이 불법을 혁신하자.
- 교화자(지도인)가 먼저 불법으로 자기 생활을 빛내고 모범을 보이자.
- 불법佛法은 미래未來의 불법佛法이요 일원 대도一圓大道이다.

(4) 무아봉공無我奉公

① 이기적이고 자기중심적인 생활과 빙공영사憑公營私하는 폐해를 깊이 반성하고 함께 더불어 번영하는 삶으로 나아가자.
② 원불교의 신앙, 수행, 훈련이 결국은 무아 봉공하자는 것이다.
③ 각자의 처지에서 위하는 삶의 자세로 힘껏 봉공하자.
④ 부처님의 대자비 정신을 본받아 지공무사의 삶을 살자.
⑤ 자신과 가정의 울을 벗어나 세상의 주인 되어 하나의 생명 공동체를 앞장서 개척하자.
- 무無는 진眞이요 대大이다.

3 수행편

修行編

- 수행편은 교리의 실천 방법을 내용으로 한다.
- 총 17장으로 구성된 수행편에는 교법 실천의 생활화 정신이 주된 맥을 이루고 있다.

수행편

- 수행편은 교리의 실천 방법을 내용으로 한다.
  - 신앙과 수행의 단련
- 총 17장으로 구성된 수행편에는 교법 실천의 생활화 정신이 주된 맥을 이루고 있다.

- 여기에는 소수의 상근기나 전문 수도인 만이 실천할 수 있는 특별한 공부법이 아닌 남녀노소를 막론하고 누구나 마음만 먹으면 지금 이곳에서 실천 가능한 공부법(신앙과 수행의 단련)을 제시하여 일원상 진리의 신앙과 수행에 대한 대중적인 생활화의 길을 열었다.
  - 예를 들어 [일상 수행의 요법]은 교리의 전체 내용을 아홉 가지 강령으로 요약한 것으로 이를 늘 마음에 새기도록 함으로써 일상생활 속에서 쉽게 심신 작용을 대조하고 반성할 수 있는 공부법이다.
  - 불공을 하는 방법도 불공의 대상과 처소의 형식적 구애를 벗어나서 우주만유 모든 부처님을 대상으로 당하는 부처님에게 일일이 불공하는 법을 제시함으로써 일원상 진리 부처님을 생활의 중심에서 항상 모시고 살도록 하였다.
  - 마음을 닦는 선禪공부도 전통적인 염불과 좌선법 외에 무시선법을 두어 일이 없으면 잡념을 제거하고 일심을 양성하며, 일이 있으면 불의를 제거하고 정의를 양성하는 공부를 간단없이 계속하여 언제 어디서나 참 마음을 깨닫고 마음의 자유를 얻도록 하였다.
  - 특히 [영육 쌍전 법]에서 이제부터는 묵은 세상을 새 세상으로 건설하게 되므로 새 세상의 종교는 수도와 생활이 둘 아닌 산 종교라야

할 것을 강조하고 일원상의 진리와 교법의 실천으로 생활의 의·식·
주를 해결하는 원천을 삼고, 의·식·주를 얻어가는 현실 경영의 힘과
교법의 실천력을 아울러서 일원상의 진리를 증득해 가도록 밝히고
있다.

■ 수행편에는 이 밖에도 몇 가지 특징을 담고 있다.
① 개인의 마음 잘 쓰는 법을 비롯하여 윤리 의식을 높이고 사회의 병리 현상을 치료하는 법과 사회 발전에 기여하는 생활 자세 등 현실 속에서 인간이 마땅히 밟아갈 길을 단련하도록 하였다.
② 인간 본성의 자연스런 개발과 인간 본능의 인위적 제한을 아울러 닦도록 하였다.
③ 돈오 점수頓悟漸修와 점수 돈오의 길을 함께 열어 놓았다.
④ 공부를 근기와 처지에 따라 단계적으로 심화시키고, 반복 훈련을 통하여 체질화 하도록 하였다.
⑤ 일기쓰기와 유무념 대조를 통해 물샐틈 없이 점검하여 공부가 간단없이 진행되도록 하였다.

■ 수행편을 공부해 가는데 유의할 점이 있다.
① 첫째, 원리에 입각한 공부에 유의해야 한다. 모든 공부법이 성리性理 (일원상의 진리)에 바탕 하였으므로 이를 먼저 굳게 믿고 원만히 깨달아야 한다.
② 둘째, 수행편의 터득은 이론적 이해를 넘어 언어와 논리의 한계를 극복하는 성실한 실천과 체험의 적공으로 가능함을 잊지 말아야 한다.
③ 셋째, 수도와 생활이 하나 되어 수도에 즐거움을 느끼는 낙도 생활이 되도록 공부길을 잡아가야 한다.

제1장 일상 수행의 요법
日 常 修 行 要 法

1) 개요

① 교리 전반을 간략히 요약하여 마음에 새기고 온 몸으로 지녀서, 누구나 일상생활 속 언제 어디서나 쉽게 교법을 실천할 수 있도록 밝힌 공부의 표준이요 생활의 지표

② 공부인이 일상생활 속에서 조석으로 외우고 그 뜻을 새겨 마음으로 대조하는 표준으로, 대체로는 날로 한 번씩, 세밀히는 경계를 대할 때마다 살피는 공부법 (대조하고 챙기는 공부) (수행품 1)

③ 구분
- 1조~4조 : 전 생령을 구원하는 법
- 5조 : 세계 평화의 근본
- 6조~9조 : 온 인류가 서로 잘사는 묘방 (정전 대의)

내적인 주체 확립	개인의 인격과 자질 함양 (일원의 체성에 합일)
외적인 여건 개선	사람이 살맛나는 세상 건설 (일원의 위력 충만)

2) 교리 형성

	내용	출전
원기23년	**본회의 목적** 〈공부의 요도 삼강령 팔조목〉 1. 잡념을 제거하고 일심을 양성하자. 2. 모르는 것을 제거하고 아는 것을 양성하자. 3. 이론만 하지 말고 실행을 하자. 4. 신과 분과 의와 성으로 불신과 탐욕과 나와 우를 제거하자. 〈인생의 요도 사은 사요〉 1조~5조 (현행 5조~9조와 동일함)	회보 44호
원기24년	**본회의 교강** 〈공부의 요도〉 1. 심지가 요란하지 않이하게 하난 것으로써 자성의 정을 세우자. 2. 심지가 어리석지 않이하게 하난 것으로써 자성의 혜를 세우자. 3. 심지가 글으지 않이하게 하난 것으로써 자성의 계를 세우자. 4. 신과 분과 의와 성으로써 불신과 탐욕과 나와 우를 제거하자. 〈인생의 요도 사은 사요〉 1조~5조 (현행 5~9조와 동일함)	회보 52호
원기24년	**본회의 교강** 〈공부의 요도 삼강령 팔조목〉 1조~4조 (현행 1~4조와 동일함) 〈인생의 요도 사은 사요〉 1조~5조 (현행 5~9조와 동일함)	불법 연구회 근행법
원기28년	**일상수행의 요법** 1조~9조 (현행과 동일)	불교정전

3) 공부 진행

① 외우기 (심신에 젖도록, 삼계에 울려 퍼지도록)

② 뜻 새기기 (마음으로 간절히, 일심으로)

③ 실천을 다짐하기 (신심과 서원으로)

④ 실생활에서 대조하고 살피기 (공부심, 유념 공부로)
⑤ 반조하기 (일기로 점검, 참회 반성, 서원 다짐)
- 회보 53호 「교강 약해 教綱畧解」 참고

4) 공부 단계

(1) 애써 하기 (집심執心으로, 유념有念으로)
① 경계 알아차리고
② 공부할 때 인줄 알고
③ 그 일 그 일에 집중하고 (지난 일 잊고 벗어나기)
④ 죽기로써 실행하고
⑤ 반성하고 연구하여 발전시키기
- 단계적으로 익혀감
- 쉬운 것부터
- 잘 안 되는 것 집중적으로 단련

(2) 순리적으로 하기 (원리에 따라, 관심觀心으로)
① 진공의 체·묘유의 용을 표준으로
② 평상심으로
③ 일관된 정성심으로
④ 흔적 없이

(3) 저절로 심신에 배어서 하나 되기
■ 옛날 한 선비는 평생 소학만 읽었다 하나니, 우리는 평생 일상 수행의 요법만 읽고 실행하여도 성불에 족하리라. (정산종사법어 법훈편 7)

5) 공부상에서 고려 사항

① "사람의 마음은 지극히 미묘하여 잡으면 있어지고 놓으면 없어지는 것"을 깊이 헤아리기
  - 형상이 없으면서 능히 행동과 삶을 주재해 가는 그 마음을 어떻게 포착하여 단련할 것인가를 연마하기
  - 유념의 공부심으로 멈추고, 반조하고, 닦고

② 마음의 고삐를 단단히 쥐고 자유 할 힘 기르기
  - 먼저 경계를 따라 분별해 버리고 (대상화 하고)
    또는 불쑥 행동해 버리고
    뒤에 "앗차! 생각과 행동이 앞서 버렸구나"하며 후회하는 마음을 내지 않기

③ 마음을 단속하는데 주력하다 보면 자칫 마음을 억누르고, 소극적인 성품으로 변할 수 있음을 유의하기
  - 법박法縛에 걸리지 않도록 조금 여유롭게, 서서히, 자연스럽게
  - 진공眞空으로 체體삼는 공부길 잡기

④ 같은 상황에서도 ─┬─ 그것이 경계로 성립되는 경우
　　　　　　　　　 └─ 그것이 경계 아닌 무사無事가 되는 경우
  - 경계로 성립되는 경우에는 경계에 끌리거나 사로잡히지 않도록, 경계를 알아차려 "공부할 때가 돌아왔구나!"하고 경계에 대처하여 끝까지 싸우는 정신을 놓지 않아야 함
  - 진공으로 체를 삼아 경계로 성립시키지 않고 묘유로써 자유자재로 활용 (아무 생각 없이 습관적 기계적으로 반응하는 것과는 구분)

⑤ 일상 수행의 요법을 수시로 외우니 때로 도리어 공염불 같이 입으로만 스쳐 지나가는 경우도 있음을 잊지 말기
  - 매너리즘에 빠지지 않도록 늘 온전한 마음으로 외우기

- 질의와 의견 제안

  [일상 수행의 요법]은 있는데 [일상 신앙의 요법]은 필요 없는가?
  - 「수행」의 의미는 '신앙'과 대비되는 개념이 아니라 신앙과 수행을 아울러 "닦고 행함"을 뜻함
  - 신앙의 부분이 약화된 점은 부인하기 어려운 면이 있으므로 일상 생활 속에서 신앙을 실천할 수 있는 신조를 개발해 가면 더 효과적일 듯

참고

- 일상성에 빠져 사는 삶을 [일상 수행의 요법]으로 새롭게 거듭나게 하는 것과 참고 되는 생각들 (실존實存의 문제를 중심으로)

1) 키에르 케고르
- 개별자를 보편 속에 해소해 버리는 헤겔의 주장에 반기
- 로고스(이성理性 logos, 객관적 정신)화 할 수 없는 파토스(정념情念 Pathos)적인 구체적이고 개별적인 인간 실존 파악
- "이것이냐 저것이냐"의 엄숙한 현실적 선택과 결단에 직면하고 있는 구체적 인간
- 그의 실존은 각자의 주체성을 수호하기 위하여 필사적으로 반항하는 고독자, 개별자, 단독자이다.
- 실존의 3단계
- 1단계 : 미적 실존(새로운 쾌락과 만족을 찾아 부동하고 방황하는 인간) 인간은 감성적이면서도 영성靈性을 구비한 까닭에 일상적으로는 영성의 부름을 피하고 쉴 새 없이 쾌락을 찾아 헤매다가 결국 쾌락의 노예가 되어 자기를 잃어버리고 만다.
- 2단계 : 윤리적 실존(도덕율과 양심 앞에 무력, 죄의식, 절망하는 개별자) 개별자로서의 자기가 어떻게 행동할 것인가의 반성. 엄숙한 양심의 입장으로서 의무를 자각하고 법칙적 보편성에 자기를 한정하는 것. 이러한 엄격한 반성에 의하여 진정한 자기, 영원한 자기를 선택하려는 것. 그러나 엄격한 도덕율 앞에서 스스로는 결국 죄에 빠져있다는 사실을 깨닫고 자기의 윤리적 무력에 직면, 절망에 빠진다.

> 참고

- 3단계 : 종교적 실존(성聖의 가치를 실현하는데 동참하는 개별자) 윤리적 실존에서의 좌절과 절망은 오히려 신神에로의 길을 열어줌. 이러한 비약을 과감하게 선택하고 나섬으로써 권태·불안·고독·절망·죄악 등을 극복하고 본연의 실존 획득
- ■ 3단계의 제 단계를 거쳐 상승·심화함으로써 진정한 실존에 도달함

※ 단독자 : 진실하게 존재하는 인간 (신神앞에 선 실존으로서 보편을 꿰뚫고 신神과 인격적으로 맞서서 스스로 자기의 본연本然한 생生을 결단, 자기 망실과 방심에서 벗어나 신과 직면해서 자기 생을 결단 선택할 수 있는 자각 존재 - 대중과 단절된 단독자로서만 가능)

2) 하이데거

① 현존재現存在의 구조 : 이미 거기에 내던져진 존재被投體로 동시에 이러한 과거적 양태로부터 자기를 해방하고 미래를 향해 자기 존재를 투기投企하는 존재 (자유 투기自由投企)

② 일반적 현존재는 주체성을 상실한 중성적 평균화된 세상 사람das Man으로 전락. 그 원인은 죽음의 불안에 대한 회피

③ 서양의 근대적 기술 문명 시대는 자기를 일체의 존재자의 중심에 놓고 자기의 주의主義에 따라 세계를 작성, 마침내 인간 자신마저 그의 의지적 주체성의 기술적 대상으로 변화시킴 (인간까지 물건으로 동원)

④ 그러므로 인간은 일체의 기획을 포기하고 순수한 수동의 입장에서 존재를 수용해야 한다. 실존이란 자기에서 탈출하여 존재의 빛Lichtung des Seins 속에 나서는 일, 탈존Exsistenz이다.

⑤ 현존재의 2가지 존재 방식과 귀환의 실현

- 비본래적非本來的 존재 방식 : 일상성에 매몰된 자기 상실적인 존재 방식 (풍설·호기심·잡담·애매성 속에 묻혀서 망아적 상태에 빠진 소위 세상 사람)
  - 비본래적 자아 -
- 본래적本來的 존재 방식 : 자기 상실의 상태에서 본래적 자아로 귀환
- 귀환의 실현 : 불안의 기분에 의해서 가능. (불안은 죽음의 무無에 대한 것) 어디서 와서 어디로 가는 지도 모르고 죽음이라는 종말로 던져졌다는 불안이 찾아들 때, 우리는 이 순간 세상의 대중성 속에서 자기를 망실할 수도 없으며, 일상적인

> 참고

관심의 대상과 교섭에 의해서도 위안 받을 수 없고, 일체의 세상적인 것에 대한 집착은 사라지며, 오직 일체의 세계 내의 존재자와 단절된 단독자로서 죽음과 홀로 대결. 양자 택일의 결단 촉구

■ 두 가지 타입의 결단
① 선구적 결단 : 일상성·평균화 된 대중성으로부터 해방된 자유로운 단독자로서 죽음의 불안과 대결, 양심을 스스로 선택, 실존의 본래적 가능성으로써의 죽음을 용감히 받아들여 본래적인 자아로 투기적인 귀환을 함
② 또는 이를 회피하여 퇴폐적 자아로 전락하고 맘

3) 마르셀
① '나'는 '타인'을 조건으로 그의 사랑과 상호 공존에 의해서만이 자기 존재의 충만과 완성에 도달할 수 있다. 그러므로 "나는 생각한다. 고로 존재한다."가 아니라 "우리는 존재한다."
② 나와 타인과의 존재 방식 두 가지
　㉠ 단순한 지식과 관찰의 대상
　㉡ 2인칭의 간주관적間主觀的인 실존의 세계 : 사랑에 의한 산 실존의 교통과 생명의 공감 등 '우리'의 세계
■ 공존재에 있어서 자기를 개방하는 것 : 생명적 교류와 공감

1. 일상 수행의 요법 1조 공부

- 제1조. 심지心地는 원래 요란함이 없건마는 경계를 따라 있어지나니 그 요란함을 없게 하는 것으로써 자성의 정自性定을 세우자.

1) 대의
- 수시로 외워 그 뜻을 새기고 마음에 대조하여, 일체 경계 속에서 자기 본래심을 여의지 않고 자유자재하며 요란함 없이 본분을 다 할 수 있는 수양력을 일상생활 속에서 양성하자.
- 일체 경계에 진공을 여의지 않는 수양력 단련으로, 일상생활 속에서 언제 어디서나 어떤 상황에서도 정신적 안정을 유지하기 위한 시대적 대안
  - 마음에 안정을 얻어서 모든 경계를 대할 때마다 심지에 요란함이 없는 해탈을 얻자는 것 (정전대의)

2) 심지心地
① 마음, 마음 바탕, 심전心田
② 원만구족하고 지공무사한 각자各自의 본래 마음 (자성自性)

3) 심지는 원래 요란함이 없건마는
① 마음 속 '요란함'의 실체가 없음을 알아차리고 이를 내려놓음
  - 스스로 일으키고(조작하고, 지어가고), 스스로 붙잡혀(붙잡고) 있는 마음 속의 '요란함'이 실은 허망한 사념 망상인 것을 깨달아서 문득 그 '요란함'으로부터 벗어나 평정심을 찾도록 하는 응급조치
  자성의 정定을 확립하기 위한 기초 단계로써 일단 요란함을 벗어 평정심을 유지하게 함 (대치공부)
② 원래 고요하고 두렷하여 분별성과 주착심이 없는 마음(진공묘유심)을 확인 (믿음 또는 깨우침을 통해)하고 확보하여 지속시켜 감 (자성반조공부)

4) 경계境界

　① 나와 구분되는 대상

　② 육근(감각, 인식기관)으로 지각하고 인식하는 대상

　　• 외적外的 대상 뿐 아니라 마음에서 일어나는 심리 작용도 경계가 됨

　■ 경계와 수행 단계

　① 피경避境단계　② 대경對境단계　③ 응경應境단계

　④ 초경超境단계　⑤ 활경活境단계

5) 경계를 따라 (요란함이) 있어지나니

(1) 육근六根(주主)이 육경六境(객客)을 대상화 하여 주객 대립主客對立의 상대적相對的 분별성分別性을 일으키므로 요란함이 있어진다. 육근六根이 육경六境을 상대하여 자신 안에 심연상心緣相을 조작함으로 허상의 세계가 형성되어 요란함, 어리석음, 그름이 생김

　① 육근六根이 무안이비설신의無眼耳鼻舌身意 하지 못하여 주견主見이 생기고 육경六境이 무색성향미촉법無色聲香味觸法 하지 못하여 객관客觀을 형성함으로써 안계眼界내지 의식계意識界를 형성하므로 (빈 마음으로 일체 경계를 상대하지 못하므로)

　② 마음이 상相에 가리고, 습관과 업력에 이끌려 곡발曲發하므로

　③ 탐·진·치 삼독심, 욕심, 비교 상대심, 분별 주착심, 선입견 등의 중생심으로 인해 인간의 영지가 경계를 대할 때 각자의 습관과 업력에 끌리어 종종의 망상(분별성과 주착심)을 일으키므로 요란함, 어리석음, 그름이 생김

(2) 경계가 있어도 능히 요란하지도, 어리석지도, 그르지도 않고 경계 자체가 성립되지 않는(경계를 대상화 하지 않는) 무사인無事人으로 살아갈 수도 있음

　① 경계를 따라 성품(자성)에서 순順하게 발하고, 정正하게 발하고, 가리

움을 받지 않고 발하고 (정산종사법어 원리편 10)

② 영지로 경계를 비추되 항상 자성을 회광 반조 하고 (정산종사법어 원리편 11)

③ 선악 미추와 자타 미오의 상相이 없는 자리에서 분별을 나툼 (정산종사법어 원리편 24)

- 허주가랑虛舟駕浪

6) 그 요란함을 없게 함

(1) 현대와 요란함

① 후천개벽 시대 대활동기를 살아가는 현대 사회는 그 요란함이 얼마나 많은가! 복잡 다단한 경계 속에서 많은 정신을 소모하고 분산시키면서도, 고도의 정신력을 집중해야 하고 물질문명의 강한 유혹 을 견뎌내야 한다.

② 만일 그 요란함을 그대로 방치한 체 살아간다면 순일한 정신을 잃게 되고 정신력이 고갈되며 집중력이 분산되어 통제력을 상실한 체 정신분열증, 불안, 초조, 번민, 신경 쇠약으로 고통 받을 것이요, 요란함 속에서 밝은 지혜를 잃고 온갖 오류를 범하게 될 것이다.

③ 갈수록 요란함은 증가하는데(요란하게 하는 경계도 많아지고 그 힘도 더 강해지고) 요란함을 없게 하는 환경은 갈수록 사라져간다.

④ 요란함 속에 묻혀 살다보니, 조용하면 오히려 견디기 힘들어서 스스로 요란함을 조성하기까지 한다.

⑤ 요란함을 스스로 대처하지 못하는 경우 종종 폭발하여 문제를 일으키거나 퇴폐적인 방편에 의지하여 일시적 위로와 안정을 얻으려 한다.

(2) '요란함 속에서 안정을 찾아 살아가는 것'을 이 시대의 중요한 과제로 인식해야 한다.

① 가급적 요란하게 하는 경계를 피하고
② 스스로 요란한 경계를 만들지도 말고
③ 요란함을 슬기롭게 대처하는 공부법을 익혀야 한다.

(3) 그 요란함
① 밖으로 외경外境
- 날로 강성해져가는 물질 세력
② 안으로 온갖 분별 망상
- 날로 약화되어 가는 마음의 통제력과 자제력

7) (그 요란함을) 없게하는 것으로써 자성의 정自性定을 세우자.

(1) 없게 하는 것
① '요란함'이 일어나지 않게 한다.
- '요란함'을 일으키는 경계를 멀리 한다. (피경)
- 텅 비어 온전한 생각으로 취사함으로써 요란함을 일으키지 않는다.
② '요란함'이 일어날 때 바로 알아차린다.
- 알아차리는 순간 '요란함'이 스스로 사라진다.
③ '요란함'을 대치 공부로 없앤다.
- 우선 멈추는 공부로 끊어서 가라앉힌다.
- 연구력으로 생각 있게 대처하여 해소한다.
- 유념과 주의심으로 챙기고 결단력으로 없앤다.
④ 자성의 정定으로 즉시 물리친다.
- 경계로부터 자유자재함

(2) 자성의 정 세우기
① 좌선·염불로 텅 빈 마음 기르기

② 입정入定 연습

③ 멈추는 연습

④ 안으로 청정심을 기르고 밖으로 부동심을 기르기

⑤ 빈 마음으로 한 마음 한 행동하는 연습
- 응무소주이생기심應無所住而生其心

⑥ 기도로 오롯함에 사무치기

⑦ 성리 연마로 진공眞空의 소식을 터득하기

■ 자성정自性定 세우는 방편을 여러 가지로 모색해 가자

흥미롭게 신나고 즐거운 마음으로 마음을 집중하여 번뇌를 끊고 마음 비우는 법을 익혀 가도록 공부법을 개발해가자.

어렵고 힘이 드는 방법으로는 일상생활 속에서 대중화하기가 쉽지 않다.

(3) 자성의 정을 세우는데 도움이 되는 공부

① 마음의 통제력 기르기
- 육근이 육경을 드나들 때 습관과 업력에 끌리지 않고 자유하는 힘
  ◦ 마음의 고삐를 유념과 단전에 매어두고 살피기
  ◦ 한 마음 일어날 때 일단 멈추어서 온전하게 챙기기
  　('욱'하고 일어나는 마음 통제하기)
  ◦ 그 일 그 일에서 일심 갖기
  ◦ 무관사에 부동하기

② 마음의 집중력 기르기
- 매사에 전일하는 힘
  ◦ 새어나가는 마음 막고 때우기
  ◦ 흩어진 마음 통일하기
  ◦ 일심 지속하기

③ 마음의 정화력 기르기
- 마음을 정화하고 감정을 순화하는 힘

- 때 묻은 마음을 닦고 텅 비우기
- 들뜬 마음을 가라앉히고 청정심을 솟게 하기
- 담담한 마음 길들이기

■ 심지가 요란하지 아니함을 따라 영단이 점점 커져서 대인의 근성을 갖추게 된다. (정산종사법어 권도편 30)
■ "참 도둑은 마음을 빼앗는 경계. 온전한 마음을 도둑맞으면 마음이 요란해 지므로 평소 도둑을 잘 지키고 빼앗긴 참 마음을 찾아 기르는 공부를 밤새도록 하였다."

2. 일상 수행의 요법 2조 공부
■ 제2조. 심지는 원래 어리석음이 없건마는 경계를 따라 있어지나니 그 어리석음을 없게 하는 것으로써 자성의 혜慧를 세우자.

1) 대의
■ 수시로 외워 그 뜻을 새기고 마음에 대조하여, 일체의 경계 속에서 사리 간에 막힘없이 밝게 아는 지혜력을 기르자.
■ 일체 경계에 자성의 혜광을 비추는 지혜력을 단련하여, 일상생활 속에서 언제 어디서나 어떤 상황에서도 이무애理無碍 사무애事無碍 하기 위한 시대적 대안
  • 마음을 밝혀서 모든 경계를 대할 때마다 심지에 어리석음이 없는 광명을 얻자는 것 (정전대의)

2) 심지는 원래 어리석음이 없건마는
① 마음속 '어리석음'의 실체가 없음을 알아차리고 이를 내려놓음
  • 스스로 일으키고 붙잡혀 있는 '어리석음'이 허망한 사념 망상임을

깨달아 문득 그 '어리석음'으로부터 벗어나 마음속 그림자를 지우는 **응급조치**

② 원래 공적영지의 광명이 원만구족·지공무사하게 갊아져 있는 마음을 확인(믿음 또는 깨우침으로) 하고 확보하여 지속시켜 감 (자성반조)

3) 경계를 따라 (어리석음) 있어지나니

■ **마음의 원리**

① 우리의 성품은 원래 청정하나 경계를 따라 가리움을 받으면 어두워지고, 참이 나타나면 밝아지고 - 지우智愚의 분기점 (정산종사법어 원리편 10)

② 중생은 영지가 경계를 대하매 습관과 업력에 끌리어 종종의 망상이 일어나고 부처는 영지로 경계를 비추되 항상 자성을 회광 반조하므로 그 영지가 외경에 쏠리지 아니하고 오직 청정한 혜광이 앞에 나타난다. (정산종사법어 원리편 11)

③ 연마(마탁)하지 않으면 빛이 나지 않는다. 오욕에 가리면 어두워진다.

4) 그 어리석음을 없게 함

(1) 현대와 어리석음

■ 후천개벽 시대에 날로 급변하는 세상에서 많은 일과 분주함 속에 살아가는 현대인에게 어리석음이 얼마나 많이 일어나겠는가?

■ **지식이 풍부해져 가는 시대 상황 속에서**

① 날로 전문화·첨단화 되어가는 시대에 새로운 지식을 다 섭렵하기 어렵고, 현실에 안주하거나 자신의 분야에만 매달려 새로운 변화에 따라가지 못하여 어리석어지고

② 복잡한 세상 많은 일을 진행하면서 정신력이 고갈되는 관계로 온전히 밝은 정신을 유지하지 못하여 어리석어지고

③ 이론 중심, 입시 위주 학습 등으로 현실적 경험이 부족하고 인간 학습 등이 소홀해져서 어리석어지고
④ 보편적 이성의 밝음 이면의 감성과 부조리함에 대한 이해가 부족하여 어리석어지고
⑤ 지나치게 밖으로 밝히는 생활을 하다 보니 안으로 자기 자신을 돌아보고 밝히는 여유, 관심, 힘이 부족하여 어리석어지고
⑥ 너무 영리하고 타산적이고 자기중심적이 되어 자신의 아는 것과 자기 계산으로 인해 도리어 어리석어진다.

(2) 날로 지식이 풍부해지고 밝아지는 듯하여도 다른 한편으로는 크게 어리석어져 가는 우리 자신을 직시하면서 '그 어리석음을 없게 하기'를 이 시대의 중요한 과제로 인식해야 한다.
① 자기 아는 것을 과신하거나 집착함을 놓고
② 언제 어디서나 겸손한 자세로 어리석음을 없게 하는 공부를 주도적, 창의적, 지성으로 할 것을 서원하며 살아가자

(3) 어리석음이 생겨나는 현상을 일깨우는 법문
① 오거시서는 다 배워 무엇하며 팔만 장경은 다 읽어 무엇하리요. 그대들은 삼가 많고 번거한 옛 경전들에 정신을 빼앗기지 말고, 마땅히 간단한 교리와 편리한 방법으로 부지런히 공부하여, 뛰어난 역량力量을 얻은 후에 저 옛 경전과 모든 학설을 참고로 … 십년의 독서보다 하루 아침의 참고가 더 나으리라. (수행품 22)
② 저 등잔불이 그 광명은 사면을 다 밝히는데 어찌하여 제 밑은 저 같이 어두운가? … 제가 저를 볼 때에는 항상 나라는 상相이 가운데 있어서 그 그림자가 지혜 광명을 덮으므로 그 시비를 제대로 알지 못하나이다. … 희·로·애·락에 편착하지 아니하며, 마음 가운데에 모든 상을 끊어 없애면 그 아는 것이 자타가 없겠나이다. (수행품 26)

③ 넓은 지견知見을 얻고자 하면 반드시 한 편에 집착執着하지 말라. … 선비는 유가의 습관에, 승려는 불가의 습관에, 그 외에 다른 종교나 사회의 사업가들은 또한 다 각각 자기의 아는 바와 하는 바에 편착하여, 시비이해를 널리 알지 못하고 다른 사람의 법을 취하여 쓸 줄 모르므로 원만한 사람을 이루지 못하나니라. … 정당한 주견을 세운 후에 다른 법을 널리 응용하라는 것 (수행품 27)

④ 지혜 어두워지는 두 조건
하나는 욕심에 끌려 구하므로 중도를 잃어서 어두워지고, 둘은 자기의 소질 있는 데에만 치우쳐 집착되므로 다른 데에는 어두워지는 것 (수행품 28)

⑤ 온전한 자성 광명을 지키지 못하고 산란하게 만들면 어두워져서 본래는 번뇌가 없는 자리이나 망연을 따라 홀연히 번뇌를 만든다. (숭산종사)

5) (그 어리석음을) 없게 하는 것으로써 자성의 혜自性慧를 세우자.

(1) 없게 하는 것

① '어리석음'이 일어나지 않게 한다.
- 미리 생각하고 연마하는 준비 공부를 한다.
- 텅 비어 온전한 생각으로 취사함으로써 어리석음을 일으키지 않는다.

② '그 어리석음'이 일어날 때 바로 알아차린다.
- 알아차리는 순간 '어리석음'이 스스로 사라진다.

③ '어리석음'을 대치공부로 없앤다.
- 우선 멈추는 공부로 한 번 더 생각을 궁굴리고 정리하여 어리석음을 없앤다.
- 연구력으로 밝고 빠르게 분석하고 판단하여 어리석음을 없앤다.

- 의견 교환·문답 감정으로 어리석음을 깨달아 밝은 생각을 낸다.
④ 자성의 혜慧로 즉시 물리친다.
- 영지로 경계를 비추되, 항상 자성을 회광 반조하여 그 영지가 외경에 쏠리지 않고 오직 청정한 혜광이 앞에 나타남
- 경계로부터 가리움을 받지 않음

(2) 자성의 혜 세우기
① 마음을 청정히 하여 심월心月이 솟게 함
② 마음을 마탁하여 자성 광명이 비치게 함
③ 일심 집중하여 무명無明을 타파하고 뚫어서 혜월慧月이 솟게 함
④ 성리 연마로 공적영지가 현전하게 함
⑤ 학업, 독서, 견문, 체험, 의견 교환, 문답 감정으로 지식 넓히기
⑥ 의두 연마로 문제 발견과 문제 해결 역량 기르기
⑦ 굳은 믿음과 간절한 기도로써 지혜와 영감 떠올리기

(3) 자성의 혜를 세우는데 도움이 되는 공부 (사리 연구법, 삼학 병진법 참조)
① 마음 맑히기 (자성정自性定 세우기)
② 마음 바루기 (자성계自性戒 세우기)
③ 마음 찾는 공부에 대한 관심과 열정 갖기
④ 의심건을 발견하여 끊임없이 궁굴리고 끝없이 밀고 나아가기
⑤ 화두 일념으로 일상생활하기
⑥ 밖으로 두루 지식, 경험, 견문 넓히기
⑦ 창의적으로 궁구하기
⑧ 동지 스승과 의견 교환, 문답 감정하기

- 동정 간 연구력 얻는 빠른 법 (수행품 2)
- 심지心地가 어리석지 아니함에 따라 지혜의 광명이 점점 나타나서 대인大人의 총명을 얻음 (정산종사법어 권도편 30)

- 일과 이치를 연구하여 허위와 사실을 분석하며 시비와 이해를 바르게 판단함 (수신의 요법)
- 그 판단 하나가 얼마나 중요한가! 특히 지도인일수록 창의적 생각 하나가 얼마나 위력을 발휘하는가! 세상을 바꾼다.

3. 일상 수행의 요법 3조 공부
- 제3조. 심지는 원래 그름이 없건마는 경계를 따라 있어지나니 그 그름을 없게 하는 것으로써 자성의 계戒를 세우자.

1) 대의
- 수시로 외워 그 뜻을 새기고 마음에 대조하여, 일체의 경계 속에서 원만구족하고 지공무사한 자성을 육근에 응용할 수 있는 취사력을 단련하자.
- 일체 경계에 자성의 조화력을 나투는 취사 역량을 단련하여, 일상생활 속 언제 어디서나 어떤 상황에서도 정의로운 심신 작용을 원만히 하기 위한 시대적 대안
  - 매사에 중도를 잡아서 모든 경계를 대할 때마다 심지에 그름이 없는 정행正行을 하자는 것 (정전대의)

2) 심지는 원래 그름이 없건마는
① 마음 속 '그름'의 실체가 없음을 알아차리고 이를 내려놓음 (대치공부)
② 본래 마음은 그름이 없다할 것도 없는 지선至善의 원만구족하고 지공무사한 경지임을 확인하고 확보하여 지속시켜 감 (반조공부)
- 일원一圓은 선악 업보가 끊어진 자리. 선악을 초월한 자리를 지선이라 함 (성리품 3)
- 성품이 정한 즉 선도 없고 악도 없다. (성리품 2)
  - 고자告子의 무선무악설無善無惡說과는 다름

- 성품은 청정 (정산종사법어 원리편 10)
- 본성은 원래 선악 염정이 없다. (정산종사법어 원리편 11)

3) 경계를 따라 (그름이) 있어지나니

(1) 마음의 원리
① 성품이 동한 즉 능선 능악 (성리품 2)
- 양자揚子의 소위 본성 가운데 선천적으로 선善과 악惡의 종자가 힘장되어 있다는 선악혼론善惡混論과는 다름

② 경계 따라 성품에서
- 순順발하면 선善
- 역逆발하면 악惡
- 정正발하면 정正
- 곡曲발하면 사邪 (정산종사법어 원리편 10)

③ 소소 영령한 영지가 경계를 대하여
- 습관과 업력에 끌리면 망상이 일어남 (중생)
- 회광 반조하면 혜광이 나타남 (부처) (정산종사법어 원리편 11)

④ 본연 그대로
- 직양直養·직발直發하면 선
- 과발過發·편발偏發하면 악 (숭산종사)

⑤ 무선 무악한 자성에 합일 된 생활을 못하고 선악에 대한 분별 사량 계교로써 행위가 되어질 때 선과 악이 생긴다. (좌산종사)

(2) 그름이 일어나는 현상
① 방심하는 가운데 악한 경계에 흐르고 나쁜 습관에 끌리면 그르게 된다. (수행품 30, 32)
② 기질과 성격이 원만하지 못하여 그르게 된다. (수행품 31)
③ 중도를 잡지 못하면 그르고, 대중심 없으면 그르게 된다. (수행품 33, 34)

④ 사邪한 마음이 있으면 그르게 된다. 분수 지키지 못하고 자기중심으로 취사하면 그르친다. 욕심으로 취사하면 그르친다. (수행품 35, 36)
⑤ 자기에 만족하여 위가 없으면 그르치기 쉽다. (수행품 38)
⑥ 한 마음이 선하면 모든 선이 이에 따라 일어나고, 한 마음이 악하면 모든 악이 이에 따라 일어난다. (요훈품 3)

4) 그 그름을 없게 함

(1) 현대와 그름
- 후천개벽 시대 날로 급변하는 세상에서 많은 일, 분주한 생활, 곳곳에 산재한 위험 요인, 물질문명의 강성한 세력 속에 살아가는 현대인에게 그름이 얼마나 많이 일어나고, 그 결과가 얼마나 엄청난 것인가?
- 이성의 성장과 풍부한 지식, 다양한 교육과 기능 습득으로 뛰어난 역량을 갖출 수 있는 반면에
  ① 날로 커가는 인간의 욕망과 끝없는 소유욕으로 인하여 그름이 생기고
  ② 날로 강성해가는 물질 세력의 유혹과 이끌림에 노예가 되어 그름이 생기고
  ③ 복잡하고 바쁜 생활 속에서 여유롭고 지혜로운 심신작용을 할 수 있는 정신력이 부족하여 그름이 생기고
  ④ 적실한 판단과 이를 결단하고 정의롭게 실천할 수 있는 의지와 역량이 부족하여 그름이 생기고

(2) 수많은 경계 속에서 그름을 저지르며 살아가는 자신을 직시하여 '그 그름을 없게 하기'를 이 시대의 중요한 과제로 인식해야 한다.
  ① 욕망과 생각의 단촉함으로 인한 육근 작용을 벗어나고
  ② 언제 어디서나 어떤 경계 속에서도 흔들림 없는 마음으로 밝은 판단과 정의로운 실천이 이루어질 수 있도록 육근 작용을 단련해 가자.

5) (그 그름을) 없게 하는 것으로써 자성의 계自性戒를 세우자.

(1) 없게 하는 것
① '그름'이 일어나지 않게 한다.
- 취사하기 전에 응용의 형세를 보아 준비한다.
- 텅 비어 온전한 생각으로 취사함으로써 그름을 일으키지 않는다.

② '그름'이 일어날 때 즉시 알아차린다.
- 알아차리는 순간 '그름'이 스스로 바루어진다.

③ '그름'을 대치 공부로 없앤다.
- 멈추고 다시 온전한 생각을 하여 원만한 취사로 바룬다.
- 유념과 주의심으로 바룬다.
- 서원, 신심, 공부심으로 생각을 새롭게 하여 '그름'을 없앤다.
- 조행으로 바룬다.
- 정의관正義觀과 정의감으로 바룬다.

④ 자성의 계戒로 '그름'을 즉시 물리친다.
- 경계를 활용 자재함

(2) 자성의 계 세우기
① 선악이 구공한 지선至善자리 연마
- 선악의 분별심을 놓고 업장 타파하기

② 육근에 「○」 봉안하여 원만구족하고 지공무사하게 육근을 길들이기

③ 정의관 확립하기

④ 계문 공부·주의 조행 연습하기

⑤ 기도로써 실천의지를 강화하는 확호한 심력心力 얻기

(3) 자성의 계 세우는데 도움이 되는 공부
① 마음 맑히기 (여유로움 유지하기, 마음속의 화를 가라앉히기)

② 마음 밝히기 (밝은 지혜로 상황 판단을 정확히)
③ 정의正義에 대한 학습
④ 결단력과 용맹한 실행력 기르기
⑤ 유무념 대조 공부, 주의 조행 공부
⑥ 성격 개조와 감정의 조절 (중도中道에 맞게)
⑦ 경외심, 겸양의 태도 기르기
⑧ 위하는 심법으로 유익 주는 생활하기
⑨ 인과因果의 이치를 믿고 끝까지 불공하기
⑩ 분수에 편안하기

- **경계를 당하여 취사하는 대중** : 자신의 서원, 스승의 가르치는 본의, 당시의 상황 (수행품 33)
- **취사 공부에서 주의사항** : 미루는 것, 스스로 반성 없이 남의 허물만 들추는 것, 인과 이치 망각 (각산종사)
- 심지가 그르지 아니함에 따라 정의의 실천력이 점점 충장하여 대인의 복덕을 갖추게 된다. (정산종사법어 권도편 30)
- "결점이 많다는 것은 나쁜 것이지만, 그것을 인정하지 않는 것은 더 나쁜 것"
- "강한 사람이란 자기를 억누를 수 있는 사람과 적을 벗으로 바꿀 수 있는 사람이다."

> **참고**
>
> ## 생활 속에서 삼대력 양성하기
>
> - 천정千定·만정·억만정·무량정
>   천각千覺·만각·억만각·무량각 ┐ 끊임없이 정진精進 하여
>   천행千行·만행·억만행·무량행 ┘ 온전한 생각으로 취사
>
> - **대수양**大修養
> ① 절대 안정
> ② 절대 흥분하지 말라. (거북이는 흥분하지 않으므로 장수한다.)
> ③ 매일 만보 이상 선보禪步
>
> - **대연구**大硏究
> ① 심사 묵조深思默照로써 바른 지각知覺을 얻자.
> ② 성현 경전聖賢經典을 일과로써 독서하자.
> ③ 심사 심우心師心友로 서로 의견 교환하여 진리 단련하자.
>
> - **대취사**大取捨
> ① 그른 일은 죽기로써 끊고 옳은 일은 죽기로써 하자.
> ② 매사에 당초부터 신경 쓸 일은 절대로 금하자.
> ③ 일생 중 정당한 목표와 계획을 세워 1년, 10년, 30년 대적공 실천하자.
>   (대산종사)

4. 일상 수행의 요법 4조 공부

■ 제4조. 신信과 분忿과 의疑와 성誠으로써 불신不信과 탐욕貪慾과 나懶와 우愚를 제거하자.

1) 대의

■ 수시로 외워 그 뜻을 새기고 마음에 대조하여, 공부와 생활을 향상시키고

나아가 성공을 가져오는 믿음 분발 의문 정성으로써, 공부와 생활을 퇴보시키고 결국 실패를 가져오게 하는 불신 탐욕 나 우를 제거하자.
- 신 분 의 성으로 정진하여 불신 탐욕 나 우를 제거하자. (정전대의)

■ 나는 건강하게 살아가나? 병들어 살아가나?

나는 진급하는가? 강급의 길로 나아가는가?

나는 자율적 주체적으로 살아가나? 일상성에 빠져 살아가나?
- 진단의 척도가 신 분 의 성·불신 탐욕 나와 우

■ 진행 사조進行四條는 각성하여 챙기면 생긴다. (진급의 길, 불보살의 모습)

■ 사연 사조捨捐四條는 습관과 업력에 끌리고 몸이 저절로 향하여 생긴다. (강급의 길, 중생의 마음 상태와 생활 자세, 병든 모습)

■ 신과 분과 의와 성을 운전함에 따라 불신과 탐욕과 나와 우가 소멸되어 대도의 성공을 볼 수 있다. (정산종사법어 권도편 30)

2) 신信

(1) 신이란?

■ 믿음을 이름이니 만사를 이루려 할 때에 마음을 정定하는 원동력

① 마음을 결정하는 원동력 : 결단하고 부동不動하는 힘을 제공

② 마음을 지속시키고 강화해 가는 원동력 : 흔들림 없이 진행하고 더욱 간절하게 심화해 가는 힘 제공

③ 신앙과 수행과 봉공심의 뿌리를 굳게 내리는 원동력 : 공부와 사업의 터전을 무한히 넓고 두텁게 해가는 힘 제공, 공부와 사업간 무한 에너지를 공급받게 됨

■ 신은 법을 담는 그릇 : 믿는 만큼 받게 됨 (전신전수全信全受, 전탈전여全奪全與)

■ 정법에 신信을 심는 것은 옥토에 뿌리를 박는 것 (대산종사)
- 뿌리가 뻗는 만큼 줄기와 가지가 무성함

- 사람 간에 믿음이 있어야 함께 더불어 살아갈 터전이 생기며, 진리를 믿어야 진리를 모시고 살아갈 원력이 생긴다.

(2) 정신正信의 확립

① 진리에 대한 믿음
② 교법에 대한 믿음
③ 스승의 가르침에 대한 믿음
④ 자기自己, 자성自性에 대한 믿음
⑤ 회상, 교단에 대한 믿음
⑥ 인간, 세상에 대한 믿음

- 삼학 수행으로 부처될 수 있고
  사은 보은으로 복전 개척 할 수 있고
  스승님 가르침으로 성불제중·제생의세 할 수 있고
  세상 불공으로 평등 세계 평화 세계 건설 할 수 있고
  회상을 통해 함께 서원 성취 할 수 있고
  - 성불제중 제생의세하고
    일원 세계 건설에 확고한 신념 세움
- 이성적 판단, 많은 경험, 상식, 지식, 타인의 견해, 교법과 스승의 가르침, 동지의 의견, 묵상과 기도, 깨달음, 신념 등을 종합하여 믿음 세움
- 정신正信 : 진리를 바르게 믿는 것正法正信
  미신迷信 : 진리를 어긋나게 믿는 것

- 정신正信 ┬ 자력신 ┐ 병진竝進 ┬ 전신전수 ┐ 대신근大信根
           └ 타력신 ┘   └ 전탈전여 ┘
                                              (교리실천도해)

3) 분忿

(1) 분이란?
- 용장한 전진심을 이름이니, 만사를 이루려 할 때에 권면하고 촉진하는 원동력
  ① 마음을 일으켜 세워 활력을 불어 넣고 불퇴전으로 나아가게 하는 원동력
    • '할 수 있다', '더 잘 할 수 있다'는 용기와 에너지를 제공
  ② 공부와 사업을 지고至高의 경지로 나아가게 하는 원동력
    • 자만하거나 조급증에 빠지지 않고 무등등한 경지로 향해가는 힘 제공
- 현실적 타협과 만족, 정체 현상의 지속, 좌절 등에서 벗어날 수 있다.

(2) 정분正忿의 확립
  ① 미래 지향적인 마음가짐 : 진리, 세상, 자신에 대한 믿음으로 뚜렷한 목표(서원)를 갖고 미래에 대한 희망과 설렘으로 자신감 속에 나아가는 긍정적이고 진취적인 마음과 생활 태도(습관) 정립
  ② 끝까지 매달리는 불굴의 의지 : 중도에 좌절하거나 포기하지 않고 다시 일어서는 오뚝이 같은 열정을 품음. 실패를 두려워하지 않는 용기와 성취에 대한 열망, 성공에 대한 확신
  ③ 끊임없는 창조 정신과 개척 의지 : 한계를 극복하고 새로움으로 나아가는 도전, 현실에 자만하지 않고 향상하려는 의지, 창의적 발상의 시도
- 마땅한 바이니 '죽기로써' 분심을 일으키고
  좋으니 '즐겁게' 하려는 분심이 나고
  날마다 새로우니 더불어 '새로이' 분심을 내고
- 붓다의 유성 출가 : 진리를 깨닫지 못하면 돌아오지 않는다.
- 정분正忿 : 정당한 법으로 용맹 전진하는 마음
  객분客忿 : 철없이 날뛰는 혈기血氣의 용勇 (교리실천도해)

4) 의疑

(1) 의란?

- 일과 이치에 모르는 것을 발견하여 알고자 함을 이름이니, 만사를 이루려 할 때에 모르는 것을 알아내는 원동력
  ① 의심건을 발견하는 원동력
  ② 의심건을 궁굴리며 견뎌가는 원동력
  ③ 의심건을 해결하는 원동력
  ④ 마음을 일깨우는 원동력 (깨어있는 삶)
  ⑤ 마음을 집중시키고 심화深化시키는 원동력
  ⑥ 까닭 있는 생활로 나아가게 하는 원동력

(2) 정의正疑의 확립

① 견성성불의 서원을 확고히 함
  - 서원을 이루기 위해 "장차 어찌할꼬?"하는 마음이 의심을 일으킴
② 화두, 성리 단련 : 만법 귀일 등 화두 연마
③ 그 일 그 일에 관심을 집중하여 까닭 있게 생활함
④ 창의적 관점으로 문제 접근하여 의심을 일으킴
⑤ 묻고 의심 내는 습관 길들이기
⑥ 의견 교환, 문답 감정, 토론 문화 풍토 조성
⑦ 의심건을 오래오래 궁굴리기
⑧ 자기의 무지無知 자각
⑨ 생각하는 습관 길들이기

- **정의正疑** : 사리 간에 바른 의심을 일으키는 것
  - 대의단大疑團 (대각의 열쇠)

    사의邪疑 : 정당한 일을 믿지 아니하고 저울질 하는 것 (교리실천도해)
- "사람을 의심하면 지옥을 부르고 진리를 의심하면 깨달음을 얻는다."

5) 성誠

(1) 성이란
- 간단없는 마음을 이름이니, 만사를 이루려 할 때에 그 목적을 달하게 하는 원동력
  ① 큰 신信으로 한번 정定함이 변치 않고 시종始終이 한결같은 마음 (수양연구요론)
  ② 큰 원願을 세우고 오롯이 최선을 다하여 끝내 그 원을 이루어내는 마음
  ③ 능이성 유상能以成有常 하고 능이성 무상能以成無常 하는 마음
    • "성誠은 천天의 도道, 성지誠之는 인人의 도"
  ④ 무한생성無限生成의 원동력

(2) 정성正誠의 확립
  ① 큰 원을 세우고 희망과 설렘으로 이루어가기
  ② 사람으로 태어나 정법正法회상을 만난 소중한 기회 자각하기
  ③ 욕속심과 방심을 놓고 평상심으로 꾸준히 나아가기
  ④ 정성正誠의 소중함 깨닫기
  ⑤ 주체적 자각적 창조적인 생활 태도 정립하기
  ⑥ 기도하는 마음, 불공하는 마음, 선禪닦는 마음으로 일관하기
  ⑦ 천지8도天地八道를 믿고 우러러 닮아가기
- **정성正誠 : 정당한 일에 바치는 한결같은 정성精誠**
  • 대정성大精誠 (성공의 어머니)
    우성愚誠 : 그른 일에 역리逆理로 바치는 정성 (교리실천도해)
- **"천재란 노력을 계속할 수 있는 재능이다."**

6) 불신不信

(1) 일상적인 불신
- 신信의 반대로 믿지 아니함을 이름이니, 만사를 이루려 할 때에 결정을 하지 못하게 하는 것
- 정당한 일을 믿지 아니하여 결정을 얻지 못하는 것
  - 불신은 성공의 길을 막는 장애 (교리실천도해)

(2) 불신 제거하기
① 정신正信의 확립
② 주견主見, 아상我相, 아견我見 놓기
③ 선입견, 욕심, 피해 의식 벗어나기
④ 중근병, 호의 불신증 고치기
⑤ 우유부단하고 풍문에 쉽게 휩쓸리는 마음의 중심 잡기
⑥ 심사心師 심우心友와 함께하기
- 신信 있고 지智 없으면 우치해지고, 지智 있고 신信 없으면 가벼워진다.

7) 탐욕貪慾

(1) 일상적인 탐욕
- 모든 일을 상도에 벗어나서 과히 취함
- 모든 일에 안분하지 못하고 끝없는 욕심을 내는 것
  - 탐욕은 모든 죄악의 씨 (교리실천도해)

(2) 탐욕 제거하기
① 욕심을 큰 서원으로 키우기
② 분수에 편안한 마음, 무심無心 양성하기 (탐·진·치 삼독심三毒心 정화)

③ 위하는 심법으로 베푸는 생활하기
④ 멈추는 힘 기르기
⑤ 인과의 이치 통달하기
- "나에게는 한 보배가 있다. 금옥金玉은 세상의 보배요, 나는 불탐不貪함이 보배다."
- 사자를 잡으러 나선 포수는 토끼를 보고 총을 쏘지 않는다. (수행품 6)

8) 나懶

(1) 일상적인 나
- 만사를 이루려 할 때에 하기 싫어함
- 모든 일을 뒤로 미루고 하기 싫어하는 것
  - 살고도 죽은 송장 (교리실천도해)

(2) 나 제거하기
① 최령한 인간으로 태어나 대도 정법 회상을 만난 소중한 기회를 각성하기
② 일상성에 빠진 생활에서 벗어날 수 있는 대참회와 새 생활의 대결단
③ 미루는 마음, 적당히 쉽게 살려는 안이한 생활 태도 고치기
④ 노력 없이 대가를 바라는 요행심과 허망한 꿈에서 깨어나기
⑤ 습관적인 의뢰심의 타성에서 벗어나기
- "길이 가깝다 해도 가지 않으면 도착하지 못하고, 일이 작다 해도 행하지 않으면 성취되지 않는다."
- 나옹懶翁 : 분별 식심과 무관사에는 게으르고 본래 면목本來面目을 찾는데는 부지런했음

9) 우愚

(1) 일상적인 우
- 대소유무와 시비이해를 전연 알지 못하고 자행자지함
- 진리를 모르고 자행자지 하는 것
  - 진리에 어두운 마음의 소경 (교리실천도해)

(2) 우 제거하기
① 자신의 무지無知함 자각하기
② 자기의 견해와 아는 것에 대한 집착 벗어나기
③ 의심건 찾아 궁굴리기
④ 스승, 동지와 더불어 배우고 의견 교환하기
⑤ 불생불멸과 인과보응의 이치를 믿고 깨우치기
⑥ 자신을 더 알고 인간을 더 알고 세상을 더 알고 시대와 상황을 더 알기
⑦ 치심을 놓고 언제 어디서나 누구에게나 두루 배우기
- "우자愚者가 일생을 현자賢者에게 붙어 지내지만 그 진리를 깨닫지 못함은 마치 수저가 그 국물 맛을 모름과 같다."
- 어리석은 사람은… (요훈품 9, 17, 19, 21, 22, 27…)

5. 일상 수행의 요법 5조 공부
- 제5조. 원망 생활을 감사 생활로 돌리자.

1) 대의
- 수시로 외워 그 뜻을 새기고 마음에 대조하여, 개인과 사회가 병이 드는 주요 원인인 원망 생활을 청산하고 사은의 지중한 은혜를 발견하여 감사 보은 생활로 위력을 입고, 나아가 세상에 널리 은혜를 베풀어서, 개인적으

로는 보은 감사 생활을 하고 사회적으로는 정의情誼가 넘치는 세상을 만들어 가자는 것 (나는 복 받고, 세상은 구제되고)
- 사은의 지중한 은혜를 발견하여 보은 감사 생활을 하자는 것 (정전 대의)

2) 일상적인 원망 생활의 원인
① 자기가 성취할 수 있는 것보다 훨씬 더 많이 바라고 욕망한다는 것을 깨닫지 못할 때
- 끝없이 갈구하는 본능적 욕구를 자제하지 못하는 경우
  실존적 상황은 유한하고, 도덕적 의지와 본능 사이에는 적절한 균형을 이루기가 쉽지 않으므로 이에 따라 원망과 고통이 일어남
- 인과보응의 이치에 어둡거나 망각하는 경우

② 일체유심조一切唯心造 되는 이치를 모르거나 망각하고 원망과 고통의 원인을 자신에게서 찾지 않는 경우
- 자신의 부족과 불만과 고통의 원인이 자기 아닌 대상으로부터 연유한다는 어리석음으로 인해 원망과 고통이 일어남

③ 아상我相, 아집我執, 자기중심적 생활, 상대심으로 살아갈 때
- 자기 뜻대로 이루어지지 못하는 경우
- 자기의 주의 주장이 인정받지 못하는 경우
- 자신보다 우월한 상대가 있을 경우

④ 자력 양성이 잘 이루어지지 못했을 때

⑤ 일상성에 빠져 한 마음 챙기지 못하고 경계에 흔들려 실수하고 고통당할 때

⑥ 사은의 은혜를 망각하고 범사에 감사하지 못할 때

3) 원망 생활을 감사 생활로 전환하기
① 자신의 소중한 생명이 사은의 은혜 속에 살아가고 있음을 깊이 헤아리기

- 살아갈 수 있는 힘이 어디로부터 오는가를 깊이 생각해보면 문득 헤아릴 수 없는 은혜를 발견하게 된다.

  우주에는 생생 약동하는 한 기운 생기生氣가 충만하여 은현자재 하는 가운데 천지·부모·동포·법률을 통하여 만 생명을 화육시켜 간다. 이를 아는 사람은 소중한 은혜로 감사하고, 모르는 사람은 당연한 자연의 조화로 여긴다.

■ **감사 생활은 세상의 당연한 것들과 평범한 일들을 고맙게 여기는 철든 마음으로부터 시작한다.**

② 인과의 이치를 자각하고 매사에 미래 지향적으로 끝까지 불공하기
- 원망을 참고 안분하는데 그치는 것이 아니라 그 속에서 은혜가 나올 수 있도록 불공하는 것이다. (은생어해恩生於害)
- 불공하는 이에게는 하찮은 것에 소홀하지 않고 귀찮다고 버리지 않으며 더 이상 어찌할 수 없다고 포기하지 않는다.
- 현대의 물질문명을 선용하느냐 악용하느냐에 따라 인류의 미래 운명이 좌우되는데, 물질 세력을 자유할 힘은 삼대력과 불공력이다.
- "사람에 버릴 사람이 없고 물건에 버릴 물건이 없다."

■ **생활 속에서 크고 작은 고통과 원망을 그 자체로 흘려보내지 않고 매 순간 온 정성으로 고통을 감내하며, 진리의 은혜가 어디에나 무엇에나 두루 깊이 있다는 확고한 믿음을 가지고 고통의 의미를 깊이 새기며 지성으로 공을 들여 숨은 불성을 일깨워 개척해 갈 때 놀라운 반전의 감사 생활이 이루어지게 된다.**

③ 자신의 추구하는 바(자기 이상, 꿈)와 살아가는 현실 생활 간의 괴리(간격)를 줄이고 일치시켜 가기
- 자신의 하는 일이 스스로의 이상과 보람에 직결될 때 감사 생활이 가능하다.
- 공허감과 원망이 자리할 틈이 생기지 않도록 서원에 맞고 신나고 살 맞나는 그 일을 찾아 정성을 다 하자.

- 이상과 현실 사이의 괴리(틈)로 원망의 바람이 들어온다.

④ 힘 미치는 대로 세상에 은혜 심기
- 심어야 거두는 것이 인과의 당연한 이치이므로 세상 구석구석에 두루 은혜의 종자를 뿌려야 한다.

⑤ 은혜로운 세상 만들기에 적극 동참하기
- 더불어 살기 좋은 세상을 만드는데 주도적으로 참여하여 누구나 은혜로운 세상을 피부로 느낄 수 있도록 시민 의식을 발휘하자. (사요四要의 실천)

- 1) 지혜智慧로 돌리고 2) 진리眞理로 돌리고 3) 실천으로 돌리자. (한울안 한이치)

- 고苦 속에서 낙樂 장만하기 (안빈 낙도)
- 1) 이원보원以怨報怨의 단계
  2) 이진보원以眞報怨의 단계
  3) 이덕보원以德報怨의 단계

- 원망 생활을 감사 생활로 돌림에 따라 숙세에 맺었던 원수가 점점 풀어지고 동시에 복덕이 유여해짐 (정산종사법어 권도편 30)

6. 일상 수행의 요법 6조 공부
- 제6조. 타력 생활을 자력 생활로 돌리자.

1) 대의
- 수시로 외워 그 뜻을 새기고 마음에 대조하여, 일상생활 속에서 자력과 타력을 병진하되 부당한 의뢰 생활을 버리고 자력을 본위로 하자는 것
  - 인도상人道上의 요법을 실천할 수 있는 자력 양성
  - 자력을 양성하여 인권 평등人權平等이 되게 하자는 것 (정전대의)

2) 일상적인 타력 생활의 원인
① 소극적 성격과 안이한 태도, 게으른 생활 습관
② 자신에 대한 신뢰감 결여, 자력 양성의 용기와 정성의 부족
③ 각성하지 못한 의뢰의 심리 : 자기가 능히 할 일을 남에게 미루고 자기는 편히 지내자는 것, 죄와 복이 자기에게 근원해서 자타력이 병진하는 이치를 알지 못하고 한갓 이치 없는 타력의 믿음에 미혹함 (정산종사법어 경의편 11)
④ 물질문명의 편리함에 과도히 의지함

3) 타력 생활을 자력 생활로 전환하기
① 타력 생활은 자신에게 주어진 무한의 잠재력을 사장시킴으로써 무능하고 무용한 인간으로 전락하는 결과를 초래하며, 세상에 큰 빚을 지는 생활을 면치 못함을 각성하기
② 정신의 자주력自主力, 육신의 자활력自活力, 경제의 자립력自立力을 갖춤
  - 정신의 자주력自主力 양성하기 : 삼대력三大力 불공력佛供力
  - 육신의 자활력自活力 양성하기 : 육근의 법력과 활력
  - 경제의 자립력自立力 양성하기 : 시대가 필요로 하는 직업과 근면 성실

■ 자력 양성의 대지
① 생활 방면 : 자력을 본위로 사람의 의무와 책임 이행
② 정신 방면 : 자력 신앙을 근본하여 모든 신앙을 자기가 주인 되어 믿음
③ 공부 방면 : 자기가 주인 되어 수행함
④ 사업 방면 : 자기가 주인 되어 자타력을 병진하되 자력을 근본으로 실행하자는 것 (정산종사법어 경의편 10)

■ 자력 양성의 의의
  - 사람으로서는 누구나 고루 교육을 받고 직업(경제)을 갖도록 서로

권장하되, 남녀 간에 자력이 부족한 사람은 무슨 방법으로든지 먼저 교육을 받으며 직업(경제)을 가져서 가정·사회·국가·세계에 의무와 책임을 같이 이행하여 가는 자주력을 세워 놓아야 권리가 동일해져서 자연 인권 평등이 될 것이다. (정전대의)

■ **자력 양성의 필요**
① 자력을 양성하여야 남녀 차별과 인권 차별이 없어지고 인권 평등이 될 것이다.
② 자력은 인격人格이요 권리權利요 행복幸福이요 건설建設이요 건강健康이다.
③ 자신이 할 수 있는 일을 남에게 미루면 그 힘과 복福이 그 사람에게 옮겨간다.
④ 의뢰심은 나의 보패寶貝를 사장死藏한다.
⑤ 도인과 위인과 문명인 일수록 자력을 소중히 여긴다.
⑥ 전 인류가 정신의 자주력과 육신의 자활력과 경제의 자립력을 갖춘 후라야 완전무결한 평등 세계가 될 것이다.
  • 오늘은 내 힘으로 살았는가, 빚을 지고 살았는가를 대조하여 수지를 맞춰 예축하며 살자. (정전대의)

■ "제자들아! 너희는 각자 스스로를 등불로 하고 스스로를 의뢰하자. 사람이나 법法에 의뢰해서는 안 된다."
■ "힘없고 이름만 있는 한국. 그렇다. 힘이다. 힘을 기르자. 먼저 힘을 길러야 한다. 우리의 믿고 바랄 바는 오직 우리의 힘이외다. 독립이란 본뜻이 내가 내 힘을 얻고 내가 내 힘을 의지해 사는 것을 말함이오."
■ 타력 생활을 자력 생활로 돌림에 따라 숙세에 쌓였던 빚이 점점 갚아지고 동시에 복록이 저축된다. (정산종사법어 권도편 30)

4) 자력 생활에서 유의점
① 배타적·독선적 자력 생활을 지양하고, 타력도 자력 삼는 자타력 병진의 길로 나아가자.
② 자력이 갖춰지면 언제나 인권 평등이 이루어지는 것이 아니다. 그 사회가 자력을 참다운 실력으로 인정해 주고 마음껏 자력을 발휘할 수 있는 사회 기반 구축과 사회 정의가 살아 있을 때 가능하다. 그러므로 자력 양성과 함께 풍요롭고 정의로운 사회가 되도록 합심 합력해 가야 한다. 아울러 그 시대가 필요로 하는 자력을 양성하는 것이다.

7. 일상 수행의 요법 7조 공부
■ 제7조. 배울 줄 모르는 사람을 잘 배우는 사람으로 돌리자.

1) 대의
■ 수시로 외워 그 뜻을 새기고 마음에 대조하여, 누구나 배움의 필요성을 자각하고 배움의 여건과 기회를 조성하는데 합력하여 모두가 잘 배우는 사회를 만들어 가자는 것
• 모르는 것을 배워서 지식 평등이 되게 하자는 것 (정전대의)

2) 일상적인 배울 줄 모르는 생활
① 스스로 아는 것에 만족하여 자만에 빠지고 아상에 가려 살거나 스스로 업신여겨 자포자기함으로써 배움의 필요성을 망각한 채 자기 주견이나 체념 속에 살아가므로
② 배우고자 하나 무엇을 어떻게 배워야 할지를 몰라 헤매고, 배우되 잘못된 배움에 빠지거나, 배움의 길에 나서되 정성과 취미를 잃고 억지로 끌려가므로
③ 가정 형편이나 사회적 여건 등으로 배움의 기회를 만나지 못해서

- 배움에 문제가 있는 개인 : 자신의 잠재 능력을 원만히 개발하지 못하므로 현명하고 유능한 인간이 되지 못하여, 사람으로서 마땅히 밟아야 할 인도 상의 요법을 실천하기 어렵고 결국 강급의 길을 면치 못함
- 배움에 문제가 있는 사회 : 올바른 가치관이 서지 못하고 혼란과 사회악이 증가하며, 무지함과 교활함이 혼재한 채 부당한 권위가 지배하는 암흑 세상이 되어 문명의 퇴보를 초래함

3) 잘 배우는 생활로 전환하기
① 배움의 소중한 의미를 깨달아 배움에 대한 열정으로 충만하기
② '무엇을 배울 것인가?'를 현명하게 선택함 : 자기 인생의 목표를 이루어감에 있어 꼭 배워야 할 것이 빠지지 않도록 스스로 잘 챙기고, 스승 동지의 지도와 의견을 두루 참조함. 불필요한 분야에 한 눈을 팔아 시간을 빼앗기지 않도록 주의함 (선택과 집중)
③ '어떻게 배울 것인가?' 배움의 태도를 효율적으로 정립함 : 마음을 비우고 겸허한 심경으로 부지런히 배우고 생각 있게 배우고 실행에 대조하며 배움

4) 배움의 방법
① 지자智者를 선도자로 삼아 스승으로 모시고 바르고 체계적인 지도를 받으며 배움 (각자의 전공 분야, 솔성의 도와 인사의 덕행, 모든 정사政事, 생활에 대한 지식, 학문과 기술, 기타 상식 등에서 지자를 참 스승으로 모심)
② 까닭 있는 공부심으로 언제 어디서나 의심건을 발견하여 묻고, 연마하고, 의견 교환하고, 경험하며 우주의 산 경전과 마음 경전으로부터 배움 (적극적이고 주도적이고 창의적인 공부 자세)

5) 참다운 배움이 이루어지는 세상을 만들기
   ① 가정, 학교, 사회가 참 교육 도량 되도록 합심 합력하기
   ② 교육기관을 널리 설치하고 장학 사업을 적극 장려하기

   - 〔솔성 요론〕에서 배움 강조 : 2, 3, 4, 5, 8조
   - 퇴계退溪 - 배움의 자세
     대개 의리지학義理之學은 정밀하고 미묘한 극치여서 심흉心胸을 크게 갖고 안목을 높이 세워, 결코 먼저 어떤 일설一說로써 주장主張을 삼지 말고 마음을 텅 비우고 기운을 화평하게 가져 그 뜻의 근본 취지를 서서히 원만하게 관찰하여 동일同一한 속에서도 서로 다른 점이 있는 것을 알고, 다른 속에 나아가서도 서로 같은 점이 있는 것을 살펴서 분리해 둘을 만들어도 그것이 일찍이 분리할 수 없는 것임을 저해하지 않고 합쳐서 하나로 만들어도 진실로 서로 섞이지 않는데 돌아가야만 그제야 두루두루 빠짐없이 다 깨달음이 되어 편벽됨이 없을 것이다.
   - "삼인행필유아사언三人行必有我師焉"
   - "젊었을 때 열심히 배우지 않으면 늙어서 후회한다."
   - "인간은 교육을 통하지 않고는 인간이 될 수 없는 유일한 존재다."
   - "아버지로부터 생명을 받았으나, 스승으로부터는 생명을 보람 있게 하기를 배웠다."

6) 함께 생각하기
   - 배움이 늘어가는 세상인데 더욱 비인간적이고 비도덕적인 사회 문제가 일어나는 이유는 무엇인가?
   ① 도학과 과학이 병진하지 못하므로
   ② 자본주의 사회의 병폐
   ③ 가정 교육, 사회 교육의 부재와 입시 위주의 학교 교육

8. 일상 수행의 요법 8조 공부

■ 제8조. 가르칠 줄 모르는 사람을 잘 가르치는 사람으로 돌리자.

1) 대의

■ 수시로 외워 그 뜻을 새기고 마음에 대조하여, 자기 자신을 잘 가르치고 가족을 잘 가르치고 나아가 자타의 국한을 벗어나 세상을 두루 잘 가르치는 사회를 만들자는 것

- 아는 것을 가르쳐서 교육 평등을 이루자는 것 (정전대의)

2) 일상적으로 가르칠 줄 모르는 생활

① 무자각과 무관심으로 가르치지 않음
② 성의 없는 가르침이나 잘못된 가르침
③ 지나친 관심과 집착으로 그릇 인도함
④ 자타의 국한을 벗어나지 못함
⑤ 무지함

■ 오늘날 한국 사회의 높은 교육열과 함께 드러나는 심각한 교육의 병폐들 : 자타의 국집, 타인에 대한 무관심, 가정 교육의 실종, 인성 교육의 부재, 진학과 취업 위주의 학교 교육, 교육자의 사명감 결여, 사회 교육의 붕괴, 지나친 사교육비 지출, 교육을 통한 신분의 대물림 등

3) 잘 가르치는 생활로 전환하기

① 남을 가르치기 전에 먼저 자기가 자기를 끊임없이 잘 가르치기
- 공부심으로 법도 있는 생활 (솔성요론 8)

② 가정 교육이 살아나고 세상에 참 스승이 계시는 풍토 조성
- 공부하는 가정, 공도자 숭배하는 사회

③ 자타의 국한을 벗어나 두루 가르치기 : 서로 없어서는 살 수 없는 소중한 은혜 부처님에게 감사 보은하는 불공의 심경으로 특히 소외 계층의

교육에 관심을 더 기울이고 사랑을 담아 힘껏 가르침을 베풀기
- 잘 가르치는 성의 : 관심과 사랑, 제생의세의 원력, 여래의 호념
- 잘 가르칠 수 있는 실력 : 학식, 인격, 사명감, 지도력, 재력財力

④ 대상과 경우에 따라 맞춤형 가르침 실시
- 심교心敎, 행교行敎, 언교言敎, 엄교嚴敎 등

⑤ 과학과 도학을 아울러 가르침
- 과학 교육을 통한 지식과 기능 연마는 물론 도학 교육을 통해 인간, 생명, 우주, 진리에 눈을 뜨게 함

⑥ 힘 미치는 대로 장학 후원

⑦ 가르침이 자연스럽고 보람 있게 진행될 수 있는 사회 풍토 조성
- 가르치려다 봉변을 당한 경험을 해보았는가?

- **세상에 제도받기 어려운 사람 : 마음에 어른이 없는 사람**
- **"아기에게는 비평보다 몸소 실천해 보이는 모범이 필요하다."**
- **"부드러운 말로 상대를 설득하지 못하는 사람은 위엄 있는 말로도 설득하지 못한다."**
- **"사랑이란 서로 마주보는 것이 아니라 함께 같은 방향을 바라보는 것이다."**
- **정전〔최초법어 - 4. 지도인으로서 준비할 요법〕실천**

4) 함께 생각하기

① 사교육비를 줄여가는 방안?
② 교육을 통한 신분과 부富의 대물림 현상을 극복할 방안?
③ '어른'의 가르침이 살아 있는 가정과 사회를 조성하는 방안?

9. 일상 수행의 요법 9조 공부

- 제9조. 공익심 없는 사람을 공익심 있는 사람으로 돌리자.

1) 대의

- 수시로 외워 그 뜻을 새기고 마음으로 대조하여, 이기주의나 극단적인 개인주의의 생활 태도를 버리고 세상과 자신의 상호 유기적 관계를 자각하여 공도주의에 입각한 자리이타自利利他 또는 이타利他의 정신으로 두루 잘 사는 생활 태도를 갖자는 것
  - 공도주의를 실현하여 생활 평등이 되게 하자는 것 (정전대의)
- 〔일상 수행의 요법〕의 결론이요 결실

2) 일상적인 공익심 없는 생활

① 자기중심적 생활 태도, 이기심, 타인을 자기 이익 추구의 수단화
② 타인과 세상에 대한 무관심
③ 지나친 생존 경쟁, 세상에 대한 피해 의식
④ 공익심 없는 세상 풍토, 공도의 가치가 떨어진 사회
⑤ 소수의 이익을 위해 다수를 희생시키는 사회 또는 다수의 이익을 위해 소수를 희생시키고 무시하는 사회

3) 공익심 있는 생활로 전환

(1) 의식의 혁명, 제도의 혁신, 정의로운 사회 풍토 조성

① 모든 존재는 사은의 공물公物임을 자각하기 (연기緣起의 원리)
② 만유가 한 체성임을 깨닫기 (삼동 윤리三同倫理)
③ 이기심과 자기중심적 생활 태도는 결국 자신의 손해로 돌아오고 공익심이라야 모두 잘 살 수 있음을 깨닫기 (만유가 공동 운명체)
④ 사회, 국가, 세상에 대한 피해 의식을 불식시킬 수 있는 신뢰와 정의의

사회 건설하기

⑤ 열린 마음으로 세상의 주인 의식 갖기 (시방 일가十方一家, 대아大我 구현)

⑥ 공도자를 숭배하는 사회 풍토 조성하기

(2) 공익심 실현하기

① 최소한 세상에 피해를 주지 말 것
  • 자기 의무와 책임 완수, 자기 직분과 직업에 대한 소명 의식
② 이기심을 극복하고 위하는 삶의 자세 확립
③ 준법 정신, 타인 배려, 약자(소외 계층)보호
④ 공물 보호, 공도 우선, 감사 보은 불공
⑤ 더불어 함께 잘 사는 세상을 만드는 주인공으로서 시민 의식 발휘
  • 타인에 대한 관심과 사랑
⑥ 스스로 공도에 헌신하거나, 공도 헌신자를 적극 후원하기

- 공익심이 커 갈수록 '나', '내 것', '내 살림'의 범위가 늘어난다.
- 「○」을 각覺하면 시방 삼계十方三界가 다 오가吾家의 소유인 줄을 알며
- 위공반자성爲公反自成
- 공익심 있는 생활을 하면 세세 생생에 항상 위덕이 무궁하리라. (정산종사 법어 권도편 30)

4) 함께 생각하기

- 참다운 공익심, 공익 정신, 공익 생활에 대한 깊은 성찰과 바른 가치관 확립이 필요하다.
① 부분 공심과 전체 공심의 우선순위 정하기
② 공심 대 공심의 갈등과 대립의 조정력 갖추기
③ 상황 따라(따른) 공심의 기준 세우기

④ 상相 없는 공심 발현하기
⑤ 공심을 독점하지 않는 심법 익히기

10. 의견 제안과 대안

1) [일상 수행의 요법]으로 교법을 요약한 의미를 더 살려가려면?
   - 내가 그대들에게 일상 수행의 요법을 조석으로 외게 하는 것은 그 글만 외라는 것이 아니요, 그 뜻을 새겨서 마음에 대조하라는 것이니, 대체로는 날로 한 번씩 대조하고 세밀히는 경계를 대할 때마다 잘 살피라는 것이라. …
   - … 대조하고 또 대조하며 챙기고 또 챙겨서 필경은 챙기지 아니 하여도 저절로 되어지는 경지에 도달하라 함 … (수행품 1)

   ■ **일상생활 속에서**
   ① 조석으로 외우고, 그 뜻을 새겨서 마음에 대조함
   ② 대체로는 하루에 한 번 씩 대조하고, 세밀히는 경계마다 잘 살핌
   ③ 그렇게 하기 위해서는
   [일상 수행의 요법] 한 조항 한 조항이
   ─ 간단하고
   ─ 쉽게 이해되고
   ─ 긴 여운으로 사무쳐야

2) [일상 수행의 요법]의 조항 구성에서 삼학은 3개 조항, 사요는 4개 조항인데 사은은 왜 1개 조항으로 되어 있는가?
   ① 상대적으로 신앙 분야가 약화되는 결과를 초래하지 않을까?
   ② 제목부터가 [일상 '수행'의 요법]이다.

■ 의견
① 일상 신행信行의 요법, 일상 공부의 요법, 일상 실천(실행)의 요법 등으로 명칭을 변경했으면 함
② 일상 수행의 요법과 일상 신앙의 요법으로 분리했으면 함
③ 사은에 해당하는 조항을 늘렸으면 함

3) 〔일상 수행의 요법〕 내용의 구성상 일관성 유지 문제
■ 1~3조의 구성처럼 성품의 원리+현상+공부 표준으로 4~9조를 바꾸든지
■ 4~9조의 구성처럼 현상+공부 표준으로 1~3조를 단순화 하든지 하면 어떨까?
■ 만약 1~3조는 공부의 요도이고 5~9조는 인생의 요도이어서 내용의 구성을 달리하였다면 그 제목을 '일상 수행'이 아닌 〔일상 실천(실행)의 요법〕으로 해야 하지 않을까 함

4) 1~3조의 내용이 일반적으로 일상생활에서 이해하고 챙기는 표준으로서는 너무 어렵지 않은가?
① 심지는 원래 요란함이 없고, 어리석음이 없고, 그름이 없다 함을 일반 대중이 얼마나 이해할 수 있을까?
② 자성의 정, 혜, 계를 세우는 공부를 누구나 쉽게 일상생활에서 표준잡고 실천해갈 수 있을까?
■ 예) 기독교의 신조 : 항상 기뻐하라. 쉬지 말고 기도하라. 범사에 감사하라.

5) 〔일상 수행의 요법〕 속에는 인생의 요도 사은 사요를 포함시켜 평상시에도 수행하도록 하였는데, 〔상시 훈련법 - 상시 응용 주의 사항, 교당 내왕시 주의 사항〕 〔정기 훈련법〕에는 인생의 요도 사은 사요가 누락된 이유?
① 보경육대요령의 훈련법이 그 전제가 [공부의 요도 정기 훈련의 과목]

[공부 요도 상시 훈련의 과목]으로 되어있고 그 내용이 그대로 현 정전에까지 계승되고 있다. 따라서 현 정전에는 [훈련법]에 인생의 요도 사은 사요가 포함되지 않은 것임

② 그런데 원기20년대에 이르러 [일상 수행의 요법]의 전신인 [본회의 목적]이나 [본회의 강령]을 통해서는 인생의 요도를 수행의 분야로 포함시켰음

③ 그러므로 양대 요도의 교리 체계를 신앙문과 수행문으로 바꾼 현 정전의 교리 체제에서는 인생의 요도 사은 사요를 [정기·상시 훈련법]에 포함 시켜야 교리 전체의 흐름과 맞게 될 것임

6) [일상 수행의 요법]에 대한 이상의 의견들을 종합하여 그 대안을 세운다면?

시안-1

[일상 수행의 요법]과 [일상 신앙의 요법]으로 분리할 경우

1) 일상 수행의 요법
   ① 요란함을 제거하고(없애고) 일심을 기르자.
   ② 어리석음을 제거하고(없애고) 지혜를 밝히자.
   ③ 그름을 제거하고(없애고) 정의를 실행하자.
   ④ 믿음 분발 의문 정성으로 정진하자.

2) 일상 신앙의 요법
   ① 원망 생활을 감사 생활로 돌리자.
   ② 타력생활을 자력 생활로 돌리자.
   ③ 배울 줄 모르는 사람을 잘 배우는 사람으로 돌리자.
   ④ 가르칠 줄 모르는 사람을 잘 가르치는 사람으로 돌리자.
   ⑤ 공익심 없는 사람을 공익심 있는 사람으로 돌리자.

- 회보 44호 본회의 목적, 회보 52호, 불법연구회 근행법(원기24년) 본회의 교강에서는 「공부의 요도 삼강령 팔조목」과 「인생의 요도 사은 사요」가 분리되어 있음

시안-2

하나로 합할 경우 –
〔일상 신행의 요법〕 또는 〔일상 공부의 요법〕

① 망념을 제거하고 일심을 양성하자.
② 온전한 생각으로 취사하자.
③ 믿음 분발 의문 정성으로 정진하자.
④ 지성으로 기도하자.
⑤ 매사에 감사하자.
⑥ 잘 배우고 잘 가르치자.
⑦ 자력을 양성하여 보은 봉공하자.

시안-3

제목을 변경할 경우

- 〔일상 수행의 요법〕의 내용을 그대로 두고 그 제목을 〔일상 실천(실행)의 요법〕으로 변경함

제2장 정기 훈련과 상시 훈련
定期 訓練　　常時 訓練

1) 대의
   - 심신을 교법으로 질박아 단련하여 교법 실천의 역량을 기르고 나아가 교법의 생활화와 체질화를 이루어가는 공부법으로 〔정기 훈련법〕과 〔상시 훈련법〕이 있다.
   - 〔정기 훈련법〕은 공부인에게 일정한 기간을 정하여 전문적으로 교법의 훈련을 받게 하기 위한 법이고 〔상시 훈련법〕은 일상생활 속에서 교법을 훈련시키기 위한 법이다.

2) 교법 형성
   ① 원기2년 : 3순일旬日로 예회 실시
      (성계명시독誠誡明示讀 일기법日記法으로 훈련)
   ② 원기10년 3월 : 훈련법 제정
      - 5월 6일 하선 결제 - 8월 6일 해제
      - 11월 6일 동선 결제 - 다음해 2월 6일 해제
   ③ 보경육대요령에 훈련 과목 명시 (원기17년)

   - 성계명시독
     • 이 책은 전해지지 않으나 불법 연구회 창건사에 그 내용이 요약
     • 3순일로 집회하여 성계명시독이라는 책을 두고 10일 동안 지낸 마음을 조사, 신성 진퇴와 행실 선부善否를 대조하게 함
     • 조사법은 청靑·홍紅·흑黑 3색으로 구분하여 신성이 제일가는 자는 청점, 그 다음이 홍점, 흑점 순으로 이름 밑에 표시

- 정기 훈련 과목의 일부 변경 : 보경육대요령 교리도의 훈련 과목 중 '수시 설교'가 '상시 일기'로

3) 훈련의 필요성
   ① 인간은 훈련을 통해서만 참다운 심신 작용의 변화가 가능하고 불보살의 인품으로 거듭날 수 있다.
   ② 후천개벽 시대가 열려갈수록 훈련으로 정신력을 기르고 심신을 단련시켜야 물질문명의 거센 파도 속에서 노예 생활을 벗어나 낙원으로 향해 나아갈 수 있다.
   ③ 훈련으로 익히고 단련해야 교법의 원리와 실천 방법을 확실히 터득하여 생활 속에서 교법을 빛낼 수 있다.
   ④ 지행합일知行合一의 종교인, 세상에 유익 주는 수도인, 성불제중의 대활불인은 오직 훈련을 통해서만 배출될 수 있다.
   - 도道는 알고 모르는데 있지 않다.
   - 빛 좋은 납 도끼가 아닌 실생활에 쓸모 있는 도끼 만들기

4) 원불교 훈련법의 특징
   ① 사실적 도덕의 훈련
   ② 삼학 병진의 원만한 단련과 사은 보은행의 단련
   ③ 동정 간 정기·상시로 간단없이 실시
   ④ 심신心身간 생활을 아울러 단련
   ⑤ 자타율自他律을 병진
   ⑥ 더불어 그리고 각자 훈련을 병행

5) 원불교 훈련의 원리
   ① 일원상의 진리를 기본 원리로 하여 신앙과 수행의 양방면으로 단련함
   ② 정기 훈련과 상시 훈련을 통해 기본 원리와 방법을 터득하는 전문 공

부와 생활 속에서 응용력을 기르는 훈련을 연계하여 진행함
③ 챙기고 주의함으로써 습관과 업력을 극복하고 언제 어디서나 공부심을 놓지 않게 함
④ 끊임없이 반복 단련함으로써 실천의 강도와 밀도를 높여 감
⑤ 사전에 대비(준비)하고 사후에 반조(점검)하여 물 샐 틈 없이 진행해 감

6) 정기 훈련과 상시 훈련의 관계
① 정기 훈련은 생업生業을 떠나 전문적으로 훈련
수양·연구를 주체로 상시 공부의 기본을 익히고 자료를 준비함
② 상시 훈련은 생업에 종사하면서 일상생활 속에서 훈련
작업 취사를 주체로 교법을 닦으며 정기 공부의 자료 준비
③ 관계 : 서로 바탕이 되고 도움을 줌
- 정기는 상시 훈련의 원리 터득, 기본 익힘, 비축된 적공의 힘 제공
- 상시는 정기 훈련을 잘 할 수 있는 공부 거리, 문제의식, 경제 여건 등을 제공

7) 「훈련법」 실천에 대한 반성
■ 정산종사 : '… 이법으로 부처되는 길만은 확실히 자신하였으니 …'
- 출가 교도 입장에서도
'이렇게 원만하고 완벽한 교법인데, 누구나 쉽게 생활 속에서 닦을 수 있고 또 닦아야 하는 대법인데 …'
- 그러나 재가 교도들 가운데는
'나도 출가하여 오직 이 공부 이 사업 할 수 있다면 한번 멋지게 해 보겠는데, 살림살이 현실의 사는 것에 매이다보니 …'
■ 왜 이런 교도들이 생기게 되는가?
출가 교도의 처지에서도 얼마나 훈련법으로 일관하고, 훈련법으로 득력하고 있는가?

(1) 훈련법을 얼마나 성실히 제대로 실천해 오고 있는가?

　① 진정으로 훈련법의 필요성을 절감하는가?

　② 훈련법으로 변화가 되어감을 실감하는가?

　■ 출가 교도의 훈련 태도는 곧 재가 교도의 거울. 출가 교도가 본보기다. 얼마나 기쁘게 훈련에 임하는가?

　■ '마음 편하려고 교당 찾는데 여기서도 공부하고 훈련해야 하는가?' 이에 대한 해답을 출가 교도의 평소 훈련하는 모습으로 보여주어야 할 것이다.

(2) 훈련의 방법은 얼마나 적절한가?

　① 훈련법이 아무리 우수하다 하여도 누구나 즐겨 찾아 행하지 않는다면 무슨 소용이 있을까?

　② 좋으니까 억지로라도 해야 한다고 권하기보다 세상이 원불교의 훈련법에 매력을 느끼고 감동적으로 다가올 수 있는 새로운 창의적 방법을 끊임없이 모색해 가자.

　　┌ 훈련 프로그램 개발
　　├ 훈련 장소·숙소 등의 환경 개선
　　└ 훈련 요원 양성

　　• 스마트폰 전쟁 : 어느 제품이 소비자의 마음을 더 설레게 하고 사로잡느냐의 경쟁

(3) 정기 훈련과 상시 훈련의 연계는 상호 보완적인가?

　① 상시 훈련을 통해 단련한 것이 자료가 되어 정기 훈련을 맞춤형으로 진행하고, 정기 훈련을 통해 익힌 바를 기초하여 상시 훈련을 향상 시키도록 상호 연계가 되는가?

　② 형식적 매너리즘에 빠진 상시 훈련이나 의무감으로 때워가는 식의 정기 훈련이 되지 않도록 훈련에 임하는 자세를 늘 새롭게 하자.

　■ 평소 통원 치료 ⇄ 전문 입원 치료

• 환자 개인 맞춤형 치료 프로그램 운용하듯 훈련 대상자를 관리해야

8) 함께 생각하기

(1) 현실 상황이 갈수록 정기 훈련을 장기간 실시하기 어렵게 전개 되므로 과거 6개월씩 나눠 실시하던 훈련법에 변화가 불가피하지 않은가?
- ■ 시대의 상황과 공부인의 형편이나 목적에 따라 다양하게 구분하여 훈련을 실시할 수밖에 없을 것
  - ① 하루를 통해서도 상시와 정기로 나누어 실시하는 방안
  - ② 일주일에도 주중과 주말로 나누어 실시하는 방안
  - ③ 반 년半年또는 일 년 단위로 휴가를 이용하여 실시하는 방안
  - ④ 공부인의 훈련 목적과 근기 등을 고려하여 훈련 과목과 과정과 강도를 조절하는 방안
  - ⑤ 훈련원에 따라 각기 특성을 살려 전문 분야를 중점적으로 훈련하는 방안
- ■ 교도의 의무 훈련이 의무가 아니라 설레는 마음으로 스스로 훈련에 임하여 기쁘게 보람을 찾는 훈련이 되도록 훈련 프로그램을 부단히 개발해 가야 할 것
  - • 훈련의 기간과 과목과 방법과 내용과 훈련 자세 등 전반적인 검토와 개선이 요구되는 시점임

(2) 수행 위주의 훈련에서 신앙 훈련을 병행하는 방향으로 훈련 과정을 보완해야 하지 않을까?
- ■ 정기 훈련 과목에도 신앙 훈련을 포함해야 할 것이고
- ■ 상시 훈련법에도 신앙 훈련이 포함되어야 할 것임

제1절 정기 훈련법 定期訓練法

1. 대의
- 공부인에게 정기定期로 법의 훈련을 받게 하기 위하여 정기 훈련 과목을 정하고, 각 과목의 훈련하는 내용과 목적을 간략하게 밝힘
- 수양·연구를 주체삼아 공부의 기본을 훈련함으로써 상시 훈련의 표준과 보완 자료를 준비하는 훈련법

2. 정기 훈련의 자세
① 원리 원칙의 준수 : 기본 원리·취지·방법을 밝게 이해하고 바르게 본받고 원만하게 익히기
  - 각자의 평소 공부 표준과 자세를 내려놓고 훈련법대로 익힘
  - 기본기에 충실해야 대성大成할 수 있음
② 체질화 될 때까지 반복적으로 익힘 : 습관과 업력의 세력을 능가할 수 있는 힘을 배양하기
③ 틀에 묶되 결국 틀로부터 자유할 힘의 배양 : 훈련의 형식적 굴레 속에서 단련하되, 획일적 타율적 형식적으로 나아가지 않고 자력적 자율적 창의적으로 성숙 시키고 개인의 개성을 개발해가는 훈련이 되도록 주도적인 자세로 임하기
  - 규율에 자발적으로 순응하는 훈련
④ 상시 훈련의 기본을 익히고 강화함 : 지난 상시 훈련을 평가하여 부족한 부분을 집중 연마하고, 앞으로의 상시 훈련 기본 역량을 강화하기

3. 정기 훈련 과목

1) **염불**
   ① 우리의 지정한 주문呪文을 연하여 부르게 함
   ② 천지 만엽으로 흩어진 정신을 주문 한 귀에 집주하되 천념 만념을 오직 일념으로 만들기 위함
   ③ 효과 : 산란한 외경 다스리기, 일심 집중, 분별 세계로부터 해탈, 자성 극락(정토극락) 귀의
      - 비교적 쉽고 효과가 빠른 공부법
   ④ 훈련 고려 요소
      - 자세·기운·음성의 안정성 유지하기
      - 정신 집중의 밀도 심화하기
      - 무위의 심경 지속하기
      - 신앙성을 아울러서 효과 높이기
   ■ **성주聖呪·영주靈呪는 뜻을 해석하는 것이 아니라 거기에 마음을 주住하여 일심으로 독송함으로써 심력心力과 위력偉力을 얻는 것 (한울안 한이치)**
      - 각자의 마음을 집주하는데 유용한 주문을 활용해 보자.

2) **좌선**
   ① 자세를 바르게 하고 앉아서 기운과 마음을 단전丹田에 주住하되 한 생각이라는 주착도 없이 함
   ② 기운을 바르게 하고 마음을 지키되 오직 원적무별圓寂無別한 진경에 그쳐 있도록 하여 사람의 순연한 근본 정신을 양성하기 위함
   ③ 효과
      - 신앙과 수행의 기본 자세 확립
        신앙과 수행의 기본 마음 바탕 확보
        신앙과 수행의 기본 에너지 확충

- 자성의 혜광이 나타남

  착심이 없어지고 사심이 정심으로 변함

  극락 수용, 생사 해탈 자유

④ 훈련 고려 요소
- 몸 고르기 : 편안하고 자연스럽게, 허리를 반듯이 세우기
- 숨 고르기 : 단전호흡으로 깊숙이, 편안하고 자연스럽게
- 기운 고르기 : 온 몸의 기운(특히 머리와 어깨)을 단전에 '툭' 부리기

  단전을 중심으로 온 몸의 기운이 상통하여 순환하기
- 마음 고르기 : 단전에 주하되 주한 바 없이 하기

  적적성성 성성적적을 표준하여

  고요한 가운데 초롱초롱함 유지하기

■ **좌선은 다양한 선법禪法의 기본**

3) 경전

① 우리의 지정 교서와 참고 경전 등을 공부함
② 공부인으로 하여금 그 공부하는 방향로를 알게 하기 위함
③ 효과
- 바르고 원만한 공부길 찾기
- 스승님의 본의와 경륜 이해
- 혜두 단련
- 창조적 지성 함양

④ 훈련 고려 요소
- 산 경전으로 모시기 : 살아 계시는 스승님의 가르침으로 배움
- 많이 읽고 쓰고 외우기 : 온 심신에 젖도록 집중함
- 정확하게 해석하기 : 남을 가르친다는 심경으로 이해함
- 일원상의 진리, 개교 동기, 불법 혁신, 통합 활용의 기본 이념 세우기

- 경전의 뜻을 더욱 깊게 궁굴리기 : 다 안다고 만족하지 말고 더 연마하기
- 의심 거리 발견하여 해결하기
- 실천으로 증득하기
- 창조적으로 재해석하고 응용 방안 모색하기 : 시대와 상황과 대상에 맞는 경전 해석과 응용

4) 강연

① 사리 간에 어떠한 문제를 정하고 그 의지를 해석시킴
② 공부인으로 하여금 대중의 앞에서 격格을 갖추어 그 지견을 교환하며 혜두慧頭를 단련시키기 위함
③ 효과
- 이지적으로 의지를 해석하는 역량을 키우는 혜두 단련
- 격을 갖추어 이해시키는 설득력 양성
- 지견 교환
④ 훈련 고려 요소
- 주제의 선정과 핵심 파악하기 : 적절하고 흥미로운 주제 선정과 그 핵심 파악 역량 기르기
- 내용 구성하기 : 도입(동기 부여)과 전개, 결론 맺는 능력 기르기
- 발표하기 : 설득력, 대중과 공감하는 역량 기르기
- 격格을 갖춘 태도 : 교화자·성직자·지도자다운 언행과 자세 익힘

5) 회화

① 각자의 보고 들은 가운데 스스로 느낀 바를 자유로이 말하게 함
② 공부인에게 구속 없이 활발하게 의견을 교환하며 혜두를 단련시키기 위함

③ 효과
- 서로서로 지혜를 나누고 마탁하여 새로운 지혜를 깨닫는 계기 마련
- 함께 더불어 민주 시민으로 살아가는 능력 함양 : 교류·교감·소통·설득·합의·동참 (민주적 리더쉽 익힘)

④ 훈련 고려 요소
- 까닭 있는 생활
    - 생각 있게 살고
    - 의심건 갖고 살고
    - 공부심으로 살고
    - 봉공하며 살고
    - 세상을 사랑하고 관심 갖고 살기
- 잘 듣는 태도
    - 마음을 열고
    - 상대를 존중하고
    - 본의를 이해하고
    - 상대방의 관심사에 공감하고
    - 격의 없이 소통하며 반응하고
    - 소중하게 잘 들어주고
    - 서로서로 감사하기
- 여유롭게 표현하기
    - 적극적이고 진실된 참여 자세
    - 온화한 표정과 화평한 기운 유지하기
    - 빈 마음으로 여유롭게 말하기
    - 이해하기 쉬운 말투와 표준말 쓰기
    - 설득력 있는 전개
    - 타인에 대한 비방·평가 삼가기

6) 의두

① 대소유무의 이치와 시비이해의 일이며 과거 불조의 화두 중에서 의심 나는 제목을 연구하여 감정을 얻게 하는 공부

② 연구의 깊은 경지를 밟는 공부인에게 사리 간 명확한 분석력을 얻도록 함

■ **효과는 「성리」와 함께 설명**

③ 훈련 고려 요소
- 문제의식 갖기
  - 진리에 대한 궁금함, 일상적인 것에 호기심
  - 성불제중·제생의세의 원력에 사무침
- 의심건 찾기와 의심건 궁굴리기
  - 언제 어디서나 의심건 발견
  - 오래오래 의심건 밀고 나가기
- 대종사님은 7세시 떠다니는 '구름'을 의심하였다.
- 효과적인 연마법으로 궁구하기
  - 억지로 하지 않고 호기심 속에 재미있고 골똘히
  - 이론적으로 분석하고 실천으로 확인
- 문제 해결 역량 기르기 : 의심건의 해답을 찾기보다 문제를 풀어가는 역량을 기르기
- 감정 받기 : 스승·동지와 문답·토론, 과거의 주의 주장 참조
- 미래 지향적인 사고력 키움 : 깨친 바에 머물거나 만족하지 않고 날마다 늘 진리를 향해 좇아 새롭게 나아가기 (늘 새로운 생각, 문제의식, 안목, 깨침)

7) 성리
　① 우주만유의 본래 이치와 우리의 자성 원리를 해결하여 알고자 함
　② 공부인에게 견성을 하여 자성 광명을 회복하도록 하기 위함
- 성리의 체體 (법신불 친견, 처처불상 친견)와
　성리의 용用 (인과의 법칙, 사사불공)에 통달
- 견성하려는 것은 부처를 이루는데 목적이 있다. 만일 견성만 하고 성불하는데 공을 들이지 아니한다면 보기 좋은 납도끼와 같아서 별 소용이 없다. (성리품 7)
- 돌아오는 세상에는 견성만으로는 도인이라 할 수 없을 것이며, 거개의 수도인들이 견성만은 일찍이 가정에서 쉽게 마치고 성불을 하기 위하여 큰 스승을 찾아다니며 공을 들이리라. (성리품 23)
- 성리는 모든 법의 조종이 되고 모든 이치의 바탕이다. (성리품 9)
- 정산종사 견성 5계단 공부 : 결국 하나로 돌아가는 이치를 깨닫고, 마침내 하나 그것도 넘어선 실상에 계합하여 세상을 위해 대기 대용하는 역량을 갖춤
- 대산종사의 성리를 표준한 생활
　• 청정 무애한 자성을 관하여 늘 멈추고 키워서 대원정력 양성
　• 원만 통달한 자성을 관하여 늘 생각을 하고 연마하여 대반야지 증득
　• 미묘 자재한 자성을 관하여 경계하고 반성하여 대중도행 실천
- 대산종사의 견성 3단 공부
　• 초견성 : 진대지가 한 성품 자리로 대大자리를 아는 것. 불생불멸의 본체 자리
　• 중견성 : 대大와 소小를 아는 단계. 대大가 변하여 소小가 되고 소小가 변하여 대大가 됨을 아는 것
　• 상견성 : 대소유무 전체를 아는 것. 대가 소되고 소가 대되며, 유有가 무無되고 무가 유로 변하는 이치를 아는 것. 이것을 알면 견성에 토를 뗀 사람

③ 효과
- 의두 : 사리 간 명확한 분석력과 바르고 밝고 빠른 판단력을 길러서 문제 발견과 문제 해결 역량을 키움
- 성리 : 자성의 원리를 직관 점두하여 자성 광명을 회복하고 인간·생명·우주에 대한 관조력과 통찰력을 함양

■ **현대 사회 대활동기에 문제 해결 역량과 관조력(통찰력)의 두 가지 생각하는 힘이 얼마나 중요한가! 또한 물욕 충만으로 혼란해진 가치관을 바로 세우고, 강성한 물질의 세력으로 쇠약해진 정신 세력의 부조화 현상을 극복할 풍성한 영성의 에너지와 밝은 지혜와 강한 의지력을 갖춘 정신력이 절실함**

- 의두·성리의 훈련은 생각의 힘을 극대화 하여 정신의 세력을 확장하고 정신개벽을 이루자는 것. 더 깊게, 더 넓게, 더 멀리, 더 정확하게, 더 빠르게, 더 강하게, 더 새롭게, 더 유익하게 생각하고 통찰하기
- 자기 사고의 틀을 벗어나 자성의 빛과 조화력을 회복하여 국한 없이 사유하고 통찰할 수 있는 힘 기르기
- 무명과 삼독심을 녹여 아상과 감정의 속박을 벗어나고 경계에 대한 계교나 끌림 없이 지혜롭고 성스러운 인품을 조성하여 도덕적 실천력을 강화해 가기

④ 훈련 고려 요소
- 성리에 마음이 꿰이기 : 화두 일념에 사로잡히기
- 텅 빈 마음으로 관조하기 : 화두 일념 지속하기 (주로 정신이 맑을 때)
- 생활 속에서 실천으로 연마하고 체험하기
- 지도인의 문답 감정 : 바른 공부길로 나아가기, 더 사무쳐 들어가기

⑤ 의두와 성리의 관계
- 의두는 세상의 모든 사리 간 의심건을 연마하는 공부로 문제 발견과 그 해결 역량을 기르는 훈련을 진행하여 분석력과 판단력 양성

- 성리는 우주와 인생의 근본 원리를 연마하여 해결하는 공부로 직관력·통찰력 양성
■ 의두와 성리는 나누면 두 가지 공부이나 내용적으로는 결국 하나임. 성리는 의두의 뿌리요 머리, 의두는 성리의 가지요 잎
■ 의두는 바르게 깨쳐 나아가기
성리는 깊게 사무쳐 들어가기

> **참고**
>
> ## 정산 종사「견성 5계단 공부」
>
> ■ 견성 5계단 見性五階段
> ① 만법 귀일 萬法歸一의 실체實體를 증거하는 것
> ② 진공眞空의 소식을 아는 것
> ③ 묘유妙有의 진리를 보는 것
> ④ 보림保任하는 것
> ⑤ 대기 대용大機大用으로 이를 활용함 (정산종사법어 원리편 9)
> ■ 견성 5계단 공부는 견성·양성·솔성을 아울러 성리적 삶을 일상생활 속에서 심화시켜 구현해 가는 성리 공부
>
> ### 1. 일단一段 : 만법 귀일의 실체를 증거하는 것
>
> 1) 목적
>   ■ 우주만유 만법이 각각 다르나 둘이 아니고, 천만 분별심이 한 마음 밖에 있지 않음을 알아차려, 그 근원인 하나를 의리적으로 이해하고 드러내며, 나아가 그 묘한 실체를 체득하려는 관심과 열망을 불러일으키기 위함
>   ■ 분별 망상심과 차별상으로 은폐된 실상의 세계를 회복하기 위한 '탈출구'로써 '하나로 돌아가는 자리'를 설정함. 미혹의 주객 대립 속에서 눈을 떠 원래 그대로 하나인 자리를 현전하기 위해 끝없이 하나의 원리로, 하나의 기운으로, 하나의 생명으로, 한 마음으로 집중시키고 귀결시켜 가기 위함

> 참고

2) 공부 과정
- ■ 1과정 : 견성 공부와 자신과의 관계 이해하기
    ① 견성 공부는 인간 실존의 물음에 대한 스스로의 이해와 해명의 빛을 찾게 되고, 인간 본연의 모습을 회복(완성)하는 길
    ② 견성 공부는 무진장한 진리의 보고(무궁한 묘리와 조화와 에너지)를 개발하여 활용하는 길
    ③ 견성 공부는 심불心佛, 처처불處處佛을 확인함 (신앙의 대상)
    ④ 견성 공부는 여래如來의 실상을 표본삼아 견성·양성·솔성함 (수행의 표본)

- ■ 2과정 : 의심건 발견하고 궁굴리기
    ① 의심건 발견하기 : 그 일 그 일에서, 대자연 속에서, 자신의 생활과 마음 속에서, 경전 속에서 온갖 현상의 원인과 결과를 살피며 의심 거리 찾기
    ② 의심건 궁굴려 해오 얻기 : 오래 궁굴려 각각의 현상에 일관된 원리나 상호 연관성 찾기

- ■ 3과정 : 의두 연마하기로 확신하기
    ① 감각 감상·심신 작용 처리건을 기재하며 '하나'를 확인하고 확신해 감
    ② 의두·성리를 연마 하며 하나의 원리와 한 마음의 실상에 어렴풋이 눈을 떠 짐작하고 더 밀고 나아가 '하나'를 확인하고 확신해 감

- ■ 4과정 : 만법 귀일의 실체 증거하기
    ① 그 일 그 일에서, 대자연 현상 속에서, 일상생활 속에서 천만 현상이 하나의 원리로 통합됨을 확실히 알아차리고 해명하여 증거 함
    ② 천만 분별심을 일으키는 한 마음 알아차리고 붙잡아 증거 함
    ③ 성품의 실체·한 마음을 체득하려는 관심과 열정으로 충만해 감

2. 이단二段 : 진공의 소식을 아는 것

1) 목적
   ① 언어도단하고 심행처가 멸한 성품의 체성을 증득하기 위함
   ② 범부 중생의 마음을 부처의 마음으로 근본적인 변화(거듭남)를 일으키기 위한 성태聖胎의 확보

> 참고

③ 후천개벽의 현대 문명사회가 열려갈수록 더 절실히 필요로 하는 진공력眞空力을 양성하고 무적無的 체험을 통해 정신의 에너지를 한 없이 함축하기 위함

2) 공부 과정
- **1과정** : 만법 귀일의 체성으로서 진공眞空 이해하기와 진공의 소식에 방해로움 없애기
  ① 진공 : 마음이 고요하고 두렷하여 분별성과 주착심이 없음
  　　　　무위 자연의 본래 면목
  　　　　대소유무에 분별이 없음
  ② 진공의 소식을 아는 것에 방해로움 : 일상성, 업력, 욕망
  　　　　　　　　　　　　　　　　수많은 경계
  　　　　　　　　　　　　　　　　정신을 빼앗아 갈 일 짓기
  　　　　　　　　　　　　　　　　분별심·주착심·사량 계교심

- **2과정** : 무안이비설신의無眼耳鼻舌身意 되는 공부
  ① 주견 형성 하지 않기 : 아상의 속박에서 벗어나기
  ② 육근문 닫기 : 묵언, 묵상, 쉬고 쉬기

- **3과정** : 무색성향미촉법無色聲香味觸法 되는 공부
  ① 대상을 지향하는 의식 끊기 : 주객 대립主客對立 의식 현상 차단
  ② 사람을 상대할 때 상대심이나 분별심을 일으키지 않고, 사물을 접응할 때 분별 집착심을 형성하지 않고 담담하기

- **4과정** : 안계眼界 내지 의식계意識界 내지 무의식계를 정화하는 공부
  ① '본 것', '들은 것', '생각한 것' 등을 지워서 마음 속 청소하기
  ② 보되 본 바가 없고, 듣되 들은 바가 없이하여 한 생각의 주착도 없이 오직 원적무별한 진경에 사무치기

- **5과정** : 마음 작용에서 「중간자고中間自孤 – 지금 여기 빈 마음」를 확보하는 공부
  ① 우선멈춤으로 온전함 확보하기
  ② 앞생각과 뒷생각의 연결 고리를 끊어 매순간 텅 빈 일심 챙기기

> 참고

- **6과정 : 경계 속에서 진공 길들이는 공부**
  ① 행하되 착심着心 두지 않기
  ② 공심公心으로 진공眞空 양성하기 : 자타의 관념을 초월하여 오직 공중을 위하는 본의로 심신 작용하기

- **7과정 : 틈나는 대로 입정入定하는 공부**
  ① 아침·저녁으로 염불과 좌선하기
  • 일상생활 속에서 틈나는 대로 입정하기
  ② 기도의 간절함을 지속하기

3. 삼단三段 : 묘유의 진리를 보는 것

1) 목적
   (1) 성품의 광명(공적영지)과 힘(진공묘유, 진공묘유의 조화)을 확인하고 확보하기 위함
   ① 공적영지를 나투고 진공묘유심을 발하는 마음 작용의 표본을 확립
   ② 처처 불상의 안목을 열고 사사 불공의 요령을 터득
   ③ 대大가 소小 되고, 소가 변하여 대가 되는 것을 알게 되고 유는 무로 무는 유로 돌고 도는 것을 알기 위함

   (2) 현대의 문명사회가 열려 갈수록 더 필요로 하는 온전한 생각으로 취사하는 묘유력妙有力을 확인하고 확보하기 위함

2) 공부 과정
   - **1과정 : 공적영지 나투는 공부**
     ① 성성함 가운데 망상을 끊고 적적함을 회복하며 적적한 가운데 무기無記를 벗어나 성성함 유지하기
     • 적조현전寂照現前
     ② 치열한 경계 속에서 동정 간에 공적영지 현전하기. 대상화 하지 않고 분별 주착심 없이 그저 비추기
     • 물래즉조物來卽照

> 참고

■ 2과정 : 진공묘유심 유지하고 사용하는 공부
① 대소유무의 분별없는 자리에서 능대 능소能大能小, 능유 능무能有能無, 능유무能有無 운용하기
② 동정 간에 진공으로 체를 삼고 묘유로 용을 삼아 일심一心과 정의正意 양성하기

■ 3과정 : 천지의 식識 발견하고 활용하는 공부
① 우주만유 자연 현상 속에서 소소 영령함 느끼고 발견하기
② 일상생활 속에서 천지의 식 개발하고 운용하기
   숨은 불성, 잠자는 불성, 은폐된 불성을 믿고 발견하여 개발하고 활용하기

■ 4과정 : 인과의 이치 깨닫는 공부
① 인과의 원리 이해하기 : 속일 수 없는 인因 연緣 과果의 순환 원리 믿고 깨닫기
② 인과의 이치 운용하기 : 지어서 거두는 적극적 자세로 활용하기

■ 5과정 : 부처 발견하고 불공하는 공부
① 부처 발견하기 : 처처불성處處佛性을 깨닫고 부처로 모시기
② 불공 연습하기 : 피은된 도를 보아 보은 불공하는 연습
  • 삼대 불공법 익히기
  • 진리 불공 생활화하기
  • 실지 불공법의 응용력 기르기

4. 사단四段 : 보림 하는 것

1) 목적

① 진공묘유의 성품을 표준으로 더욱 단련하여 안으로 자성自性이 요란하지도 어리석지도 그르지도 않게 잘 함축하고 (부동심, 불방심), 밖으로 경계를 당하여 방심하거나 흔들리지 않도록 잘 지켜서 (부동심, 불방심) 보림 합덕保任合德하여 대大삼대력을 발휘하기 위함
  • 대大가 소小가 되고 소가 대가 되며, 유有 무無가 변하는 이치를 통달 자재하는 역량을 익혀가기 위함 (상견성上見性의 단련)
② 처처 불상을 빠짐없이 발견하여 부처로 모시고 사사 불공의 보은 도리를 원만히 단련하여 대大불공력을 발휘하기 위함

> 참고

2) 공부 과정
- 1과정 : 기도와 선禪 닦기
  ① 쉬지 않고 기도하고, 기도 일념 지속하기
  ② 좌선, 무시선, 염불 등 수행 정진하기

- 2과정 : 성리 단련의 심화

- 3과정 : 주의심·유념의 밀도 높이기
  ① 상시 훈련, 정기 훈련으로 단련
  ② 계문, 일기 점검

- 4과정 : 육근에 「○」 봉안하여 익히기
  ① 일상 수행의 요법을 대조하고 살피기
  ② 무념행, 무착행, 중도행 길들이기
  • 대大삼대력 양성

- 5과정 : 불공력 함양하기
  ① 감사 생활 : 어떤 상황에서도 부처를 발견하여 매사에 감사하기
  ② 보은 생활 : 피은된 도를 깨달아 적실한 보은행 하기
  ③ 불공드리기 : 모든 일에 적극적, 주도적으로 적실한 불공을 드려서 불성을 개발하고 활용 자재하기
  ④ 기도 생활 : 간절한 기도 생활로 일관하기

5. 오단五段 : 대기 대용으로 활용함

1) 목적

진공묘유의 자성을 함양하여 만능萬能을 갖추고 천만 사리千萬事理에 통달하여 인간의 시비이해를 자유자재로 건설하고 성불제중의 대업을 원만히 이루기 위함

2) 활용자재
① 미래 시대의 전망과 비전을 수립하고 경륜을 구현하기
② 착着없는 심신 작용으로 자유자재하고 천만 방편으로 수기응변隨機應變하기
③ 대공심大空心·대공심大公心으로 보은 불공하기

8) 정기 일기
① 당일의 작업 시간 수와 수입 지출과 심신 작용 처리건과 감각 감상을 기재시킴
② 공부인의 일과를 일기로 점검하여 혜두를 단련시키고 취사력을 길러서 공부와 생활을 병진하게 함
③ 효과
- 매일 매일 법도에 맞는 생활 일과 진행
- 그 일 그 일에서 동정 간에 삼대력을 양성하고 불공력을 키움
- 지도인의 세밀한 감정과 지도
- 일기 쓰는 요령 습득과 생활화
④ 훈련 고려 요소

- 작업 시간수 기재
  - ・당일 기재
  - ・작업 시간 수 확보의 시간 관리 요령 터득
  - ・작업에 임하는 자세의 적극성과 집중력 양성
  - ・작업의 효율적 진행 능력 개발

- 수입 지출 기재
  - ・당일 기재
  - ・수입 지출 내력의 정확한 기재
  - ・수입 내력 분석과 증가 방안 모색
  - ・지출 내력 분석과 절약 방안 모색

- 심신 작용의 처리건
  - ・경계를 당하여 온전한 마음 챙기기
  - ・시비이해를 정확히 분석하기
  - ・취사력 단련하기
  - ・죄복의 결산
  - ・적절한 주제 설정
  - ・그 처리한 실경을 당일에 객관적으로 주제에 벗어나지 않게 기술하기
  - ・제출과 감정
  - ・반성과 다짐

- 감각 감상의 기재
  - 공부심으로 까닭있게 생활하기
  - 진리성이 있는 느낌, 알아차림, 깨침 얻기
  - 대소유무에 밝아지는 정도 대조하기
  - 적절한 주제(제목) 설정
  - 당일 그 느낌, 생각, 깨침을 주제에 충실히 기재
  - 감각과 착각·감상과 수상 일기 구분하기
  - 제출과 감정
  - 반조와 다짐

9) 상시 일기
① 당일의 유무념 처리, 학습 상황과 계문의 범과 유무를 기재시킴
② 공부인의 일과를 일기로 점검하여 생활 속에서 공부길을 바로 잡고 취사력을 길러가게 함
③ 효과 : 정기 일기와 동일
④ 훈련 고려 요소

- 유무념 처리
  - 유무념건 선정 기준 학습
  - 유무념 대조의 정성심 기르기
  - 유무념 대조 건수 기재 요령 숙지
  - 유무념 공부 성숙도 제고 방안 개발

- 학습 상황 기재
  - 복습 예습의 학습 내용 파악
  - 학습 상황 기재 요령 숙지
  - 바른 학습 태도 정립

- 계문 범과 유무 기재
  - 근기에 맞는 계문 공부 진행
  - 범과 유무 알아차리기
  - 범과 유무의 기재 요령 숙지
  - 계문 공부 성숙도 제고 방안 개발

- 정기 훈련 때 상시 일기를 쓰는 이유
① 상시 일기 쓰는 법을 익히기 위함
② 간단없이 상시 일기를 진행시키기 위함

10) 주의
① 사람이 육근 작용을 할 때 하기로 한 일과 안하기로 한 일을 경우에 따라 잊어버리지 않고 실행하는 마음
② '주의심'을 일상생활 속에서 잊지 않고 생활화 할 수 있는 힘의 단련
③ 효과
- 자행자지 하거나 분위기에 휩쓸리지 않음
- 어려움을 미연에 방지
- 교법의 실행력을 높임
- 처처 불상이니 사사 불공의 주의심을 매사에 챙겨야 하고, 현대 사회의 상황이 갈수록 물질문명의 거센 물결 속에서 주의심의 중요성이 커져가므로 항상 온전한 생각으로 취사하는 주의심을 놓지 말아야 한다. 어느 한 순간도 신앙과 수행의 '주의심'을 놓고 보면 어떤 재앙을 당할지 모르는 위험한 세상에 살고 있다.
- 대종사님 교법의 특징이 바로 '주의심'을 훈련시켜 체질화 하는데 있다.
④ 훈련 고려 사항
- 주의심 기르기 : 각자의 특성과 근기 따라 필요한 주의심 단련하기
- 주의심 챙기기 : 방심하지 않고 '주의심' 유념하기
- 주의심의 탄력적 운용 : 주의심에 지나치게 묶여서 경직되고 소극적인 삶이 되지 않도록 상황 따라 그 강도 조절하기

11) 조행
① 사람으로서 사람다운 행실 가짐
② 공부인으로 하여금 그 공부를 무시로 대조하여 실행에 옮김으로써 공

부의 실효과를 얻게 하기 위함
③ 효과
- 육근을 원만구족하고 지공무사하게 가꿈 (법도 있는 품행)
- 예의범절과 에티켓에 맞는 언행 (시대에 맞는 품격)
- 상황에 적실한 조행 실천 (인간미 있고 유용한 행실)

④ 훈련 고려 요소
- 몸의 사용 익히기: 자세, 걸음걸이, 손발의 사용
- 얼굴의 사용 익히기 : 표정, 눈과 입의 사용
- 말하는 법 익히기 : 말의 품격, 속도, 크기, 표현력
- 행동하는 법 익히기 : 법도, 상대방 배려, 상황의 적실성
- 품행 익히기 : 기본예절, 매너, 격조 있는 언행
- 가도, 가풍, 전통 익히기 : 원불교「예전」공부, 가정 교육
- 조행 있는 심신 가꾸기 : 인간으로서, 수도인으로서, 교화자로서

■ **조행 익히기**
　- 육근을 원만구족하고 지공무사하게 사용하기 -
① 몸
- 자세를 반듯하게, 자연스럽게, 허공처럼 청정하고 부드럽게, 태산처럼 정중하게, 건강하고 활력 있게
- 몸의 사용을 가볍지도 않고 무겁지도 않아서 여유 있고 활기차게, 부드러우면서도 당당하게
- 손발 사용을 절도 있게

② 얼굴
- 온화하고 여여하게, 여유롭고 편안하게, 부드럽고 절제 있게
- 눈의 사용을 밝고 맑고 진솔하고 따뜻하게, 상대방과 눈을 마주보며 대화하기
- 입을 자연스럽고 정중하게

- 웃음, 미소를 자연스럽고 절제 있게
- 감정을 순화하여 지나친 표정이나 움직임 삼가기

③ 말하기
- 여유롭고 진실하게
- 상대방을 존중하고 겸손하게
- 여진 있고 함축적으로 그러나 분명하게
- 명확한 발음과 적당한 속도와 적실한 표현으로

④ 행동하기
- 법도 있고 차서있게
- 배려하고 모시는 마음으로
- 상황에 적실하게

⑤ 품행 익히기
- 처지에 맞는 품행 익히기 : '… 다운' 품행
- 기본 예절, 예의 익히기
- 기본 매너, 시대와 상황에 적실한 매너 익히기

⑥ 가도, 가풍, 전통 익히기
- 원불교 「예전」 연습
- 집안과 사회의 전통 계승 발전시키기

■ 함께 생각하기

우리나라와 서양인과 일본인과 중국인의 조행을 비교해 보기

12) 질의와 대안

■ 〔정기 훈련법〕에 신앙 훈련을 어떻게 진행할 것인가?
- 현 수행 중심의 정기 훈련 11과목에 신앙 훈련으로 「불공」, 「감사 보은」을 추가하는 방안

> **시안**
>
> **불공**
> 불공은 법신불 사은전에 서원을 올리고 소원을 빌어서 은혜와 위력을 얻어감이니, 이는 허공법계를 통하여 법신불께 올리는 진리 불공과 사은 당처에 올리는 실지 불공을 익히기 위함이요.

① 법신불 사은전에 서원을 올리고 소원을 빌어서 은혜와 위력을 얻어감
② 허공법계를 통하여 법신불께 올리는 진리 불공과 사은 당처에 올리는 실지 불공을 익히기 위함
③ 효과
- 심고와 기도의 생활화
- 기도의 몰입도 심화
- 적실한 (맞춤형) 실지 불공 역량 개발

④ 훈련 고려 요소
- 기도와 불공의 원리에 대한 확신
- 천지 만물 허공법계와 서로 하나로 통하는 기운 느끼기
- 서원 세우기와 지성으로 빌기
- 즉석 설명 심고 연습
- 기도문 작성 및 실현
- 처처 불성을 깨닫고 처처 불상 모시기
- 상황에 따른 실지 불공 연습

> **시안**
>
> **감사 보은**
> 감사 보은은 법신불 사은의 은혜를 발견하여 보은하도록 함이니 이는 천지 만물 허공법계를 통하여 입은 은혜를 깊이 느끼고 알아서 그 피은의 도를 체 받아 보은행을 하는 동시에 원망 생활을 감사 생활로 돌리는 연습이요,

① 법신불 사은의 은혜를 발견하여 감사하고 보은하도록 함
② 천지 만물 허공법계를 통하여 입은 은혜를 깊이 느끼고 알아서 그 피은된 도를 체받아 보은행을 하는 동시에 원망 생활을 감사 생활로 돌리는 방법을 익히기 위함
③ 효과
- 당연하고 평범한 일상을 감사로 느끼고 알게 됨
- 피은의 도를 배우고 느끼고 깨달아 보은의 길을 찾고 실행함
- 원망 속에서도 은혜의 소종래를 발견하여 끝내 감사 생활로 전환함
- 늘 감사 생활로 일관하여 은혜와 위력 속에 살게 됨

④ 훈련 고려 요소
- 일상생활 속의 감사 생활과 원망 생활 돌아보기
- 없어서는 살 수 없는 은혜 발견하기
- 인과의 이치 연마하기
- 피은의 도를 발견하여 보은의 도리 익히기
- 원망 생활을 감사 생활로 돌리는 연습하기

제2절 상시 훈련법 常時訓練法

1. 대의
- 공부인에게 일상생활을 진행하면서 신앙·수행·봉공을 단련시키는 법으로 〔상시 응용 주의 사항〕과 〔교당 내왕시 주의 사항〕이 있음

2. 상시 응용 주의 사항
- 대종사께서 평생을 통해 하신 공부길이요, 영생의 공부 표준이심
- 용심법 用心法 = 인간 개조의 묘방 = 전무후무한 대도 정법 (정전대의)

1) **제1조 : 응용하는데 온전한 생각으로 취사하기를 주의할 것이요.**
   - 원만한 심신 작용 길들이기 (동시 삼학 動時三學, 사사 불공 事事佛供)

(1) 응용하는데

육근을 작용하는데 (심신 心身을 작용 하는데)

① 스스로 깊은 성찰 속에서 자각적이고 주체적인 '응용'을 하자.
- 우리는 평소 어떤 응용을 하는가?

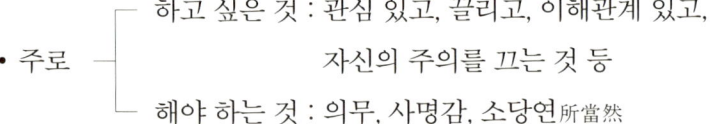
- 주로
  - 하고 싶은 것 : 관심 있고, 끌리고, 이해관계 있고, 자신의 주의를 끄는 것 등
  - 해야 하는 것 : 의무, 사명감, 소당연 所當然

- 무엇을 응용하며 사느냐가 각자의 운명, 행불행에 영향을 미침
- 무엇을 응용하느냐에 따라 자연
  - 온전해지기도
  - 요란하고 괴롭기도
- '나는 무엇이 하고 싶고', '나는 무엇을 해야 하고'
  - 깊은 자기 성찰 속에서 자각적이고 주체적인 '응용'이어야

② 서원·신심·공심·공부심으로 일상성과 타율적 생활 태도에서 벗어나자.
③ 육근 사용을 존절히 하자.
④ 신심과 서원과 공심으로 생의 목표에 집중하자.

(2) 온전한
- ■ 정신 차려 오롯이 ┬ 경외심으로 간절하게
　　　　　　　　　　└ 텅 비워 초롱초롱하게

① 멈추는 공부
- 「○」텅 비워 초롱초롱한 상태 유지 (자성정自性定 세우기)
- 주객主客 대립으로 대상을 지향해 나가는 분별 의식 차단
  앞생각과 뒷생각의 연결 고리 차단 (생각의 이끌림을 끊음)

→ 텅 빈 진공의 일심 상태 돌이키기
- 원점으로 돌아가기 (본래 마음 회복)
  여유 갖기
  마음의 주권主權 회복
  마음의 조정·통제력 확보

→ 경계 상황에 이끌리고 물든 마음으로부터 해방
  선입견, 감정, 기분으로부터 해방
- 심신 작용하기 전에 일단 멈추는 것을 체질화하기
- 멈춘 후 생각하고 말하고 행동하기를 길들이기
  멈추는 '브레이크' 성능을 향상시키자.

② 녹이는 공부
- 멈추어 끊기로만 하면 자칫 부작용과 역작용이 일어날 수 있다. 억지로 누르고 끊다 보면 돌로 풀을 누르는 격이 되고 스프링을 눌러 놓은 것과 같아서 도리어 큰 반발과 부작용을 일으킴
- 멈춘다고 해서 일시에 마음이 비워지고 행동이 멈춰지는 것은 아니다. 오히려 멈춘 후 더 요란한 마음이 요동칠 수도 있다. 바람이 자

도 파도가 더 흉흉해 지듯
- 고요히 마음을 가라앉혀서 저절로 분별심, 망상, 집착을 녹임 (입정·순간순간 무시선 대중으로)
- 텅 빈 자성을 반조하여 잡념, 분별 망상, 업장을 녹임 (관공觀空으로)
- 기도의 간절한 원력과 오롯함으로 요란함을 녹임

③ 그 일 그 일에 몰입하는 공부
- 그 일 그 일에 일심으로 전일하는 집중력을 길들여 온전해짐 (몰입도를 높여감)

④ 처처불을 모시는 공부
- 어느 때 어느 곳에서나 부처를 모시는 경외심을 놓지 말고 청정한 마음과 경건한 태도를 지속

(3) 생각으로

① 공적영지에 바탕한 한 생각내기
　생각 있는 생각, 지혜로운 생각 (경계 따라 불쑥 일어나는 생각이 아님)
- 자성 반조로 공적영지를 비춤 (자성혜自性慧 세우기)

② 교법의 원리에 따라 생각하고 판단하기

③ 의두 단련을 통해 키워온 문제 해결 역량으로 밝고 빠르게 판단하기

④ 여유롭게 심사深思 하기
- 평소에 자신의 판단이 무엇의 영향을 많이 받는가? 판단하는 기준이 무엇인가? 생각과 판단의 주된 흐름과 경향이 어떠한가를 살펴서 중도中道로 나아갈 것
- 의견 교환과 종합 조정 (스승과 동지, 마음속의 참모들)

■ 좋은 생각이 안 떠오르면
- 전문적 의견을 참조하여 종합해 보기
- 놓아두고 기다리며 더 궁굴리기
- 기도하며 영감 떠올리기

- 불쑥 떠오르는 생각 관리하기
  - 바로 말하거나 행동에 옮기지 말고
  - 두고 한 번 더 생각해 보고 궁글려 보기
  - 그 결과를 헤아려 보기

(4) 취사하기를
- 결단력 있게
- 순서 있게
- 정의롭게
- 원만하게

① 자성 반조自性返照로 진공묘유심 운용 (자성계自性戒 작동)
② 교법의 원리와 진리에 맞게 작용
- 확고한 정의관正義觀을 교법의 원리로 세워서 갈등하지 않고 저절로 당연히 정의행으로 나아가게 단련시켜야 경계를 당하여 흔들리지 않는다.
→ 정의관이 확고하지 못하여 사심이 일어나 경계 따라 갈등을 일으키면 대부분 용기 있는 정의행이 실천되지 못하고 큰 실수와 무서운 업을 짓고 만다.

③ 부처님께 불공하는 마음과 태도로 심신 작용
④ 육근을 법으로 길들여 법력法力을 갖춰서 육근 작용
⑤ 신심身心을 건강하고 힘 있게 활력活力을 갖춰 사용
- 좋은 의견과 충고와 비판을 겸허히 받아들이자.
- 스스로 먼저 실천하는 행동인이 되자.
- 고질적인 습관과 업력을 찾아 고치기에 힘쓰자.

(5) 주의할 것
- 잊지 않고 챙겨서 실천하라! 온전한 생각으로 취사하기를!
- 주의함 : 훈련의 핵심이요 생명

- 언제나 한결같이 심신을 훈련하게 하는 챙김의 공부심 (공부·훈련의 무한동력)
① 경외하고 모시는 신앙심으로 주의심을 강화해 가자.
② 서원, 신심, 공심, 공부심으로 주의심을 챙겨 나가자.
③ 스승과 동지의 격려, 충고, 감정으로 주의심을 새롭게 하자.
④ 유무념 대조, 일기 등으로 주의심을 점검하여 실천의 밀도를 높여가자.
⑤ 세상의 교화를 위한 사명감으로 주의심 챙기는 본을 보이자.

2) **제2조 : 응용하기 전에 응용의 형세를 보아 미리 연마하기를 주의할 것이요.**

- **미리 준비(연마)하는 것의 중요성** ─ **미리 형세 내다보기**
  ─ **미리 연마하고 준비하기**

(1) **미리 준비하지 않는 생활의 원인**
① 현실 안주 (자만, 안일)
② 현실에 매임
③ 무기력, 자포자기, 게으름
④ 요행을 꿈꾸고, 운명론자로 살아가기
- 일 당하면 바쁘게 허둥대고, 일 없으면 심심해서 무료하고
- **현실 안주는 현상 유지가 아니라 저절로 후퇴다.**

(2) **미리 연마 하려면**
① 삶의 목표와 비전을 확고하게 세우고 생활을 계획적으로
② 삶의 자세를 보다 긍정적, 적극적, 창의적으로 간절하게
③ 게으름, 방심, 피동적은 습관에서 벗어나 주도적으로
④ 미래의 형세를 내다보는 혜안과 정보를 통해 지혜롭게

- 자신의 모습이 갈수록 왜소해지는가? 무기력해져 가는가? 허무해지는가? 갈수록 희망찬가? 설레는가? 보람 있는가?
- 일생 내지 영생을 내다보며 지금을 살자.

(3) 응용의 형세를 미리 내다보며 연마하기
① 지금의 준비가 미래의 운명을 결정한다. 그 중요함을 깊이 깨닫기
- 임진왜란 때나 구한말 때 어떻게 응용의 형세를 보아 미리 연마 하였나?
- 코닥과 후지필름 회사의 운명 비교
- 스마트폰 회사들의 흥망성쇠
- 미래 직업의 선택

② 좋은 목표·비전은 그 목표를 실현해갈 지혜와 힘을 저절로 솟게 한다.
- 한 부모는 열 자녀를 키우는데 열 자녀는 한 부모 잘 모시기 어렵다.
- 교단 사업하기 위해 기쁨과 보람으로 개인 사업 열심히 하는 사업가 교도님들
- 원음 방송 설립 추진할 때 좌산상사님 '우리 방송국이 설립되어 대종사님 법문이 세상에 울려 퍼진다면 나는 울음이 터질 것이다'하시며 그 일을 진행하심. 그 당시 우리 일반 교무들과 교도들의 설립 추진의 정성?
- "사람은 자기가 해야 할 사명이 있는 때까지는 죽지 않는다."
- 어느 사업가는 날마다 첫 새벽을 설렘으로 맞았다 한다.

③ 형세 판단, 미래의 전망을 어떻게 할까?
  ㉠ 맡은 바 그 일을 의두 삼아 연마하기
  - 대종사님의 경륜과 스승님들의 가르침을 어떻게 구현해 갈 것인가?
  ㉡ 맡은 바 그 일을 주인 정신으로 오롯이 추진하는 중에 저절로 영감 떠오르기
  ㉢ 과거와 현재를 거울삼아 미래의 형세를 판단하기

ㄹ 빈 마음, 열린 마음, 미래지향적인 마음, 기도하는 마음, 지혜로운 마음으로 멀리, 넓게, 높이 내다봄

　　ㅁ 두루 의견을 교환하며 견문 넓히기

　　ㅂ 미래에 대한 전문적 식견, 가르침, 조언을 참조

　　ㅅ 세상에 대한 깊은 관심과 이해 (인간, 생명, 우주 등)

　　ㅇ 건강한 시민 정신으로 사회에 적극 참여하여 사회 발전에 합력하기

　　• 밖으로, 미래로

④ 치밀하게 계획을 세우고 열정과 끈기로 이루어가자. (대불공大佛供)

　　ㄱ '오직 이 일을 어찌할꼬?' 하고 매달려야 한다. (내공內功)

　　ㄴ 스스로가 먼저 그 목표에 설레고 감동하여 상대와 세상의 마음을 움직이게 해야 한다.

　　ㄷ 스스로 먼저 그 목표 실현의 계획에 확신을 가져 상대와 세상을 설득해야 한다.

　　ㄹ 상대와 세상을 감동시키고 그 마음을 움직여 합력合力하도록 하는 준비가 매우 중요하다. 대중의 이해와 소통 없이 따라오라는 식의 일 추진은 매우 바람직하지 못한 준비요 연마다.

　　• 군종 승인을 추진할 때 좌산상사님 : 군종 승인을 위해 30년을 공들이니 길이 보이고 끝내 그 일을 성사 시킬 수 있었다.

⑤ 지도인의 입장일수록 미래에 대한 형세 판단과 대중 설득이 중요하다.

　　• 이순신 장군 : 임진왜란 대비하여 준비

　　• 마틴루터킹 : I have a dream

　　• 용인시 경전철 건설 : 잘못된 투자가 얼마나 큰 손해를 끼치는가!

⑥ 미리 준비하는 인생살이는 늘 여유롭고 성공하는 길로 전개된다.

　　• 연마하여 준비하되 1안 2안 3안을 가지고 융통성 있게

　　• 김연아 선수 : 충분히 준비했고 컨디션 조절도 잘했으므로 자신있다. (올림픽 시합 전 감상)

　　• 세존 : 모태 중에서 중생 제도하기를 마치셨다.

3) 제3조 : 노는 시간이 있고 보면 경전 법규 연습하기를 주의할 것이요.

(1) 시간 관리
- 노는 시간이 안 생기도록 관리하기
① 철저한 시간 생활·규칙 준수
   • 돈으로도 살 수 없는 시간, 두 번 다시 오지 않는 '지금'
② 자신을 온통 바칠 '그 일'을 만나 집중하기
   • 서원, 신심, 공심, 공부심으로 일관
- 노는 시간이 있고 보면 수도인은 병이 든다. 시간 있고 돈 있으면 타락하기 쉽다.
- 사람으로 태어나 불법佛法 만난 이 소중한 기회!
- "인생을 사랑하는 길은 시간을 낭비하지 않는 것"

(2) 경전 법규 연습
① 살아계시는 대종사님, 스승님 모시고 구전심수로 연마
② 원문을 충실히 숙지, 본의 파악, 핵심 이해
③ 의문점 발견하여 연마하기 (속 깊은 음미)
④ 실천에 대조하고 능이 나도록 연습하기
⑤ 문답, 토론, 감정 (원만한 이해와 증득)
⑥ 타인에게 가르치기 (응용력 배양)
⑦ 교법의 사회화 방안을 모색하며 해석과 적용의 지평을 넓히기 (경전의 폭넓은 활용)
⑧ 교법의 창조적 재해석으로 교법의 생명력을 늘 새롭게 하고, 맞춤형 교리 해석의 역량 기르기 (고착화 되지 않고 살아있는 교법의 구현)
- 몸으로 실행하고 마음으로 증득하여 만고 후세에 이 법통이 길이 끊이지 않도록 함
- 노는 시간에 경전 법규 연습하라 하신 뜻을 새겨서 부지런히 생업에 충실

하고 낭비하는 시간 없이 정신적 양식을 구하는 도학도 부지런히 닦아 나아가자.

4) 제4조 : 경전 법규 연습하기를 대강 마친 사람은 의두 연마 하기를 주의할 것이요,
- 수도인의 수첩에 의심건 없으면 : 구도와 열정이 식어가는 것, 깨달음이 없는 것, 일상성과 타성에 젖어들어 공부로부터 점점 멀어져 가는 것

(1) 의두 연마 성리 단련의 의미
- 모든 사리간의 의심건을 궁굴려 해결하는 것 (추리 분석)
- 모든 지식, 경험을 삭히고 숙성시켜 가는 것 (직관 점두)
- 두터운 무명 업장을 녹여 자성 광명을 회복하는 것 (회광 반조)
  → 이를 통해 진공묘유眞空妙有의 한 마음 실체를 증거, 증득하여
    ○ 자성의 빛을 회복하고
    ○ 생명의 에너지(원기元氣)를 확충하고
    ○ 도덕적 의지력(실천력)을 강화해감
  → 이것을 머리로부터 온몸으로
      나로부터 온 우주로 확산시켜가는 수련법

(2) 의두 성리 공부의 공덕
① 관심의 전환과 집중
② 업장 소멸, 무명 녹임
③ 자성 광명 회복과 문제 해결 능력 배양
④ 성태 장양聖胎長養
⑤ 대기 대용大機大用으로 활용할 역량 개발

(3) 어떻게 공부하나?

① 두 개의 낚시로 연마
- 밖으로 그 일 그 일에서 의심하고 연구하여 알음알이 구함
- 안으로 자성 단련, 회광 반조

※ 대적공실大積功室 운용

② 우러나는 열정으로 진리 탐구하기
- 온통 진리에 묶인바 되고 사무쳐감

5) **제5조 : 석반 후 살림에 대한 일이 있으면 다 마치고 잠자기 전 남은 시간이나 또는 새벽에 정신을 수양하기 위하여 염불과 좌선하기를 주의할 것이요,**

(1) 수양 공부의 중요성 깨닫기

① 수양 공부는 정신의 밥을 먹는 것, 마음의 때를 벗기는 것, 불안과 구속으로부터 해방되는 것 : 특히 현대인에게 온전하고 힘 있는 정신력을 유지해 가는 필수적 공부법. 병든 정신·허약한 정신을 치유하고 강화해 가는 공부법

② 좌선 염불로 수양하는 그 마음이 곧 신앙과 수행의 기본이요 바탕이 되는 온전한 마음을 양성하는 시간이다.

③ 갈수록 늘어나는 인간의 수명 : 말년을 의미 있게 보낼 수 있고 건강하고 밝게 살 수 있는 방법 중의 하나가 수양에 취미를 붙이고 수양 공부의 자세와 틀을 확립하여 힘을 얻어가는 것 (미래를 지혜롭게 준비하는 길)

(2) 수양 공부를 체질화하기

■ 틈만 나면 스마트폰, 컴퓨터, TV 등에 매달리며 살아야 하나?
  틈만 나면 염불, 좌선을 즐기며 살 것인가?

① 지내온 세월 동안 수양 공부에 얼마나 투자 하였나 돌아보자.
- 지금 자신의 수양력 정도?
- 지금 자신의 수양 공부에 대한 취미 정도?
- 지금 자신의 수양 공부법은 제대로 그 길을 잡고 나아가는가?

② 무시선 대중을 놓지 않고 생활하기
- 진공으로 체를 삼고 - 일 없으면 잡념 제거하고 일심 양성
- 묘유로 용을 삼아 - 일 있으면 불의 제거하고 정의 실행

■ 좁쌀도 모이면 쌓인다.
 잠깐 잠깐의 시간이라도 허송하지 말고 수양 정진하자.
■ 수양 공부도 힘 있을 때, 젊었을 때 해야 잘 된다.
■ 심고와 기도를 겸하여 수양 공부를 진행하면 더욱 효과적이고 교법 정신에도 맞다.

6) 제6조 : 모든 일을 처리한 뒤에 그 처리 건을 생각하여 보되, 하자는 조목과 말자는 조목에 실행이 되었는가 못되었는가 대조하기를 주의할 것이니라.

■ 일원 교법이 실생활 속에서 누구나 쉽게 실천할 수 있는 이유 중 하나가 신앙과 수행을 수시로 대조하는 공부법을 갖춘 것이다.
대조하는 공부법이 곧 일기법이다.

① 일기 쓰기로 대조하며 반성하는 공부를 체질화하자.
② 대조하고 서원한 후에는 청정 일념으로 돌아가자.
③ 일기를 감정 받자.

■ 일기 쓰기를 중단하게 되면 일체의 공부가 점점 후퇴하고 끝내 중단이 된다.

- 일상생활이 보다 활기 있고 생산적으로 진행되기 위해서는 지난 시간의 결산과 새로운 시간의 시작이 분명해야 한다.

7) 질의와 대안
- 〔상시 응용 주의 사항〕에서 신앙의 주의 사항은 어느 조항에 포함되는가? (상시 훈련에 신앙이 빠져도 무방한가?)
  ① 1안 : 현행 6조 각각에 신앙 훈련이 병행되도록 해석적으로 보완하는 방안
  ② 2안 : 신앙 훈련의 조항을 신설하는 방안

> **시안**
>
> **'신앙'의 주의 사항을 신설하는 방안**
>
> 상시 응용 주의 사항
> 1. 천만 사물에 경외심으로 응하기를 주의할 것이요.
> 2. 천만 사물의 당처에 직접 불공하기를 주의할 것이요.
> 3. 노는 시간이 있고 보면 쉼 없이 심고와 기도 올리기를 주의할 것이요.
> 4. 매사에 감사하고 보은 봉공하기를 주의할 것이니라.

3. 교당 내왕시 주의 사항

- 〔상시 응용 주의 사항〕의 공부길을 도와주고 알려주는 법
- 개인의 공부와 훈련의 한계를 극복하고 어려움을 도와주는 법
- 진리, 법, 회상, 스승에게 법맥法脈을 연하여 훈증과 지도 속에 줄 맞는 훈련을 하는 법

■ 함께 생각하기

대종사님이 교당 내왕하는 것을 '훈련'으로 길들이게 하신 본의가 무엇인가를 깊이 헤아려 교당 다니는 마음 자세, 교당의 역할과 운용, 교당의 환경과 구조에 대해 새로운 시각을 갖자.

■ [교당 내왕시 주의 사항]을 통한 가르침

(1) 바른 공부길(법맥을 연하여 모시고 공부하기)을 길들임

① 공부하는 스승 일수록 큰 스승을 모시고 공부하심
- 대종사님은 석가모니불을 연원불로 모심
- 정산, 대산 스승님들은
  "나는 대종사께서 돌아가셨다고 생각해본 적이 없다."
- 공자님은 꿈에서라도 주공 뵙기를 원하심
- "어른 말씀 잘 들으면 자다가도 떡 얻어 먹는다."

② 인간이므로 그 성장 과정과 인생의 굽이굽이 마다에서 모시는 스승이 꼭 필요하다. 수도인이므로 그 구도 과정과 경계마다에서 스승과 동지의 가르침과 응원이 꼭 필요하다.
- 세상에 어른의 권위가 사라지고, 가치관의 혼란 내지 부재 속에서 기성세대의 부패와 무능, 종교 도덕의 무기력과 위선, 가정과 학교와 사회의 교육이 부실해져 감은 매우 우려스러운 현상임
- 자신의 삶을 돌아볼 때 '그때 스승의 지도나 주위의 충고가 있었더라면'하는 아쉬움이 인생살이 곳곳에 있지 아니한가!

(2) 교당의 바람직한 역할과 기능의 길잡이

① 대종사께서 '미래의 불법'은 사·농·공·상을 여의지 않고 또는 재가 출가를 막론하고 일반적으로 공부하는 불법이 될 것이라 하심
- 수도하는 처소도 신자 중심으로 설치, 생생 약동하는 삶의 현장에서

직접 교법을 공급해 주도록 함
② 기존의 수도와 의식 집행 중심의 교화를 지양해야 하듯 원불교 안에서 일부 형성된 안방 교화의 타성도 지양해야 할 것임
- 초기 대종사님 교화법으로 돌아가 일상생활의 분주한 삶 속에서 누구나 쉽게 교당을 통해 신앙, 수행, 봉공, 훈련을 원만하게 진행하도록 하자.

(3) 함께 생각하기

① 교당에 다니는 것을 갈수록 부담스러워 하는 세태 속에서 교당 교화 현장을 어떻게 활성화해갈까?
- 교당에 직접 다니면서 신앙 수행 훈련을 하는 특별한 의미를 이해시키고 체험하도록 하자.
- 교당 구조의 새로운 모색, 교화 프로그램의 다양화, 교법의 창의적 전개 등으로 의미와 재미가 함께 하는 신나고 소득 있는 교당 교화가 되도록 끊임없는 변화를 시도하자.

② 다양한 형태의 교당 개척하기
- 교당의 정의, 개념의 확대 (사이버 교당 등)
- 출가 재가 일반이 함께하는 새로운 공부 훈련 공동체 모색
- 탈종교화 시대를 전망하며 미래지향적 교화 형태 준비

1) 제1조 : 상시 응용 주의 사항으로 공부하는 중 어느 때든지 교당에 오고 보면 그 지낸 일을 일일이 문답하는 데 주의할 것이요,

- ■ 문답 공부가 최고의 공부법
- ■ 문답 공부가 없으면 상시 훈련의 올바르고 지속적인 심화의 진행을 보장 못하고, 따라서 '생활시 불법'의 실현이 불가능해짐
  - 생활 속에서 공부를 진행하다 보면 자칫 공부심을 놓칠 수 있음

- 문답 공부가 없으면 진리·스승·법동지의 기운, 지혜, 가르침, 합심 합력의 큰 타력을 힘입기 어려워짐
    - 공부가 다른 길로 흐르고 외톨이, 쪼그랑박이 됨

(1) 교당
- 문답 감정이 자연스럽게 이루어지고 활성화 되는 교당으로 가꾸자! **교당이 먼저 변해야 한다.**
  ① 교당은 '문답하는 곳', '문답을 훈련하는 곳'이라는 인식을 확고하게 심어주자.
  ② 정진 적공하고 봉공심이 저절로 우러나는 교당의 분위기와 환경으로 가꾸자.
  ③ 문답하는 시스템과 과정을 확립하여 주지시키자.
- 문답 감정의 풍토가 살아나야 원불교 교화의 정체성이 확립됨을 명심할 것
- 교무부터, 회장단 간부진부터 문답 감정의 모범을 보일 것
- 입교 단계부터 문답 공부를 이해시키고 훈련시킬 것
- 친목 위주, 기도 위주, 봉공 위주의 교당 운영을 점차로 변화시킬 것

(2) 교도
- 문답하는 교도가 되자! 교도가 먼저 변해야 한다.
  ① 문답 감정의 공부가 중요하고 큰 소득이 있음을 깨닫자.
      (큰 지혜, 큰 기운 얻음)
  ② [상시 응용 주의 사항] 공부를 쉼 없이 진행하자.
  ③ 평소 일원상의 진리를 간절히 모시고 문답하며 교당을 내 집처럼 내왕하는 소통 관계를 유지하자.
  ④ 교무님을 가까이 모시고 스승 동지와 더불어 의견 교환이 자연스럽게 이루어지는 풍토를 조성하자.
  ⑤ 일일이 문답하겠다는 공부 표준을 확고히 세우고 노력해 가자.

⑥ 문답한 바를 실생활에 적용하여 더욱 깊게 연마하자.
- 문답 감정 받는 교도의 언행은 다르다.
- 사람만 믿지 말고 그 법을 믿을 것

(3) 교무 (지도인)

- 누구든지 부담 없이 찾아와 문답하고 싶은 교무(지도인)가 되자!
  교무가 먼저 변해야 한다.

① 교무가 교도를 상대할 때 그 중심에 공부가 있어야 한다. 처음에는 인정 교화가 위주이나 차츰 법으로 공부하는 관계로 나아가야 한다.
  • 봉공에 열심인 교도일수록 공부 방면을 더 열어주어야 한다.

② 교도 개개인의 신상 파악을 철저히 속 깊게 하고 이에 바탕 하여 각자 서원을 크게 세우고 더 키워가도록 도와주어야 한다.
  • 의사가 환자 치료할 때 병 진단을 정확히 하듯
  • 교도 면담 카드, 문답 카드 작성

③ 교도로 하여금 문답하고 싶은 마음이 나게 하고, 문답하는 요령을 안내한다.
  • 자발적으로 동기 유발하여 문답하도록 하는 방법과 제도적으로 의무화하는 방법을 병행

④ 문답 감정을 받고 싶은 교무가 되자.
  ㉠ 교무가 먼저 진리와 스승님께 문답 감정을 받아야 한다.
  ㉡ 교도로부터 신뢰, 존경, 사랑받는 교무가 되어야 한다.
  ㉢ 교도를 있는 그대로 보아주고 받아주고 관용하고 포용하는 교무(가까이 하고 싶은 교무)가 되어야 한다.
  ㉣ 물음이 나오도록 이끌고 불공하는 교무가 되어야 한다.
  • 문답 감정 공부의 분위기 조성
    문답 감정 공부의 싹 틔워주기
    문답 거리의 씨를 뿌려주고 문답 거리를 던져주기

문답 거리를 함께 연마하기

　　　문답 공부의 기쁨, 보람 공유하기

- 각산종사覺山宗師님 "너는 나를 찾아올 때 반드시 질문 거리를 가지고 오너라" (동산 선원 교무님으로 재직하시던 시절)

→ 평생 마음에 메아리치는 가르침. 묻고 배우는 사제 관계가 형성됨

　　ⓜ 상담자로서 준비된 교무가 되어야 한다.

- 안내자로, 후원자로, 친구로

　너무 앞서 가지도 너무 가르치려 하지도 말고 조금 앞에서 함께 연구하고 함께 고민하고 함께 깨쳐가는 기쁨 나누기

(4) 교단

■ 제도적으로 '문답 감정' 공부와 훈련이 정착하도록 이끌어야 한다. 문답 감정 공부의 풍토를 전 교단적으로 조성해가자! 교단이 먼저 변해야 한다.

① 과거에는 예회 순에 문답 감정(질의 문답)이 있어서 활발하게 문답 공부가 진행되었으나, 어느 때부턴가 형식적으로 흐르다 순에서 아예 빠져 버렸다.

② 입교 시, 예회 시, 훈련 시, 연말연시, 법위 사정 시, 승급 시, 인사 이동 시 등에서 정기 또는 수시 문답을 제도화 하자.

③ 교화단을 통해 각 직장별로, 교구 지구별로, 모임 단체별로 문답 시간을 정례화 하자.

- 교도가 교무님을 연상할 때 제일 먼저 떠오르는 이미지가 "문답 감정 잘 해주시는 스승님"이 되도록 교도를 훈련시키자.

- 원불교를 연상할 때 그곳에 가면 문답 감정을 잘해주어 삶에 새 길과 새 힘을 얻었다고 하는 생각이 나도록 하자. (원불교의 가풍으로 정착)

(5) 의견 제안

■ 교당에 와서 해야 할 우선적이고 중요한 일이 '문답하는 일' 이전에 다 내

려놓고 빈 마음으로 일원상 부처님께 귀의하는 신앙 행위이어야 하고, 그래야 문답도 더 잘 이루어지지 않을까?

2) **제2조 : 어떠한 사항에 감각된 일이 있고 보면 그 감각된 바를 보고하여 지도인의 감정 얻기를 주의할 것이요.**

- 일상생활 속에서 진행하는 감각 감상 공부의 중요성을 일깨워 평소 까닭 있게 살고, 감정을 통해 바른 깨우침을 얻어 더 큰 의심과 더 큰 깨우침으로 나아가게 함

① 늘 공부심을 놓지 않고 교법 연마, 의두 연마, 교법 실천하기
② 호기심 속에 창의적으로 생각하고 독창적 발상으로 생활하기
③ 산 경전, 마음 경전 읽기
④ 의심건 궁굴리고 묻는 습관 길들이기
⑤ 감각 감상, 심신 작용의 처리건 기재 등 일기 쓰기
⑥ 지도인의 감정으로 바르고 새로운 공부길 열어가기
- 스스로 감각된 바가 주견, 편견, 착각일 수 있음을 알아야 한다.
- 감각된 바를 정리하여 보고하게 되면, 스스로의 생각을 정리하여 표현하는 역량이 길러지고, 자신의 생각을 객관화 하여 바라볼 수 있게 된다.
- 세상의 아이디어, 발명품, 법문 등이 감각 감상과 심신 작용 처리건과 창의적 생각으로부터 나온 것이 대부분이다.

- 지도인의 유의할 점
① 감각 감상을 얻고, 창의적인 생각을 일으키도록 격려하고 일깨워 지도할 것
  - 사소한 감각도 소중히 응답해 주고 칭찬과 격려를 해줌
  - 사소한 질문도 소홀히 말고 진지하게 응해줌

- 엉뚱한 생각, 발상도 격려해주고 가치 있게 인정해줌
② 감각된 바를 충분히 듣고 정확히 파악하여 공감하고 격려하며 부족하거나 더 발전시켜야 하는 점을 바르게 지도할 것
- 지도인의 견해와 판단을 일방적으로 내세우지 말고 스스로 부족하거나 틀린 점을 발견하여 바른 깨달음으로 나아가도록 도와주고 격려하는 '산파' 역할
③ 지도인의 능력 이상인 경우는 더 법 높으신 스승님께 인도할 것

3) 제3조 : 어떠한 사항에 특별히 의심나는 일이 있고 보면 그 의심된 바를 제출하여 지도인에게 해오解悟 얻기를 주의할 것이요,

- ■ 특별한 의심 내기의 중요성 일깨우기, 의심 궁굴리기의 습관들이기, 의심 건 해결을 위해 지도인의 감정 받는 법 익히기

① 신앙, 수행, 봉공, 훈련에 열중하다 보면 자연 특별한 의심 거리가 생긴다.
- 속 깊은 정진 적공 속에서 특별한 의심이 생긴다.
② 의심 거리는 수많은 생각과 영감과 나름의 해답을 찾게 한다.
③ 의심 거리를 신심 서원 공부심으로 연마하고 또 연마하자.
④ 의심 거리를 연마한 후에 반드시 지도인의 해오를 얻어야 한다.
- 의심된 바를 혼자 연마하다 적당히 처리해 버린 결과로 얼마나 공부 길에 문제와 애로를 겪는가? 자칫 공부길에 헛고생을 하고, 큰 공부에 장애가 되고, 무지 속에 빠지고, 무서운 죄업을 짓게도 된다.
- 다 가르쳐주지 않음이 도리어 스승의 자비다.
⑤ 특별한 의심 내기와 해오 얻기
㉠ 정신正信에 바탕하여 경전과 스승님의 가르침을 받들고 그 본의를 헤아려 실천의 길을 찾는 가운데 「왜?」 「어떻게?」라는 의심이 일어난다.

ⓛ 공부하는 중에 의심건이 생기지 않으면 도리어 그것을 의심해 보아야 한다.
ⓒ 깊은 경지의 정진 적공일수록 특별한 의심이 생긴다.
- 금강경에서 수보리의 물음 '어떻게 그 마음을 주하며, 어떻게 그 마음을 항복 받으리까?' '착하고 착하다.' 부처님께서 크게 칭찬하였다.
- 숭산 박광전 종사 물음 '일원상과 인간과의 관계가 어떠하오니까?' '네가 큰 진리를 물었도다.' 대종사께서 인증 (교의품 3)
- 훈타원 양도신 종사의 '일심 공부'에 대한 질문 (수행품 17)
ⓔ 의심이 걸리면 쉽게 해결하려 말고 두고두고 오래 연마하는 공을 들이자.
ⓜ 의심건을 서슴없이 묻는 연습과 그런 풍토를 조성하자.
- "묻는 것이 부끄러운 것이 아니라 모르는 것이 부끄러운 것"

4) 제4조 : 매년 선기禪期에는 선비禪費를 미리 준비하여 가지고 선원에 입선하여 전문 공부하기를 주의할 것이요,

■ 매년 선원에 입선하여 전문 공부를 하기 위해 교당을 통해서 미리 입선 준비하기를 유념하고 챙길 것

① 정기 훈련의 필요성 인식하기
② 바쁜 일상 속에서 정기 훈련에 참가할 수 있도록 미리 시간과 경비 등의 대비를 원만히 할 것
  ㉠ 일자 조정
  ㉡ 경비 마련
  ㉢ 훈련 거리 장만, 훈련 목표 선정
  - 교당을 통한 '준비'에 의미 있음 (줄 맞는 훈련 준비)

5) 제5조 : 매 예회(例會) 날에는 모든 일을 미리 처결하여 놓고 그 날은 교당에 와서 공부에만 전심하기를 주의할 것이요,

① 예회 출석의 의미를 깊이 이해하기
   ㉠ 예회 날은 진리, 법, 스승, 회상에 귀의하여 합일하며 법동지들과 소통하는 속에서 은혜와 위력이 충만 하는 날이다.
   ㉡ 예회는 참회 반성과 감사와 서원 충만의 시간이다.
   ㉢ 예회는 교법에 목욕하여 중생의 탈을 벗고 불보살로 거듭나는 훈련이다.
   ㉣ 예회는 보은 봉공으로 복전을 개척하고 대아를 구현하는 시간이다.
   • 그러므로 예회는 교도의 의무가 아니라 교도만의 특권이요 행운
② 기다려지는 예회로 가꾸기
   ㉠ 서원 신심 공심 공부심으로 충만하여 온통 예회에 몰입하고 전력하도록 마음 자세를 늘 새롭게 하자.
   ㉡ 의무적이고 허송하는 시간이 아니라 기쁨과 은혜 충만의 시간이 되도록 모두 합심 합력하자.
   • 교무는 맛있고 영양가 있는 밥상을 차리듯 예회를 준비하고
     교도는 배고픈 심경으로 밥상을 찾듯 법열이 충만하고
     교당은 잘 짜인 조직과 프로그램으로 물샐 틈 없이 예회를 진행하고
   → 예회를 통해 일원상의 진리와 교법에 귀의하여 은혜에 감사하고, 마음의 평온과 안식과 지혜와 용기를 얻어서, 새 사람 새 생활로 전환하는 거듭남을 이루어 각자 특별한 원력을 더욱 뭉쳐가는 은혜 충만한 법 잔치가 되게 하자.
③ 평소 모든 일을 미리 처결하기
   ㉠ 계획적인 일 처리로 예회에 지장이 없도록 하자.
   ㉡ 예회 날에는 다른 계획을 세우지 않는다는 인식을 주변에 심자.

ⓒ 예회를 통해 은혜를 입어야 평소 모든 일이 잘되어진다는 믿음을 확고히 하자.

6) 제6조 : 교당에 다녀갈 때에는 어떠한 감각이 되었는지 어떠한 의심이 밝아졌는지 소득 유무를 반조返照 하여 본 후에 반드시 실생활에 활용하기를 주의할 것이니라.

　■ **반성하고 서원하는 공부**
　① 교당에 다녀갈 때에는 반드시 반성하자.
　　㉠ 교당 다니는 목적과 소득 유무 반조
　　㉡ 신심, 서원, 공심, 공부심 반조
　　㉢ 교무와 또는 법동지간의 관계 반조
　　㉣ 주인 정신과 일꾼의 자세 반조
　　㉤ 교도 의무 이행 반조
　② 늘 서원을 새롭게 하자
　　㉠ 배운 바를 실천하여 복과 혜를 가꾸기
　　㉡ 입교 운동에 앞장서기
　　㉢ 교당 일을 주인 정신으로 살피기
　　㉣ 법동지 챙기기
　　㉤ 공부 거리 장만하기 (다음 예회 준비)
　　㉥ 사회에 주도적으로 참여하여 은혜를 나누고 원불교의 위상 드높이기

7) 질의와 대안

(1) 교당 내왕시 주의 사항에서 신앙 훈련은 어떻게 해야 하나?

> **시안**
>
> ### 교당 내왕시 주의 사항
> 1. 상시 응용 주의 사항으로 공부하는 중에 어느 때든지 교당에 오고 보면 법신불 일원상을 참배하고 감사와 참회와 서원의 기도 드리기를 주의할 것이요,
> 2. 그 지낸 일을 일일이 문답하기를 주의할 것이요,
> 3. 어떠한 사항에 감각된 일이나 특별히 의심나는 일이 있으면 이를 제출하여 지도인의 감정과 해오 얻기를 주의할 것이요,
> 4. (원문과 동일)
> 5. (원문과 동일)
> 6. (원문과 동일)

■ 함께 생각하기

원불교 교당의 주기능은 무엇인가?

(2) 「4. 매년 선기에는 선비를 미리 준비하여 가지고 선원에 입선하여 전문 공부하기를 주의할 것이요,」 이 조항은 표현과 내용상에서 검토해야 할 점이 있음. 표현상에서는 '전문 공부하기'가 아니라 '미리 입선 준비하기'를 주의해야 하는 것이고, 내용상에서는 시간이 흐를수록 '선비禪費'보다는 '일자 조정'의 비중이 더 커져가는 실정인 점

> **시안**
>
> 1안: 매년 (선기에) 선원에 입선하여 전문 공부를 하기 위하여 미리 (일정을 챙기고 선비) 준비하기를 주의할 것이요,
>
> 2안: 매년 정기 훈련을 받기 위하여 미리 일정과 훈련 과제를 챙기고 선비 준비하기를 주의할 것이요,

제3절 정기 훈련법과 상시 훈련법의 관계

1) 요지
　① 정기 훈련법은 정靜할 때 공부로서 수양과 연구를 주체삼아 상시 공부의 자료를 준비하는 공부법 (저축 삼대력 양성)
　② 상시 훈련법은 동動할 때 공부로서 작업 취사를 주체삼아 정기 훈련의 자료를 준비하는 공부법 (활용 삼대력 양성)
　③ 그러므로 이 두 훈련은 서로서로 도움이 되고 바탕이 되어 재가 출가 모든 공부인에게 일분 일각도 공부를 떠나지 않게 하는 길

2) 유의 사항

(1) 상시 훈련이 법답게 진행되어야 정기 훈련이 실다워진다.
　① [상시 응용 주의 사항]과 [교당 내왕시 주의 사항]을 빠짐없이 실천하여 지도인의 감정과 지도를 받아야 한다.
　② 정기 훈련에 임할 준비가 철저해야 한다. 훈련 일자와 훈련 경비를 비롯하여 집중적으로 훈련해야 할 과제를 미리 챙겨야 한다.

(2) 정기 훈련이 효과적으로 진행되어야 상시 훈련이 활기차게 진행된다.
　① 정기 훈련 내용이 기본 공통 분야와 각 공부인에 요구되는 맞춤형 분야가 아우러져 구성되어야 한다.
　② 정기 훈련을 통해서 상시 훈련에 집중적으로 공부해야 할 분야를 찾고 그 기본 원리와 방법을 익혀야 한다.
　■ **병을 치료하기 위해 평소에는 일반 병원을 찾고, 집중적 치료를 위해서는 종합 병원을 찾듯 마음병 치료 위해 평소에는 일상생활과 교당에서 훈련하고, 집중적 치료를 위해서는 훈련원과 선원 찾음**

제3장 염불법 念佛法

1. [염불법] 소개

1) [염불법]의 대의
① 천만 가지로 흩어진 정신을 일념으로 만들기 위한 공부법
② 순역順逆 경계에 흔들리는 마음을 안정시키는 공부법

2) 염불의 목적
① 과거에는 부처님의 신력에 의지하여 서방 정토 극락에 나기를 원하며 미타성호를 염송하는 경향이 있었음
② 원불교는 자심미타自心彌陀를 발견하여 자성 극락에 돌아가기를 목적함
  ㉠ 염불의 문구인 '나무아미타불'은 무량수각無量壽覺에 귀의한다는 뜻
  ㉡ 우리의 마음은 원래 생멸이 없으므로 곧 무량수. 그 가운데에 또한 소소 영령하여 매昧하지 아니한 바가 있으니 곧 각覺
  ㉢ 우리의 자성은 원래 청정하여 죄복이 돈공하고 고뇌가 영멸永滅하였으니, 이것이 곧 여여하여 변함이 없는 자성 극락

3) 염불 공부의 특징
① 누구나 어디서나 쉽게 닦을 수 있는 공부법
② 효과가 빨리 그리고 크게 나타나는 공부법
■ 현대 사회에 특히 필요한 공부이고 누구나 마음만 먹으면 쉽게 할 수 있는 공부법으로 염불 공부를 적극 권장하자.

4) 염불과 좌선의 관계
- 정신 수양 공부법으로 그 공덕이 같고, 서로 표리의 관계임

5) 교리 형성
① 원기10년(1925) : 훈련법을 발표
   (정기 훈련의 수양 과목으로 염불 지정)
② 원기13년(1928) : 좌선과 함께 단원 성적 조사 대상에 해당
③ 원기16년(1931) : '정신을 수양할 때에 천만가지로 산란한 정신을
   일념으로 모으기 위하여 염불을 주장하고'
   (불법연구회 통치조단규약)
④ 원기17년(1932) : '염불이라 함은 우리의 지정한 주문 … '
   (보경육대요령)
⑤ 원기28년(1943) : '염불이라 함은 본회의 지정한 … ' (불교정전)
   '일기법의 학습란 중 … 염불, 좌선, 경전 …
   시간 수를 기재 …' (근행법)
⑥ 원기47년(1962) : 불교정전의 표현을 약간 수정 보완 (원불교 정전)

2. 염불의 방법

- 먼저 염불의 대의와 목적, 원리를 바르게 이해하고
  - 생멸 없는 각자의 마음에 근본하고 거래가 없는 한 생각을 대중함
  - 천만 가지로 흩어지는 정신을 오직 미타 일념彌陀一念에 그치며, 순역 경계에 흔들리는 마음을 무위 안락의 지경에 돌아오게 함

(1) 몸 고르기
- 편안히 앉아서 자세를 바르게 하고 기운을 안정시킨다.
  - 몸을 흔들지 말 것

- 상황 따라 서서하거나 걸으면서 하거나 일을 하면서 진행

(2) 정신 집주하기
- 서원 신심 공심 공부심으로 충만하여 오직 염불 일성에 집주하겠다는 마음 가짐으로 임한다.

(3) 음성 고르기
- 너무 작게도 너무 크게도 말아서 오직 기운에 적당히 한다.

(4) 마음 고르기
① 천만 생각을 다 내려놓는다. (만념을 천념으로 … 일념으로)
② 오직 한가한 마음과 무위의 심경을 유지한다.
③ 외불外佛을 구하거나 미타 색상을 상상하거나 극락 장엄을 그려내는 등 다른 생각을 하지 않는다.
④ 오로지 염불 일성에 집주하되, 일념과 음성이 같이 연속되게 한다.

- **참조 법문**

① 대종사 염불방에서 말씀하시었다. '알뜰한 염불 한 마디에 영단이 좁쌀 하나 만큼씩은 뭉쳐질 것이다.' (선외록, 일심적공장 5절)
대종사 말씀하시었다. '사심 없는 염불 한 번에 좁쌀만큼씩 영단靈丹이 커진다. 한 동네 한 면 한 나라 전 세계를 다 비출 수 있는 영단을 길러라. 성현의 영단은 동서고금과 삼세를 다 비추는 영단이다.'
(선외록, 원시반본장 23절)

② 대종사 서울 교당에서 수양 방법에 대하여 말씀하시었다. '초학자는 좌선보다는 염불을 많이 하라.'
이공주 여쭈었다. '노인은 모르지만 젊은 사람이 어찌 나무아미타불을 부르고 있겠나이까.'

대종사 말씀하시었다. '그러면 글귀는 외우겠는가.'

공주 사뢰었다. '글귀야 얼마든지 외울 수 있겠나이다.'

대종사 말씀하시었다. '그렇다면 염불 대신 외울 글귀 하나를 지어줄 것이니 받아쓰라.'하시고 즉석에서「거래각도무궁화 보보일체대성경 去來覺道無窮花 步步一切大聖經」이라 하시었다.

함께 있던 성성원成聖願이 여쭈었다. '저도 염불은 남이 부끄러워 못하겠사오니 글귀 하나 지어주소서.'

대종사 웃으시며 말씀하시었다. '그러면 또 받아 써 보라.'하시고「영천영지영보장생 만세멸도상독로 永天永地永保長生 萬歲滅度常獨露」라 하시었다.

그 후 몇 해를 지나 그 글귀를 성주聖呪라 제목하여 영혼들의 천도 주문으로 사용하였다. (선외록, 최종선외장 2절)

③ 염불에 몇 가지 단계가 있나니, 부처님의 명호를 구송만 하거나 그 상호 등을 염하고 있는 것은 하열한 근기의 염불이요, 부처님의 원력과 부처님의 마음과 부처님의 실행을 염하여 염불 일성에 일념을 집주함은 진실한 수행자의 염불이니라. (정산종사법어 경의편 28)

3. 염불의 공덕

(1) 염불을 오래하면 자연히 염불 삼매를 얻어 능히 목적하는바 극락을 수용할 수 있음 (좌선의 공덕과 같음)

(2) 염불과 좌선은 한 가지 수양 과목으로 서로 표리의 관계로 활용하여 공부를 진행하면 효과가 더 큼

① 만일 번뇌가 과중하면 먼저 염불로써 그 산란한 정신을 대치하고 다음에 좌선으로써 그 원적의 진경에 들게 함

② 낮이나 외경이 가까운 시간에는 염불이 더 긴요하고 밤이나 새벽 기타 외경이 먼 시간에는 좌선이 더 긴요함

4. 의견 제안

■ 염불 공부의 효과를 높이고 대중화를 위해 신앙적 염불법을 병행하면 어떨까? (단전주 선법을 주로 하되 때에 따라 간화선의 화두를 단련하듯)
  • 정신 수양으로서 염불법에 병행하여 수행적 염불에 취미를 붙이지 못하거나 또는 위급한 상황에 처했을 때나 극심한 번뇌 망상으로 괴로운 때 아미타불의 원력과 위력에 귀의하는 염불법을 활용했으면 함

제4장 좌선법 坐禪法

1. [좌선법]의 소개

1) 좌선의 요지
① 마음에 있어 망념을 쉬고 진성을 나타내는 공부 (식망 현진 息妄顯眞)
② 몸에 있어 화기를 내리게 하고 수기를 오르게 하는 방법
    (수승 화강 水昇火降)

2) 선禪의 어원 : 인도에서 유래
- **dhyana**. 선나(禪那-한자음역어). 삼매(三昧: Samādhi-산스크리트어). 사유수思惟修. 정려靜慮

3) 선禪의 두 가지 맥脈
① 묵조선默照禪 : 묵묵히 앉아서 생각을 멈추고 마음을 관함. 불교의 조동종曹洞宗 계통으로서 일본에서 널리 행함
② 간화선看話禪 : 화두를 들고 몰두함. 화두에 마음을 매어두고 집중. 화두로 망념을 불사름. 임제종臨濟宗 계통으로서 한국에서 널리 행함

4) 좌선 수련의 시대적 의의
- 후천개벽 시대 물질개벽의 대활동기를 맞아 많은 일 속에서 바쁘게 살아가는 현대인에게 좌선 공부는 마음 안정, 밝은 지혜, 빠른 판단력, 부동심과 불방심, 활기차고 원만한 심신 작용을 하는데 필수적인 정신력을 양성시켜 줌

5) 선禪이란
- 누군가 선禪을 닦았을 것이고, 닦으니 몸도 편하고 기운도 안정되고 마음도 밝아져 기쁘게 계속했을 것이고, 그 전통을 이었을 것
선은 누구나 반드시 닦아야 한다는 생각에서 괴롭고 힘들어도 억지로라도 닦으려고 무리하게 진행하지 말고, 너무 방법에 매이지도 말고, 스스로 행복한 삶을 위하여 편하고 기쁘게 닦아보자.

① 원적무별한 진경에 그쳐서 다시없는 심락을 누리는 것
  - '이제는 돌아와 거울 앞에 선'과 같이 이제는 돌아와 마음의 고향에 안주함
  - 정신을 쉬고 쉼
  - 온전한 정신을 차림
  - 고요하고 두렷한 본래 참마음을 회복함

② 마음 허공을 알아 마음 허공 이용하는 법을 익히는 것
  - 멈추어 침묵함
  - 공적영지의 광명을 회복함
  - 텅 빈 충만의 진공묘유심을 보림 함축함
  - 공가空家 공계空界 공보空寶를 개발하여 활용 자재함

③ 마음의 힘을 기르는 것
  - 밖으로 정신의 소모를 막고 안으로 집중함
  - 마음의 중심축을 확고히 형성하고 정신력을 강화해감
  - 무진장의 정신적 에너지를 함축함 (원기元氣 함양)
  - 심신의 자유를 확보함

④ 생명(몸과 마음)을 온전히 보존하는 것
  - 정신과 기운을 머리에서 배(단전)로 내림
  - 심신의 상처를 치유함
  - 심신을 아름답게 장엄함
  - 심신의 활력을 증진함

⑤ 생사를 해탈하고 자재하는 힘을 기르는 것
- 분별 집착심을 비움
- 적적 성성한 일심을 회복함
- 거래 없는 한 생각의 대중심을 확보하고 지속함
- 생멸 거래가 끊어진 자리를 요달하여 생사를 해탈 자재함

2. 좌선의 방법 (1)

1) 몸 고르기 (조신調身)

① 편안히 앉은 후에 머리와 허리를 곧게 하여 앉은 자세를 바르게 한다. 좌선을 한다는 의식과 긴장감으로 자칫 몸이 경직 될 수도 있고 어깨나 목 허리 등에 힘이 들어갈 수도 있으므로, 편안하고 자연스럽게 앉되 허리를 곧게 하여 앉아야 오래 선을 닦을 수 있다. 반좌盤坐 후 몸을 전후 좌우로 흔들어서 자세를 고른다.
- 반좌盤坐 : 결가부좌結跏趺坐, 반가부좌半跏趺坐, 평좌平坐
- 허리 : 요골 수립腰骨竪立 (반듯하게)
- 항문 : 긴찰 곡도緊紮穀道 (꽉 조이기)
- 다리가 저리고 아플 때 : 다리를 서로 바꾸기, 몸을 좌우로 흔들기, 다리의 기운을 의식적으로 통해주기

② 눈眼은 자연스럽게 반개半開하여 약 1.5m 앞 시선이 닿게 함 (혹 감고도 함)

③ 턱은 당기고 목은 곧게 함

④ 전신의 힘과 기운을 단전에 '툭' 부리기
- 얼굴과 어깨의 힘을 빼고 편안하고 자연스럽게
- 머리와 허리가 굽지 않게 반듯이
- 단전에 부린 기운이 단전을 중심으로 고루 전신에 확산하여 순환하도록

2) **호흡 고르기 (조식 調息)**
   ① 선을 시작하기 전에 몸 안에 남아있는 숨과 기운의 찌꺼기를 내 보낸다.
   ② 단전호흡을 자연스럽게 진행한다.
   - 호흡을 너무 인위적으로 하면 숨이 가빠지고, 상기가 될 수 있으므로 단전에 주한다는 유념 외에는 자연스럽게 진행한다. (유념도 무위로, 무위중 대중심 잡고)
   - 긴 호흡을 진행하면 들이쉬는 숨이 약간 길고 강하게, 내쉬는 숨은 약간 짧고 약하게 된다. 그러나 너무 의식하지 않고 자연스럽게 단전 대중만 잡고 진행한다.
   - 호흡의 대중심을 놓치면 망념, 수면 또는 자세가 흐트러지기 쉽다.
   - 평소에 흉식 호흡, 복식 호흡 연습하기 : 요가, 기마 자세
   ※ 단전의 위치: 배꼽 밑 아랫배 주름진 부위. 단전에 주住 할 때 몸이 안정감을 유지하고 수승 화강이 되고 마음과 기운이 상쾌하고 편안해진다. 기마 자세로 호흡하면 단전의 위치를 잡는데 효과적이다.

3) **마음 고르기 (조심 調心)**
   ① 서원, 신심, 공심, 공부심 충만으로 '멈춤'과 '붙잡음' 유지
      ㉠ 몸을 쉬고 기운을 가라앉히고 마음을 일단 멈추어서 비움
      - 몸의 안정과 휴식, 기운의 평정과 조화, 의식의 대상 지향성 차단과 분별 망상의 정화
      ㉡ 잡으면 있어지고 놓으면 없어지는 그 미묘한 마음을 붙잡음
      - 빼앗긴 마음, 놓쳐버린 마음을 되찾아 붙잡음
   ② 마음의 '묶음'과 '묶임' 유지
      ㉠ 마음을 단전에 묶음 (유념)
      ㉡ 마음이 화두에 묶임 (화두의 낚시 바늘에 꿰임)
      - 선할 때 단전에 묶고 연구할 때 화두에 묶이고
   ③ '주住함'과 '집중' 유지

㉠ 진공묘유의 일심에 주住한 바 없이 주住함

㉡ 화두에 묶이되 묶인 바 없이 집중

- 적적성성·성성적적의 대중심 길들이고, 그 대중심으로 화두에 몰입

④ '비움'과 '녹임' 유지

㉠ 비우고 또 비워 광명이 솟아남

㉡ 화두에 사무치는 치열한 열정으로 무명을 녹임

⑤ '보림'과 '응용' 병행

㉠ 적적성성·성성적적한 가운데 공적영지의 광명과 진공묘유의 조화력을 보림 함축

㉡ 공적영지의 광명과 진공묘유의 조화력을 무시선을 통해 육근 작용에 응용하여 만능을 단련

4) 졸음과 망념의 대처

① 졸리면 눈을 뜨고, 일어나고, 정신을 바짝 차리고, 목적 반조하여 공부심을 챙긴다.

② 망념이 일어나면 단지 망념인 줄만 알아차린다.

참고

좌선의 방법(2)

1) 몸 고르기
- 자세를 바르고 편안하게
- 긴장하는 곳 없도록 다 풀고, 몸을 반듯하게

2) 기운 고르기
- 전신의 힘을 단전에 '툭' 부리고 단전을 중심으로 기운이 전신全身에 막힘없이 통하여 순환하도록

> **참고**
>
> 3) 숨 고르기
>   - 자연스럽게, 고르게
>   - 단전호흡 연습
>
> 4) 생각 고르기
>   - 여러 생각을 한 생각(단전 집중, 일심 집중)으로 거두어 그 한 생각마저 텅 비우고 「진공묘유眞空妙有」를 표본標本삼음
>   ① 망념이 일어나면 "망념이구나"하고 대처함
>   ② 졸리면 눈을 뜨고 함
>   - 선禪이란 머리를 놓고 배(단전)로 내려오는 수련이다.
>   · 단전으로 숨 쉬고 생각하고 말하고 행동하고
>
> 5) 일심一心 대중하기
>   ① 단전에 기운 주하고 호흡 대중이 풀어지지 않도록 함
>   ② 텅 빈 가운데 초롱초롱 함을 대중함 (적적성성 · 성성적적)
>   - 일심一心을 챙긴다는 그 마음이 도리어 일심一心을 방해하므로 여유롭고 자연스럽게
>   - 망념을 쉬고 진성을 길러서 오직 공적영지空寂靈知가 앞에 나타나게 함
>   (수행품 12)

3. 좌선의 공덕

1) 경거망동하는 일이 차차 없어짐
① 행동의 멈춤과 생각의 비움을 닦기 때문
② 심신心身의 중심中心을 잡기 때문
③ 마음에 힘이 뭉치기 때문

2) 육근 동작에 순서를 얻는 것
   - 마음에 안정을 얻어 경거망동하지 않고, 맑고 밝은 생각으로 정신 차려 동작의 순서를 찾아 행하기 때문 (안정, 여유, 밝은 판단)

3) 병고가 감소되고 얼굴이 윤활해 짐
   ① 마음에 번뇌 망상이 줄어들고 마음병이 치유되기 때문
   ② 수승 화강이 잘 되고 기운이 잘 통하기 때문
   ③ 육근 작용이 순서를 얻어서 일의 실수가 적으므로 고통 받을 일이 줄어들기 때문
   ④ 고락이 끊어진 자성 극락을 맛보기 때문
   ⑤ 마음에 힘이 쌓여 자신감이 넘치기 때문

4) 기억력이 좋아짐
   ① 집중력이 강화되기 때문
   ② 분별 망상심과 잠재된 무의식이 정화되어 마음이 맑아지기 때문

5) 인내력이 생겨남
   ① 호흡 조절, 기운 조절, 몸 조절, 마음 조절로 참을성이 길러지기 때문
   ② 객기와 업력이 소멸되어가기 때문
   ③ 시공을 초월한 빈 마음을 관하기 때문

6) 착심이 없어지는 것
   - 마음을 비우고 업력을 녹이기 때문

7) 사심이 정심으로 변하는 것
   - 중생심이 녹아나고 업장이 소멸되기 때문

8) 자성의 혜광이 나타나는 것
   - 번뇌 망상이 잠자고 무명이 타파되므로

9) 극락을 수용하는 것
   ① 자성을 회복하기 때문
   ② 마음의 자유를 얻기 때문

10) 생사에 자유를 얻는 것
   ① 생사가 없는 자성을 관하기 때문
   ② 생사를 자유할 마음의 힘을 얻었기 때문
   ③ 모든 착심과 업력을 소멸하였기 때문

4. 단전주丹田住의 필요
- 단전주 선법은 마음과 기운을 단전에 주住하여 안정을 얻고 망념을 가라앉혀 원적무별한 진경을 회복해 가는 것
① 단전주는 마음을 단전에 주한 즉 생각이 잘 동하지 않고 기운도 잘 내려가 안정을 쉽게 얻을 수 있기 때문이다.
② 마음을 단전에 주하고 옥지玉池에서 나는 물을 많이 삼켜 내리면 수화가 잘 조화되어 병고가 감소되고 얼굴이 윤활해지며 원기가 충실해지고 심단이 되어 능히 수명을 안보할 수 있기 때문이다.
③ 특히 현대의 바쁜 일상 속에서 많은 생각과 일을 진행해야 하는 상황에서는 평소 그 마음과 기운과 호흡 대중을 단전을 중심으로 하는 것이 온전한 생각으로 취사하고 활력 있는 심신 작용을 진행하는데 매우 유익하다.
④ 단전주법이 혹 무기無記의 사선死禪에 빠질 수 있다는 비난에 유의하자.
   • 선禪공부에 대한 필요성을 깊이 자각하고 선공부의 목적의식을 확

고하게 세워 나가자.
- 단전주법을 바르고 자세히 익혀서 후천개벽 시대에 그 우수성을 확인하자.
- 간화선의 특징과 그 장단점을 명확히 인식하자.
- 너무 서두르거나 건성으로 하지 말자.
- 선공부를 마음 고향, 극락 찾아가는 기쁨과 설렘으로 하자.
- 가급적 눈을 뜨고 선을 닦자.
- 선공부에 방해되는 일을 짓지 말며 일찍 잠자리에 들자.
- 대중과 함께 닦아가자.
- 지도인의 감정과 지도 그리고 동지 간의 의견 교환 속에 진행하자.
- 쉬지 말고 꾸준히 밀고 나가자.
- 단전주법만 지속하지 말고 의두 연마 시간을 두어서 정과 혜를 쌍수하자.

→ 이상과 같이 진행하면 어렵지 않게 무기공으로부터 헤어나 동정 없는 진여성眞如性을 체득할 수 있다.

5. 함께 생각하기

- 원불교의 좌선은 주로 새벽이나 조용한 저녁 시간을 이용하여 닦는데 현실적으로 새벽이나 저녁 시간에 좌선 공부하는 공부인이 교단적으로 얼마나 되며 수마(졸음)에 빠지지 않고 일심을 지속하는 집중도가 얼마나 될까?
  - 불법佛法의 시대화 대중화 생활화를 추구하는 본교의 입장에서 누구나 쉽게 각자의 처지에서 좌선이나 기타 다른 선禪수련을 할 수 있는 여러 방법을 개발하자.
  - 단전주 선법의 제일 과제가 졸음 방지이다. 맑은 정신으로 기쁘게 즐기면서 선공부하는 방법은 없을까?
    특히 젊은이들에게 새벽이나 밤 시간에 반듯하게 앉아서 한 시간 이상을 줄지 않고 선을 닦으라 하는 것은 지금까지 예비교역자들의 교육 훈련 현장에서 지도해온 경험으로 비춰볼 때 대중화하기가 결코 쉽지 않다는 생각을 해 오고 있다.

- 과거에는 해가 지고 저녁이 되면 특별한 경우를 제외하고 일찍 잠자리에 들었으므로 새벽에 자연적으로 일찍 잠에서 깨어 맑은 정신으로 좌선 공부를 할 수 있었을 것이다. 밤에도 대낮처럼 밝음 속에서 생활하는 지금에 이르러서는 어느 때 좌선을 닦아야 가장 효과적일까?

제5장 의두 요목
疑頭要目

1. [의두 요목]의 소개

1) 의두 요목의 의미
- 의두는 진리를 깨치기 위해 연마하는 의심 머리라는 뜻
  화두話頭, 공안公案 등으로 일컬음
- 의두는 대소유무의 이치와 시비이해의 일이며 과거 불조의 화두 중에서 의심나는 제목을 연구하여 감정을 얻게 하는 것이니, 이는 연구의 깊은 경지를 밟는 공부인에게 사리 간 명확한 분석을 얻도록 함 (정기 훈련법)
- 제5장의 [의두 요목]은 의두와 성리를 구분하지 않고 연마하는 공부 과목

2) 교리 형성
① 수양연구요론 : 각항 연구 문목 137개 조항 (원기12년)
② 보경육대요령 : 문목과 성리로 분화 정리하여 연구 문목의 비중이 대폭 축소됨 (원기17년)
③ 불교정전 : 의두 요목 47조로 정비 (원기28년)
「의두라 함은 본회 교과서 내에 대소유무의 이치와 시비이해의 일이며 일체 인간사에 의심나는 제목을 이름이니, 어떠한 제목이든지 각자의 연구 대로 그 해결안을 제출하여 감정을 얻게 하는 것으로써 이는 본회 초등교과서를 마치고 연구의 실지경實地境을 밟는 공부자에게 사리 간 명확한 분석을 얻도록 함이요.」

3) 의두와 성리

(1) 개념
① 의두는 모든 의심건을 의미한다. 성리도 결국 의심건이므로 의두의 입장에서 보면 모두가 의두에 포함되며, 의두의 귀일처가 성리다.
② 성리는 우주의 근본 이치와 우리의 자성 원리를 의미한다. 의두의 하나하나가 다 성리에 근원하지 않음이 없으니 성리의 입장에서 보면 모두가 성리에 포함되며, 성리의 지엽까지 확산이 곧 의두다.

(2) 연마법
① 의두는 들어가는 범위가 넓고, 성리는 들어가는 경지가 깊다.
② 의두는 지엽(용用)으로부터 본래(체體)까지 연마하나, 성리는 체體자리를 주로 연마하여 지엽까지 통달한다.
③ 의두는 의리선義理禪으로 언설이 필요하나 성리는 여래선如來禪, 조사선祖師禪 격외로 언설이 별로 필요 없다.
④ 의두는 궁굴리고 분석하나, 성리는 직관 점두直觀點頭한다.
⑤ 의두는 바른길을 가도록 감정하고, 성리는 어디까지 깊어졌는지 인가認可를 내린다.
⑥ 후천개벽의 현대 사회에서는 특히 의두와 성리를 아울러 공부해야 한다. 현대의 복잡하고 급변하는 세상이 밝고 빠른 판단력(문제 해결 역량)과 본래의 온전한 마음의 빛으로 관하는 직관력(생명, 인간, 우주에 대한 통찰 역량)을 동시에 요구하기 때문이다. 또한 상호 보완함으로써 원만한 지혜와 심신 작용이 가능해진다.

(3) 의두 공부
• 의심건을 찾아 궁굴려서 해답을 얻고 문제 해결 능력을 갖춤
① 의심 거리 발견하기 : 진지한 생활, 관심 집중, 창의적 안목, 호기심으로

② 의심을 궁굴리고 의견 교환하기 : 오래오래 연마하고 의견을 교환하며 의심을 견디고 지속해 가는 열정으로 밀고 나아감
③ 의심건을 해결하고 문답 감정 받기 : 바른 해오 얻고 문답 감정을 디딤돌로 더 깊고 넓은 의두 단련으로 발전해감
④ 실행에 옮겨 검증하고 보완하고 증득함

(4) 의두 공부의 효과

① 현대 사회가 요구하는 문제 발견 능력과 문제 해결 역량을 키워줌 : 문제의식, 분석력, 판단력, 창의력, 설득력 등
② 까닭 있는 생활로 나아가게 함 : 일상생활 속에서 진리에 늘 깊은 관심과 호기심을 갖고 지속적으로 탐구를 진행시킴. 사심 잡념과 나태를 방지해 줌

(5) 성리 공부

- 회광 반조로 무명 업장을 녹여서 자성 광명 회복

① 화두에 걸리고 몰입함 : 범부 중생의 일상성에 빠진 생활과 고착된 사고의 틀을 벗어나, 화두에 관심과 열정을 집중함. 일심 이룸
② 화두 일념에 사무쳐 마침내 돈망하여 진공에 이름
③ 진공 가운데 생생 약동하는 묘유(광명과 조화)를 확보함
④ 일체 경계에서 진공묘유를 잃지 않고 함축함 : 경계를 당하여 요란하지도, 어리석지도, 그르지도 않게 마음 관리
일이 없으면 수양으로 진공묘유 단련
⑤ 진공묘유의 마음을 일체 경계에 자유자재로 활용함

(6) 성리 공부의 효과

① 밖으로 정신 빼앗기고 안으로 분별 망상에 빠져 순연한 본래심을 잃고 정신력 고갈 상태에서 살아가는 삶에서 밖으로 지향하는 의식을 차단

하고 안에서 일어나는 분별 망상심을 잠재워 순연한 본래심을 찾고 무진장의 원기元氣를 확충해 감

② 공부인에게 속 깊은 진리 연마의 길을 열어줌

흩어진 마음을 모아 일심을 키우고 집중하여 무명 업장을 타파하고 자성 광명을 회복 (견성見性, 견불見佛)

- 생명, 인간, 우주, 진리에 깊은 통찰력과 밝은 지혜를 갖추게 함
- 실천 의지를 강화하고 실천의 역량을 확충 함
- 처처 불상·사사 불공의 밝은 길을 열어감
- 진공묘유의 자성을 요달하여 원만한 삼대력을 양성해감

(7) 의두와 성리 공부를 아울러 진행함으로써 서로 바탕하여 폭 넓고 깊이 있고 생동감 있는 공부가 진행됨

- 의두 연마가 성리 공부의 단초가 되고 촉진제 역할
- 성리 연마가 의두 공부의 빛이 되고 집중력 제공
- 의두는 초논리에 치중하는 성리 공부인에게 합리적 이해력을 보완해 줌
- 성리는 합리에 치중하는 의두 공부인에게 초논리적 지혜를 보완해 줌

(8) 의두 성리 공부를 잘 하려면?

① 공부의 원력이 사무쳐야 한다.
- 구도의 간절한 마음
- 세상 구원의 큰 서원
- 대종사님 일원 회상의 전법 사도라는 사명감

② 바른 공부심으로 일관해야 한다. (바르게, 정성스럽게)

③ 수도인의 일과 속에서 자연스럽게 진행해야 한다.
- 흔적 없이, 일 속에서, 생활 속에서, 대중과 함께

④ 진지한 생활 태도, 창의적이고 개척적인 생활 태도를 길들여야 한다.
- 당연한 것, 일상적인 것, 직접 관련 없는 것이라고 해서 소홀히 하거

나 그냥 넘기지 않고 깊은 관심과 주의심으로 살피기
- 모르는 것, 애매한 것, 대강 이해하는 것, 상식적인 것에 대해 더 자세히 묻고 연마하기
- 산만하고 분산된 생활을 정리하여 단순화하고 집중화하기

⑤ 화두에 꽉 붙들려야 한다.
- 낚시에 꿰인 고기처럼, 사모하는 대상에 빠진 것처럼, 온통 관심이 집중되고 시간이 흐를수록 사무쳐감

⑥ 각자의 마음속에 「대적공실」을 마련하여 연마한다.

⑦ 스승, 동지와 더불어 문답 감정과 의견 교환을 한다.

(9) 원불교 의두 성리의 특징

■ 「만법 귀일 일귀하처 萬法歸一 一歸何處」 대종사께서 이 화두를 강조하심
- 이 화두 속에 원불교 성리 공부의 특징이 있다고 생각함. 화두가 결국 하나(한 마음)를 찾아서 단련해 체득하고 활용하는 힘을 기르는 공부인데, 이 화두는 한 마음을 만법(일상생활)에서 단련하고, 만법 속에서 한 마음을 자유자재로 활용해 가는 힘을 강화시켜 줌

① 만법 귀일 萬法歸一
- 현대의 복잡하고 분주한 순역 경계 속에서 수많은 심신 작용을 해 갈 때 항상 본래 마음, 한 마음을 돌이키고 (천지 만엽으로 분산되고 욕심에 이끌려 가는 마음을 모으고 가라앉히는 통제력을 기르고, 본래심에 관심 집중하고 돌이키도록 함) - 한 마음으로 돌아가서 그 마음을 여의지 않도록 단련해감
- 잎의 하나하나가 나무에 붙어 한 기운으로 한 생명을 이룸
- 유有는 무無로 무無는 유有로 돌고 돌아 지극하면 유와 무가 구공俱空
- 색불이공 색즉시공 色不異空 色卽是空 : 만물이 이름은 각각이나 둘 아닌 줄 알며
- 치연 작용이나 정체는 여여함 熾然作用 正體如如

→ 만법, 만 경계 가운데서 한 마음 한 원리 한 기운을 찾고 강화해감
　만법이 결국 한 원리, 한 기운, 한 생명, 한 몸임을 체득
　천만 분별심이 결국 한 마음임을 확인하고 확보

② 일귀하처一歸何處
- 한 마음이 그대로 머물지 않고(고정되지 않고) 천만 가지 분별심을 일으키고 천만의 심신 작용을 나툼
- 한 나무에 수많은 줄기, 가지, 잎이 연하여 각각으로 생성해 감
- 구공俱空 역시 구족具足 : 하나가 이미 만법에 완연한데 또다시 돌아갈 곳이 있는가
- 공불이색 공즉시색 空不異色 空卽是色
- 종횡득묘 사사무애 縱橫得妙 事事無碍

■ 대종사님 「변산구곡로 석립청수성 무무역무무 비비역비비」
　　邊山九曲路 石立聽水聲 無無亦無無 非非亦非非
- 현대 문명이 급속히 발전하는 복잡다단한 삶의 한 복판에서 분주히 살아가되 우뚝 정신의 자주력을 확립하여 어떤 것에도 물들거나 섞이거나 흔들리거나 착됨이 없이 자유자재로 생활해 가라.

■ 정산종사님 「유위위무위 무상상고전 망아진아현 위공반자성」
　　有爲爲無爲 無相相固全 忘我眞我現 爲公反自成
- 하염없는 마음으로 치연히 행동하라. 열심히 정진 적공하고 보은 불공을 진행하되 조금의 상도 없이 하라. 나를 잊으매 참 나가 나타나고 봉공에 헌신하매 도리어 큰 나를 이룸이라.

■ 대산종사님 「대지허공심소현 시방제불수중주 두두물물개무애 법계모단자재유」
　　大地虛空心所現 十方諸佛手中珠 頭頭物物皆無碍 法界毛端自在遊
- 대지 허공을 드러내는 소소 영령하고 지극한 마음이여! 이 마음을 단련하여 부처의 역량을 원만히 갖추라. 그리하여 대소유무의 이치를 따라 세상의 시비이해를 자유자재로 건설해 가라.

- 이상의 스승님들 화두는,
㉠ 복잡한 현대 생활 속에서 능히 자유자재로 심신 작용을 나투어 스스로 행복하고 세상에 유익을 주어 모두가 평화롭고 은혜 충만한 세상을 가꾸도록 하신 화두
㉡ 행·주·좌·와·어·묵·동·정 간에 일심(진공묘유)을 떠나지 않고 적극적이고 주도적으로 실생활에 나아가 보은 불공하도록 일깨우는 화두
㉢ 언제나 불리자성不離自性하여 일원의 위력을 얻고 일원의 체성에 합하도록 안내하는 화두
㉣ 정신개벽을 이루어 새 세상의 주인으로 살아가는 화두
㉤ 무아無我를 회복하고 대아大我를 구현해 가는 화두
㉥ 일원 세계 건설을 향한 마음공부와 불공법

2. 의두 요목 해설

1) 세존世尊이 도솔천을 떠나지 아니하시고 이미 왕궁가에 내리시며, 모태 중에서 중생 제도하기를 마치셨다 하니 그것이 무슨 뜻인가.
① 시간, 공간의 상황성에 구애받지 않고 삼세三世를 거래하며 여여히 생활하는 여래如來의 삶 (평상심平常心으로 극락 수용)
- 도솔천의 마음 바탕을 여의지 않고 자재함
② 원래 분별 주착이 없는 성품을 오득하여 마음의 자유를 얻음으로써 일상 생활 속에서 불리자성不離自性하여 주한 바 없이 육근을 작용함
- 도솔천에서는 도솔천에 맞게, 왕궁가에서는 왕궁가에 맞게 일상생활을 진행
③ 원래 제도 받을 것도, 제도할 것도 없는 중생의 본성을 회복하여 거래함
④ 삼세三世를 일관하여 오직 중생 제도의 원력으로 거래함

- 중생 제도에 사무치는 원력이 충만할 때 이미 중생 제도는 시간문제일 뿐

2) 세존이 탄생하사 천상 천하에 유아독존唯我獨尊이라 하셨다 하니 그것이 무슨 뜻인가.
① 세존의 탄생이 바로 유아독존의 자각과 체득이다.
② 세존의 탄생 의미가 곧 유아독존을 몸소 보여주시고, 중생을 깨우치시기 위함이다.
③ 참나(무아無我 대아大我 진아眞我)는 우주 가운데 무등등한 독존이다.
- 중생은 허망한 나에 집착하여 자존자대自尊自大 하다가 때로 좌절에 빠지기도 하며 유아독존을 확보하지 못하고 세속의 욕망을 쫓는다.
④ 자기 본래 면목인 성품을 관하여 공적영지의 광명이 가득하고 진공묘유의 조화가 무궁한 유아독존唯我獨尊을 회복하여 우주에서 가장 고귀한 삶을 살자.

■ 석가모니 부처님께서 탄생하사 사방으로 일곱 걸음을 걸으시고 중앙에 우뚝 서서 한 손은 하늘을 향하고 한 손은 땅을 향하고 '천상 천하에 유아 독존이다'라 외치심
㉠ 지천指天: 하늘을 향한 서원의 손이요, 진리를 우러르는 법선法線의 손으로 무형의 진리에 통通하여(감응하여) 위력을 얻음이다.
㉡ 지지指地: 땅을 향한 굳건한 믿음의 손, 현실의 삶 속에 구석구석 뻗은 소통하는 손이요, 우주만유를 품어서 보은 불공하는 손으로 현실 우주만유와 통通하여 은혜 입고 은혜 베품이다.
㉢ 중앙中央에 자립自立: 깨어 있음이요, 자각함이요, 주체主體가 확립됨이요, 불공력과 삼대력三大力을 구비함이요, 정신의 자주력과 육신의 자활력과 경제의 자립력이 양성됨이요, 세상의 중심에서 세상의 주인 되고 세상의 큰 일꾼으로 우뚝 섬이다.

■ 우주에서 가장 존귀한 삶

3) 세존이 영산 회상에서 꽃을 들어 대중에게 보이시니 대중이 다 묵연하되 오직 가섭 존자만이 얼굴에 미소를 띠거늘 세존이 이르시되 내게 있는 정법 안장正法眼藏을 마하 가섭에게 부치노라 하셨다 하니 그것이 무슨 뜻인가.
① 말과 글로써 이르지 못하는 진리의 구경처
② 진리(법)는 사정私情으로 건네지 못하고 깨달음을 통해 부처님의 경지를 회복한 후라야 이심전심以心傳心으로 가능
③ 항상 불리자성不離自性하여 언제 어디서나 조금의 망설임이나 계교함 없이 그대로 그 자리를 드러내고 심신작용으로 나투자.
  • 깨달은 사람의 언행 속에 그 소식이 다 묻어 나온다.
④ 온갖 격외 도리로 깨우침을 증거하고 검증받자.
  • 만일, 마음은 형체가 없으므로 형상을 가히 볼 수 없다고 하며 성품은 언어가 끊어졌으므로 말로 가히 할 수 없다고만 한다면 이는 참으로 성품을 본 사람이 아니니, 이에 마음의 형상과 성품의 체가 완연히 눈 앞에 있어서 눈을 궁굴리지 아니하고도 능히 보며 입만 열면 바로 말할 수 있어야 가히 밝게 불성을 본 사람이라고 하리라. (성리품 6)

4) 세존이 열반涅槃에 드실 때에 내가 녹야원鹿野苑으로부터 발제하跋提河에 이르기까지 이 중간에 일찍이 한 법도 설한 바가 없노라 하셨다 하니 그것이 무슨 뜻인가.
① 한 법도 설說할 바 없는 진리를 빈 마음으로 설했을 뿐이고, 설한 바 법 그것은 진리 그 자체가 아니라 진리에 이르도록 진리에 대해 한 견해를 피력한 것으로, 법을 설했다는 관념과 상相이 없다.
  • 무유정법無有定法, 법마저 놓아버림

② 세존의 행 주 좌 와 어 묵 동 정이 모두 법 아님이 없다.
③ 자등명 법등명 自燈明 法燈明 하자.
■ 이 의두로써 세존의 법은 무한한 생명력을 얻음

5) 만법이 하나에 돌아갔다 하니 하나 그것은 어디로 돌아갈 것인가.
① 만법이 하나에 돌아갔다.
■ 만법의 뿌리 확인하고 계합하기
㉠ 만법의 근원은 하나 : 한 원리, 한 기운, 한 생명
천만 분별심의 근원은 한 마음 : 진공묘유심
㉡ 천지 만엽으로 분산되어 흩어져가는 마음을 하나로 모으고, 온갖 욕심에 이끌려 가는 관심과 마음을 한 마음으로 돌이키도록 일체 경계와 일체 심신 작용에서 단련한다.
만법 가운데서 하나의 원리를 발견하고 한 기운을 느껴 간다.
• 치연 작용이나 정체 여여함
② 하나 그것은 어디로 돌아갈 것인가
■ 한 이치 한 마음의 응용 자재하기
㉠ 만법이 본래 완연 完然하여 애당초 돌아간 바가 없거늘 하나인들 어디로 돌려보낼 필요가 있는가. (성리품 24)
• 하나의 원리에 바탕한 만법과 한 마음 밖에 있지 않는 천만 분별심을 알아차리도록 강연히 '귀일 歸一', '일귀 一歸'라 했다.
㉡ 일체 경계 일체 심신 작용에 온전한 마음을 그대로 발현하기
• 온전한 생각으로 취사하기. 응무소주이생기심 應無所住而生其心
• 종횡 득묘하여 사사 무애함

6) 만법으로 더불어 짝하지 않은 것이 그 무엇인가.
① 만법의 근원, 천만 분별심의 바탕
② 차별 현상에 묶이지 않고 천지미분전 天地未分前 관 觀하기

상대적 비교심과 간택심을 벗어나 일념미생전一念未生前 반조하기
③ 빈 마음, 평등심 유지하기
④ 부모의 심정, 스승의 심정, 지도인의 마음으로 살기
⑤ 지고한 서원으로 정진하기
- 독존獨尊 독생獨生 독로獨露
- 화이불류和而不流 화이부동和而不同 거진출진居塵出塵

7) 만법을 통하여다가 한 마음을 밝히라 하였으니 그것이 무슨 뜻인가.

① 우주 만법은 그대로 산 경전 : 대소유무의 이치로 건설되고 시비이해의 일로써 운영해감
- 일사일리一事一理, 그 일 그 일에서 알음알이 구함

② 만 경계를 지내면서 한 마음을 단련해 감. 만법으로 마음을 맑히고 밝히고 바루고, 만법을 당하여 보은 불공법 익힘
- 통만법명일심通萬法明一心

③ 한 마음을 밝혀 만법을 통달함
- 명일심통만법明一心通萬法

8) 옛 부처님이 나시기 전에 응연凝然히 한 상이 둥글었다 하였으니 그것이 무슨 뜻인가.

① 무시무종한 영원한 진리, 성품
   우주만유를 통하여 무시광겁에 은현자재하는 진리

② 부처님이 창조하시거나 가르쳐 줄 수 없는 언어도단하고 심행처가 멸한 한 소식을 스스로 깨치고 터득하여 부처 이루자.

9) 부모님에게 몸을 받기 전 몸은 그 어떠한 몸인가.

① 본래 면목本來面目
- 영원히 낳고 죽지 않는 본연 청정한 성품 자리

② 선정禪定을 통해 무위자연의 본래 면목 자리 관하기
  (진여의 본성, 원적무별한 진경)
    • 무시선을 통해 진공묘유심 단련
    • 지여목전 역역고명 물형단자只汝目前 歷歷孤明 勿形段者

10) 사람이 깊이 잠들어 꿈도 없는 때에는 그 아는 영지가 어느 곳에 있는가.
  ① 육신의 감각 기관이 쉬므로 분별 작용이 따라서 일어나지 않았을 뿐
    • 개령個靈과 대령大靈
  ② 일이 없으면 분별심을 거두고 온전한 일심을 양성하고 본연 청정심을 회복하며, 일이 있으면 빈 마음으로 주한 바 없이 온전한 생각으로 취사함
    • 일념미생전一念未生前 소식 관하기

11) 일체가 다 마음의 짓는 바라 하였으니 그것이 무슨 뜻인가.
  ① 만 존재가 마음의 인식 작용으로 비롯하여 열린다.
    마음은 존재 개시開示의 터전
    • 태양이 솟아야 만물이 환하게 드러나듯
  ② 만사 만리가 마음으로 알아지고, 깨우쳐 진다.
    • 천만 가지 존재의 판단, 감정의 분별, 가치의 판단이 다 마음으로 이루어짐
  ③ 마음이 곧 우주만유의 본원인 일원상의 진리
    • 마음은 언어도단의 입정처이요 유무 초월의 생사문
  ④ 자기의 운명과 미래가 다 자기의 마음 작용, 즉 진리에 달렸다.
    • 자기의 조물주는 곧 자기의 마음 (마음이 육근의 운전수)
    • 세상의 운전수는 곧 자기 자신
  ⑤ 그러므로 각자의 마음을 찾아 잘 사용하도록 공부해야 한다.

12) 마음이 곧 부처라 하였으니 그것이 무슨 뜻인가.

① 마음이 참 부처 : 부처님은 마음을 깨달으신 분
② 부처되는 길이 곧 마음을 깨닫는 공부에 있다. 지혜와 덕을 구유한 마음을 깨쳐 회복하자.

13) 중생의 윤회되는 것과 모든 부처님의 해탈하는 것은 그 원인이 어디에 있는가.

① 한 마음 차이에 있다.
  ㉠ 중생의 윤회 : 무명 삼독심으로 인하여 육근이 육경에 물들고 착 되어 망상을 일으키고 끌려 살아감
  ㉡ 부처의 해탈 : 자성의 광명으로 무명을 타파하고 업력을 벗어날 힘을 길러서 육근이 육진 경계에 물들거나 착 되지 않고 자유자재함
② 원래에 분별 주착이 없는 각자의 성품을 오득悟得하여 마음의 자유를 얻자.

14) 잘 수행하는 사람은 자성을 떠나지 않는다 하니 어떠한 것이 자성을 떠나지 않는 공부인가.

① 자성을 표준하여 공적영지의 광명과 진공묘유의 조화로 심신 작용을 진행함
② 진공으로 체를 삼고 묘유로 용을 삼아서 일 없을 때는 일심 양성, 일 있을 때는 정의 실현
③ 일상생활 속에서 자성의 정·혜·계自性 定 慧 戒를 세워 경계에 요란하지도 어리석지도 그르지도 않게 심신 작용을 함
④ 일체 중생의 본성인 일원상 진리를 믿고 체받아 육근에 일원상을 봉안하여 원만구족하고 지공무사하게 심신 작용을 하며, 천지 만물 허공법계를 모두 일원상 진리 부처님으로 모시고 경외심으로 그 일 그 일에서 보은 불공을 진행함

15) 마음과 성품과 이치와 기운의 동일한 점은 어떠하며 구분된 내역은 또한 어떠한가.
　① 동일한 점
　　• 근본이 하나 (나누기 이전의 미분 상태), 한 마음·한 성품·한 이치·한 기운
　② 구분되는 점
　　㉠ 마음 : 성품 정신에서 발하여 분별심을 나툼
　　　　　　 성품 정신 마음을 통합하여 '마음'이라고도 함
　　㉡ 성품 : 마음과 이치와 기운의 근본體 바탕
　　㉢ 이理 : 소이연所以然, 소당연所當然, 까닭, 원리
　　　　　　 성품을 의미하기도 함 (진리, 태극太極)
　　㉣ 기氣 : 실연實然, 생기, 만유를 생동하게 하는 힘, 음양

■ **성性은 체體 마음은 용用**
　이理는 소이연所以然, 기氣는 실연實然으로
　일체一體 양면적 관계임
　　• 성性 : 일념 미생전의 꿈도 없는 때
　　　심心 : 희·노·애·락의 분별심은 없어도 분별을 낼만한 요소가 있는 것으로 대중심이 있고 영령함이 있는 것
　　　기氣 : 성과 심을 담은 육체
　　　이理 : 행하게 하는 것과 보는 것 등등 희·노·애·락이 발하는 이치 (한울안 한이치)

16) 우주 만물이 비롯이 있고 끝이 있는가 비롯이 없고 끝이 없는가.
　① 유상有常으로 보면 여여 자연 하여 무량 세계 건설
　　무상無常으로 보면 우주의 성·주·괴·공과 만물의 생·노·병·사가 끊임없이 진행

② 중도관을 확립하자.
- 유상有常의 입장에서 : 능히 유상함을 이루어 평상심으로
  → 무량 세계를 일관함
- 무상無常의 입장에서 : 능히 무상함을 이루어 역동적으로
  → 늘 새롭게 거듭남
- 유상·무상에 끌려 사는 것이 아니라 스스로 능히 유상을 이루고 능히 무상을 개척하여 운영해 가는 자율적 힘을 기르자 : 주도자, 개척자

17) 만물의 인과 보복되는 것이 현생 일은 서로 알고 실행되려니와 후생 일은 숙명宿命이 이미 매하여서 피차가 서로 알지 못하거니 어떻게 보복이 되는가.
① 인因 → 연緣 → 과果의 인과 이치 달관하기
② 우연히 돌아오는 고락을 생각해 보기
③ 인因을 짓고 난 후 스스로 마음속에서 일어나는 메아리, 반성하는 마음을 헤아려 보기
   인因을 짓고 난 후 상대처와 세상의 반응 그리고 초래되는 결과를 통해 인과 보복의 과정과 그 결과를 헤아려 보기
④ 조상이 과거에 지은 바를 후손이 받는 것으로 미루어 생각하기
⑤ 어제 지은 바를 오늘 받게 되는 것으로, 오늘 지은 바를 내일 받게 됨을 예측할 수 있음
※ 숙명宿命 : 날 때부터 정해진 운명, 전생의 일, 과거세

18) 천지는 앎이 없으되 안다 하니 그것이 무슨 뜻인가.
① 천지에는 공적영지의 광명이 소소 영령하게 온누리에 가득 비침
   - 천지는 무지이지無知而知 무소부지無所不知
     언제 어디서나 다 비추고 다 보아 다 감응 (인과보응)

- 마음과 마음이 서로 통하고 기운과 기운이 서로 응함
  - 인간은 앎이 있으되 다 알지 못하고 천지는 앎이 없으되 다 알고
② 천지 만물이 다 소천지小天地라 천지와 하나로 통함
③ 천지를 속이지 않고 경외하며 밝고 바르게 불공하기

19) 열반을 얻은 사람은 그 영지가 이미 법신에 합하였는데 어찌하여 다시 개령으로 나누어지며, 전신 후신의 표준이 있게 되는가.
① 개령個靈으로서 지은바 업業이 있으므로 연緣을 만나면 다시 개령으로 나누어진다.
② 끊임없이 생멸 거래生滅去來하므로 전신과 후신의 모습이 지은바 업을 따라 다르게 변화된다.
  - 유는 무로 무는 유로 돌고 돈다.

20) 나에게 한 권의 경전이 있으니 지묵으로 된 것이 아니라, 한 글자도 없으나 항상 광명을 나툰다 하였으니 그것이 무슨 뜻인가.
① 공적영지의 광명이 구유한 자성
  - 맑고 밝고 바른 마음, 양심, 이성, 감성, 지각
② 선공부, 의두 성리 연마 공부 등으로 무명을 타파함
  - 청풍월상시 만상자연명
③ 밖으로 향하는 빛을 안으로 돌이킴
  - 일심 집중, 회광 반조
④ 마음 경전 읽어 광명 나투기
  - 아상, 주견, 선입견 비우고 온전한 생각 일으키기
  - 감정을 순화하여 순수한 마음 내기
  - 양심에 대조하여 바른 생각 내기
  - 회광 반조하여 밝은 생각 내기

3. 의견 제안

- 불교 중심의 의두 요목을 '모든 종교의 교지도 통합 활용'하는 정신으로 확대했으면 함

제6장 일기법
日 記 法

1. [일기법]의 소개

1) 대의
- 언제 어디서나 신앙과 수행의 공부(훈련)가 진행 될 수 있도록 점검하고 평가하는 공부(훈련)법
- 대종사님 공부법의 특징 : 일기법을 활용하여 공부(훈련)가 물샐 틈 없이 진행되도록 점검함

2) [일기법]의 형성
① 원기2년 성계명시독
② 원기10년 훈련법제정 : 11과목 가운데 '정기 일기' 포함
③ 원기13년 단원 성적 조사표
④ 원기14년 태조사법
⑤ 원기16년 불법연구회 통치조단규약 : 일기 조사법 제정
⑥ 원기17년 보경육대요령 : '정기 일기(연구과 일기부)'의 내역만 구체화 됨
⑦ 원기28년 근행법 : 상세한 일기 기재법 수록
⑧ 원기28년 불교정전 : 상시 일기 대요, 정기 일기 대요 수록

3) [일기법]을 활용하는 이유
① 성년 시대가 전개되므로 스스로 일기로써 자신의 공부(훈련) 상황을 점검하고 평가할 수 있으므로

② 실생활 속에서, 그것도 갈수록 복잡하고 일 많은 현대 상황 속에서 물 샐 틈 없이 신앙과 수행과 봉공을 진행하는 마음을 관리해야 하므로
- 챙기고 촉진하기 위함

③ 스스로 점검하여 스승의 정밀한 감정을 받아야 하므로

4) 의견 제안
- 정기 일기법과 상시 일기법을 정기·상시에 구분 없이 사용하는 현실이다.
- 지금 교단적으로는 정기·상시 일기 대신 수행 일기로 통합하여 쓰기도 함. 이 모순과 혼란을 해소하기 위해서는 훈련법을 시대 상황에 맞게 정비하면서 함께 일기법도 정비했으면 함

2. 상시 일기법

1) 대의
- 재가 출가와 유무식을 막론하고 당일의 유무념 처리와 학습 상황과 계문에 범과 유무를 반성하기 위한 일기법

① 취사 과목으로서 주로 작업 취사 공부 상황을 점검하여 기재함
② 상시 일기는 정기 훈련과 상시 훈련에 관계없이 지속적으로 함
- 상시 일기장이 저승의 재판 문서이다. 한 평생 일기 공부에만 불식지공不息之工을 쌓아도 큰 공부의 실력을 얻게 될 것 (대산종사)
- 나이든 사람들에게는 유무념 대조법, 젊은 사람들에게는 상시 일기법을 공부 시켜라. 마음공부에 재미 붙여야 권태증을 내지 않는다. 특히 계문을 잘 지키도록 가르쳐라. 계문을 잘 지키면 지옥문이 닫히는 법이다. (대산종사)

2) 상시 일기 쓰기

(1) 유무념 처리

- 모든 일을 당하여 유념으로 처리한 건수와 무념으로 처리한 건수를 조사 기재
  ① 유념 : 하자는 조목과 말자는 조목에 취사하는 주의심을 가지고 한 것
  ② 무념 : 취사하는 주의심이 없이 한 것
  ③ 조사 기재 : 처음 공부할 때는 일이 잘 되었든지 잘 못 되었든지 '취사하는 주의심'을 놓고 안 놓고를 기준으로 번수를 계산함. 공부가 깊어 가면 일이 잘되고 못 된 것으로 번수를 계산함
- 유념 조항 선정은 자신의 근기, 상황, 공부 목표 등을 고려하고 스승의 지도에 따라 함

(2) 학습 상황 기재

- 수양·연구 과목은 공부 시간 수 기재, 예회와 입선은 참석 여부 기재
- 평소 일상생활 속에서도 공부심을 놓지 않고 살아가며 틈틈이 공부 시간을 갖게 함

(3) 계문 대조 기재

- 범과한 해당 조목의 번수 기재
- 계문 대조는 30계문 전체를 대상으로 하거나 근기와 상황 따라 순차적으로 대조해 감
- 일상생활 속에서 계문을 단련함

(4) 문자 서식에 능하지 못한 경우 태조사법太調査法 실시

- 취사하는 주의심을 가지고 한 것은 흰콩
  취사하는 주의심 없이 한 것은 검은콩

- 함께 생각하기 : 흰콩, 검은콩의 구분은 자칫 흑백 차별 문제와 연관이 될 수 있음을 유념해야 할 듯

3. 정기 일기법

1) 대의
- 학원이나 선원에서 훈련 받는 공부인에게 당일 내 작업한 시간 수와 당일 내 수입·지출과 심신 작용의 처리건과 감각 감상을 기재시키기 위한 일기법
  - 당일에 기록하도록 하였음

2) 정기 일기 쓰기

(1) 작업 시간 수 기재
- 당일의 가치 있게 보낸 시간과 허망하게 보낸 시간을 점검하여, 잠시라도 쓸 데 없는 시간을 보내지 말라는 것

(2) 수입·지출 기재
- 당일의 수입 지출을 기재하여 부지런히 수입을 장만하고 될 수 있는 대로 지출을 줄여서 빈곤을 방지하며 살림살이 하는 역량을 기르고 놀고먹는 폐풍을 없게 함

(3) 심신 작용 처리건 기재
- 당일의 시비를 감정하여 죄복을 결산하고, 시비이해를 밝혀 취사의 능력을 얻게 함

① 기재 및 처리
- 시비이해를 감정하여 심신 작용을 진행함
- 심신 작용의 결과를 대조하여 죄복을 결산함
- 시비이해를 밝혀 취사력을 단련함
- 적절한 주제(제목)를 선정함
- 당일에 기재하며 주제에 맞게 객관적으로 기술함
- 일기의 감정과 반성과 다짐을 함

② 지도인의 감정
- 당일에 쓰고, 주제가 일관되고, 빠짐없이 기술되었는가?
- 시비이해를 원만히 감정하여 심신 작용을 진행하였는가?
- 심신 작용의 결과를 대조하고 반성하였는가?
- 죄복을 밝게 결산하였는가?
- 시비이해를 밝혀 취사력을 단련하고 다짐하였는가?

(4) 감각 감상 기재

■ 대소유무의 이치가 밝아지는 정도를 대조하게 함

① 감각
- 진리나 이치에 대한 깨달음
- 우주가 산 경전이요, 각자의 마음이 곧 법으로 일사 일리一事一理라 공부인으로서 일상생활 속에서 보고 듣고 생각하는 가운데 문득 사리나 이치, 원리나 진리에 대한 깨달음이 있게 됨
- 또한 의심건을 발견하여 궁굴리다 보면 문득 깨달음이 생기게 됨

② 감상
- 진리나 이치에 대한 생각
- 인간사나 우주만유의 현상을 접하면서 공부인으로서 진리적인 생각이 일어남
- 문득 진리적인 생각이 떠오름

- **낙엽 떨어지는 것을 보면서**
  - 만유 인력을 깨침 → 감각
  - 세월의 흐름, 무상한 인생의 이치에 대한 느낌이나 생각 → 감상

③ 기재
  - 경계 속에서 공부인으로 까닭 있게 의심건 챙기기
  - 진리성 있는 느낌과 깨우침을 알아차리기
  - 적절한 주제(제목) 선정
  - 당일에 그 느낌, 생각, 깨달음을 주제에 맞춰 충실히 기재하며 대소유무의 밝아지는 정도 대조하기
  - 감정과 반조와 다짐
  - 감각과 착각(주견) 구분하기
    감상과 수상 일기 구분하기
    감각과 감상 구분하기

④ 지도인의 감정
  - 주제가 적절한가?
  - 주제에 충실히 기술하였나?
  - 느낌이나 깨달음이 진리의 원리에 부합하고 신앙과 수행에 도움이 되는가?
  - 대소유무의 이치가 밝아지는 정도를 대조하였나?
  - 감각과 감상과 수상일기를 제대로 구분하여 기술하였나?

제7장 무시선법 (無時禪法)

1. 무시선의 소개

1) 무시선의 요지

① (무시)선禪이란 원래에 분별 주착이 없는 각자의 성품을 오득하여 마음의 자유를 얻게 하는 공부
  - 예로부터 큰 도에 뜻을 둔 사람으로서 선을 닦지 아니한 일이 없음

② 무시선은 무시선·무처선無時禪無處禪의 준말로 때와 장소를 가리지 않고 선을 닦거나 선의 심경을 유지하며 생활하는 것. 일상생활 속에서 동정 간 언제 어디서나 불리자성不離自性을 표준으로 마음을 닦고 생활을 진행하며 육근 작용을 단련하는 공부법
  - 늘 깨어서 정의행을 실천하고 크게 보은하는 삶

③ 무시선에는 좌선을 포함해서 사상선事上禪, 행선行禪, 입선立禪, 와선臥禪 등이 있다.

■ 무시선은 전통적인 선법의 외형外形적 형식과 틀을 벗어나 마음의 원리에 바탕하여 언제 어디서나 누구나 동정 간에 참 마음을 닦고 참 마음에 바탕하여 육근 작용을 원만히 진행함으로써 생활을 빛나게 하는 새로운 혁신적 선법
  - 소태산 대종사님의 선법이다.

2) 무시선의 특징

① 원만한 성품 단련의 선 : 시공時空, 동정動靜, 상황의 어떠한 형식적 제약에 구애받지 않고 진공으로 체를 삼고 묘유로 용을 삼는 자성 원리에 표준 하여 언제 어디서나 닦을 수 있는 선禪

② 원만한 생활 역량 단련의 선 : 생활과 경계 속에서 마음을 단련하고 심신 작용의 역량을 키우며 일을 성공시키는 선禪
③ 원만한 심신 단련의 선 : 무사시에는 일심을 양성하고 유사시에는 정의를 양성하여 삼학三學을 병진함으로써 심신을 법력 있고 활력 있고 쓸모 있게 단련해 가는 선禪

3) 선禪의 변천
① 편벽선偏僻禪에서 중도선中道禪으로 (불타선)
② 습선習禪에서 반야선般若禪으로 (달마선)
③ 공적선空寂禪에서 동정간불리선動靜間不離禪으로 (소태산의 무시선)
  (진산종사震山宗師)

4) 무시선의 시대적 의의
① 후천개벽의 대활동기에 필요한 정신력 제공
② 후천개벽 시대에 누구나 닦을 수 있는 혁신적 선법
③ 선禪의 참다운 본의를 구현하는 선법

2. 무시선의 방법

1) 무시선의 원리와 방법
① 진공묘유의 자성을 표본함
② 진공으로 체體를 삼고 묘유로 용用을 삼음
③ 밖으로 천만 경계를 대하되 부동함은 태산 같이 하고 안으로 마음을 지키되 청정함은 허공과 같이 함
④ 동動하여도 동하는 바가 없고 정靜하여도 정하는 바가 없이 그 마음을 작용함

⑤ 진공의 체
  ㉠ 대지에 뿌리한 나무처럼 허공·진공·정定에 바탕한 마음
  ㉡ 응무소주應無所住
  ㉢ 일단 멈추어 온전함 (의식의 흐름 차단. 대상 지향 의식 차단)
  ㉣ 분별성과 주착심이 없음
  ㉤ 아상, 아견, 선입견, 자기 고정된 사고의 틀을 깸
⑥ 묘유의 용
  ㉠ 맑은 허공에 밝은 달이 솟듯 공적영지의 광명과 진공묘유의 조화를 나툼
  ㉡ 맑고 밝고 바른 마음
  ㉢ 적실한 판단과 원만한 취사
  ㉣ 원만구족하고 지공무사한 육근 작용
  ㉤ 생생 약동하는 심신 작용
  ㉥ 주도적이고 창의적인 삶

2) 무시선법의 단계적 단련

■ 무시선을 닦기 위해 전제되어야 할 요소
① 마음의 원리와 선의 원리에 대한 바른 이해
② 선禪공부의 공덕에 대한 공감
③ 공부심의 뒷받침 : 유념, 주의심, 훈련, 서원, 신심
④ 선禪의 기본인 좌선坐禪의 병행

(1) 집심執心 공부 단계
■ 잡는 마음과 잡히는 마음 확인, 둘 사이의 감독관 배치
  • 공부심·유념·챙기는 마음·일기
■ 진공으로 체를 삼고 묘유로 용을 삼아
  일이 없을 때는 잡념을 제거하고 일심을 양성하며

일이 있을 때는 불의를 제거하고 정의를 양성하는 것
- 공부심의 고삐를 단단히 잡고 한 때도 방심하지 않고 그 일 그 일에 온전히 집중하여 자성의 원리를 표준으로 삼아 끝까지 실행하는 자세(싸우는 자세)로 진행함

① 잡는 마음이 스승의 자격(공부의 바른 표준과 설득력·지도력 등)을 갖추어 잡아야 할 마음의 고삐를 단단히 잡고 유념과 주의심의 공부심을 끝까지 놓지않고 이끌어 감
② 자성의 원리, 선의 원리에 따라 그대로 밟아 나감
③ 기도 속에서 서원과 신심으로 기쁘게 닦아감
④ 서둘지도 나태하지도 말아서 꾸준히 하나하나 빠짐없이 될 때까지, 변화가 일어날 때까지, 저절로 될 때까지 밀고 나아감 (불방심과 저력과 정성)
⑤ 일상생활 속에서 함께 더불어 닦아감
⑥ 스승의 훈증, 감정 지도 받기

- 시간이 흐를수록 초발심을 잃지 말고 더욱 고삐를 단단히 잡아야 한다. 육근 동작 하나하나에 공부심을 챙겨야 한다. 매사 온 마음과 주의심을 기울여야 한다.
- 유념으로 챙기고 일기로 점검하고 스승의 감정을 받는다.

(2) 관심觀心 공부 단계

- 집심 공부를 힘써 행한 즉 마음이 차차 조숙調熟되어 마음을 마음대로 하는 경지에 이르게 되면 관심 공부에 들어간다.
- 대체적으로 강령을 잡아 끌리고 안 끌리는 대중을 표준함

① 경계를 대할 때마다 공부할 때가 돌아온 것을 염두에 잊지 말고 끌리고 안끌리는 대중을 잡음 (지켜봄)
② 자신의 부족한 면과 습관, 업력 등을 찾아 집중적으로 단련
③ 국집 되지 않고 극단에 흐르지 않도록 중도中道를 잡을 것

④ 놓아 맡겨보되 동하지 않을 정도에 이르기까지 단련하면서 방심하지 않도록 주의함
⑤ 유념 공부와 심신 작용 처리건 등으로 자연스럽게 공들여감

(3) 무심無心 공부 단계

- 특별한 표준을 세우거나 법法에 묶이지도 않고 전체적으로 자연스럽게 저절로 되도록 마음을 길들여감
  ① 스스로의 능能한 면과 부족한 면의 보완과 조화를 이루어감
  ② 상相, 흔적 지우고 담담한 평상심 유지
  ③ 상대심, 분별, 대립 놓기
  ④ 법法도 놓고 공부심도 놓고 저절로 되어가는 자연스러움 유지
  ⑤ 관조觀照, 진공眞空의 보림 함축 공부

(4) 능심能心 공부 단계

- 진공묘유의 일심一心을 자유자재로 활용하는 역량을 길들임
- 모든 분별이 항상 정을 여의지 않고 육근을 작용하는 바가 다 공적영지의 자성에 부합하도록 능을 냄
- 마음의 자유를 얻음 : 생사 자유, 윤회 해탈, 정토 극락 수용

3. 그릇된 선 공부

- 선 공부를 대단히 어렵게 생각함. 가령 처자(가정)가 있어도 못하고 직업을 가져도 못하고 산중에 들어가 조용히 앉아야만 선을 할 수 있다는 주견
- 앉아서만 하고 서서 못하는 선은 병든 선
- 성품의 공적에만 그쳐 무정물과 같은 선을 닦는다면 이것은 성품을 단련하는 선 공부가 아니라 무용한 병신을 만드는 일

4. 함께 생각하기

- 「… 처자가 있어도 못할 것이요, …」의 표현은 남성 중심적 표현이 아닌가?

제8장 참회문 懺悔文

1. [참회문]의 소개

1) 대의

(1) 옛 생활을 버리고 새 생활을 개척하는 것
- 중생의 욕심 생활에서 불보살의 서원 생활로 전환
- 악도를 끊고 선도를 실천하는 공부법

(2) 일원상의 진리를 신앙의 대상과 수행의 표본으로 삼아
① 인과보응의 진리를 믿고 깨우쳐 진리 전에 죄과를 뉘우치고 과보를 달게 받으며 날로 모든 선을 행할 것을 다짐하고, 실지 불공과 마음공부를 힘써 행하는 것 (죄과의 청산)
② 불생불멸의 진리를 믿고 깨우쳐 죄성이 공空한 진공묘유의 일심에 합일함으로써 모든 죄의식과 번뇌 망상을 제거해 가고 진리 불공을 힘써 행하는 것 (죄의식 해소)
- 참회는 신앙과 수행의 첫 출발이요 바탕이다.
- 참회문은 중생 구원을 위한 제불 제성의 대자비 법문이다.

2) 참회의 유래 (재래 불교)

(1) 원시 불교(소승)의 참회
- 원시 불교(소승)의 참회는 잘못을 고백하는데 중점을 둠 (사참事懺)

① 포살布薩 : 계율의 각 조항을 읽어 내리면 대중 가운데 계를 범한 자가 나와서 자신의 잘못을 고백하고, 스승은 그 잘못을 책망하는 절차를 밟는다. (15일마다 시행, 자발적 참회)
② 자자自恣 : 하안거 종료일에 동지들 끼리 율을 범한 일이 없는지 서로 지적해 주고, 반성하고 참회하는 의식 (타율적 참회)

(2) 대승 불교의 참회

- 대승 불교의 참회는 반야심경의 공空에 바탕하여 본성으로 돌아가게 하는 데 중점을 둠 (이참理懺)
- 소승에서는 중죄를 지으면 참회하여도 어쩔 수 없다고 율장에 못을 박고, 대승에서는 실상을 사유(반야 공관般若空觀)하여 참회하면 중한 죄도 소멸 된다고 봄

3) 참회의 순 기능과 역 기능

(1) 순 기능

① 죄업을 청산하고 거진 출진하여 나날이 선도를 행함으로써 안으로 편안하고 밖으로 평화로운 세상을 이루어감
② 탐·진·치 삼독심三毒心을 녹이고 진공묘유의 자성에 합일하여 불보살의 삶으로 거듭 남
③ 죄의식을 벗어나고 날로 선도를 행하는 새 생명 새 생활로 거듭남
④ 참다운 신앙과 수행길의 초문이요 바탕이 됨

(2) 역 기능

① 도리어 죄의식에 사로잡힐 수 있음
② 면죄부를 파는 종교인
- 참회로 죄의식을 불러일으켜서 절대자에 복종시키는 수단으로 삼음

③ 면죄부를 사는 종교인
- 참회 의식으로 죄를 소멸시켰다고 자위하는 수단으로 삼음

4) 본문 해석

(1) 참회懺悔
- 과거의 잘못을 뉘우치고 다시는 잘못을 저지르지 않기로 맹세하는 동시에 날로 모든 선을 행함

(2) 음양상승陰陽相勝
① 음과 양의 상대적 기운이 서로 승勝(이김)함
② 우주 천지 만물의 생성 변화하는 기본 원리
- 음중양 양중음陰中陽 陽中陰이 서로 밀면서 순환하며 변화함

(3) 영원히 참회 개과하는 사람
① 참회의 바른 원리로 진참회를 하여 과거의 잘못을 뉘우치고 과보를 달게 받아 되갚지 않으며, 성심으로 보은 불공하여 날로 선도를 행하고, 죄성이 공空한 자성을 깨쳐 모든 번뇌 망상을 제거하는 공부인
② 사참과 이참의 공부와 불공을 쉬지 않고 진행하는 공부인

(4) 상생 상극의 업력을 벗어나 죄복을 자유함
- 모든 과거의 잘못을 청산하고, 좋은 것과 싫은 것의 분별을 넘어서 자성의 공한 자리를 터득하여 불리자성으로 심신 작용을 함으로써 어디에도 구속되거나 끌리지 않고 자유자재로 주체적인 생활을 함
  - 끌리는 삶에서 주도하는 삶으로!
- 업력業力 : (심신)작용의 반복으로 생기는 끄는 힘 또는 끌리는 힘
  - 습관의 반복으로 생기는 업력

- 욕심의 반복으로 생기는 업력
- 인연의 반복으로 생기는 업력
- 중력이 일으키는 인력引力
- 업業 : 심신 작용, 행위, 짓는 것
- 천업天業 : 하늘의 작용, 진리의 움직임
- 정업定業 : 이미 지어놓은 업

(5) 업業은 본래 무명無明인지라
- 죄업罪業은 무명無明으로 인하여 지어짐. 심신 작용을 할 때 무명으로 인하여 분별 주착심을 일으켜서 죄업을 짓게 되는 것

(6) 무명과 탐·진·치貪瞋癡
① 무명은 밝지 못한 마음, 탐심은 탐하는 마음, 진심은 화내는 마음, 치심은 어리석은 마음
② 무명에 가리어 탐심 진심 치심이 일어나기도 하고 탐심 진심 치심이 치성하여 무명이 일어나기도 한다.

(7) 삼보三寶
- 불교 교단을 구성하는 세 가지 요건. 불 법 승佛法僧을 말함
① 불佛 : 부처님, 진리, 우주만유, 자성불自性佛, 각覺
② 법法 : 교법, 우주의 법칙, 자성법自性法, 정正
③ 승僧 : 스승, 삼라만상, 양심승良心僧

(8) 죄성罪性
① 죄의 본성
② 죄짓는 마음
- 죄무자성종심기罪無自性從心起

(9) 천업天業을 임의로 하고 생사生死를 자유로 한다.
- 성심으로 참회 수도하여 적적 성성한 자성불을 깨쳐 마음의 자유를 얻은 즉, 우주만유의 운행하는 원리와 마음의 원리를 터득하게 되어 세상을 살아감에 어떤 순역 경계 속에서도 심신 작용을 자유자재하고 생사를 자유할 역량이 생긴다.

(10) 내외 중간에 털끝만한 죄상罪相도 찾아 볼 수 없다.
- 육근을 작용하는 그 마음에도, 육근에 상대되는 대상의 경계에도, 육근과 육경 사이에 형성되는 일체의 심연상心緣相에도 죄를 지으려는 충동이나 생각 또는 선악의 분별심도 일어나지 않으며, 자타 간에 죄를 지었다는 죄의식이나 부끄러움 등의 일체 분별 망상(죄와 그림자, 흔적)이 일어나지 않음 (사라짐)
  • 참회 수도하여 자성불을 깨쳐 마음의 자유를 얻으면 '내외 중간' 자체가 성립하지 않는다.

(11) 무애행無碍行
① 진공묘유를 자유자재로 응용하여 무념행無念行 무착행無着行 중도행中道行을 함
② 자성의 공空한 줄만 알고 분별 있는 줄을 모르면서 계율과 인과를 중히 알지 아니하고 날로 자행자지를 행함
③ 철모르고 자기 마음대로 함

2. 참회의 방법

1) 참회는 누가 하나?
① 악행자, 죄고에 신음하는 사람들, 악도에 떨어질 중죄를 지은 사람 (참회문)
② 파란고해의 일체 생령 (개교의 동기)
③ 우리 어리석은 중생 (일원상 서원문)
  • 서원문을 올리는 모든 공부인
④ 성불제중의 큰 원력을 세운 불보살, 성현님들

2) 참회는 왜 해야 하나?
① 생활을 하다보면 누구나 알게 모르게 죄를 짓게 되므로
② 과거 지은 바 업이 너무 중하므로
③ 미래에 신업을 다시 짓지 않기 위하여 (희망찬 미래를 위해)
④ 불보살의 삶으로 거듭나기 위하여 (신앙과 수행의 바탕)
⑤ 세상의 모든 죄업을 청산하고, 모든 생령을 구원하기 위하여 (대서원)
■ **사생 일신**四生一身, **사생 자부**四生慈父, **삼계 대도사**三界大導師**의 참회** : 부모와 스승의 심경으로 온 생령의 지은 바 죄업을 안아서 끊임없이 참회 진행

3) 참회를 하지 않는 이유
① 죄를 지어 놓고도 과보가 돌아오지 않을 것이라는 착각과 망각 때문에
  • 과보의 무서움을 모르는 철 안 난 어린애 같은 소견
  • 정업定業은 난면
② 참회의 방법을 모르기 때문에
  • 공부길에 대한 무지

③ 참회해야 하는 것을 알고서도 철석같이 굳은 습관이나 끌리는 욕심으로 실행에 옮기지 못하여
  • 서원과 공부심의 부족
④ 나태심으로
⑤ 공도의 주인된 마음으로 살지 않고 세상의 죄업에 대한 책임감을 함께 하지 않으므로

4) 참회의 두 길

(1) 사참事懺

■ **성심으로 삼보三寶(진리, 스승, 교법) 전에 죄과를 뉘우치며 날로 모든 선을 행함**

① 진리, 스승, 교법, 동지, 대상에게 죄과를 고백하고 뉘우치며 용서와 다짐을 올림
  • 진정으로 죄과를 고백하고 뉘우침
② 지은 바 업에 대한 과보를 달게 받고 되갚지 아니함 (인과 이치 믿음)
③ 성실히 선업을 행함 (책임을 다함)
④ 처처 불상·사사 불공의 원리 따라 실지로 매사에 보은 불공함
⑤ 수행 정진하여 신·구·의身口意 삼업을 청정히 함 (계문 준수, 조행)

■ **정산종사 (정산종사법어 경의편 31, 32)**

① 대원을 발하여 작은 욕심을 끊는 것
② 사실을 대조하여 선악의 이해를 판단해 보는 것
③ 진정한 마음으로 법신불전에 참회 기도 올리는 것
④ 일일신 우일신으로 매양 악업을 고치기에 노력하는 것

■ 대산종사 (정전대의)
① 삼세에 신·구·의 삼업(알고도 짓고 모르고도 지은 일체 죄업)을 진심으로 참회하고 그 과보의 두려움을 절실히 깨닫는 길이요
② 마음을 챙기고 스스로 경계하여 고쳐나가서 신·구·의 삼업으로 짓는 모든 악을 처음부터 짓지 않도록 계문을 잘 지키는 길이요

(2) 이참理懺

■ 원래 죄성罪性이 공한 자리를 깨쳐 안으로 모든 번뇌 망상을 제거해 감
① 간절히 참회 기도 올림
② 인과의 이치를 달관함
③ 선정禪定에 듦
④ 자성에는 원래 죄업이 돈공함을 요달하여 해탈함

■ 정산종사 (정산종사법어 경의편 31, 32)
① 일체를 다 자기 마음이 짓는 것임을 요달하는 것
② 인과가 우주의 원리인 것을 요달하는 것
③ 자성의 원래가 죄업이 돈공한 것을 요달하는 것
④ 자성의 공한 것을 관하여 동정 간에 삼매의 힘을 얻는 것

■ 대산종사 (정전대의)
① 걸림 없는 선정에 드는 길이요
② 염불 삼매에 드는 길이요
③ 송주 삼매에 드는 길이요
④ 청정한 지혜는 다 선정으로부터 나는 것인 바, 혜일慧日이 솟아올라야 일체 음기陰氣가 녹고 사기가 제거 되어서 업장이 물러나는 것

(3) 사참과 이참을 쌍수함
- ■ 밖으로 모든 선업을 계속 수행하는 동시에 안으로 자신의 탐·진·치를 제거해 감

(4) 끊임없는 참회 기도와 실지 불공을 진행함

(5) 서원에 위배되지 않는 생활을 함

(6) 계율과 인과를 중히 알고 자행자지함을 경계함

3. 의견 제안

① '… 삼보三寶전에 죄과를 …'에서 '삼보전'을 원불교 용어로 바꿨으면 함
② '제불 조사'를 '제불 제성'으로 바꿨으면 함
③ [교법의 총설] '모든 종교의 교지도 이를 통합 활용하여'의 본의를 살리고 참회 생활의 다양한 실천을 위하여 신앙을 통한 참회를 병행했으면 함

제9장 심고와 기도 (心告祈禱)

1. [심고와 기도]의 소개

1) 대의
- 심고와 기도는 법신불 일원상을 신앙하는 방법의 하나로, 무형한 허공법계를 통하여 법신불께 올리는 진리 불공(眞理佛供)이다.

2) 교리 형성
① 단원의 기도 - 천제(天祭) (창건사)
② 익산 총부 예회의 식순에 포함 (원기17년)
③ 신흥 경례 : 원기24년~25년경까지 조석 심고를 신흥 경례로 명칭
④ 보경삼대요령 : [심고와 기도에 대한 설명] (원기19년)
⑤ 불교정전 [심고와 기도] (원기28년)

3) 심고와 기도의 감응되는 원리
① 우주에는 불가사의한 위력이 충만하여 있고, 자신에게는 우주의 불가사의한 위력을 감동시킬 요소(힘)가 있다.
② 우주에는 마음과 마음이 통하고 기운과 기운이 응하는 이치가 있다.
③ 가면 오고 심으면 거두는 인과의 이치가 있다.
④ 극(極)하면 변하고, 강한 힘이 뭉치면 끌어당기는 힘이 작용한다.
- 무심치 않은 천지님
- 간절한(사무친) 소원과 서원은 스스로 감동하고 주위를 감동시키고 진리를 감동시킨다.

4) 원불교의 심고와 기도 특징

① 자신할 만한 원만한 법신불 사은님께 올림

② 자타력을 병진함

5) 본문 해석

(1) 자력은 타력의 근본, 타력은 자력의 근본
- 타력에 의해 자력이 양성되고 자력을 보호할 수 있으며 자력이 있어야 타력을 힘입고 있는 자력도 보호할 수 있다.
- 자력만으로 나아가면 결국 쪼그랑박이 되고 외톨이가 되며 타력에만 의지하면 결국 노예가 되고 어린아이가 된다.

(2) 자신할 만한 타력
- 우주에 충만한 진리, 그 응화신인 법신불 사은님, 그 진리를 깨달아 합일合一하신 스승님, 스승님이 짜놓으신 교법, 그 교법을 함께 공부하는 법동지
- 우리는 무엇을 자신할 수 있을까?
나? 나의 소유? 가족? 친구? 명성? 권력? 세상? 절대자?

2. 심고와 기도의 방법

1) 심고와 기도는 왜 드리는가?
- **진리의 위력을 얻어 소원을 성취하고 천권天權을 잡아 활용함**
① 세상을 살아가며 각자의 소원을 성취하기 위해서는 자력自力과 타력他力이 아울러 필요하므로
② 신앙인으로서 신앙의 대상을 모시고 늘 소통하며 쉼없이 그곳으로 향해 나아가기 위하여 (구원을 통해 스스로의 무력과 무능을 벗어나고

나아가 성스러움을 체험하고 구현해 가기 위하여)

③ 수행인으로서 수행의 표본에 대한 믿음을 확고히 하고 무한한 수행의 에너지를 얻기 위하여 (진리의 위력으로 진리에 합일하기 위하여)

④ 봉공인으로서 진리를 대행하여 사 없는 마음으로 대중과 합력하고 마장 없이 열정적인 봉공활동을 진행하기 위하여 (은혜로운 세상을 함께 이루어가기 위하여)

⑤ 전법의 사도로서 진리의 위력과 스승의 호념과 법동지들의 합력으로 교화 사업을 이루어가기 위하여 (일원세계 건설을 위하여)

⑥ 세상의 평화와 행복을 위하여 (전생령의 기운을 돌리기 위하여)

2) 심고와 기도의 정성이 일관되지 않는 이유?

① 믿음과 서원과 공부심이 약하므로 (필요성을 절감하지 못하므로)

② 심고와 기도의 원리나 방법을 잘 모르고 그 효과를 자세히 알지 못하므로

③ 나태에 빠지거나 계행이 청정하지 못하므로

④ 아상과 미신에 사로잡혀 있으므로

⑤ 스승과 동지 없이 혼자서 하므로

3) 성공하는 심고와 기도 생활

① 큰 서원과 믿음

② 사무치는 기도의 간절함과 정성

③ 감사 보은의 실지 불공 병행

④ 서원에 합치된 생활

4) 심고와 기도를 어떻게 드릴까?

(1) 법신불 사은으로 신앙의 근원을 삼고 어리석은 중생이 되어

- 가장 낮은 존재, 가장 아쉬운 입장으로

  천지 하감지위!

  부모 하감지위!

  동포 응감지위!

  법률 응감지위!

  ① 법신불 사은님의 은혜와 위력에 대한 믿음과 찬양

  ② 지난 시간 끼쳐주신 은혜에 대한 회고와 감사

  ③ 지난 시간의 반성과 참회

  ④ 지금 처한 상황의 고백과 바램

  ⑤ 앞으로의 계획과 서원

  ⑥ 서원을 이루기 위한 각오와 서약

  ⑦ 서원에 응답하시는 법신불 사은님께 감사와 귀의

- 법신불께서 자신의 심신에 온통 하감하시고 응감하시도록 지극 정성으로 드려야 한다.
- 심고와 기도의 간절한 심경을 일상생활에서 간단없이 지속하자.

(2) 심고와 기도의 목적과 경우를 따라 적당한 시간과 기간을 정하여

즐거운 일을 당하면 감사를 올리고

괴로운 일을 당하면 사죄를 올리고

결정하기 어려운 일을 당하면 결정될 심고와 기도를 올리고

난경을 당하면 순경될 심고와 기도를 올리고

순경을 당하면 간사하고 망령된 곳으로 가지 않도록 심고와 기도를 올림

(3) 심고와 기도는 상황에 따라

① 묵상심고

② 실지기도

③ 설명기도

(4) 심고와 기도의 유의할 점

① 실지 불공과 병행해야 그 효과가 큼을 유념하자.

② 계문을 범하지 말자. (수행 정진)

③ 서원에 위배된 생활을 하지 말자. (거짓된 기도 안하기)

④ 봉공 활동에 적극 나서자.

⑤ 제 몸을 위해서만 빌지 말고 세상과 회상을 위해 빌기를 잊지 말자. (정산종사법어 권도편 16)

⑥ 온통 법신불 사은님께 귀의하여 자신을 맡기고 그 뜻에 따르겠다는 서약의 기원을 올리자.

(5) 심고와 기도드리기

① 몸과 마음을 재계齋戒하고

② 법신불을 향하여 각기 소원을 세움

③ 일체 사념을 제거하고 선정에 들든지 염불 등을 외워 일심으로 정성을 올림 (교의품 16)

- 일천 정성이 다 사무치게

5) 심고와 기도의 결과

① 일심으로 정성을 올리면 결국 소원을 이루는 동시에 큰 위력이 나타나 악도 중생을 제도할 능력과 백천 사마라도 귀순시킬 능력까지 있을 것

② 실지 불공과 진리 불공을 때와 곳과 일을 따라 적당히 활용하되 그 원하는 일이 성공 되도록까지 정성을 계속하면 시일의 차이는 있을지언정 이루지 못할 일이 없으리라. (교의품 16)

제10장 불공(佛供)하는 법(法)

1. [불공하는 법]의 소개

1) 대의
① 법신불 일원상을 신앙하는 한 방법
② 천지 만물 허공법계 전부를 부처님으로 모시고 원하는 바에 따라 당처에 직접 공을 들여서 그 일을 성공시키는 신앙법
③ 불공에는 법신불의 응화신인 사은 당처에 올리는 실지 불공과 형상 없는 허공법계를 통하여 법신불께 올리는 진리 불공이 있는데 여기에서는 주로 실지 불공을 다룸

■ **불공은 인간의 원초적인 신앙 행위**
① 살려는 의지와 원 그리고 더 잘 살려는 노력이 간절하여 저절로 이루어지는 갈구
② 스스로의 부족과 무력함을 절실히 느끼고 이를 타력으로써 극복하려는 적극적인 노력에서 비롯. 초자연적인 힘이 있을 것으로 여겨지는 대상에 의지하고 빌어서 그 은혜와 위력으로 보호 받고자 하는 염원이 바탕함

2) 교리 형성
① 조선불교혁신론의 [등상불 숭배를 불성 일원상으로] (원기20년)
② 불교정전의 [불공하는 법] (원기28년)

3) 불공의 원리
① 우주만유 그대로가 법신불의 응화신으로 은혜와 위력을 나툼. 우주만유가 서로서로 없어서는 살 수 없는 관계이고, 서로서로 죄복을 주재하는 권능이 있음
② 우주에는 가득 진리가 있어서 인과보응의 원리 따라 지은대로 소소 영령하게 감응하며, 극하면 변화하는 이치가 있음
③ 누구에게나 우주만유 허공법계를 감동시킬 요소(능력)가 갖추어져 있어서 대상의 특성과 원에 따라 부처님에게 불공드리듯 공供을 들이면 효과가 나타남

2. 불공의 방법

① 우주만유 허공법계가 다 은혜불, 권능불임을 믿고 받든다.
② 인과보응의 진리를 믿고 깨우쳐 실천한다.
③ 원에 따라 불공의 대상, 방법, 기간 등을 정하여 인과보응의 이치 따라 진리적이고 사실적으로 진행한다.
④ 진리 불공과 실지 불공을 병행한다.
⑤ (자기)불공은 자기 스스로가 공들임을 원칙으로 한다.
⑥ '보은즉 불공'의 철든 불공법을 실천한다.
　㉠ 무조건 매달려 갈구하기보다 피은된 도를 따라 인과보응의 원리로 '심어서 거두는' 보은 생활로써 은혜와 위력을 얻는다.
　㉡ 이기적 공들임보다 이타적利他的 베품과 자기 희생을 통한 감동·감화로 은혜와 위력을 얻는다.
　㉢ 끝까지 포기하지 않고 부처님께 불공드리듯 지극 정성으로 공을 들여서 마침내 감동과 감화를 일으켜 은혜와 위력을 얻는다.
　　숨은 불성이 발현 되고, 잠자는 불성이 깨어날 때까지 공을 들인다.

㉣ 상대의 특성과 상황에 적절한 공을 들인다.

　　㉤ 평소부터 쉼 없이 간절하게 불공드리는 생활을 진행한다.

⑦ 자기 불공과 상대 불공이 있는 바, 이 두 가지를 쌍전하되, 자기 불공이 근본이 되므로, 각자의 마음공부를 먼저 하는 것이 곧 불공의 공식을 배우는 것 (정산종사법어 권도편 13)

■ 과거 등상불 신앙이나 유일신 신앙의 신앙법과 비교해 보자.
■ 삼대 불공법三大佛供法 : **불석신명불공**不惜身命佛供
　　　　　　　　　　　금욕난행불공禁慾難行佛供
　　　　　　　　　　　희사만행불공喜捨萬行佛供

3. 질의와 의견제안

① 불교정전 제9장 불공하는 법의 내용 가운데 「… 죄복은 법률에 하는 것이 사실인 동시에 십중팔구는 성공하는 불공법이 될 것이다. … 또한 사실인 동시에 십중팔구는 반드시 성공하는 법이 될 것이니라.」로 되어 있는데 현 정전에는 '반드시 성공하는 불공법이 될 것'으로 되어 있다. 현 정전의 '반드시 성공'이 실지 불공을 강조하고 자신감(신념)을 갖도록 하는 데는 좋을 듯하나 미래를 너무 확정적으로 예단하는 감이 있다. '반드시'를 빼고 '성공하는 불공법'으로 했으면 함

② 정전 수행편 제10장「불공하는 법」은 주로 실지 불공법을 중심으로 설명이 되어 있고, 제9장에는 진리 불공인「심고와 기도」가 자리하고 있다. 그러므로 교법의 원리에 맞도록「불공하는 법」에 진리 불공과 실지 불공을 한 데 묶든지, 분리할 경우 진리 불공인 제9장「심고와 기도」와 제10장「실지 불공법」으로 했으면 함

제11장 계문 _{戒文}

1. [계문]의 소개

1) 대의

- 원불교 공부인으로서 또는 인간으로서 하지 말아야 할 30가지 계율 조문 _{戒律條文}
- 계_戒 : 산스크리트 Sila(쉴라尸羅)의 의역. 자율적으로 규율을 지킨다는 방비 지악_{防非止惡}의 뜻
- 율_律 : 산스크리트 Vinaya(비나야毗尼耶)의 의역. 불교 교단의 질서 유지를 위한 규율 (타율적 의미)

2) 계문의 기능

- 개인적으로 생존과 성숙의 길
- 교단적·사회적으로 건강한 공동체 유지 발전의 길

(1) 인간의 불완전함을 보완하고 극복해주는 기능

① 불완전한 육근의 고삐, 브레이크
  - 육근을 계문으로 질박아 자행자지하지 못하게 절제하고 구속시킴
② 불완전한 육근의 보호막
  - 세상의 유혹과 폭풍우로부터 육근을 보호하는 방어막, 울타리
③ 육근의 악습과 업력의 치유
④ 인간의 본능, 욕망, 이기심의 극복
⑤ 죄악을 방지하여 업을 쉬고 인간의 자존과 품위를 지킴

(2) 속 깊은 공부의 길잡이

① 오롯한 정진 적공의 필수 조건

② 정의로운 취사력과 조행을 익힘

③ 중생심을 제거하여 항마 입성降魔入聖하게 함

(3) 건강한 공동체 유지와 발전에 기여

① 교단과 세상의 정화수淨化水, 생수生水 제공

② 윤리 규범의 절대적 당위성 제공

■ 계문의 역기능

① 타율 위주의 공부로 자율적이고 활달한 공부에 지장을 줄 수도 있음

② 하지 말라·하지 말자는 공부가 자칫 소극적인 생활 태도를 키울 수도 있음

③ 지나친 율법주의로 흘러 계문의 본의가 사라지고 형식 위주로 나아가 악을 징계하는 싸움꾼, 무자비한 심판자, 차가운 수도자로 굳어져 갈 수 있음

④ 활동·생활에 지나친 규제로 이어질 경우 공동체 발전에 지장을 초래할 수 있음

- 초기 불교 교단에서 부파 불교가 일어나게 된 주된 이유가 계율의 해석과 적용에 대한 견해 차이임을 유념하자.

3) 계문 공부의 강조

(1) 대종사님

① 참회문 : 근래에 자칭 도인의 무리가 왕왕이 출현하여 계율과 인과를 중히 알지 아니하고 …

② 법위 등급의 각급 법위에 승급 조항으로 계문 포함

③ 일기법에 날마다 계문범과를 대조하게 함

④ 대종경 : 사람이 세상에 나서면 일동일정도 조심하여 엷은 얼음 밟듯 하여야 인도에 탈선됨이 없을 것이다 …
어찌 한 조목을 수행하지 못한다 하여 가히 지킬 만한 남은 계문까지 범하게 되어 더욱 죄고로 들어갈 것인가 … (교의품 25, 26) (수행품 63, 교단품 34)

⑤ 선외록 : 앞으로 내가 없으면 마음이 허황하여져서 계문을 등한히 여길 무리가 나올 것이다. 계문을 범하는 자는 곧 나를 멀리한 자요, 계문을 잘 지키는 사람은 곧 나와 함께 하는 사람이니 30계문을 잘 지키라. (2. 유시계후장 20)

(2) 정산 종사님

① 계율은 수행자의 생명이요 성불의 사다리니, 심신의 철없는 요구에 추종하여 혹 등한한 생각이 나거든 본래 목적에 반조하여 죽기로써 기어이 실행할 … (무본편 25)

② 소소한 계문부터 중히 지키라. 이 법을 우리가 중히 지켜야 세상 사람들이 중히 여기나니라. (법훈편 5)

③ 자신의 계행은 소승으로 지키고, 세상의 교화는 대승으로 하여, 소승과 대승을 병진하라. (법훈편 6)

(3) 대산 종사님

■ 심훈心訓을 내리시니, 정당한 이유 없이 선禪을 하지 않는 자와 계문을 범하는 자와 일을 하지 않는 자는 대종사님의 정신에 위배될 뿐 아니라 대도정법 회상을 파괴하는 좀이 되고 …

(4) 사십이장경 37장
- 부처님 말씀하시되, 너희들 중에 나를 떠나서 수천 리 밖에 있다 할지라도 항상 내가 준 계문을 잘 지켜서 계행을 청정히 하면 이는 곧 나를 가까이 하는 사람이라 반드시 도를 얻을 것

(5) "자신에게서 포기할 것을 아는 것은 자기 자신의 반半을 아는 것이다."

4) 원불교 계문의 특징
① 근기(법위)에 맞게 30계문으로 구성하여 단계적으로 지켜감
② 인도상의 요법을 바르게 실천하는데 도움을 주는 내용으로 구성함 (계행의 시대화·생활화·대중화, 연고緣故 조항 등)
③ 솔성 요론과 함께 지켜서 계문이 갖는 제제 위주의 수행을 보완함
④ 원만구족하고 지공무사한 취사력을 기르고 정의로운 조행을 익힘 (신·구·의身口意 삼업을 원만히 청정하게 정화함)

5) 계문 공부의 자세
① 죽기로써 지켜간다. 새 사람으로 거듭난다는 심정으로 과거의 나를 죽이고 새로 태어나는 각오와 결단 필요
② 자기 근기에 맞게 순리적으로 지켜간다. 과하지도 방심하지도 말고 중도로써 정성으로 밀고 나아감
③ 계문의 본의를 살려서 지켜간다. 형식에 너무 국집하지 말고 당시 상황과 유용성 등을 지혜롭게 헤아려 그 본의를 실천함
④ 인과보응의 진리에 비추어 계문을 이해하고 지켜간다.
⑤ 성리를 관하여 선악이 구공俱空한 자리를 보아 악습의 뿌리를 녹이고 계문 공부의 상相을 지우며 죄의식을 해소한다.
⑥ 자신의 수행과 세상에 미치는 영향을 깊이 대조하여 지켜간다.
⑦ 계문을 미래 지향적·재창조적인 방향으로도 해석하고 지켜간다.

- 가령 '살생하지 말며'를 생명 보호와 생명 사랑으로까지
- 미래 시대 세계 공동체의 바람직한 세계 시민의 행동 양식으로 자리 하도록

6) 교리 형성

		불법연구회규약 (원기12년)	보경육대요령 (원기17년)	보경삼대요령 (원기19년)	불교정전 (원기28년)	정전 (원기47년)
보통급	1	연고 없이 살생을 말며				
	2	도적질을 말며				
	3	간음을 말며				
	4	술을 과히 마시지 말며	술을 마시지 말며	연고 없이 술을 마시지 말며	술을 마시지 말며	연고 없이 술을 마시지 말며
	5	잡기를 말며				
	6	악한 말을 말며				
	7	예 아닌 노래 부르고 춤추는 자리에 좇아 놀지 말며		쟁투하지 말며	연고 없이 쟁투를 말며	
	8	회금을 범하여 쓰지 말며			공금을 범하여 쓰지 말며	
	9	뿌리 없는 말을 지어내지 말며			연고 없이 심교간 금전을 여수하지 말며	
	10	신용 없지 말라			담배를 먹지 말라	연고 없이 담배를 피우지 말라

		불법연구회규약 (원기12년)	보경육대요령 (원기17년)	보경삼대요령 (원기19년)	불교정전 (원기28년)	정전 (원기47년)
특 신 급	1	회중사를 단독히 처리하지 말며			공중사를 단독히 처리하지 말며	
	2	회원 가운데 서로 금전을 여수하지 말며		다른 사람의 과실을 말하지 말며		
	3	금은보패 구하는데 정신을 빼앗기지 말며				
	4	의복을 빛나게 꾸미지 말며				
	5	정당하지 못한 벗을 좇아 놀지 말며				
	6	두 사람이 아울러 말하지 말며				
	7	담배를 먹지 말며		부정당한 의뢰심을 두지 말며	신용 없지 말며	
	8	사육을 먹지 말며	연고 없이 사육을 먹지 말며	시기심을 두지 말며	비단같이 꾸미는 말을 하지 말며	
	9	때 아닌 때 잠자지 말며				
	10	한 입으로 두 말하지 말라			예 아닌 노래 부르고 춤추는 자리에 좇아 놓지 말라	

		불법연구회규약 (원기12년)	보경육대요령 (원기17년)	보경삼대요령 (원기19년)	불교정전 (원기28년)	정전 (원기47년)
상전급	1	다른 사람의 과실을 말하지 말며			아만심을 내지 말며	
	2	두 아내를 거느리지 말며				
	3	의뢰심을 두지 말며	부정당한 의뢰심을 두지 말며		연고 없이 사육을 먹지 말며	
	4	나태하지 말며				
	5	시기심을 두지 말며			한 입으로 두말하지 말며	
	6	망령된 말을 하지 말며				
	7	속으로는 불량한 마음을 품으면서 겉으로는 비단같이 꾸미는 말을 하지 말며			시기심을 내지 말며	
	8	탐심을 두지 말며			탐심을 내지 말며	
	9	진심을 내지 말며				
	10	치심을 내지 말라				

2. 보통급 십계문

■ **보통급 십계문의 요지**
① 일반 교도로서 지켜야 될 기본적인 계율
② 특히 몸에 찌든 악행과 악습의 정화
③ 무서운 과보를 받게 되고, 공동체를 불안하게 하며 혼탁 시키는 범죄를 저지르게 되는 행위를 고치는 공부법
- 공부인이 아니라도 일반 교양인·건전한 시민이면 누구나 기본적으로 지켜야 할 행동 생활 규범

1) **제1조 : 연고 없이 살생을 말며,**

(1) 본의
① 모든 생명은 절대적으로 존귀尊貴하고 존엄하므로, 부처님으로 모시고 불공들이는 대상임을 자각하자.
② 모든 생명은 서로서로 없어서는 살 수 없는 지극히 은혜로운 존재이므로, 감사 보은하는 대상임을 자각하자.
③ 모든 생명은 나처럼 살려고 하는 본능이 있고 해독을 입었을 때는 원망과 보복의 마음이 있어서 무서운 과보가 있게 되므로, 내 생명처럼 보호하고 사랑해주어야 할 대상임을 자각하자. (무거운 과보와 악연 방지)
④ 살생을 하게 되면 잔인한 습성이 배게 되고, 잔인성이 강성해지므로 생명을 함부로 하는 악습을 끊어야 마음이 순화되고 인간성이 자비로워짐을 자각하자.

(2) 실천의 길
① 모든 생명이 한 기운 한 동포요 없어서는 살 수 없는 소중한 존재임을

믿고 깨달아서, 부처님으로 받들어 경외하고 감사 보은하며 한 기운 한 동포의 윤기 속에 생활하기
② 해심害心을 없애고 위하는 심법을 길들이기
③ 습관적 살생, 취미로 하는 살생 등을 금하기
④ 육식 위주의 식생활을 개선하기
⑤ 함께 더불어 잘 살아가는 삶의 지혜를 터득하기
⑥ 어떤 이유로도 분쟁·전쟁을 일으키지 않기
- "오늘날 문명인이라 자처하는 사람들은 사람이 사람을 살육하는 것을 가리켜 야만인이라고 규탄한다. 그러나 보다 많은 사람을 죽이게 하는 전쟁의 도발자는 바로 문명이다 … 이러한 현대인의 이율배반적 모순을 지양시킬 높은 윤리와 깊은 철학이 아직 나오지 못한 것이다."
- 사형死刑제도 문제 : 세계의 상황이 무조건 사형 제도를 폐지하도록 주장할 수는 없겠으나, 종교인의 입장에서는 폐지를 적극 주장해야 할 것이다.
⑦ 연고緣故의 해석 문제
- '어쩔 수 없는 이유'란
주장하는 사람의 특별한 사정이나 판단 기준으로부터 대부분 연유한 것. 그러므로 '연고'의 경우는 보편적으로 인정되는 것과 상황 따라 어쩔 수 없는 것을 함께 고려할 수밖에 없는 것. 결국은 높은 윤리 의식과 지성적 판단이 '연고'의 타당한 해석을 가능하게 할 것
⑧ 연고 있는 살생
- (어쩔 수 없이) 식용으로 필요한 경우
- 생명을 살리기 위한 불가피한 경우 등

■ 함께 생각하기
① 날로 증가하는 육식 습관을 줄여가는 길

② 날로 증가하는 테러 행위를 종식 시키는 길
③ 날로 증가하는 대량 살상 무기(핵무기 등) 개발을 중지 시키는 길

2) **제2조 : 도둑질을 말며,**

(1) 본의
① 탐심, 나태심, 염치없는 마음, 속이는 마음 등 무서운 악습과 무거운 과보를 초래하고 인격의 파탄을 가져오므로
② 도둑을 맞은 입장에서 아픈 마음이 해독으로 깊게 되고 악연을 맺게 되므로
③ 공동체의 불안과 부패가 만연하여 상호 신뢰 관계가 무너지고 건강한 사회가 붕괴되므로

(2) 실천의 길
① 요행심, 나태심을 없애고 정당한 노력의 대가로 살기
② 남의 것, 공동 소유 등 내 것이 아닌 것에 대해 절대로 내 것 삼으려는 마음을 내지 않기
③ 거지 근성을 없애기
  • 인과의 이치 성찰
④ 조그만 것이라도 남의 것을 함부로 하지 않기
  • 바른 습관 길들이기
⑤ 가급적 최대한 노력하여 빚지는 생활을 하지 않기
⑥ 사요四要를 실천하여 생활 평등을 이루고 정의로운 세상을 건설해 가기
⑦ 갈수록 심화되는 빈부 격차를 줄이는 데 가진 자들이 앞장을 서고, 누구나 안분하는 생활 태도를 갖기
⑧ 빙공영사하지 않기
⑨ 예의염치와 보시심 기르기

■ 함께 생각하기

　세상의 큰 도둑은 누구인가?

3) 제3조 : 간음을 말며,

(1) 본의

　① 인간 본능의 건전한 승화와 향기로운 인품 유지

　② 온전한 사랑과 건강한 성性 윤리 확립

(2) 실천의 길

　① 참 사랑으로 행복한 가정, 은혜로운 세상 가꾸기

　② 큰 사랑으로 승화 (인류애, 진리 사랑)

　③ 성리性理 공부로 정화

　④ 문화, 예술, 스포츠, 사회 참여 등으로 선용

　■ 비막비어정산悲莫悲於精散

　■ 고인 물을 억지로 막아 둘 수는 없다.

　■ 「사십이장경」의 색色을 탐하는 것의 무서움 참고

　■ 간음계를 지키는 동시에 부부라도 남색藍色을 하지 말 것 (정산종사법어 경의편 43)

4) 제4조 : 연고 없이 술을 마시지 말며,

(1) 본의

　① 맑은 정신, 건강한 육신, 깨끗한 가정·사회 만들기

　② 건전한 소비 생활

(2) 실천의 길
　① 마음의 중심을 확고히 하여 습관을 고치고 기분과 상황에 영향 받지 않기
　　• 사람이 술을 먹고, 술이 술을 먹고, 술이 사람을 먹고 (남방의 성성이)
　② 건전한 사교와 스트레스 해소하기
　③ 연고 있는 음주
　　• 습관적이거나 즐기거나 과하거나 끌리거나 병적으로 음주하는 것이 아니라, 사교상이나 부득이한 경우 등

5) **제5조 : 잡기를 말며,**
　※ 잡기 : 사행성 도박이나 지나친 오락·게임 등으로, 공부와 사업을 진행하는데 불필요하거나 방해가 되는 놀이

(1) 본의
　① 건전한 여가의 활용
　② 시간과 금전의 불필요한 낭비를 막고 건강하고 공부하는 사회 풍토 조성
　③ 건전한 사교 문화와 놀이 문화의 개발과 보급
　　■ 현대 사회에서 휴가·여가의 의미와 선용의 문제가 날로 더 중요하게 대두되고 있다.

(2) 실천의 길
　① 건전한 취미 생활, 여가 활용법을 찾아 익히기
　　• 스포츠, 예술, 예능, 독서, 등산 등의 모임에 참여
　② 사회적으로 놀이 문화 개발하기
　③ 퇴폐적이고 사행심 조장하는 여가 활동이 뿌리내리지 않도록 함께 시민운동에 동참하고 사회봉사 활동에 참여하기

6) 제6조 : 악한 말을 말며,

　※ 악한 말 : 욕, 자타간의 인격을 손상시키고 기분을 상하게 하며 마음에 상처를 주는 말

(1) 본의
　① 바른 언어생활과 고운 심성 기르기
　② 상생 상화하는 가정, 사회, 인간관계 건설하기

(2) 실천의 길
　① 가정, 학교, 사회에서 바른말 교육과 예절 학습
　② 어른, 지도층, 언론 등의 계몽과 모범 보이기
　③ 은혜, 감사, 사랑, 여유로운 생활 태도 길들이기
　④ 습관성을 붙잡아 유념으로 고쳐가기
　⑤ 수양력을 기르고 감정을 순화하기

7) 제7조 : 연고 없이 쟁투를 말며,

(1) 본의
　① 무쟁삼매無諍三昧의 극락 수용
　② 쟁투의 악순환을 끊어 다툼 없는 평화平和세상 건설

(2) 실천의 길
　① 미움, 원망, 짜증이 날 때 잠깐 멈추어서 당시의 상황과 형편을 살피고 오해가 있으면 풀고 화가 일어났으면 가라 앉혀서 쟁투의 소지를 해소하기
　② 어떤 경우라도 쟁투하면 서로 손해요, 어떤 일도 해결되지 못함을 명심하여 절대 쟁투하지 않기로 작정하고 지켜 나가기

③ 마음에 여유를 가지고 상대를 포용하고 관용하여 쟁투 대신 서로 의견 소통으로 문제를 해결해 가기
④ 원망심과 서운한 감정을 쌓아두지 말고 대화로 풀거나 수양 공부로 비우기
⑤ 먼저 풀고 이해하며 양보하고, 손해 보는 자가 끝내 이기며 크게 이기는 자임을 깨닫기
- 평화를 얻기 위해 쟁투하는 이율배반의 현실 반성하기
- "간교로써 남을 이기려 말고, 권모로써 남을 이기려 말고, 싸움으로써 남을 이기려 말라."
- 자기를 이기는 자가 천하 사람이라도 능히 이길 힘이 있는 사람 (요훈품 15)
- 만인은 만인에 대하여 ― 적인가?
  └ 친구인가?
⑥ 연고 있는 쟁투
- 지극히 심대하게 생명과 재산과 평화를 위협하는 경우 부득이 쟁투로써 지켜내지 않을 수 없을 때 등
- "정의를 위한 싸움에는 선봉이 되고, 불의의 싸움에는 바보가 되자."

8) 제8조: 공금을 범하여 쓰지 말며,

(1) 본의
① 계획 있고 예산 있는 생활하기
② 공중에 빚지지 않는 떳떳한 생활과 무서운 과보를 받는 업을 짓지 않기
③ 공중사를 맡아 책임질 수 있는 자격 양성하기

(2) 실천의 길
① 공公과 사私를 엄격히 구분하기

② 공금公金, 공물公物, 공사公事를 우선하고 두려워하고 아끼기
③ 시방十方이 오가吾家의 소유所有인 줄을 깨우치기 (공도의 주인 정신)
④ 항산恒産으로 항심恒心하는 자력自力양성하기
⑤ 공정하고 정의로운 사회 조성, 균등 사회 건설하기
- 부유한 절 살림 중에도 상좌를 위해 과일 나무를 따로 심어 그 수입으로 먹여 살린 스승
- 교중의 사소한 물건이라도 사가로 가져가는 것을 경계하신 대종사님
- 공직 사회의 부정부패, 빙공영사하는 사회 풍조 개혁하기
- 공금을 범하여 쓰지 못하도록 철저히 방지하는 제도 정비하기

9) 제9조 : 연고 없이 심교간 금전을 여수하지 말며,

(1) 본의
① 예산 있는 생활하기
② 정당한 금전 거래하기

(2) 실천의 길
① 매일 수지 대조하기, 평생 내지 영생의 계획성 있는 생활과 준비하기
② 미리 계획하고 대비하여 어떤 상황에서도 빚지는 생활하지 않기
③ 빚지는 생활 습관과 타성 버리기 (빚 무서운 줄 알기)
④ 누구나 쉽게 이용 가능한 금융 기관 확충
⑤ 금전 여수 하지 않는 생활을 원칙으로 절대 준수하기
  • 부득이한(연고 있는) 금전 여수는 무상 보시하는 것을 원칙으로 함
- 돈 잃고 사람 잃고
- 신용 사회에서 가장 중요한 것이 금전 거래의 투명함과 신용
- 사사로운 인정과 욕심에 흔들리지 않는 수양력·판단력·결단력이 필요함

10) 제10조 : 연고 없이 담배를 피우지 말라.

(1) 본의
　① 건강한 심신, 맑은 환경 가꾸기
　② 금전 낭비의 방지

(2) 실천의 길
　① 습관성이니 작정하고 끊기
　② 건강에 해롭고 타인에게 피해줌을 생각하여 결단코 끊기 (백해무익임)
　③ 신앙과 수행심으로 마음 다스리는 법 익히기
　④ 연고 있는 흡연
　　• 습관성 말고는 갈수록 연고 있는 흡연은 자취를 감출 것

3. 특신급 십계문

■ 특신급 십계문의 요지
　① 일반 교도에서 모범 교도로 나아감
　② 원불교 교법에 특별한 신심과 서원을 발하여 정진하는 공부법
　③ 주로 구업口業을 청정히 하고 종교적 인품과 수도의 기본 틀을 마련하며 공중사를 책임 맡아 수행해 나갈 역량과 인품을 조성함

1) 제1조 : 공중사를 단독히 처리하지 말며.

(1) 본의
　① 중지衆知와 공의公義를 중심으로 공중사公衆事 진행
　　• 후천개벽·처처 불상 시대의 공중사 처리의 원칙

② 공중사公衆事를 맡을 수 있는 기본 요건과 처리의 자세 갖추기
③ 대중의 다양한 견해와 지혜를 모으고 기운을 응하여 모두의 합력 속에서 공중사를 진행하는 역량 키우기

(2) 실천의 길
① 영웅주의, 권위주의를 지양하고 민주적 리더쉽 배양
② 자기중심의 고집과 신념을 놓고 타인과 두루 응하여 소통하고 빈 마음으로 의견을 교환하여 제일 좋은 법法을 수용하는 자세
③ 사심 없이 공중사에 임하고, 공중사를 진행하는 중에 사욕을 추구하지 아니함
④ 공중사를 처리할 때 원칙과 과정을 중요시 함
⑤ 구성원 하나하나 각자가 주인 의식으로 참여하도록 함
⑥ 개인사도 구성원과 함께 의논하여 지혜와 힘 얻기
- 원불교 초기 교단의 공사(모임)하던 전통 계승하기
- 과대 망상적 주인 의식('나'아니면 안 된다는 식) 경계하기
- 공중사를 처리하는 단체나 개인은 예외 없이 감찰을 받기

2) 제2조 : 다른 사람의 과실을 말하지 말며,

(1) 본의
① 자신의 공부에 집중하기
② 상극相克의 인연을 맺지 않기
③ 무서운 죄업을 짓지 않기
④ 좋지 못한 습관을 고치기
⑤ 다른 사람에 대한 이해와 관용, 포용력을 기르기

(2) 실천의 길

① 눈을 안으로 돌려 자기 공부에 열중함
- 자기 허물 찾기

② 자기 자신을 돌아보며 이해와 사랑과 관용으로 인간을 바라봄

③ 이해관계에 끌림 없이 상대하기

④ 생각 없이 말하고 분위기에 휩쓸려 말하는 평소 습관 고치기
- 한 번 더 생각하고 말하기

⑤ 상대심과 선입견으로 바라보고 생각하는 습관 고치기

⑥ 아는 체, 잘난 체 하는 버릇 고치기

- **눈은 밖으로 향해 있어 타인의 허물이 잘 보이고 입은 열려 있으므로 그것을 쉽게 말해 버릴 수 있다.**
- **"스승의 허물이 보이면 자기의 복 없는 줄 알아야"**
- **자신의 공부하느라 상대의 허물을 바라볼 시간이 없다.**

3) 제3조 : 금은보패 구하는 데 정신을 빼앗기지 말며,

(1) 본의

① 참다운 것 구하는 데 열중하기

② 사치하는 생활을 버리고 검박하고 실속 있는 생활하기

③ 구하고 버리고 놓고 잡고 함을 자유로 하기

(2) 실천의 길

① 자기 본분사에 정신을 집중하기

② 밖으로 향하는 욕심을 안으로 돌려 공부하는 에너지로 사용하기

③ 중도에 맞는 생활하기

- **함께 생각하기**
참답고 영원한 보물이 무엇인가?

4) 제4조 : 의복을 빛나게 꾸미지 말며,

(1) 본의
    ① 참다운 것 장엄하기
    ② 사치와 허영심을 버리고 꾸밈없는 순수한 마음 길들이기
    ③ 소중한 시간, 금전, 에너지의 낭비를 줄이고 공부와 사업에 집중하기

(2) 실천의 길
    ① 중도에 맞는 의복 착용 (시대, 생활, 신분, 역할에 맞게)
    ② 참다운 실력 갖추기
    ③ 마음, 말씨, 행동을 법 있게 가꾸기
       • 의복이 생각과 의식에 영향을 줌 : 예비군복을 입을 때와 정장을 차려 입을 때의 마음가짐과 행동의 차이
    ■ 함께 생각하기
      빛나게 꾸며야할 것이 무엇인가?

5) 제5조: 정당하지 못한 벗을 좇아 놀지 말며,

(1) 본의
    ① 서로 닮고 함께 타락함을 경계
    ② 시간과 금전의 낭비를 막고 심신 간의 피로를 방지
    ③ 죄업을 예방
    ④ 정당하지 못한 벗의 교화

(2) 실천의 길
    ① 골라 사귀고 두루 사귀는 법 익히기
       • 화이 불류 和而不流

② 정당한 벗을 자주 가까이 하기
③ 잔 정情에 끌리지 말고 용단력 있게 취사하기
④ 정당한 지도를 받기
⑤ 부당한 벗을 끝까지 불공하되, 힘 미치는 대로 한다.
- 오우가

6) 제6조 : 두 사람이 아울러 말하지 말며,

(1) 본의
① 서로 상대방의 인격을 존중하고, 상대방의 의견을 온전히 이해하기
② 더불어 함께 사는 공동체 속에서 환영받고 존중받는 민주 시민의 조행을 익힘

(2) 실천의 길
① 잘 듣는 연습하기 (인내력과 상대방을 존중하는 마음으로)
② 잘 말하는 연습하기 (여유 있고 조리 있고 설득력 있는 대화술)
③ 잘 이해하는 연습하기 (공감하는 능력)

7) 제7조: 신용 없지 말며,

(1) 본의
① 공도인의 인격 조성
  • 미래 시대 사회 구성원의 으뜸 조건은 '신용'
② 사회의 붕괴와 개인의 파탄을 방지하여 굳건한 사회 기반 조성
③ 언행이 일치하고 지행이 합일하는 개인과 세상 만들기

(2) 실천의 길

① 신용과 약속 지키기를 생명으로 알고 유념하기
② 분위기나 체면 등으로 지킬 수 없는 약속을 해버리는 일이 없도록 할 것
③ 약속 이행이 어려울 경우에는 사전에 양해를 구할 것
- 특히 지도인과 종교인은 자신의 언행이 부도 수표 되지 않도록 말 조심·행동 조심 할 것

8) 제8조 : 비단같이 꾸미는 말을 하지 말며,

※ 비단같이 꾸미는 말 : 진솔 담박하지 않고 꾸미고 과장하는 말

(1) 본의

① 소박하고 진실한 언어생활하기
② 서로 믿고 사랑하고 존중하는 사회 만들기

(2) 실천의 길

① 진솔한 언어 습관 길들이기
② 지나친 자기 과시욕을 버리고 실답게 살기
③ 상대방에게 지나친 비굴함이나 계교심을 갖지 않기
- 누구를 상대해도 그 마음을 여여하게, 평상심으로
④ 거짓말을 꾸미지 말기
- 거짓말 할 꺼리를 만들지 말 것

9) 제9조: 연고 없이 때 아닌 때 잠자지 말며,

(1) 본의

① 소중한 시간을 잘 관리하기
② 나태심을 극복하고 성실하게 살기

(2) 실천의 길
① 생활 목표를 분명히 세우되, 신나고 가능한 목표이게
② 시간 관리를 철저히 하고 일기로 점검하기
③ 평소 충분히 휴식과 수면 취하기 (불필요한 일과의 정리)
④ 연고 있는 잠자기 : 건강이나 특별한 일을 위하여 때 아닌 때 잠을 잘 수밖에 없는 경우 등

10) 제10조 : 예 아닌 노래 부르고 춤추는 자리에 좇아 놀지 말라.

(1) 본의
① 건전한 생활 속에서 참다운 낙 생활하기
② 시간, 금전의 불필요한 낭비 막기
③ 정당하지 못한 벗을 좇아 놀지 않기

(2) 실천의 길
① 공부인 다운 정당한 취미 생활 (풍류와 멋스런 생활)
② 공부와 사업 속에서 낙樂 발견하여 수용하기

4. 법마상전급 십계문

- **법마상전급 십계문의 요지**
  ① 모범 교도에서 속 깊은 공부인으로 성숙해 감
  ② 항마 입성入聖하는 속 깊은 공부인이 주로 마음병, 마음의 때, 습관의 뿌리를 치료하는 공부법

1) **제1조 : 아만심**我慢心**을 내지 말며,**

　※ 아만심 : 스스로를 과신하고 타인을 멸시하는 마음

(1) 본의

　① 진아眞我를 망각하고 거짓 나의 주견主見과 아상我相에 빠져 사는 생활로부터 벗어남
　　• 무명無明에 가리고 아상에 붙들린 상태로부터 탈출
　② 좁은 소견에 가려 너른 세상을 보지 못하는 어리석음으로부터 벗어남
　③ 자만심에 빠져 진리, 스승, 어른을 모시지 못하는 철들지 못한 상태에서 철이 듦
　■ **아만**我慢**과 자존**自尊**의 구분 : 자신이 대단하고 무던하다는 착각 속에 상대를 깔보며 스스로 자존자대함 (아만). 자성불을 모시고 자기 긍지를 회복하여 자신의 역할에 충실함 (자존)**

(2) 실천의 길

　① 일원상 서원문을 체받는 공부인의 자세로 '어리석은 우리 중생'이 되어 늘 자기를 비우고 진리, 교법, 스승을 모시고 닮아가는 생활하기
　　• 봉불奉佛, 시불侍佛 공부
　② 자기중심적 사고방식에서 벗어나기
　③ 공부 사업의 흔적과 상相을 놓고, 언제나 처음 시작하는 마음으로 적공함
　　• 법과 마가 함께 큼을 명심
　④ 성리性理연마로 늘 자성을 관觀하여 무한 성장, 성숙의 길로 나아가기
　■ **아만심이 있고 보면 결국 쪼그랑박이 되기 쉽다. 중생의 속 좁은 오장 육부를 진공묘유의 성태**聖胎**로 바꾸어 장양**長養**하자.**

2) 제2조 : 두 아내를 거느리지 말며,

(1) 본의
① 건전한 가정 윤리, 사회 윤리 조성
② 정신적, 육체적, 경제적 손해와 혼탁 방지

(2) 실천의 길
① 건전한 사랑, 행복한 가정 가꾸기에 부부가 함께 노력하기
- 신의, 화합, 근검, 지혜, 관용으로 부부 관계를 성숙시켜감

② 부부가 함께 봉공 활동 참여하고 취미 생활 즐기기

3) 제3조 : 연고 없이 사육(四肉)을 먹지 말며,

(1) 본의
① 맑은 정신, 자비로운 성품을 기름
② 건강한 생태계의 보존

(2) 실천의 길
① 사육을 즐겨먹지 말 것
- 소식, 식단의 대변화 모색

② 생명을 사랑하고 보호하기
③ 대체 식품의 개발
④ 연고 있는 사육 : 너무 즐기거나 끌리지 말고 가급적 육식에 치우치지 않는 균형 잡힌 식생활로 개선해감
- 사육을 즐기는 것과 함께 크게 경계해야 할 마약류의 복용

4) 제4조: 나태하지 말며,

(1) 본의
① 서원, 신심, 공심, 공부심 등이 해이해짐을 방지
② 게으르고 소극적인 성격의 개조
③ 향락에 빠질 위험으로부터 경계

(2) 실천의 길
① 무던하다는 상相을 없애기
② 목적의식을 뚜렷이 하여 더욱 새롭게 정진하기
③ 소중한 기회를 늘 잊지 말고 상기하며, 간절한 마음으로 생활하기
- 인간으로 태어나 공부와 사업을 하게 된 행운

④ 처음의 조그만 방심을 알아차리고 시간 관리의 허점을 찾아 정신 차려 고쳐가기
- 육신의 암과 같은 정신의 나태

⑤ 미루는 생각과 의뢰심을 경계하자.

5) 제5조 : 한 입으로 두 말하지 말며,

※ 한 입으로 두 말하기 : 앞과 뒤가 다른 변명이나 거짓말

(1) 본의
① 신뢰받는 인격 조성
- 지도인, 종교인에게서 신뢰는 생명

② 무거운 과보 받을 업을 짓지 않음
③ 믿음 있는 세상과 상호 존경받는 인간관계 조성

(2) 실천의 길
① 신중한 언어생활 하기
- 멈추어 생각 있게 말하기
- 여진 있고 중도에 맞는 말하기
- 확실한 것(깨닫고 실행해 본 것) 말하기

② 진실한 일상생활 하기
■ 눈, 코, 귀는 2개인데 입이 하나인 이유

6) 제6조 : 망녕된 말을 하지 말며,
※ 망령된 말 : 영혼이 빠진 실없는 헛소리나 허황되고 경솔한 괴변. 상황이나 격에 맞지 않는 말.

(1) 본의
① 진실하고 건전하며 이해하기 쉬운 말 사용
② 신앙과 수행심이 바탕이 된 성스러운 조행을 갖춤

(2) 실천의 길
① 깨닫고 실천해서 확인된 말을 하기
② 정중하고 교양 있는 말과 유머를 적절히 사용하는 역량을 키우기
③ 수도인다운 언행 연습하기
④ 품격 있는 조행 익히기
- 소박, 간결, 진실, 경어, 따뜻한 말 사용

7) 제7조 : 시기심을 내지 말며,

(1) 본의
- ① 무등등한 큰 공부와 사업을 지향함
- ② 무쟁 삼매無諍三昧 증득
- ③ 평화 안락한 공동체 조성

(2) 실천의 길
- ① 큰 서원과 신심으로 정진하기
- ② 동지애, 동지 의식, 파트너 십으로 함께 나아가기
- ③ 상대심, 승부욕을 놓고 정진하기
  - ■ 다른 사람을 이기는 것이 그 힘이 세다 하겠으나, 자기를 이기는 것은 그 힘이 더하다 하리니, 자기를 능히 이기는 사람은 천하 사람이라도 능히 이길 힘이 생긴다. (요훈품 15)

8) 제8조 : 탐심을 내지 말며,

(1) 본의
- ① 본능과 욕망의 에너지를 선용하고 자재력을 양성
- ② 자성 광명 회복
- ③ 무서운 죄악과 업보로부터 해방되고 항마

(2) 실천의 길
- ① 텅 빈 자성을 관조觀照하기
- ② 큰 욕심으로 승화하기 (높은 가치를 지향)
- ③ 욕심의 적절한 해소
  - • 취미 생활, 스포츠, 봉사 활동 등

9) 제9조 : 진심을 내지 말며,

(1) 본의
    ① 진성眞性을 회복하고 정기精氣를 모음
    ② 항상 심락心樂을 수용
    ③ 심신의 건강
    ④ 무서운 죄악과 업보로부터 해방되고 항마

(2) 실천의 길
    ① 텅 빈 자성을 관조觀照하기
    ② 인내심 기르기
        • 멈추고, 참고, 돌리고, 내려놓고, 해소하고
    ③ 너그럽고 여유롭고 관용하고 이해하고 사랑하는 마음 챙기기
    ④ 마음속의 화, 불안, 걱정 등의 번뇌 망상을 해소하기
        • 선, 염불, 기도, 육체노동, 음악, 예술, 봉공 작업, 스포츠 등으로
    ⑤ 낙천적 성격 갖기

10) 제10조 : 치심을 내지 말라.
    ※ 치심 : 무명에 덮이고 아상에 가려 어리석고 우치한 마음

(1) 본의
    ① 정각正覺하여 항마
    ② 참으로 지혜롭게 살기
    ③ 어리석은 듯 평범 속에 살기

(2) 실천의 길

① 항상 빈 마음으로 배우기

② 자성을 관조하여 심지心地에 어리석음이 없이 하기

③ 주住한 바 없이 허심탄회하게 살기

■ 아는 것을 안다고 하고, 모르는 것을 모른다고 하며 살기

5. 함께 생각하기

■ 시대에 맞는 〔계문〕공부를 어떻게 진행할 것인가?

① 법마상전급 2조 '두 아내를 거느리지 말며'를 비롯한 각급 계문 조항들의 적절성

② '연고'에 대한 시대적 해석

③ 개교 백년에 필요한 계문

제12장 솔성 요론 _{率性要論}

1. [솔성 요론]의 소개

1) 대의
- 성품을 단련하고 마음을 바루며 기질을 원만하게 변화시켜가는 요긴한 공부길
- 계문이 금기禁忌하는 소극적 공부길인데 반하여 솔성 요론은 대부분 좋은 싹을 북돋아 적극적으로 키워가는 공부법을 중심으로 함
  - '하지 말라'와 '하자'의 병행으로 서로 보완하여 성품 단련·마음 단련·기질 단련을 원만하게 진행

2) 원불교의 솔성率性
- … 일원상의 진리를 수행의 표본으로 하고 그 진리를 체받아서 (본받고 깨달아서) 일원과 같이 원만한 실행을 하는 것 (교의품 5)
- 솔성이라 하는 것은 이미 자기의 소유인 것을 알았으나 전일에 잃어버리고 지내는 동안 모두 다른 사람에게 빼앗긴 바 되었는지라 여러모로 주선하여 그 잃었던 권리를 회복함과 같다. (성리품 8)
- 천도天道에 잘 순응만 하는 것은 보살의 경지요, 천도를 잘 사용하여야 부처의 경지다. … 부처님은 천업天業을 돌파하고 거래와 승강을 자유자재하신다. (불지품 6)
- 솔성의 세 가지 단계
  ① 바른 마음이 들어서 육근을 거느림 (솔率) : 기질지성氣質之性의 교화
  ② 원만구족하고 지공무사한 자성을 따름 (순循) : 본연지성本然之性의 회복

③ 자성을 깨쳐 희·노·애·락을 중도에 맞게 씀 (용用) : 기질지성과 본연지성의 활용 자재
- 삼십 계문을 범하는 것은 지옥으로 이끄는 사자요, 십육조 솔성 요론을 실천하는 것은 극락으로 이끄는 사도使徒다. (대산종사)
- 솔성 요론은 극락문·불문을 열어주는 법문이다. (각산종사)

3) 체제의 변화

솔성 요론	원불교 정전	불교정전	보경육대요령
1	사람만 믿지 말고 그 법을 믿을 것이요,	사람만 믿지 말고 그 법을 믿을 일	사생 중 사람이 된 이상에는 배우기를 좋아할 일
2	열 사람의 법을 응하여 제일 좋은 법으로 믿을 것이요,	열 사람의 법을 응하여 제일 좋은 법으로 믿을 일	한편에 착 하지 아니할 일
3	사생 중 사람이 된 이상에는 배우기를 좋아할 것이요,	사생 중 사람이 된 이상에는 배우기를 좋아할 일	사람만 믿지 말고 그 법을 믿을 일
4	지식 있는 사람이 지식이 있다 함으로써 그 배움을 놓지 말 것이요,	지식 있는 …… 그 배움을 놓지 말 일	일일 시시로 자기가 자기를 가르칠 일
5	주색 낭유 하지 말고 그 시간에 진리를 연구할 것이요,	주색낭유 …… 진리를 연구 할 일	열 사람의 법을 응하여 제일 좋은 법으로 믿을 일
6	한 편에 착 하지 아니할 것이요,	한편에 착 하지 아니할 일	주색낭유 …… 진리를 연구 할 일
7	모든 사물을 접응할 때에 …… 무서워할 것이요,	모든 사물을 접응할 때에 …… 무서워할 일	다른 사람의 원 없는 …… 할 일만 할 일
8	일일 시시로 자기가 자기를 가르칠 것이요,	일일 시시로 자기가 자기를 가르칠 일	무슨 일이든지 잘못된 일이 있고 보면 …… 자기를 살필 일
9	무슨 일이든지 잘못된 일이 있고 보면 …… 자기를 살필 것이요,	무슨 일이든지 잘못된 일이 있고 보면 …… 자기를 살필 일	정당한 일이거든 …… 알기로 할 일

솔성 요론	원불교 정전	불교정전	보경육대요령
10	다른 사람의 그릇된 일을 …… 드러내지 말 것이요,	다른 사람의 그릇된 일을 …… 드러내지 말 일	모든 사물을 접응할 때에 …… 무서워할 일
11	다른 사람의 잘된 일을 …… 잊어버리지 말 것이요,	다른 사람의 잘된 일을 …… 잊어버리지 말 일	지식 있는 …… 그 배움을 놓지 말 일
12	정당한 일이거든 …… 알아줄 것이요,	정당한 일이거든 …… 알기로 할 일	당연한 일이 있거든 아무리 싫어도 죽기로써 할 일
13	정당한 일이거든 아무리 …… 할 것이요,	정당한 일이거든 아무리 …… 할 일	부당한 일이 있거든 …… 아니할 일
14	부당한 일이거든 …… 아니할 것이요,	부당한 일이거든 …… 아니할 일	다른 사람의 그릇된 일을 …… 드러내지 말 일
15	다른 사람의 원 없는 …… 할 것이요,	다른 사람의 원 없는 …… 할 일만 할 일	다른 사람의 잘된 일을 …… 잊어버리지 말 일
16	어떠한 원을 발하여 …… 연마할 것이니라.	어떠한 원을 발하여 …… 대조하여 연마할 일	어떠한 원을 발하여 …… 연마할 일

4) 솔성 공부

(1) 체받는 표본

① 일원상의 진리
- 불생불멸의 도와 인과보응의 이치
- 원만구족 지공무사, 진공묘유, 공空·원圓·정正

② 교법
- 진리적 종교의 신앙과 사실적 도덕의 훈련

③ 스승님의 가르침과 법동지의 법다운 언행

④ 제불 제성의 교법

⑤ 마음 경전

⑥ 세상의 산 경전

- 윤리, 도덕, 관습, 세상의 평가, 충고 등
⑦ 과학적 지식과 원리

(2) 기쁘고 신나게 우러나는 마음으로 공부
① 고향 찾듯, 부모 찾듯, 보물 찾듯
② 자각적·자율적으로

(3) 확실한 변화가 일어날 때까지 꾸준히 적공
① 원리에 맞고 순서에 맞게
② 쉬지 말고 꾸준히 반복하여
③ 근기 따라 수준 조절하며
④ 죽기로써 실행하는 자세로

2. 솔성 요론 해설

1) 제1조 : 사람만 믿지 말고 그 법을 믿을 것이요,

(1) 대의
- 진리적 종교의 신앙관을 확립하고, 주체적인 실천 중심의 신앙 생활을 정착하자.
  - 법보다는 사람에게 먼저 끌리기 쉬운 것이 중생의 마음이다.

(2) 실천의 길
① 사람(인격체)에 대한 믿음의 한계를 분명히 인식하기
  ㉠ 인간의 유한성
    - 수명, 성격, 소질, 역량의 차이

ⓒ 교법·주의·주장의 한계
- 관점, 경륜, 깨달음과 인품의 차이

ⓒ 외형에 집착하면 내면·본의가 은폐될 수 있음
- 여래如來는 삼십이상三十二相으로 볼 수 없다. (금강경)

② 사람을 믿고, 모시고, 훈증 받고, 닮아 가되, 그 법을 배움이 중심이 되어야 한다.

ⓐ 마음에 스승을 모시고, 동지와 더불어 연하여 공부 한다.

ⓑ 사람에 빠지지 말고 존경의 마음으로 오직 배움으로 나아간다.
- 스승을 독차지하고 신심을 독점하는 어리석음에 빠지지 말자.

ⓒ 신비화, 신격화하지 않는다.
- 등상불 숭배를 지양하자.

ⓓ 의뢰심, 의타심, 친 불친, 파벌 조장의 싹이 움트지 않도록 경계한다.

③ 제자를 품속에 가두지 말자.
- 어미닭과 병아리 : 병아리가 어느 정도 자라면 따르는 새끼를 쪼아서 정情을 떼어 자립하도록 함

2) 제2조 : 열 사람의 법을 응하여 제일 좋은 법으로 믿을 것이요,

(1) 대의

■ **아집我執과 법집法執을 놓고 열린 마음으로 진리적 종교의 신앙과 사실적 도덕의 훈련의 길을 밟아 가자.**
- 자기 믿음과 판단에 국집하기 쉬운 중생심이다.

(2) 실천의 길

① 두루 응應하는 공부 태도 정립하기

ⓐ 주체성 확립 : 진리와 교법에 대한 확고한 믿음의 자세 확립

ⓑ 개방 : 자기중심(주견·선입견)을 벗어나 두루 마음의 문을 열어감

ⓒ 관심 : 모든 법을 존중하여 적극적 관심으로 대함
　　ⓔ 소통과 이해 : 빈 마음으로 만나서 서로 이해하고 특징과 장단을 자세히 파악함
　　ⓜ 객관적 평가 : 선입견 없이 평가함
　　ⓗ 살려 씀 : 좋은 법을 수용하여 일원화→圓化로 통합 활용함
② 제일 좋은 법
　　㉠ 진리에 합당한 법, 성리에 근원한 법
　　• 무상대도無上大道
　　• 도가도비상도道可道非常道
　　• 일찍이 한 법도 설한 바 없다.
　　㉡ 생활에 부합되는 실용적인 법
　　㉢ 시대정신에 적합하고, 시대를 향도하는 법
　　• 무유정법無有定法
　　㉣ 자신에게 적절한 법 (맞춤옷)
　　• 서원에 부합되고, 믿음에 합당함
　　㉤ 교화에 활용되는 법
　　㉥ 만인에게 최대의 가치를 창출하는 유용한 법

3) **제3조 : 사생 중 사람이 된 이상에는 배우기를 좋아할 것이요,**

(1) 대의
- 잘 배우는 태도와 성격을 길러서 사람으로 태어난 소중한 기회에 잘 배우는 생활로 나아가자.
　• 배우기를 좋아해야 교법과 스승을 찾게 되고, 환희 봉대하여 기쁨 속에 공부길로 나아가게 된다.

(2) 실천의 길

① 사람으로 태어나 일원 대도 회상을 만난 이 소중한 기회를 더 없이 다행이고 감사로 생각하기
② 배움의 중요성과 배움의 즐거움에 충만하기
③ 스승을 모시고 (함께 배우는) 법동지와 함께 하기
④ 배움이 저절로 이루어지는 환경·인연과 가까이 하기
⑤ 배움을 실천하여 그 공덕과 기쁨을 체험하기
- 배우기를 게을리 하는 중생의 타성·습성을 발견하여 고쳐가자.

4) 제4조 : 지식 있는 사람이 지식이 있다 함으로써 그 배움을 놓지 말 것이요,

(1) 대의
- 배움에 자만하거나 나태하지 말고 꾸준히 정진하자.
  • 갈수록 변화의 속도가 빨라지는 세상에서 살아간다.

(2) 실천의 길

① 늘 배우지 않으면 자연 퇴보하고 조로早老현상이 초래함을 각성하기
② 날로 새로운 배움 거리가 생기므로, 배움에는 끝이 없으니, 넘치거나 권위의식에 빠지지 말고 항상 무지無知의 자각과 겸허한 태도로 정진하기 (극기克己)
③ 큰 서원으로 스승 모시고 동지와 더불어 공부하기

5) 제5조 : 주색 낭유酒色浪遊 하지 말고 그 시간에 진리를 연구할 것이요,

(1) 대의
- 시간을 값지게 활용하여 특히 진리 연마에 주력하자.

- 조금만 방심하거나 게으름에 빠지면 주색 낭유하기 쉬운 중생이다.

(2) 실천의 길

① 주색 낭유하는 인생의 허무함과 배은의 생활을 깊이 각성하자.
② 진리 연마는 일생 내지 영생의 길을 준비하고 개척하는 공들임이다.
③ 큰 서원과 신심에서 진리 연마가 이루어진다.
④ 주된 관심을 진리 연마에 두고 끊임없이 진행한다.
- 의심건 궁굴리는 생활
■ 나이가 들어갈수록 어떤 모습으로 변해 가는가?

6) 제6조 : 한 편에 착하지 아니할 것이요,

(1) 대의

■ 편착심 없는 원만한 중도 생활로 나아가자.
- 한 편에 착하면 밝은 판단과 원만한 취사를 하기 어렵다.

(2) 실천의 길

① 습관, 취미, 업력, 선입견에 저절로 끌려 사는 모습을 돌아보자.
② 애착심과 주착심을 놓고 진공묘유심을 챙긴다.
③ 상대 분별심을 일으키지 않는다.
④ 그때그때 온전한 생각으로 판단하여 취사한다.
- 선입견과 고정 관념 없이 원만구족하고 지공무사하게
⑤ 큰 서원 원대한 비전으로 세상을 넓게 깊게 멀리 보며 산다.
⑥ 모두 모시고 두루 응하여 소통하며 산다.
⑦ 울을 벗어나고 국을 터서 산다.
■ 심신 작용 간에 수없이 착심의 뿌리를 내리는 중생의 습성을 찾아 고쳐 가자.

- 선택의 순간에 일단 멈추어 한 편에 착했는지를 더 생각하자.

7) **제7조 : 모든 사물을 접응할 때 공경심을 놓지 말고 탐한 욕심이 나거든 사자와 같이 무서워 할 것이요,**

(1) 대의
- 탐한 욕심의 무서운 결과를 깊이 깨달아 공경심과 경외심으로 살아가자.

(2) 실천의 길
① 공경심을 놓고 생활하거나 탐심으로 생활하는 모습을 돌아보자.
② 처음 일어나는 탐심과 작은 탐심을 바로바로 제거하여서, 무서운 탐심으로 세력이 커 가지 않도록 미리 관리하자.
③ 탐심을 녹이는 진공의 단련과 탐심을 해소하는 건전한 활동을 전개하여 불같이 일어나는 탐심을 평소에 관리하고 없애자.
④ 우주만유 모두를 죄복을 주재하는 부처님의 응화신으로 모시고 늘 공경하고 감사하며 보은 불공하자.
⑤ 끝까지 방심하지 말고 주의심을 챙기자
- 사물을 접응할 때 별 생각 없이 함부로 하는 습성을 유념하고 주의하자.
- 각자 특성에 따라 특히 탐한 욕심을 더 내는 것이 무엇인지를 살펴서 집중적으로 경계하고 고쳐가자.

8) **제8조 : 일일 시시로 자기가 자기를 가르칠 것이요,**

(1) 대의
- 자각적·자율적으로 자기가 자기를 가르치고 배워가자.

(2) 실천의 길

① 자기 스스로가 자기 조물주요, 자기가 자기를 제일 잘 알고, 스스로가 하지 않으면 누구도 어찌할 수 없다.
  - 누구에게나 일원상 진리가 갊아 있고, 언제 어디서나 마음만 먹으면 스스로 반성하고 대조하여 끊임없이 스스로를 가르칠 수 있다.

② 내 안에는 내가 너무 많아서, 가르치는 나와 가르침을 받아 변화되어야 할 내가 있다.
  ㉠ 가르치는 나를 스승으로 모시자 : 진공묘유의 자성, 교법, 스승의 가르쳐 주심, 동지의 충고, 세상의 산 경전, 양심, 서원, 초발심
  ㉡ 가르침을 받아야 할 나를 빠짐없고 숨김없이 드러내자 : 아상, 선입견, 습관, 탐·진·치, 무명, 주착심, 욕망 … 등등

③ 잘 가르치자
  ㉠ 목적 반조, 자성 반조 공부
  ㉡ 유념, 주의 공부
  ㉢ 기도, 선, 참회 공부
  ㉣ 일상 수행의 요법 대조, 일원상 법어의 표준
  ㉤ 수도인의 일과 실천 공부
  - 가르치는 '나'가 바로 서야 한다.
  - 삼대 불공법三大佛供法으로 정진 적공한다.
  - 대적공실로 단련한다.
  - 욕심으로 가르치지 말고 서원과 신심과 공심으로 가르친다.

④ 잘 가르치고 있는지 수시로 확인하고 점검 받아야 한다.
  ㉠ 스스로 거울에 비춰봄 : 일기, 회광 반조
  ㉡ 스승, 동지의 감정·평가·조언 등
  - 적당히 타협하며 넘어가는지 스스로 감찰하고 점검하기

9) 제9조 : 무슨 일이든지 잘못된 일이 있고 보면 남을 원망하지 말고 자기를 살필 것이요.

(1) 대의
- 늘 자신을 살펴 잘못된 일의 원인을 찾아서 스스로를 바루자.
- <u>스스로 책임을 맡을 수 있고 책임을 질 수 있는 인격과 실력을 갖추는 공부길</u>
  - 우선 먼저 자신을 살펴야 그 원인을 찾아 잘못을 바로 잡을 수 있고, 책임 전가나 다툼 없이 합심하여 잘못을 바로 잡아 일을 성공시킬 수 있다.
- 어떤 경우 어떤 일이든 나와 상관없는 일은 없다. 서로서로 뗄 수 없는 관계 속에서 살아가는 것이다.

(2) 실천의 길
① 잘못된 일이 있을 때 남을 원망하고 자기를 살피지 않는 <u>스스로의 모습을 돌아보자.</u>
② 모든 일을 주인된 심경으로 책임감 있게 합심 합력한다.
③ 인과보응의 이치를 굳게 믿고 모든 일에 감사심으로 임한다.
④ 무슨 일이든지 자신을 먼저 살펴 스스로를 바루어 나간다.
⑤ 시방 일가十方一家 사생 일신四生一身의 큰살림을 한다.
⑥ 어떤 상황에 처하든지 상대를 원망하지 않고 용서하고 관용한다.
  - 잘못된 일이 생기면 감싸고 도와주고 위로해 줄지언정 비난하고 원망하고 책임을 전가하지 않는다.
- 먼저 자기를 살펴야 스스로를 바루고 잘못을 반복하지 않는다.
- 네 덕, 내 탓
- 사람 잃고 돈 잃고 일까지 그르치는 우를 범하지 말아야 한다.

10) 제10조 : 다른 사람의 그릇된 일을 견문하여 자기의 그름을 깨칠지언 정 그 그름을 드러내지 말 것이요.

(1) 대의
- 세상의 그름을 통해 자신을 바루어 가자.

(2) 실천의 길
① 인간에 대해 깊이 통찰하기
- 인간은 천상천하에 유아독존인 존재 (일원은 일체 중생의 본성)
- 현실적으로는 완벽하게 살아갈 수 없는 존재
- 끊임없이 변화하여 사람 되어가는 존재
- 서로서로 없어서는 살아갈 수 없는 은혜로운 존재
- 죄복의 권능을 가진 존재
- 근원적으로 모두가 한 근원 한 기운 한 동포 한 집안 한 형제
- 그러므로 서로 이해하고, 관용하고, 사랑하고, 은혜 나누고, 경외하고, 불공드리는 대상이다.

② 타인의 허물을 보며 마음 아파하고 개선되기를 염원하고 도와줄지언정 절대로 그 허물을 드러내지 말 것
- 타인의 허물을 자신이나 가족의 허물로 알기
  타인의 허물의 원인이 자신과 결코 무관치 않음을 성찰하기
  타인의 허물의 영향이 크게 미쳐가지 않도록 지혜와 힘 모으기
  타인의 허물의 원인을 해소하는데 도움을 주도록 불공하기
- 누구라서 함부로 남의 허물을 드러낼 자격이 있는가?
  자신의 눈에 비친 허물이 사실인지 어찌 알겠는가?
  그 그름을 드러낸 결과의 무서운 업보와 파장을 헤아리는가?
  남의 허물을 보는 빛으로 인하여 자신은 도리어 어두워지는 이치를 아는가?

한 가지 허물에 가리어 타인의 좋은 점이 가려질 수도 있음을 아는가?
③ 타인의 허물을 보아 자신을 밝히고 바루고 나아가 세상을 밝히고 바루어 가자.
- 세상은 산 경전, 모두가 나의 스승·거울
  타인의 그름을 견문하여 자신을 밝히면 결국 세상이 밝아지고 바루어진다.
■ 인간의 눈이 밖으로 향해 있어서 남의 그릇됨을 여실히 볼 줄 알아도, 자기의 그릇됨을 보기 어렵고, 입이 열려서 남의 그름을 드러내지 않기가 어려움을 알아서 고쳐가자.
■ 솔성 공부이므로 자기 공부에 주력하는 것이고, 교화하고 지도하는 입장에서는 마땅히 타인의 그름을 고치도록 지도하고 선도해 가야 할 것

11) 제11조 : 다른 사람의 잘 된 일을 견문하여 세상에 다 포양하며 그 잘 된 일을 잊어버리지 말 것이요,

(1) 대의
■ 타인의 잘한 일을 드러내고 본을 받자.
- 공도자 숭배 실천의 길
- 남의 잘된 일을 보고 시기심을 낼지언정 칭찬하고 드러내 주기가 어려운 것이 중생심이다.

(2) 실천의 길
① 큰 서원으로 공부 표준과 공부 태도를 정립하자.
- 무상 대도 증득하기를 서원
- 일체 생령을 제도하기로 서원
- 모든 사람들이 부처되고 공도자 되기를 서원

② [공도자 숭배]를 실천하자.
- 세상을 유익 주는 일과 모범적인 생활하기 등을 자신의 염원으로 삼고, 그런 세상 만드는 것을 자신의 사명으로 알아 실천하기

12) 제12조 : 정당한 일이거든 내일을 생각하여 남의 세정을 알아줄 것이요,

(1) 대의
- **남의 세정을 내 일처럼 알아주고 챙기자.**
  - 자기 세정은 남이 알아주기를 바라면서
  - 남의 세정은 잘 알아주기가 어려운 것이 중생심이다.

(2) 실천의 길
① 인간의 구체적이고 상황적인 삶을 간과하지 않고 두루 살피자.
② 자기중심적 생활을 벗어나 더불어 함께 하자.
③ 이해와 관용과 사랑으로 서로 관심을 갖고 알아주고 인정해 주자.
- **남으로부터 이해와 배려 받기를 원하는 것처럼 내가 먼저 남을 이해하고 배려해 주자.**

13) 제13조 : 정당한 일이거든 아무리 하기 싫어도 죽기로써 할 것이요,

(1) 대의
- **정당한 일을 반드시 실행하자.**

(2) 실천의 길
① 정당한 일은 대체로 처음에는 하기 힘들고 하기 싫은 것이 보통이나, 일단 하기로 작정하면 차차로 하기가 쉬워지고 재미가 붙고 좋은 결과를 가져온다.

② 정당한 일을 하지 못하도록 방해 하는 마군의 힘과 업력의 힘이 매우 강하므로, 죽기로써 작정하고 노력해야 한다. 죽기로써 하지 않으면 결국 실행에 옮기지 못하고 물러나게 되기 때문이다.

극기克己하지 않으면(육신의 요구와 마음의 욕망을 스스로 이기지 못하면) 실행할 수 없다. 죽어서 거듭나야 한다.

③ 정의관正義觀을 확립하여 용단력 있게 실행하자.

14) 제14조 : 부당한 일이거든 아무리 하고 싶어도 죽기로써 아니할 것이요,

(1) 대의
■ 부당한 일은 절대 하지 말자.

(2) 실행의 길
① 부당한 일은 대개 습관적으로 저절로 행해지는 것이므로 처음에는 끊기가 매우 힘들고, 끊고 싶지가 않을 수도 있으나 일단 끊기로 작정하면 차차로 쉬워지고 재미가 붙고 좋은 결과를 가져온다.

② 부당한 일을 하도록 유혹하는 마군의 힘과 업력·습관의 힘이 매우 강성하므로, 죽기로써 작정하고 노력해야 한다. 죽기로써 하지 않으면 결국 실패할 수밖에 없다.

극기克己하지 않으면 실행할 수 없다. 죽어서 거듭나야 한다.

③ 공부심으로 준법 의식, 계문 실행, 윤리 의식, 사회 규범을 바로 세우자.
④ 처음 한 생각, 처음 한 취사가 중요하다.
■ 바늘 도둑이 소 도둑 된다.
■ 죽기로써
  ㉠ 큰 서원과 공부심으로
  ㉡ 진리, 스승, 법의 뜻에 맡기고 순명順命하는 자세로
  ㉢ 성리에 비추어서

ㄹ 양심과 바른 판단을 좇아서
ㅁ 억지로라도 끝까지 업력, 습관, 유혹을 이기고
ㅂ 결단하고 실행해야 한다.

15) 제15조 : 다른 사람의 원 없는 데에는 무슨 일이든지 권하지 말고 자기할 일만 할 것이요,

(1) 대의
- 자기 본분사에 전일하여 세상의 빛이 되고 은혜를 나투자.

(2) 실천의 길
① 그 일 그 일에 전심전력하자
  - 일심 집중해야 그 일을 성공시킬 수 있다.
② 사람마다 원하는 바가 같을 수 없음을 이해하자.
③ 다른 사람이 스스로 정당한 원을 일으키도록 감동과 감화를 주자.
  - 억지로 권하면 도리어 역효과를 낼 수 있다.
  - 자기를 바라보며 타인 스스로가 마음을 움직이게 하자.
  - 심법과 행동으로 모범을 보이자.
- 자기 할 일만 하는 것이 솔성 공부에서는 결코 소극적인 자세가 아니다.

16) 제16조 : 어떠한 원을 발하여 그 원을 이루고자 하거든 보고 듣는 대로 원하는 데에 대조하여 연마할 것이니라.

(1) 대의
- 목표를 향해 치열히 정진 적공하자.

(2) 실천의 길

① 원(살아갈수록 신이 나고 보람 있고 행복감을 느끼는 목표)을 잘 세우자.
- 세운 원과 실제로 하고 싶은 것에 차이가 있을 때 이중적 삶에 빠져 안으로 괴롭고 갈등하며 밖으로 방황하는 시간이 커진다.
- 크고 거룩한 원을 세우자.

② 그 원과 더불어 일어나고 활동하고 잠자리에 드는 생활을 하자. (하나 됨)

③ 모든 관심과 열정을 그 원에 집중하자. (선택과 집중)

제13장 최초법어 _{最初法語}

1. [최초법어]의 소개

1) 대의
- 대종사께서 대각을 이루신 후 시국을 관망하시고 정신 도덕의 부활이 무엇보다 시급함을 느끼시며 '물질이 개벽되니 정신을 개벽하자'하시고 그에 따른 새 세상 건설의 대책을 최초법어로 발표하심 (원불교 교사敎史)
  ① 원불교 교리의 기본 원형이 표현되어 있다.
  ② 유교 '수기치인修己治人'의 형식을 빌려 성불제중과 정신개벽의 길을 제시하였다.
  ③ 새 시대에 대한 통찰과 시대정신을 담고 있다.

2) 교리 형성
- 보경육대요령 (원기17년)

2. 수신修身의 요법
- 새 세상의 새 사람 되는 길

1) 시대를 따라 학업에 종사하여 모든 학문을 준비할 것이요,

(1) 시대를 따라
- 시대에 적응하고 시대를 향도할 수 있는 능력 갖추기

- 시대정신의 강조 : 시대를 밝게 이해하고
  시대에 맞는 사고와 행동 양식을 갖추고
  시대에 적응할 수 있는 능력을 배양하고
  시대의 과제와 사명을 인식하고
  시대를 향도해 가는 삶으로 나아감

(2) 학업에 종사함
- 과학과 도학이 상호 존중되고 병진하여 원만 추구
  - 과학적 사고와 행동 존중
  - 늘 배움을 놓지 않는 열린 수도 생활의 가치 인정
  - 과학과 도학의 상호 보완

(3) 시대를 따라 모든 학문을 준비함
① 가능한 한 세계 최고 최신의 학문을 준비할 것
② 변화하는 미래를 전망하며 가장 유망하고 세상에 유익을 주는 학문을 지속적으로 준비할 것
③ 전공 외에도 전공을 더욱 살릴 수 있는 분야의 학문이나 일반교양과 상식을 넓히는 학문을 준비할 것
④ 시대의 변화에 따른 새로운 학문을 평생 관심을 갖고 보충 학습하기
⑤ 어느 분야의 학업에 종사하든 인문학적 소양을 기르기 위해 종교·철학·문학·역사·예술 등에 관심 갖기
⑥ 비전공 분야에 대해서도 마음을 열고 이해하려는 자세로 나아가기

2) 정신을 수양하여 분수 지키는데 안정을 얻을 것이며, 희·노·애·락의 경우를 당하여도 정의를 잃지 아니할 것이요,

(1) 정신 수양의 목적을 현실 생활에 두고 실생활에 필요한 수양력을 기르도록 함
- 분수 지키고 정의正義 세우기

(2) 정신·육신·물질간의 모든 생활이 분수에 편안하고 고요함을 유지할 수 있는 수양력을 기름
- 방법
  - 일상생활 속에서 동정 간에 틈나는 대로 기도와 염불과 좌선과 무시선 등으로 마음을 비우고 온전한 일념을 양성
- 결과
  - 지나친 욕망과 허망한 꿈을 벗어나 차분하고 밝게 자신과 세상을 관망함
  - 수양의 힘으로 물질문명의 찬란함과 강한 유혹에 휩쓸리지 않고 그 실상인 빛과 그림자를 아울러 직시하여 물질의 세력을 선용해 감
  - 진리(불생불멸의 도와 인과보응의 이치)의 믿음으로 현재의 삶에 안분하며 감사 생활 속에서 효과적인 불공의 힘으로 희망의 미래를 열어감

(3) 일상의 생활 속에서 육근을 작용할 때 정의를 잃지 않는 수양력을 기름
- 방법
  - 일상생활 속에서 동정 간에 끊임없이 기도하고 무시선을 닦아, 사사로움을 끊고 정신력을 길러서 부동의 힘으로 불의를 제거하고 맑고 밝은 마음으로 정의를 실천하는 힘을 기름
- 결과
  - 마음에 사사로움이 끊어지고 태화 원기가 충만하여 크게 뭉침
  - 희·노·애·락의 감정이 순화되고 경계에 부동의 힘이 쌓임
  - 청정 무애함 속에 밝은 지혜가 솟아 불의가 자연 소멸되고 정의를 실천하게 됨

3) 일과 이치를 연구하여 허위와 사실을 분석하며 시비와 이해를 바르게 판단할 것이요,

(1) 사리 연구의 목적을 현실 생활에 두고 실생활에 필요한 연구력을 기르도록 함
- 밝고 빠른 분석력과 판단력 기르기

(2) 허위와 사실을 밝게 분석하며 시비와 이해를 바르게 판단하는 연구력을 기름
- 방법
  - 경전 공부와 의두·성리 연마와 그 일 그 일에서 알음알이를 얻는 공부 등으로 천조의 대소유무와 인간의 시비이해를 연마하고 궁구함
- 결과
  ① 의심건 발견의 눈이 트임
  ② 의심건을 연마하는 적공실이 조성됨
  ③ 밝고 바르고 빠른 분석력과 판단력이 길러짐
  ④ 문제 해결 역량이 커져 연구력을 갖춤
  ⑤ 인간과 세상과 우주에 대한 지혜가 열림
- 대소유무의 분석
  - 대大는 전체이니, 전체적으로 모순이 없고 부분과 일관되게 합리적인가?
  - 소小는 부분이니, 부분적으로 모순이 없고 전체적으로 일관되게 합리적인가?
  - 유무有無는 변화이니, 인과의 이치에 어긋남이 없이 상생으로 진화할 것인가?
  - 또는 전체적으로 좋으나 부분적으로는 문제가 있는가?
    부분적으로는 문제가 없으나 전체적으로는 문제가 있는가?
  - 또는 현재는 좋으나 결국은 상극으로 변화되는가?
    지금은 어려우나 결국은 은혜로 변화되는가?

- 대소유무의 분석으로 허위와 사실을 분석함
- **시비이해의 판단**
  - 시비는 객관적인 가치 판단 기준이니 대소유무의 이치에 맞는 것은 시是요, 맞지 않는 것은 비非다.
  이해는 주관적인 가치 판단 기준이니 직 간접으로 자신에게 이로운 것은 이利요 손해가 되는 것은 해害다. (각산종사)
- **그러므로 평소에 대소유무의 분석 능력을 원만히 길러서 인생살이의 다단한 일에 나아가 밝고 빠르게 시비이해를 판단하여야 행복한 생활을 할 수 있다.**

4) 응용할 때에 취사하는 주의심을 놓지 아니하고 지행知行을 같이 할 것이니라.

(1) 작업 취사의 목적을 현실 생활에 두고 실생활에 필요한 취사력을 기르도록 함
- 취사하는 주의심과 지행합일의 실천력 기르기

(2) 취사하는 주의심으로 지행을 같이하는 취사력을 기름
- **방법**
  - 계문 준수, 솔성 요론 실천, 무시선 공부, 주의 조행 익히기, 일기 대조 등으로 육근을 단련하여 취사하는 주의심과 정의를 용맹 있게 실행하는 힘을 기름
- **결과**
① 일상성에 빠지고 자행자지하는 삶에 대한 각성과 참회
② 육근 작용의 표본인 「○」 모심
③ 정의관 확립과 정의감 충만
④ 주의심으로 육근 작용
⑤ 지행합일의 취사

⑥ 보은 불공의 실천

3. 제가齊家의 요법
■ 새 가정 새 국가를 이룩하는 길

1) 실업과 의·식·주를 완전히 하고 매일 수입 지출을 대조하여 근검저축하기를 주장할 것이요,
   ■ 가정의 경제적 자립과 부흥
   ① 생업에 충실하기
   ② 가정의 의·식·주를 원만히 해결해 가기
   ③ 매일 수지 대조하고 근검저축하기
   ■ 계획성 있고 규모 있게 가정 살림을 하자.

2) 호주는 견문과 학업을 잊어버리지 아니하며, 자녀의 교육을 잊어버리지 아니하며, 상봉하솔의 책임을 잊어버리지 아니할 것이요,
   ■ 호주의 책임과 역할의 원만한 이행
   ① 잘 배우고 (평생 배우고, 두루 배우고, 까닭 있게 배우고)
   ② 잘 가르치고 (학교 교육, 가정 교육, 사회 교육)
   ③ 잘 다스리고 (마음으로, 말로, 행동으로)
   ④ 잘 받들고 (뜻과 말씀 받들고, 육신을 봉양하고)
   ■ 지도인의 인품·학식·역량·비전·리더십·심법·행동·실천력은 곧 가정과 단체와 국가의 운명을 좌우한다.

3) 가권家眷이 서로 화목하며, 의견 교환하기를 주장할 것이요,
   ■ 서로 사랑하고 존중하고 대화하는 가풍 조성
   ① 서로 먼저 사랑하고 이해하고 양보하고 배려하는 심법

② 친밀감이 넘치고 대화가 끊이지 않는 분위기 조성
③ 예의와 염치와 법도가 살아있는 가풍 가꾸기
- 인생의 행복이 어디로부터 시작되는가?

4) 내면으로 심리 밝혀주는 도덕의 사우師友가 있으며, 외면으로 규칙 밝혀주는 정치에 복종할 것이요,
① 가족 모두가 신앙과 수행을 하며 스승을 모시고 법동지를 가까이 함
② 사회 발전에 합심하고 힘 미치는 대로 참여하여 법률은에 보은 불공함
- 탈선하는 자녀, 사회적 문제를 일으키는 가족이 왜 생기는가?
- 존경 받는 부모가 되자.
- 심교心敎 행교行敎 언교言敎 엄교嚴敎 (인도품 45장)

5) 과거와 현재의 모든 가정이 어떠한 희망과 어떠한 방법으로 안락한 가정이 되었으며, 실패한 가정이 되었는가 참조하기를 주의할 것이니라.
① 두루 견문하여 참조하기
  • 현실에 안주하지 말고 두루 살피고 미래를 예측하기
② 목표·비전 세우기
  • 전통적 자기 방식의 집착을 벗어나 미래를 내다보며 변화 모색하기
③ 끊임없이 변화하기
  • 계획성 있게, 용단력 있게, 이소성대로
- 새로운 변화의 물결을 외면한 채 현실에 안주하여 우물 안 개구리처럼 살거나 미래 예측을 잘못하여 나아가면 결국 시대에 낙오하고 만다.
  • 옛날 부자, 지금 부자, 미래의 부자

4. 강자·약자強者 弱者의 진화進化상 요법
■ 강자과 약자가 서로 진화하는 길로 나아가서 개인·사회·국가·세계에 상극이 없고 강자와 약자가 모두 발전하는 새 세상을 이루어가자는 것

1) 강과 약의 개념
■ 강은 이기는 것이요, 약은 지는 것으로
강과 약의 관계는 서로 의지하고 바탕하여 친불친이 생김

2) 강과 약이 진화하는 길
① 강자 : 약자에게 강을 베풀 때 자리이타自利利他로 약자를 강자로 진화시켜서 강자 자신이 영원한 강자가 됨
② 약자 : 강자를 선도자로 삼아 약자 스스로 강자에 이르도록 까지 노력하여 감

3) 강자와 약자가 유념해야 할 일
① 각자 자기 역량과 위치를 정확히 파악하되 관념과 상을 두지 않기
② 강과 약의 변화되는 이치를 밝게 헤아리기
③ 더불어 함께 진화해 가도록 정성으로 공들이기

4) 날로 심화되어가는 사회 불평등 현상과 갈등을 어떻게 해소하고 조정해 갈 것인가?
■ 소득 불균형과 빈부 격차
청년 실업과 노인 인구 증가
노사 갈등
진보와 보수의 대립
다국적 기업의 독점
사회 복지 정책의 문제점 등

(1) 사회 각 분야에서 함께 지혜를 모으고 협력하여야 할 중대한 문제로 공감하기

(2) 종교적 입장에서
   ① 사은의 윤리를 밝혀 서로서로가 없어서는 살 수 없는 소중한 관계임을 일깨우기
   ② 사요의 평등사상을 높이 들어 사회가 고루 발전해가도록 선도하기
      • 세상 고르는 대불공하기
   ③ 봉공회 등의 활동에 적극 참여하여 소외된 곳을 보살피고 약자를 보호하여 강자로 나아가도록 도와주기
   ④ 기부 문화, 베풂의 생활을 장려하고 모범 보이기
   ⑤ 세상의 강자 선도하기
      • 강자 노릇 잘 하도록 교화하고 촉구하기
   ⑥ 세상의 약자 선도하기
      • 약자 노릇 잘 하도록 교화하고 격려하기
   ⑦ 종교 간의 관계에서와 교단 운영에서 [강자 약자 진화상 요법]을 실천하는 모범 보이기
      • 원불교 신앙과 수행의 궁극 목표가 모두가 함께 잘 사는 은혜로운 세상을 만들어 일체 생령을 낙원으로 인도하는 것

5. 지도인으로서 준비할 요법

■ 지도인으로서 경륜을 원만히 실현할 수 있는 역량을 갖추는 길

1) 지도받는 사람 이상의 지식을 가질 것이요.

■ 지자 선도智者先導 : 지도 받는 사람을 선도할 수 있는 지식 함양
   ① 전문적인 지식·식견·경험 쌓기
   ② 일반적인 지식·교양·상식 넓히기

- 지도자는 사명감, 책임감, 지자 선도의 정신으로 끊임없이 지도받는 사람 이상의 지자가 되도록 공부하고 연마해야 한다. (평생 학습)
- 세상의 지식은 급속도로 발전하여 더욱 깊어지고 넓어지고 새로워진다.

2) 지도받는 사람에게 신용을 잃지 말 것이요,
- 평소의 생활로, 말로, 행동으로, 심법으로
① 언행일치言行一致하고
② 약속을 생명으로 지키고
③ 모든 일에 모범을 보임

3) 지도받는 사람에게 사리私利를 취하지 말 것이요,
① 지도인은 공인임을 명심하기 (사사私邪로움과 자기 울 벗어나기)
② 지위나 권력에 눈이 멀고 중독되는 것은 스스로가 파멸의 길로 나아가는 것이므로 크게 경계하기
③ 조그만 사리부터 조심하고 명백히 관리하기
④ 윗물이 맑아야 아랫물이 맑음을 명심하기
⑤ 사리를 취하지 않으면 더 큰 진리의 상이 돌아오는 이치를 깨닫기

4) 일을 당할 때마다 지행을 대조할 것이니라.
① 스스로 지행을 대조하기 (반성, 일기 대조 등)
② 타인의 평가와 충고를 감사하게 받아서 마음 깊이 새기며, 특히 잘못을 지적해주는 충고를 진정으로 받아들여 고쳐 나가기
③ 자신의 능력을 과신하거나 타인의 시비에 귀를 막으면 큰 실수를 범하게 되는 점을 명심하기
④ 특히 종교 지도자(교무)는 지행 대조하기를 공부심으로 체질화하기
  ㉠ 스스로 먼저 실천해 보고 가르치는가?
  ㉡ 가르친 것을 스스로 그대로 실천하고 있는가?

ⓒ 수도인의 일과를 잘 지켜가고 있는가?
ⓔ 진실로 진리를 믿고 실행하는가?
ⓜ 충언하는 법동지나 제도적으로 평가 받는 기회가 있는가?

- 종교 지도자(교무)의 가르침과 행동이 세상에 얼마나 큰 영향을 미치며, 그 결과에 대한 과보가 얼마나 엄중한가!

제14장 고락에 대한 법문

1. [고락苦樂에 대한 법문]의 소개

1) 대의
- 인생살이에서 일어나는 수많은 고와 낙에 대하여 그 원인과 결과를 자세히 알아서 정당한 고락으로 무궁한 세월을 한결같이 지내며, 부정당한 고락은 영원히 오지 않도록 하자는 것

2) 교리 형성
① 보경육대요령 : 공부인 고락의 설명
② 불교정전 : 고락에 대한 법문

2. 고와 낙의 설명

1) 고와 낙의 정의
① 고 : 괴로움, 싫어하는 것 - 우연한 고, 지어서 받는 고
② 낙 : 즐거움, 좋아하는 것 - 우연한 락, 지어서 받는 락

2) 고락의 종류
① 정당한 고락
  ㉠ 영원한 낙
  ㉡ 낙으로 변할 고

② 부정당한 고락
　㉠ 영원한 고
　㉡ 고로 변할 낙

■ 고락의 원인에 대한 성현들의 견해
① 부처님의 사제四諦 법문 (고·집·멸·도苦集滅道)
　　　집集하면 고苦 (무명 집착의 고)
　　　멸滅하면 낙樂 (고락 초월의 극락)
② 노자님의 유위有爲 : 고락이 있는 세상
　　　무위無爲 : 고락이 없는 경지
③ 대종사님 : 물욕 충만으로 파란고해
　　　　정신개벽으로 낙원 세계 건설

3. 낙을 버리고 고로 들어가는 원인

1) 고락의 근원을 알지 못함
■ 고락의 근원
① 자신 그리고 함께하는 생령들의 지은 바
② 환경, 생활, 인연 등等 외부外部 요인

2) 가령 안다 할지라도 실행이 없는 연고
① 철저히 알지 못함
② 욕심이 치성하여 알고도 고를 장만함
③ 업력, 환경, 상황에 끌리고 휩쓸림
④ 사회의 관습, 관례 등에 물들어 따라감

3) 보는 대로, 듣는 대로, 생각나는 대로 자행자지로 육신과 정신을 아무 예산 없이 양성하여 철석같이 굳음
   ① 가정 교육·사회 교육·학교 교육에서 인성 교육이 부족함
   ② 마음에 신앙심이 없고 모시는 어른이 없이 자기 하고 싶은 대로 생활함
   ③ 욕심과 외경에 이끌려 살아감
   ④ 심신이 습관과 업력으로 굳어버림

4) 육신과 정신을 법으로 질박아서 나쁜 습관을 제거하고 정당한 법으로 단련하여 기질 변화가 분명히 되기까지 공부를 완전히 아니함
   ① 바른 공부 길을 찾지 못함
   ② 공부를 오래오래 밀고 나가지 못하고 하다 말다 함

5) 응용하는데 수고 없이 속히 하고자 함
   ① 심신 작용을 하는데 온전한 마음으로 힘껏 하지 않고 대충대충 적당히 하면서 욕속심을 부려 속히 처리해 버림
   ② 응용하는데 원칙과 절차와 약속 등을 철저히 밟아 가는 노력을 게을리 하고 속히 마무리해 버림

4. 정당한 고락으로 무궁한 세월을 한결같이 사는 길
■ **정당한 고락** : 낙으로 변할 고, 영원한 낙

1) 고락의 원인과 낙을 버리고 고로 들어가는 원인을 확실히 깨닫기

2) 심신을 법으로 질박아서 나쁜 습관을 제거하고 정당한 법으로 단련하여 기질 변화를 분명하게 이루는 공부를 철저히 하기
   ① 계문 공부, 솔성 공부, 법률은 공부

② 수도인의 일과 실천, 일상 수행의 요법 대조
③ 유무념 대조, 주의 조행 연습
④ 상시 훈련과 정기 훈련 진행

3) 일상생활 가운데서 응용하는데 온전한 생각으로 취사하기를 주의하기

4) 기도의 심경으로 매사에 감사하고 일마다 경외심으로 보은 불공하기

5) 심신 작용 하는데 법과 원칙을 준수하기

6) 원하는바(욕망)와 성취(소유)의 적절한 조화 이루기
   ① 원하는바(욕망)를 무한정 키운다든지 애써 줄이거나 부정하지 말고 적절히 승화시키고, 성취 방법을 현실적 합리적으로 모색하기
   ② 성취(소유)의 기대치를 무한정 키운다든지 애써 줄이거나 부정하지 말고 합리적이고 실현 가능하도록 힘써 노력하고 조절하기

7) 처한 상황을 신앙심과 수행력으로써 건설적, 긍정적, 진리적으로 인식하고 해석하여 의미 있게 수용하고 활용하기
   - 신앙심으로 흔들림 없이 신념을 갖고 인과 이치로 돌파하고, 수행력으로 부동하여 지혜롭고 용기 있게 해결해 감
   ① 고苦의 상황 속에서 고통 받으며 마냥 원망과 한탄으로 자포자기하지 말고, 고의 원인과 의미를 새겨서 고의 상황을 통해 오히려 '은생어해 恩生於害'하는 계기 마련
      - 구인 제자와 애국지사와 순교자 등의 삶을 통해 의미 있는 고통과 죽음을 이해하고 스스로의 삶을 고통으로 인해 거듭나는 계기 삼음
      - 식당의 고역을 통해 범부의 잡철을 떨어버리고 정금精金같은 보살을 이룸 (교단품9)

② 낙樂의 상황 속에서 마냥 그 낙에 만족하여 넘치지 말고, 더 큰 낙으로 이어지도록 겸손하고 낙을 세상과 나누고 보은하여 '해생어은害生於恩' 하지 않도록 경계함

8) 절대 낙樂 수용하기
① 고락을 초월한 지선至善의 경지를 단련하여 일체 경계에 평상심과 고락 초월의 담담함으로 일관함
② 절대 은恩을 자각하여 어떤 경계 속에서도 법신불 사은님께 감사하고 은혜의 소종래를 발견하여 보은 불공함

제15장 병든 사회와 그 치료법

1. [병든 사회와 그 치료법]의 소개

1) 대의
- 건전하고 평화한 이상 사회 건설을 위하여 사회 병리 현상의 일단을 지적하고 그 처방을 밝힘
- 제목만으로도 후천개벽 시대에 원불교가 던지는 강한 메시지를 읽을 수 있다. 그러나 구체적인 치료의 증거가 사회 곳곳에서 나타나야 법문의 생명력生命力이 있을 것이다.

2) 교리 형성
① 불법연구회규약(원기12년)의 취지 설명에 인간 사회의 병리를 17가지로 열거하고, 사은의 은혜로 병리 현상이 차츰 해소 되어질 것이며, 우리는 수양·연구·취사 공부를 하고 동지에게도 알려서 영원토록 안락한 세상을 만들기 위해 불법 연구회를 설립하게 되었다고 밝힘
② 불교정전(원기28년)에는 [병든 가정과 그 치료법]으로 수록. 내용은 현 정전과 동일함

3) 한 사회가 병들어 가는 증거의 대강

(1) 서로가 자기의 잘못은 알지 못하고 다른 사람의 잘못하는 것만 많이 드러내는 것
① 자신을 살피지 못하므로 근원적인 병 점을 찾아내지 못한다.

② 다른 사람의 잘못만 많이 드러내므로 사회가 더욱 혼란해지고 병이 깊어간다.
- 네 덕, 내 탓이 아닌 내 덕, 네 탓인 그릇된 풍토

(2) 부당한 의뢰 생활을 하는 것
① 자력自力을 세우지 못한 사회 구성원 한 사람 한 사람이 병든 사회의 원인
② 부당한 의뢰 생활이 사회를 더욱 병들게 함
- 은혜 입은 사회에 배은이다.
- 사회 발전에 무력無力하고 도리어 사회 발전에 장애 요인이 된다.
- 노예 생활을 조장하여 사회를 더욱 병들게 한다.

(3) 지도 받을 자리에서 정당한 지도를 잘 받지 아니 하는 것
① 잘 배우지 않으므로 무지無知·무능無能의 해독을 끼치게 됨
② 자행자지함으로써 병든 사회를 조성해감
- 충고와 지도를 자연스럽고 고맙게 받아들이지 못하는 원인이 무엇인가?

(4) 지도할 자리에서 정당한 지도로써 교화할 줄 모르는 것
① 교육의 부재로 암흑 세상을 조성함
② 타인에 대한 관심과 배려 그리고 사회 발전에 대한 책임과 참여 의식이 결여됨으로써 결과적으로 병든 사회를 조장해 감
- 충고와 지도가 자연스럽고 고맙게 이루어질 수 있는 분위기가 조성되지 못하는 원인은 무엇인가?

(5) 공익심이 없는 것
① 위해주는 심법과 세상과 함께 잘 살려고 하는 삶의 자세가 갖춰지지 못하고 이기적으로 나아감으로써 결국 사회가 병들어 감

② 이기심 충만의 세상으로 나아가면 끊임없는 생존 경쟁 속에서 모두가 불안과 고통의 생활을 면치 못함
- 세상에 대해 원망과 피해 의식이 생기는 원인은 무엇인가?

2. 병든 사회의 치료법

1) **자기 잘못을 항상 조사할 것 (자기 병病 진단)**
   ① 누구나 완벽할 수 없는 불완전한 존재임을 각성하고 늘 스스로를 살필 것
   - 눈을 안으로 돌림
   ② 자기 자신에게 엄격하여 잘못을 분명히 발견하고 확실하게 고쳐나갈 것
   ③ 스승과 동지들의 지도·충고를 받을 것
   - 하루에 거울을 몇 번이나 보는가?
   - 스스로 자기 성찰 조항을 갖고 사는가?
   - 자기를 비추는 거울이 얼마나 맑고 밝은가?
   - 오늘도 자기 허물 고치기에 얼마나 노력을 하였는가?
     - 자기 합리화, 자기 집착, 자기 주장의 함정에서 벗어나기

2) **부당한 의뢰 생활을 하지 말 것**
   ① 자력 양성의 중요성 인식하기
   ② 자력 양성하기
   ③ 의뢰심 버리고 자력 생활하기
   - 습관적으로 행하는 의뢰 생활, 의식 속에 자리한 의뢰 심리, 새로운 문명과 문화에 대한 지나친 의뢰 생활을 가능한 한 자력으로 할 수 있도록 용기 갖고 고쳐가기

- 자력을 세워도 일자리 얻기가 어렵고(자력을 인정받기 어렵고), 의뢰 생활을 벗어나고자 해도 부당한 의뢰 생활을 할 수밖에 없는 시대 상황을 어떻게 해소 할 것인가?

3) 지도 받을 자리에서 정당한 지도를 잘 받을 것
   ① 큰 서원으로 목표 의식을 뚜렷하게 세우기
   ② 아상과 아만심을 버리고 불공하는 마음으로 배움의 자세 확립하기
   ③ 치심을 놓고 적극적 성격으로 주저함 없이 나아가 배우기
   - 시민 정신의 성숙도는 배움의 자세 확립 정도에 밀접히 관련됨
   - 지도와 충고를 고맙게 받아들이는 마음 자세를 확립하기

4) 지도할 자리에서 정당한 지도로써 교화를 잘 할 것
   ① 사명감으로
   ② 관심과 사랑으로
   ③ 실력으로
   ④ 교화 방편으로
   - 지도인으로서 자격 갖추기
   - 거리낌 없이 지도와 충고를 할 수 있는 사회 풍토를 함께 조성해 가기

5) 이타利他주의 실천
   ① 사은의 윤기로 감사 하고 보은하기
   ② 사요의 평등 세상 건설에 합심 합력하기
   ③ 자리이타自利利他의 생활로 함께 더불어 살아가기
   ④ 힘 미치는 대로 무자력자 보호하기
   ⑤ 힘껏 공도에 헌신하기
   - 기득권과 지도층이 솔선수범하여 사회 풍토 조성하기

3. 의견 제안

- 〔병든 사회와 그 치료법〕- 이 법문은 소태산 대종사님이 교단을 창립하실 때가 중심이 된 시대 상황을 주로 반영한 것으로, 시대 상황이 변화해 감을 따라 사회 진단 내용과 그 치료법이 달라져야 할 것
정전 제2 교의편 제3장 〔사요四要〕와 같이 시대 상황의 변화에 따라 진단과 치료법을 적절히 개발해 가자.

제16장 영육 쌍전 법 (靈肉雙全法)

1. [영육 쌍전 법]의 소개

1) 대의

- 새 시대(후천개벽 시대)에 수도와 생활이 둘이 아닌 산 종교의 중도적 생활 표준
① 영과 육이 함께 온전하도록 함
  - 영적 구원과 육적 구원을 아우름
② 수도와 생활이 함께 온전하도록 함
  - 수도와 생활의 병진
③ 정신문명과 물질문명이 함께 온전하도록 함
  - 도학과 과학의 병진

2) 교리 형성

(1) 「월말통신」

- … 생활과 공부의 양전兩全 … 본회에서는 이 양방을 아울러 … 양성하는 것 … (원기4년)

(2) 「회원수지」

- … 영육 쌍전의 육대 강령은 … 육신 생활의 3대강령과 … 정신 생활의 3대강령을 얻기로 하면 정신을 수양하여 일심을 얻고, 사리를 연구하여 알음알이를 얻고, 작업을 취사하여 실행을 얻어야 영육 쌍전의 완전한 인격

을 구성하였다고 하나니라. (원기21년)

(3) 「불교정전」
- … 법신불 일원상의 진리와 계·정·혜 삼학으로써 의·식·주를 구하고 의·식·주와 계·정·혜 삼학으로써 그 진리를 얻는 것이 영육 쌍전이 되는 동시에 … (원기28년)

3) 영육 쌍전의 시대적 요청
① 물질문명에 치우쳐 정신문명을 등한시 하는 현대 사회는 물욕 충만으로 파란고해가 날로 극심해 가며, 정신적 폐허로 인하여 인간이 물질의 노예 생활로 전락할 위기에 처함
② 수도인 가운데 직업 없이 놀고먹는 폐풍으로 인해 개인과 세상에 해독을 미침
- 출세간 본위와 사회 참여 의식 결여 등으로 수도와 종교의 존재 의미 상실
- 수도인도 스스로 의·식·주를 해결해야 될 시대로 변화해 감

③ 그러므로, 물질문명이 정신문명 발전에 밑거름이 되고, 정신문명이 물질문명 발전을 선도하는 새 문명이 요청되는 시대가 도래함
- 육신의 의·식·주와 정신의 일심·알음알이·실행 등의 육대 강령은 서로 떠날 수 없는 관계로 한 가지 우리의 생명선임 (교의품 18)
- 정신의 삼강령이 의·식·주 삼건의 근본이 됨 (교의품 19)
- … 정당한 일을 부지런히 하고 분수에 맞게 의·식·주도 수용하며, 피로회복을 위해 때로는 소창도 하라 … 마땅히 원융한 불법으로 개인 … 세계에 두루 활용되게 할 것 … 내 법의 주체이니라. (교의품 33)

④ 미래 시대로 갈수록 탈종교 시대·초 종교 시대를 지향하여 기존의 종교 형태로는 너른 세상을 제도할 수 없게 됨. 미래 시대로 나아갈수록

기성 종교의 탈을 벗어나 일반적인 세간 생활과 신앙·수행·훈련이 하나로 아우러져 진행되어야 대중의 환영을 받게 될 것임

2. 영육 쌍전 법의 구현

(1) 법신불 일원상의 진리와 수양·연구·취사의 삼학으로써 의·식·주를 얻음

① 진리를 믿어 보은 불공하여 그 은혜와 위력으로써 의·식·주 얻음
② 진리를 표준 하여 삼학 공부의 역량으로 의·식·주를 얻음
- 영적 구원 위주의 신앙·수행을 지양할 것
- 수행 위주보다 신앙심이 겸하면 의·식·주를 얻는데 더 큰 힘이 될 것

(2) 의·식·주와 삼학으로써 진리를 얻음

① 의·식·주로써 공부의 여건 마련
② 삼학 공부로 진리 공부
- 삼학 공부뿐 아니라 간절한 신앙심으로 나아가면 진리의 위력을 더 빨리 더 크게 얻을 수 있을 것
- 육적 구원 위주의 세속 생활에 만족하지 말 것

(3) 질의와 대안

① 「정신의 세 가지 강령을 잘 공부하면 육신의 세 가지 강령이 자연히 따라오는 이치를 알아야 할 것 …」(교의품 18)의 해석
  - 정신의 세 가지 강령을 잘 공부하면 무조건 육신의 세 가지 강령이 해결된다는 뜻이 아니라 정신이 근본이요, 정신의 세 가지 강령을 잘 공부하면 육신의 세 가지 강령을 해결할 수 있는 정신적 자세·안목·역량이 생긴다는 뜻이 아닐까함
② 영육 쌍전 법에서 「신앙」은 어떤 역할을 하는가?

- 의·식·주와 삼학과 신앙으로써 진리를 얻으면 더욱 효과가 크고, 원불교 교법의 본의가 아닐까함

  세계적으로 타력 신앙 중심의 종교를 신앙하는 사회와 수도 위주의 종교를 기반으로 하는 사회를 비교할 때 원만한 영육 쌍전을 해 나가는 데 신앙의 역할이 큰 도움을 주고 있음을 쉽게 알 수 있다.

  더구나 원불교 교법 체계가 진리적 종교의 신앙과 사실적 도덕의 훈련으로 되어 있고 교리 원리가 신앙과 수행을 병행하도록 되어 있다.

> **시안**
>
> 「영육 쌍전 법」에 신앙을 포함할 경우
> … 그러므로, 우리는 제불 제성의 심인인 법신불 일원상의 진리와 천지·부모·동포·법률의 사은과 수양·연구·취사의 삼학으로써 의·식·주를 얻고 의·식·주와 사은과 삼학으로써 그 진리를 얻어서 영육을 쌍전하여 개인·가정·사회·국가에 도움이 되게 하자는 것이니라.

③ 출가 교역자(전무 출신)의 영육 쌍전 법

ㄱ. 맡은 직책과 일에 따라 교역에 전무하여야 할 입장이면, 교단이 육肉의 구제를 해결하여 교단적으로 영육 쌍전을 실현하는 것으로 확대 해석

ㄴ. 일반 교역에 임하는 경우, 힘 미치는 대로 교당과 기관이 경제적 자립의 토대를 세워서, 가능한 한 교도나 일반인의 성금에 의지하지 않고 육의 구제를 해결해 나감

ㄷ. 출가 공부인도 각자의 처지를 따라 직업을 갖고 육의 구제 문제를 힘 미치는 대로 해결해 나감 (서품 18)

- 교역 외에 다른 부업을 함께 갖는 다른 성직자의 사례 참조
- 출가 공부인의 의식 생활도 각자의 처지를 따라 직업을 갖게 함

㉣ 출가 공부인의 공부 자세를 새롭게 함
- 교법의 이해와 해석을 ┐
  교법의 실천력 심화를 ├ 순역 경계·실생활·일 속에서 단련함
- 일을 통해 사업 역량 키우고 수익 창출하며, 일 속에서 마음공부 진행
- 공부하러 온 제자들에게 언을 막으라 하신 뜻을 깊이 헤아리고 실천하기
- 육체노동·작업에 적극 나서기
- 교도들의 의·식·주 해결에 도움이 될 수 있도록 교화하고, 설교하고, 훈련하고, 교역자 스스로 모범을 보임
- 공리공론의 가르침을 지양하고 실질적인 마음공부 진행하기
  기복 신앙을 지양하고 「보은 즉 불공」 신앙으로 나아가기

3. 함께 생각하기

『대종경』 교의품 1장에 '영육쌍전·이사병행理事並行'의 표현이 나오는데, 이는 같은 의미를 반복하여 강조한 것인가? 각각의 독특한 의미가 있어서 따로 표현한 것인가?

수도와 사업·공부와 일의 양 방면을 함께 온전히 진행해 간다는 의미에서 영육쌍전의 구현이 곧 이와 사를 병행하는 것이다. 이럴 경우 영육쌍전에서 육肉의 주된 개념은 의식주가 된다. 그런데 일반적으로 육이라 할때는 주로 '몸'을 일컫는다. 그래서 영육쌍전은 마음과 몸을 아울러 온전히 한다는 또다른 의미로 해석하여 이사병행과 구분 지을 수 있다. 따라서 육의 '의식주' 외에 '몸'을 온전히 해가는 공부를 함으로써 '영육쌍전법'의 실천이 원만해질 것이다.

제17장 법위 등급
法 位 等 級

1. [법위 등급]의 소개

1) 대의
- 공부의 단계와 공부의 표준을 밝혀 누구나 쉽게 불지佛地(대각여래위)에 이르게 하는 법문으로 공부의 정도를 측정하는 척도이며 성불의 이정표다.
- 태산이 높다하되
    - 오르고 또 오르면 못 오를리 없건마는 오르기 어려운 산
    - 케이블카 타고 쉽게 오르는 산

2) 교리 형성

(1) 보경육대요령 (원기17년)
- 〔학위 등급편〕에 보통부에서 대각여래부까지 여섯 등급을 둠
- 〔학위 등급도〕에는 예비 특신부부터 예비 대각여래부까지 다섯 예비등급을 둠

(2) 불교정전 (원기28년)
- 〔법위 등급과 그 해의〕에 보통급에서 법마상전급, 법강항마위에서 대각여래위까지 삼급 삼위를 둠
- 〔법위 등급도〕에는 예비 특신급에서 예비 대각여래위까지 다섯 예비등급을 둠

3) 법위 등급 공부의 주안점
　① 법위 등급의 속 깊은 이해와 적공의 길 찾기
　② 교도의 법위 향상을 위한 효과적 교화 훈련 방법 모색하기
　③ 법위 사정의 역량 높이기
　④ 법위의 사회화와 사회적 인격화로 확산해 가기
　⑤ 법위의 예우 방안 마련하기

4) 법위 향상에 대한 스승님들의 간절한 염원
　① 대종사님 : 도가의 명맥命脈은 법의 혜명을 받아 전하는데 있다. (요훈품 41)
　② 정산종사님 : 돌아오는 세상의 주인될 이는 법위 있고 진실되며 어느 모로나 대중에게 이익을 주는 이니라. (정산종사법어 근실편 17)
　③ 대산종사님 : 법위는 교단의 생명이요 자산이다.
　　　　　　　천 여래 만 보살을 배출하는 것은 대종사님과 정산종사님의 영생의 염원이시다.
　　　　　　　길은 개척해야 다닐 수 있듯이 법위도 개척해야 출가위 여래위의 문이 열린다.
　　• 이 회상에 와서 항마위 이상의 도인이 되지 못한다면 모래로 밥을 지어 먹는 격이요, 대종사님께 대한 큰 죄인이 된다.

2. 보통급普通級 (표준과 적공)

　■ 원불교에 입교하여 보통급 10계를 받은 사람의 급
　■ 표준
　① 입문入門　② 불지 출발佛地出發　③ 초발심

- **공부**
① 옛 생활을 버리고 새 생활을 개척하는 선구적 결단하기
② 새 출발 잘하기
③ 교도 4종 의무 이행과 수도인의 일과 길들이기

1) **큰 집에 입문入門함이다.**
    - **제일 다행한 급 : 입문의 의미와 그 중요성 깨닫기**
        - 중생의 세계에서 불보살의 삶, 일원 세계, 극락 세계로 나아감
        - 큰 집 발견의 행운과 다행감으로 감사와 기쁨 충만
    ① 이런 세계가 있구나!
    어찌 다행 일원 회상 찾아 성불제중 할 수 있게 되었나!
        - 죄악으로부터 벗어날 수 있고
        - 참된 삶·보은의 삶·진급의 삶을 살 수 있고
        - 평화·행복한 삶을 살 수 있는 곳 발견
        - 플라톤 : 광명의 세계 발견 ~ 암흑 같은 굴속에 쇠사슬로 묶여 사는 노예가 어느 날 사슬을 끊고 희미한 불빛 따라 굴 밖으로 나와 만나게 된 대광명大光明의 세계!
    ② 꿈에도 그리던 그 곳 그 법!
        - 전생으로부터 언약하고 서원했던 그 곳 그 법
        - 숙겁에 그립고 그리운 스승·동지와 만남의 기약을 이루게 된 이 곳 이 법

2) **과거(옛 생활) 청산을 깨끗이 하고 입문을 확실히 하자.**
    ① 이렇게 살아도 될 것인가?
        - '이 소중한 삶을 이렇게 살아도 될 것인가?' 참회 반성
    ② 선구적 결단과 깨끗한 청산

- 옛 생활을 버리고 새 생활로 방향의 대 전환

  과거의 지위·생각·습관 등을 벗고 인간 본연의 원점에 섬

3) 첫 출발을 잘하자.
   - 한 걸음을 확실히 옮기자. 시작이 반半이다. 첫 단추를 잘 꿰어야 한다.
   - 대산 종사 : 도문에 든 의미, 입교증을 받은 의미
     - 제일 다행한 급級이 보통급 (삼난三難돌파)
     - 큰 집 발견, 참으로 나의 살 곳 발견
     - 입교와 동시에 여래如來가 되어 여래행如來行을 해야 할 의무와 권리가 동시에 부여됨
     - 보통급은 기점基點. 여래위가 아무리 높아도 반드시 이 문으로부터 출발·통과해야 한다. 여래의 뿌리
     - 12인연의 업연에 끌려 암흑세계에서 살다가 불은佛恩을 입고 광명의 세계로 찾아든 때

       인과의 이치를 모르고 현실에만 즐기고 살다가 영생의 진리·혜복의 원천을 찾아 드는 때

       인신 수심人身獸心에서 인신 도심人身道心의 생활에 드는 때
   ① 진리·교법·스승·교단에 대한 믿음과 성불 할 수 있다는 자신감으로 출발선에 서기
   ② 목표를 확인하여 바른 방향으로 향하기 (입문入門한 동기·목적)
     - 오직 성불제중이다. 여래가 되어 만 중생을 제도하는 것
     - 정신개벽으로 도학과 과학을 병진하는 참 문명 세계를 건설하는 것
   ③ 확실한 한 걸음 내딛기
     - 한발은 입문入門하고 한발은 세속世俗을 떠나지 못한 채 머뭇거리면 안 된다.
   ④ 초발심으로 불타는 힘 있는 출발하기
     - 친구 따라 강남 가듯 하면 금방 식어 버린다.

⑤ 확실한 연결 고리(동기 부여)에 붙잡힘 되기
- 교당 다니는 재미나 인연 등으로 단단히 이끌림
- 옮겨 심은 나무의 지지대 설치

4) 바른 본보기를 표준하자.
- ■ 입교하고 처음 교당 생활을 시작할 때 인도해주는 인연과 스승 그리고 함께 하는 동지의 본보기가 큰 영향을 준다.
    - 선연과 악연
① 출발하는 처음부터 스승님 모시고 공부하기를 체질화하기
② 모범적인 법동지와 가까이 하기 (유유상종)
    - 교당의 회장단·단장·원로들의 역할이 중요함
③ 신심·서원·공심·공부심을 투철하게 마음에 자리하기 (기초·기본 다지기)
    - 큰 집을 지을수록 기초가 중요함
      기초를 보면 그 집의 규모와 안전을 예측 할 수 있다.
④ 법동지의 소중함을 깨닫고 골라 사귀고 두루 두터운 법정法情 나누기를 병행하기

5) 원불교의 생활 방식을 길들이자.
- ■ 처음부터 기질 단련과 생활의 변화를 시작하지 않으면 새 생활 방식으로 길들이기가 어려워진다.
- ■ 원불교의 생활 방식으로 길들이는 것이 자신의 삶 속에서 정신 육신 물질 간에 얼마나 유익한지를 알아야 한다.
    - 원불교가 나 죽인다?
- ■ 기쁜 마음으로 자각적이고 주도적으로 심신을 길들여 가자.

(1) 기질 단련하기

- 범부 중생의 묵은 악습을 법法으로 질박아 고쳐서 확실하게 변화를 이룸
① 모든 가르침과 법도法度에 무조건 순종 (주견 조심)
② 원리 원칙에 맞게 함 (억지로 말고 순리로)
③ 끊임없이 반복하여 저절로 될 때까지 공들임 (정성으로)
④ 보통급 10계를 철저히 지킴 (끝까지 싸우는 정신으로)
- 주로 몸으로 짓는 죄업을 청산하여 몸으로 일어나는 욕망과 악습으로부터 자유하는 힘 기름
- 흑심黑心을 도심道心으로, 인간다운 심신 작용을 길들임

(2) 교도 사종四種 의무 지키기

- 교도 사종 의무는 실은 교도만이 누리는 특권이요, 진급하는 생활을 길들이는 공부법이다.
① 조석 심고朝夕心告의 의무
  ㉠ 법신불 사은님과 통로를 개척하여 늘 모시고 함께 살면서 아침 저녁으로 빌어서 무궁한 은혜와 위력을 얻어가는 교도의 특권을 누리는 복된 신앙 행위
  ㉡ 법신불 사은님을 늘 모시고 심고와 기도로써 그 은혜와 위력에 감사한다. 법신불 사은님을 모시는 마음으로 일일이 감사 보은 불공한다. 조석 심고는 물론 평소에도 기도의 심경으로 생활한다.
② 법회 출석(법규 준수)의 의무
  ㉠ 생명 같은 법法을 만나는 교도의 특권
    인생의 바르고 원만한 길을 찾아 행복과 구원의 길로 나아감
  • "진리가 너희를 자유케 하리라."
  • "순천자順天者는 존하고 역천자逆天者는 망한다"
  ㉡ 법이 곧 생명의 길, 영광의 길, 구원의 길임을 자각

ⓒ 자기 생각, 자기 삶의 방식, 세상의 온갖 유혹을 놓고 오직 진리·교법·스승의 가르침에 귀의

ⓔ 육근을 법으로 질박아 서원과 신심으로 정성을 다해 완전한 변화를 이루도록 정진

③ 연원 달기(교화)의 의무

　ⓐ 인연복(법연 法緣)을 개척하는 교도의 특권
　　스승님의 전법 傳法 사도로서 전법의 거룩한 불사에 동참하는 특권
- 좋은 것이 생기면 혼자 차지하는가?
- 구제선에 올라와 보니 아직도 물에 빠져 허우적대는 가족 친지들을 발견했다면 어찌 하겠는가?

　ⓑ 먼저 스스로 불보살의 심법과 불보살의 보은 불공하는 생활을 본받기에 전심전력하여 세상을 감동 감화 시키자.
- 자신을 비우고 순수하고 희생적인 사랑에서 우러나는 말과 행동으로 상대를 위해 주자. (은혜를 먼저 심자)
- 진정한 사랑과 위하는 마음에서 우러나는 말과 행동으로 교법을 전하자.

　ⓒ 연원 달기의 자세
　　├ 진정으로 상대를 제도하기 위함인가?
　　└ 자기 성취의 만족을 위함인가?
　　├ 원력으로 하는가?
　　└ 의무감으로 하는가?

④ 보은미 報恩米 (유지 헌금)의 의무

　ⓐ 대도 회상을 통해 복전 福田을 개척하는 교도의 특권
　　자비로운 불보살의 베풂과 나눔의 실천에 동참하는 길
- 모두가 사은의 공물 公物 임을 이해하는 것
- 시방을 오가 吾家의 소유로 삼아 주인으로 세상 살아가는 첫걸음
- 스승님의 대자비 경륜에 조력하는 것

ⓛ 사은님의 크신 은혜에 감사 보은하는 마음으로 힘 미치는 대로 실천함
　• 사은님의 크신 은혜에 만분의 일이라도 보은하는 심경으로 실천함
　• 자신의 이기심과 욕망을 자제하고 베푸는 심법을 키우는 공부심으로 실천함 (자기 비움의 실천)
　• 가족과 법동지와 세상에 본보기가 되겠다는 원력으로 베풂과 나눔을 실천함 (인류 공동체 의식으로 한 가족 한 형제로 함께 살기에 앞장섬)
　　ⓒ 보은미 실천의 자세
　　　　┌ 감사 보은하며 영생의 복전을 개척해 가는가?
　　　　└ 미래에 대한 일종의 투기 수단인가?
　　　　┌ 과거 지은 바 업·빚 등에 대한 참회로 달게 받고 갚음인가?
　　　　└ 과거 잘못에 대한 뒷거래로 빚 탕감하는 수단인가?
　　　　┌ 감사와 보은의 무조건적 봉공 정신으로 실천하는가?
　　　　└ 의미 있는 일로써 자기만족 얻고 종교인으로서 의무적인 도리 실천인가?
　• "신자들의 마음의 변화에 도움이 되지 않는 헌금은 전적으로 무익한 것"

3. 특신급特信級 (표준과 적공)

■ 보통급 10계를 일일이 실행하고 예비 특신급에 승급하여 특신급 십계를 받아 지키며, 우리의 교리와 법규를 대강 이해하며 모든 사업이나 생각이나 신앙이나 정성이 다른 세상에 흐르지 않는 사람의 급

■ 진리와 스승과 법과 회상에 귀의하여 안심입명을 얻고 마음공부에 발심을 냄

- 원불교의 신앙·수행·봉공과 교당 생활에 뿌리를 내리고 그 맛을 봄
- 최고의 진리·법·스승·회상을 발견하고 특별한 믿음이 확립되어, 모든 재미가 이 공부 이 사업하는데 옮겨지고 몸과 마음을 바쳐 여한 없는 삶의 길을 원불교에서 찾고 뜻을 세워 나아감
- 구인九人선진님들의 혈인 서원의 심경
- 수행상에서 가장 꽃다운 과정
- 법기法器의 기틀을 엿봄

■ 표준
① 발심 ② 정법 정신正法正信 ③ 입지立志 ④ 탁근托根
⑤ 심신 귀의心身歸依 ⑥ 마음공부

■ 공부
① 진리와 스승과 법과 회상에 스스로를 접목시켜 새 움 틔우기
② 열 사람의 법을 응하여 제일 좋은 법으로 믿는 열린 마음과 까닭 있는 공부 자세 확립하기
③ 교법 공부에 재미 붙이고 습관 고치기에 힘쓰기

1) 정법 정신正法正信 이루기

■ 특신급에서는 대부분 꽃발 신심이 우러난다. 기쁨, 재미, 결심, 자신감, 헌신의 마음이 간절해진다.
문제는 이 마음이 정법正法에 뿌리 한 바른 믿음으로부터 나오는 것인가 하는 점이다.

(1) 서원 키우기
① 발심의 싹을 키워서 성불제중·대각여래위를 향한 지고한 서원으로 키우고 사무쳐 나간다.
② 항상 초발심·초심을 챙기며 다시 시작하는 마음으로 생활한다.

③ 인연 있는 스승님, 법 있으신 큰 스승님들을 자주 가까이 모시고 공부한다.

④ 공부심 있고 공심 있는 법동지들과 함께 어울려 공부·사업한다.

(2) 교법 공부를 체계적으로 하기

① 교법을 처음부터 끝까지 빠짐없이 배우고 대체를 이해한다.

② 의심나는 부분을 집중적으로 연마하고 문답 감정을 받는다.

③ 의두·성리 연마를 한다.

④ 다른 법을 참고하여 연마한다.

(3) 교법과 더불어 스승·회상에 대해 공부하기

① 선입견을 놓고 교단의 여러 스승님들에 대해 공부한다.

② 교사敎史를 공부하여 교단을 폭 넓게 알아간다.

(4) 신심이 깊어지고 기쁨이 샘솟을 때 마냥 만족하거나 그것에 빠지지 말고 "왜 그럴까" 수시로 문답하기

① 스스로 반문하여 답해 보기

② 스승·동지와 문답하여 바른 길 찾고 힘 타기

(5) 진리·법·스승·회상에 접목하여 하나 되고 충실한 싹 틔우기

- ■ 전탈 전여 全奪全與

  - 씨가 싹을 틔우려면 자기 껍질을 벗어야 하고, 병아리가 알에서 나오려면 알 껍질을 깨야 한다.
  - 과수를 접목한 부분에 간격·틈이 생기면 안 된다. 한 살이 되어야 한다. 접목한 싹이 충실해야 한다. 대서원 대신심으로 교법과 스승의 가르침 속에 푹 젖어야 한다.

(6) 진리·법·스승·회상·동지의 힘 타기
- 처음 파종한 모가 몸살을 하다가 이내 땅에 뿌리 내리면 땅 맛을 보고 새파랗게 올라온다.
- 그러기 위해서는 모가 튼튼해야 하고 잘 심어져야 하고 윗거름·밑거름·물·태양의 기운을 적절히 받아야 한다.

(7) 열 사람의 법을 응하여 제일 좋은 법으로 믿는 자세로 나아가기
① 주체를 확립하고 열린 마음으로 두루 법에 응하기
② 비판적 자세로 만법을 살피기
③ 좋은 법을 통합 활용하기
- 세상의 법을 두루 공부하여 원불교 교법에 대한 정법 정신正法正信을 더욱 확고히 해간다.

(8) 교법을 이해하는데서 나아가 실천을 통해 그 본의를 더욱 확실히 하고, 교단의 각종 활동에 적극 참여하여 회상과 하나 되어 가기

2) 특신급 십계문 지키기
■ 주로 입으로 짓는 죄업 청산
① 수도인의 기초 닦음
② 공인公人다운 품격 조성
③ 모범적인 생활 태도 익힘

4. 법마상전급法魔相戰級 (표준과 적공)

■ 보통급 십계와 특신급 십계를 일일이 실행하고
예비 법마상전급에 승급하여 법마상전급 십계를 받아 지키며

법法과 마魔를 일일이 분석하고, 우리의 경전 해석에 과히 착오가 없으며 천만 경계 중에서 사심을 제거하는데 재미를 붙이고 무관사에 동하지 않으며 법마 상전의 뜻을 알아 법마 상전을 하되

인생의 요도와 공부의 요도에 대기사大忌事는 아니하고

세밀한 일이라도 반수 이상 법의 승勝을 얻은 사람의 급

- ■ 속 깊은 마음공부로 심신이 교전心身交戰
  - 특신급의 법열 속에서 스승의 지도 따라 법동지들과 더불어 공부와 사업을 진행하다 보면 속 깊은 공부길로 진입하게 된다.
  - 수양 공부가 깊어져
    - 사심이 녹고, 객기가 가라앉고
    - 심신이 점차 편안해지고
    - 무관사에 동하지 않고
    - 이 공부 이 사업에 주력主力하게 됨
  - 연구 공부가 깊어져
    - 우리 경전의 뜻을 세밀히 이해하고
    - 대소유무와 시비이해에 분석력과 판단력이 생겨나고
    - 법法과 법 아닌 것에 대한 기준이 서지고
    - 어느 경우라도 법과 마를 분석하여 마가 숨지 못함
  - 취사 공부가 깊어져서
    - 육근을 법으로 단련 하여
    - 정의는 죽기로써 실행하되
    - 마에 지기는 할지언정, 끝까지 싸우는 정신을 놓지 않음
  - 믿음이 깊어지고 불공에 요령이 생겨서
    - 간절한 기도의 정성이 이어지고
    - 오로지 감사 생활하기에 힘쓰며
    - 그 일 그 일에서 보은 불공을 노력함

1) 싸우기
- 인생살이 그 자체가 싸움이다.
- 생존을 위해, 불보살로 거듭나기 위해, 세상을 구원하기 위해 마魔와 잘 싸워야 한다.

(1) 왜 싸워야 하는가를 깊이 알아야 한다.
① 중생의 탈을 벗고 불보살의 인품을 조성하기 위하여
② 특신을 지나다 보면 차차로 법法이 커가면서 스스로 자만 자족하여 속 깊은 공부에 나태해지기도 하고 소승적인 자세로 흐르는 등의 마도 함께 자라나기 때문에 아상과 나태심을 극복하기 위하여
③ 스스로의 법력法力에 취하여 자기의 공부는 뒤로 한 체 상대를 가벼이 보고 비교 비판하며, 자신의 힘을 과시하며 싸움꾼이 되기도 하기 때문에 이 마음을 극복하기 위하여
④ 공부를 진행하는 중에 실수 실패 등으로 좌절에 빠지거나 깊은 상처를 입고 고통을 받게 되므로 이런 상황으로부터 벗어나기 위하여
⑤ 싸움에 지쳐서 중도에 포기하거나 적당히 진행하여 결국 큰 변화를 가져오지 못하므로 끝까지 싸우는 정신을 놓지 않기 위하여
⑥ 법法은 기르기가 쉽지 않고 마는 저절로 강성해지며, 조금이라도 방심하면 법이 마에게 패하게 되므로 방심과 싸워야 하므로
- 월남전의 교훈
  월등한 군사력으로도 강한 정신 전력을 이길 수 없었다.

(2) 잘 싸워야 한다.
① 대종사님의 일원 대도 회상을 만난 이 소중한 기회를 놓치지 말아야 한다.
② 대종사님의 구도 고행과 과거 성자 철인들의 구도 역정을 늘 상기하자.
  • 부처님이 오백생을 닦으셨다 하니, 나는?

③ 초발심의 기쁨과 자신감으로 늘 그 마음을 새롭게 하자.
④ 교법의 가르침 그대로 실천해 나가자.
⑤ 법신불 사은님께 늘 매달려 신앙의 위력으로 공부를 진행하자.
⑥ 스승님의 훈증과 지도 속에 바른 공부길을 잡아가자.
⑦ 적당히 타협하려는 유혹을 뿌리 칠 수 있는 법열과 공부심으로 살자.
⑧ 무관사에 동하지 않고 사심을 제거하는데 재미를 붙이며 잠깐의 방심과 나태심도 크게 경계하자
⑨ 신심을 더욱 깊게 하고 서원을 더욱 키워서 속 깊은 정진 적공으로 중근병中根病이 움조차 트지 못하게 하자.
⑩ 지혜롭고 여유 있게 싸우자
　㉠ 원리에 맞게 순리적이고 단계적으로
　㉡ 쉬지 말고 지속적으로
　㉢ 자각적 주도적으로
　㉣ 자타력 병진으로
　㉤ 가장 강한 마구니와 한판 승부하기 (만법 귀일의 대상)
　㉥ 대중과 더불어 함께 하기 (공동체 생활 속에서)

(3) 끝까지 싸워야 한다.
① 서원, 신심, 공심, 공부심으로 분발하기
② 수도인의 일과를 평상심으로 오래오래 밟아가기
③ 상시 훈련과 정기 훈련을 지속적으로 병행하기
④ 유념·주의심 챙기기
⑤ 간절한 기도와 적실한 불공드리기
⑥ 죽기로써 하기

2) 법마상전급 십계문 지키기

- 주로 마음으로 짓는 죄업 청산
① 열정적인 공부 자세로 세밀하고 속 깊게 계문 떼기
② 성스러운 인품 조성에 흠집이 남지 않도록 상相없이 녹여내기

5. 법강항마위 法强降魔位 (표준과 적공)

- 법마상전급 승급 조항을 일일이 실행하고
  예비 법강항마위에 승급하여
  육근을 응용하여 법마 상전을 하되 법이 백전백승하며
  우리의 경전의 뜻을 일일이 해석하고
  대소유무의 이치에 걸림이 없으며
  생·노·병·사에 해탈을 얻은 사람의 위
- 법이 백전백승하여 자신을 제도하고 세상의 거울이 되며 스승이 되는 위
  성리에 바탕하여 신앙·수행·봉공을 법 있게 진행
- 표준
① 세밀 ② 마음 조복 ③ 육정 육법 六正六法
- 공부
① 속 깊은 의두 성리 연마 (견성 공부)
② 생사 해탈 공부
③ 심계 心戒를 갖고 보림 공부
④ 큰 서원과 공심으로 경륜 가꾸기

1) 성리 공부로 항마하기

① 진공으로 번뇌 녹이기
② 공적영지로 무명 타파하기

③ 진공묘유로 정의正義 실천하기

2) 법으로 거듭나기

(1) 성태 장양聖胎長養 하기
- 각자의 마음속에 대적공실大積功室 마련하고 화두 연마
- 정산 종사님의 견성 5계단 공부, 대산 종사님의 견성 3단 공부로 진공묘유 단련
① 자성自性을 반조返照하여 공적영지의 광명을 회복하고 진공묘유의 조화를 나툼
② 자성을 표준으로 육근을 단련하여 원만구족하고 지공무사한 육근 작용의 능력을 갖춤

(2) 삼학 공부로 삼대력三大力 양성하고 활용
① 수양 공부로 세운 자성의 정自性 定으로 경계에 요란함이 없고
② 연구 공부로 세운 자성의 혜自性 慧로 경계에 어리석음이 없고
③ 취사 공부로 세운 자성의 계自性 戒로 경계에 그름이 없음
- 경계 속에서 자성 반조력自性返照力 확립하고 운용함

(3) 견불見佛·시불侍佛의 보은 불공으로 생불生佛을 나툼
① 처처 불상을 확연히 보아 모든 부처님을 특성·상황·목적 따라 모시고 빠짐없이 다 보은 불공하기를 힘씀
② 사대불이신심四大不二信心으로 하나가 되고 불리자성不離自性하여 오직 진리대로 교법대로 스승의 가르치심대로 교단의 이념과 경륜대로 하나로 나아감
- 모든 심신 작용이 다 은혜와 법法으로 화함

3) 생사生死 해탈하기
   ① 생사의 원리를 이해하고 깨달아 생사에 끌리지 않음
   ② 진공眞空의 경지를 터득하여 안주安住함
   ③ 죽음 준비를 미리 하여 편안하고 여유롭게 거래

4) 심계心戒로 보림하기
   ① 스스로 부족한 부분 보충 연마
   ② 능能한 부분 상相 떼고 고르기
      • 보림 함축으로 능能을 골라서 대원성大圓成으로 나아감
   ③ 더욱 성聖스러운 인품과 역량 갖추기
   ■ 무관사에 부동無關事不動하여
      다시 일념一念을 더 기르고
      밝히고
      능을 냄

5) 큰 경륜 가꾸기
   ■ 제생의세의 원력 가꾸기
   ① 끊임없이 아我를 없애고 오직 법法으로 충만하기
      • 법을 위하여 기쁘게 신명身命을 다하는 생활하기
      • 아사법생我死法生으로
      • 법이 너무 좋아 법에 흠뻑 젖어서 저절로 무아無我가 됨
   ② 끊임없이 사私를 놓고 공公으로 충만하여 교단과 세상을 위해 바치는 생활하기
      • 교단과 세상을 위하여 나는 무엇을 바칠 수 있는가?
      • 항마위에 올라서까지도 자신의 문제에 매달려 살아서야 되겠는가!
      • 위공망사爲公忘私로
   ③ 교단과 세상의 미래를 전망하여 큰 원력과 경륜을 세워감

> 참고

싸움(항마하기)의 비교

1) 법마상전급의 싸우기 : 법과 마가 치열히 싸움
   ① 싸워야 한다. ~ 마에게 질지언정, 마가 숨지 못하므로 끝까지 싸우는 정신을 놓지 않는다.
   ② 잘 싸워야 한다. ~ 이기는 싸움이 되도록 정신력을 강화하고 효과적인 방법을 동원한다.

2) 법강항마위의 싸우기 : 자성광명으로 마를 비춤
   ① 싸운 바 없는 싸움으로 승리한다. ~ 경계 따라 자성의 정과 혜와 계를 세운다.
   ② 싸움 없이 마를 항복 받는다. ~ 항상 자성을 반조한다.

6. 출가위 出家位 (표준과 적공)

- 법강항마위 승급 조항을 일일이 실행하고
  예비 출가위에 승급하여
  대소유무의 이치를 따라 인간의 시비이해를 건설하며
  현재 모든 종교의 교리를 정통하며
  원근 친소와 자타의 국한을 벗어나서 일체 생령을 위하여
  천신만고와 함지사지를 당하여도 여한이 없는 사람의 위
- 진정으로 심신 출가 心身出家 하여 대공심 大空心 대공심 大公心 으로 시방 일가 十方一家, 사생 일신 四生一身 의 큰 살림을 개척
- 표준
  ① 시방 일가, 사생 일신   ② 제법주 制法主
  ③ 불퇴전   ④ 생사 자유

■ 공부
① 우주를 자신의 집으로 삼고 일체 생령을 품에 안아 더불어 심화·기화·인화하여 막힘없이 한 기운으로 살아가기
② 일체의 상相을 여읜 무상 대도를 체득하기
③ 생사 자유의 능력을 키우기
④ 교단과 세상을 자신 일로 삼아 온통 바쳐서 큰 실적을 쌓기

1) 시방 오가十方吾家의 큰 살림을 꾸려 감
① 마음에 한 생각 사가 없고 모든 국한을 벗어나 대공심大空心 대공심大公心으로 교단과 세상의 주인으로서 전 생령과 동고동락하며 공도 사업에 큰 실적을 쌓는다.
② 천지의 덕에 합덕合德하여 일체의 삶이 자비와 덕화로 나타난다.

2) 제법制法의 능력을 구비하고 만법을 운용함
① 일원상의 진리를 정각하여 인간의 시비이해를 원만히 건설한다.
② 만법에 통달하여 새 법을 만들기도 하고 묵은 법을 고치기도 하고 만법을 통합 활용해 간다.

7. 대각여래위大覺如來位 (표준과 적공)

■ 출가위 승급조항을 일일이 실행하고
예비 대각여래위에 승급하여
대자대비로 일체 생령을 제도하되 만능이 겸비하며
천만 방편으로 수기응변隨機應變하여 교화하되 대의에 어긋남이 없고
교화 받는 사람으로서 그 방편을 알지 못하게 하며
동하여도 분별에 착이 없고 정하여도 분별이 절도에 맞는 사람의 위

- 대자대비하고 자유자재한 여의주를 증득하여 큰 권능(만능)을 갖춤
- 표준
  ① 능동 능정 能動能靜   ② 능소 능대 能小能大
  ③ 능명 능암 能明能暗   ④ 능생 능살 能生能殺

1) 만능 만지 만덕을 갖춤
   ① 속 깊은 삼학 공부로 원만구족 지공무사한 삼대력 三大力을 대원성 大圓成 함
   ② 쉼 없는 보은 불공으로 원만구족 지공무사한 감화력을 대원성 大圓成 함

2) 무량 방편으로 수기응변하여 대자비 교화를 펼침
   ① 대상의 근기에 적중하는 교화로 만 중생을 구원함
   ② 삼계의 대도사요 사생의 자부가 됨

3) 동정 간에 자유자재함

8. 질의 문답과 함께 생각하기

(1) '공부인의 수행 정도를 따라 여섯 가지 등급'에 대한 해석
   ① 공부의 수행 정도를 따라 법위를 평가 한다면 공부인의 신앙 정도는 법위에 어떤 관계가 있는가?
   ② '수행 정도'라는 표현 속에 '신앙의 정도'도 포함 되었다고 해석 한다면 법위의 각 과정에 신앙의 정도가 어떻게 녹아있다고 설명할 수 있으며, 법위 사정에서는 어떤 기준으로 신앙 정도를 평가해야 할 것인가?

> 시안
>
> ## 신앙과 수행 정도를 함께 법위의 표준으로 할 경우
>
> ### 제17장 법위등급
> 공부인의 신앙과 수행 정도를 따라 여섯등급의 법위가 있나니 … 대각여래위니라.
>
> 1. 보통급은 유무식·남녀·노소·선악·귀천을 막론하고 처음으로 교문에 귀의하여 법신불 사은의 은혜를 알아 보은 생활로 나아가며, 교도의 의무와 보통급 십계를 받은 사람의 급이요.
> 2. 특신급은 보통급 승급 조항을 일일이 실행하고, 예비 특신급에 승급하여 특신급 십계를 받아 지키며, 진리와 교법과 스승과 회상에 대한 바른 믿음이 서지며, 우리의 교리와 법규 … 흐리지 않는 사람의 급이요.
> 3. 법마상전급은 특신급 승급 조항을 일일이 실행하고 예비 법마상전급에 승급하여 법마상전급 십계를 받아 지키며, 믿음이 깊어져 오로지 감사 생활하기를 힘쓰며, 법과 마를 일일이 … 법의 승을 얻는 사람의 급이요.
> 4. 법강항마위는 법마상전급 승급 조항을 일일이 실행하고 예비 법강항마위에 승급하여, 오직 간절한 믿음과 불공으로 역경 난경을 돌파하며, 육근을 응용하여 법마상전 … 해탈을 얻은 사람의 위요.
> 5. (원문과 동일)
> 6. (원문과 동일)

(2) 법위 사정의 객관적이고 합리적인 기준 마련을 어떻게 할 것인가?

(3) 법위의 사회적 인격화와 법위의 사회화를 어떻게 이루어갈 것인가?
- 원불교에서만 인정받고 통용되는 인품이 아니라 사회적으로 인정받고 세계적으로 통하는 법위의 권위와 품격을 어떻게 이루어갈 것인가?
- 원불교 법위 등급을 어떻게 사회적으로 확산해갈 것인가?

附錄

부록

- 본문 [질의와 대안]에 밝힌 '시안'을 정전 원문과 비교하여 정리하였다.
- '시안'은 정전 원문 수정의 필요에서 제안한 것이 아님을 밝혀둔다.
- '시안'의 목적은
  - 정전 해석에 있어 대종사님의 본의를 더욱 확실하게 드러내고
  - 개교 백년의 새로운 시대에 적합한 해석의 방향 제시를 위함이다.
- 이를 통해
  - 향후 다양한 주석서들이 개발될 때 여기에 제시된 시안을 참고하여
  - 대종사님의 본의 해석과 교법의 시대적 적용에 활용되길 기대한다.

교법의 총설

정전 원문	불교는 무상 대도(無上大道)라 그 진리와 방편이 호대하므로 여러 선지식(善知識)이 이에 근원하여 각종 각파로 분립하고 포교문을 열어 많은 사람을 가르쳐 왔으며, 세계의 모든 종교도 그 근본되는 원리는 본래 하나이나, 교문을 별립하여 오랫동안 제도와 방편을 달리하여 온 만큼 교파들 사이에 서로 융통을 보지 못한 일이 없지 아니하였나니, 이는 다 모든 종교와 종파의 근본 원리를 알지 못하는 소치라 이 어찌 제불 제성의 본의시리요.
	  그 중에도, 과거의 불교는 그 제도가 출세간(出世間) 생활하는 승려를 본위하여 조직이 되었는지라, 세간 생활하는 일반 사람에 있어서는 모든 것이 서로 맞지 아니하였으므로, 누구나 불교의 참다운 신자가 되기로 하면 세간 생활에 대한 의무와 책임이며 직업 까지라도 불고하게 되었나니, 이와 같이 되고 보면 아무리 불법이 좋다 할지라도 너른 세상의 많은 생령이 다 불은(佛恩)을 입기 어려울지라, 이 어찌 원만한 대도라 하리요.
	  그러므로, 우리는 우주만유의 본원이요 … 광대하고 원만한 종교의 신자가 되자는 것이니라.

시안	**불법**은 무상 대도라 그 진리와 방편이 호대하므로 여러 선지식이 이에 근원하여 각종 각파로 분립하고 포교문을 열어 많은 사람을 가르쳐 왔으며, **세계의 종교들도** 그 근본되는 원리는 본래 하나이나 **시대와 지역을 따라** 교문을 별립하여 오랫동안 제도와 방편을 달리하여 온 만큼 교파들 사이에 서로 융통을 보지 못한 일이 없지 아니하였나니, 이 어찌 제불 제성의 본의시리요. (이하는 원문 그대로)

일원상의 진리

정전 원문	일원은 우주만유의 본원이며, 제불 제성의 심인이며, 일체 중생의 본성이며, 대소유무에 분별이 없는 자리며, 생멸 거래에 변함이 없는 자리며, 선악 업보가 끊어진 자리며, 언어 명상이 돈공한 자리로서 공적영지의 광명을 따라 대소유무에 분별이 나타나서 선악 업보에 차별이 생겨나며, 언어 명상이 완연하여 시방 삼계가 장중에 한 구슬같이 드러나고, 진공묘유의 조화는 우주만유를 통하여 무시광겁에 은현자재하는 것이 곧 일원상의 진리니라.
시안	● 시안 1 : 돈공·광명·조화의 3측면으로 설명하는 구조 일원은 우주만유의 본원이며, 제불 제성의 심인이며, 일체 중생의 본성이며, 대소유무에 분별이 없는 자리며, 생멸 거래에 변함이 없는 자리며, 선악 업보가 끊어진 자리며, 언어 명상이 돈공한 자리로서 공적영지의 광명을 따라 대소유무에 분별이 나타나서 ① **생멸 거래의 변화가 드러나며, 선악 업보의 차별이 드러나며 (② 생멸 거래의 변화와 선악 업보의 차별이 드러나며)**, 언어 명상이 완연하여 시방 삼계가 장중에 한 구슬같이 드러나고, 진공묘유의 조화는 우주만유를 통하여 무시 광겁에 은현자재하여 ① 생멸 거래에 변화가 일어나며, 선악 업보에 차별이 생기는 것이 (② 생멸 거래의 변화와 선악 업보의 차별이 생겨나는 것이) 곧 일원상의 진리니라. ● 시안 2 : 진공묘유의 양면으로 설명하는 구조 일원은 … 대소유무에 분별이 나타나서 **생멸 거래에 변화가 일어나고**, 선악 업보에 차별이 생겨나며, **(언어 명상이 완연하여 시방 삼계가 장중에 한 구슬같이 드러나고), 이러한 진공묘유(의 조화)는** 우주만유를 통하여 무시 광겁에 … 곧 일원상의 진리니라.

일원상의 신앙

정전 원문	일원상의 진리를 우주만유의 본원으로 믿으며, 제불 제성의 심인으로 믿으며, 일체 중생의 본성으로 믿으며, 대소유무에 분별이 없는 자리로 믿으며, 생멸 거래에 변함이 없는 자리로 믿으며, 선악 업보가 끊어진 자리로 믿으며, 언어 명상이 돈공한 자리로 믿으며, 그 없는 자리에서 공적영지의 광명을 따라 대소유무에 분별이 나타나는 것을 믿으며, 선악 업보에 차별이 생겨나는 것을 믿으며, 언어 명상이 완연하여 시방 삼계가 장중에 한 구슬같이 드러나는 것을 믿으며, 진공묘유의 조화는 우주만유를 통하여 무시광겁에 은현자재하는 것을 믿는 것이 곧 일원상의 신앙이니라.
시안	일원상의 진리를 (수행하는 동시에) 신앙의 대상으로 하고 그 진리를 믿어 복락을 구하나니, 일원의 내역은 곧 사은이요, 사은(四恩)의 내역은 곧 우주만유로서 천지 만물 허공법계를 다 부처로 모시고 (쉼 없이) 기도하며 항상 청정한 마음과 경건한 태도로 천만 사물에 응하여 직접 당처에 불공하는 것이 곧 일원상의 신앙이니라.

일원상 서원문

정전 원문	일원은 언어도단(言語道斷)의 입정처(入定處)요, 유무 초월의 생사문(生死門)인 바, 천지·부모·동포·법률의 본원이요, 제불·조사·범부·중생의 성품으로 능이성 유상(能以成有常)하고 능이성 무상(無常)하여 유상으로 보면 상주 불멸로 여여 자연(如如自然)하여 무량세계를 전개하였고, 무상으로 보면 우주의 성·주·괴·공(成住壞空)과 만물의 생·로·병·사(生老病死)와 사생(四生)의 심신 작용을 따라 육도(六途)로 변화를 시켜 혹은 진급으로 혹은 강급으로 혹은 은생어해(恩生於害)로 혹은 해생어은(害生於恩)으로 이와 같이 무량 세계를 전개하였나니, 우리 어리석은 중생은 이 법신불 일원상을 체받아서 심신을 원만하게 수호하는 공부를 하며, 또는 사리를 원만하게 아는 공부를 하며, 또는 심신을 원만하게 사용하는 공부를 지성으로 하여 진급이 되고 은혜는 입을지언정, 강급이 되고 해독은 입지 아니하기로써 일원의 위력을 얻도록까지 서원하고 일원의 체성(體性)에 합하도록까지 서원함.
시안	일원은 언어도단(言語道斷)의 입정처(入定處)요, 유무 초월의 생사문(生死門)인 바, 천지·부모·동포·법률의 본원이요, **제불·제성**·범부·중생의 성품으로 능이성 유상(能以成有常)하고 능이성 무상(無常)하여 유상으로 보면 상주 불멸로 여여 자연(如如自然)하여 무량세계를 전개하였고, 무상으로 보면 우주의 성·주·괴·공(成住壞空)과 만물의 생·로·병·사(生老病死)와 사생(四生)의 심신 작용을 따라 육도(六途)로 변화를 시켜 혹은 진급으로 혹은 강급으로 혹은 은생어해(恩生於害)로 혹은 해생어은(害生於恩)으로 이와 같이 무량 세계를 전개하였나니, **저희 어리석은 중생은 거룩하신 법신불** 일원상을 체받아서 심신을 원만하게 수호하는 공부를 하며, 또는 사리를 원만하게 아는 공부를 하며, 또는 심신을 원만하게 사용하는 공부를 지성으로 하여 진급이 되고 은혜는 입을지언정, 강급이 되고 해독은 입지 아니하기로써 일원의 위력을 얻도록까지 서원하고 일원의 체성(體性)에 합하도록까지 **간절히 서원하옵나이다.**

천지 보은의 강령

정전 원문	사람이 천지의 은혜를 갚기로 하면 먼저 마땅히 그 도를 체받아서 실행할 것이니라.
시안	사람이 천지의 은혜를 갚기로 하면 마땅히 그 피은된 도를 보아서 보은행을 할 것이니라.

천지 보은의 조목

정전 원문	1. 천지의 지극히 밝은 도를 체받아서 천만 사리(事理)를 연구하여 걸림 없이 알 것이요, 2. 천지의 지극히 정성한 도를 체받아서 만사를 작용할 때에 간단 없이 시종이 여일하게 그 목적을 달할 것이요, 3. 천지의 지극히 공정한 도를 체받아서 만사를 작용할 때에 원·근·친·소(遠近親疎)와 희·로·애·락(喜怒哀樂)에 끌리지 아니하고 오직 중도를 잡을 것이요, 4. 천지의 순리 자연한 도를 체받아서 만사를 작용할 때에 합리와 불합리를 분석하여 합리는 취하고 불합리는 버릴 것이요, 5. 천지의 광대 무량한 도를 체받아서 편착심(偏着心)을 없이 할 것이요, 6. 천지의 영원불멸한 도를 체받아서 만물의 변태와 인생의 생·로·병·사에 해탈(解脫)을 얻을 것이요, 7. 천지의 길흉 없는 도를 체받아서 길한 일을 당할 때에 흉할 일을 발견하고, 흉한 일을 당할 때에 길할 일을 발견하여, 길흉에 끌리지 아니할 것이요, 8. 천지의 응용 무념(應用無念)한 도를 체받아서 동정간 무념의 도를 양성할 것이며, 정신·육신·물질로 은혜를 베푼 후 그 관념과 상(相)을 없이 할 것이며, 혹 저 피은자가 배은 망덕을 하더라도 전에 은혜 베풀었다는 일로 인하여 더 미워하고 원수를 맺지 아니할 것이니라.

| 시안 | 1. 천지 대자연의 무한한 은혜와 위력에 감사하며 겸허히 대자연과 더불어 조화로운 공생의 길로 나아갈 것이요,
2. 천지에 전일한 마음과 지극한 정성으로 기도하여 천의를 감동시킬 것이요,
3. 천지의 도에 감사하고 이를 경외심으로 체받아서 닮아갈 것이니라.
　① 천지의 지극히 밝은 도에 감사하고 이를 경외심으로 체받아서 닮아갈 것이요,
　② 천지의 지극히 정성한 도에 감사하고 이를 경외심으로 체받아서 닮아갈 것이요,
　③ 천지의 지극히 공정한 도에 감사하고 이를 경외심으로 체받아서 닮아갈 것이요,
　④ 천지의 순리자연한 도에 감사하고 이를 경외심으로 체받아서 닮아갈 것이요,
　⑤ 천지의 광대 무량한 도에 감사하고 이를 경외심으로 체받아서 닮아갈 것이요,
　⑥ 천지의 영원불멸한 도에 감사하고 이를 경외심으로 체받아서 닮아갈 것이요,
　⑦ 천지의 길흉 없는 도에 감사하고 이를 경외심으로 체받아서 닮아갈 것이요,
　⑧ 천지의 응용무념한 도에 감사하고 이를 경외심으로 체받아서 닮아갈 것이니라. |
|---|---|

부모 피은의 강령

정전 원문	우리가 부모에게서 입은 은혜를 가장 쉽게 알고자 할진대, 먼저 마땅히 부모가 아니어도 이 몸을 세상에 나타내게 되었으며, 설사 나타났더라도 자력(自力) 없는 몸으로서 저절로 장양될 수 있었을 것인가 하고 생각해 볼 것이니, 그런다면 누구나 그렇지 못할 것은 다 인증할 것이다. 부모가 아니면 이 몸을 나타내지 못하고 장양되지 못한다면 그 같이 큰 은혜가 또 어디 있으리요. 　대범, 사람의 생사라 하는 것은 자연의 공도요 천지의 조화라 할 것이지마는, 무자력할 때에 생육(生育)하여 주신 대은과 인도의 대의를 가르쳐 주심은 곧 부모 피은이니라.
시안	● **시안 1** … 대범, 사람의 생사라하는 것은 자연의 공도요 천지의 조화라 할 것이지마는, **낳아 주시고** 무자력할 때에 생육(生育)하여 주신 대은과 인도의 대의를 가르쳐 주심은 곧 부모 피은이니라. ● **시안 2** … 대범, **이 세상에서 가장 존귀한 이 몸을 낳아 주시고** 무자력할 때에 생육(生育)하여 주신 대은과 인도의 대의를 가르쳐 주심은 곧 부모 피은이니라.

일상 수행의 요법

정전 원문	1. 심지(心地)는 원래 요란함이 없건마는 경계를 따라 있어지나니, 그 요란함을 없게 하는 것으로써 자성(自性)의 정(定)을 세우자. 2. 심지는 원래 어리석음이 없건마는 경계를 따라 있어지나니, 그 어리석음을 없게 하는 것으로써 자성의 혜(慧)를 세우자. 3. 심지는 원래 그름이 없건마는 경계를 따라 있어지나니, 그 그름을 없게 하는 것으로써 자성의 계(戒)를 세우자. 4. 신과 분과 의와 성으로써 불신과 탐욕과 나와 우를 제거하자. 5. 원망 생활을 감사 생활로 돌리자. 6. 타력 생활을 자력 생활로 돌리자. 7. 배울 줄 모르는 사람을 잘 배우는 사람으로 돌리자. 8. 가르칠 줄 모르는 사람을 잘 가르치는 사람으로 돌리자. 9. 공익심 없는 사람을 공익심 있는 사람으로 돌리자.
시안	● **시안 1 : 〔일상 수행의 요법〕과 〔일상 신앙의 요법〕으로 분리할 경우** 1. 일상 수행의 요법 　① 요란함을 제거하고(없애고) 일심을 기르자. 　② 어리석음을 제거하고(없애고) 지혜를 밝히자. 　③ 그름을 제거하고(없애고) 정의를 실행하자. 　④ 믿음 분발 의문 정성으로 정진하자. 2. 일상 신앙의 요법 　① 원망 생활을 감사 생활로 돌리자. 　② 타력생활을 자력 생활로 돌리자. 　③ 배울 줄 모르는 사람을 잘 배우는 사람으로 돌리자. 　④ 가르칠 줄 모르는 사람을 잘 가르치는 사람으로 돌리자. 　⑤ 공익심 없는 사람을 공익심 있는 사람으로 돌리자.

시안	● 시안 2 : 하나로 합할 경우 - 〔일상 신행의 요법〕 또는 〔일상 공부의 요법〕
	① 망념을 제거하고 일심을 양성하자.
	② 온전한 생각으로 취사하자.
	③ 믿음 분발 의문 정성으로 정진하자.
	④ 지성으로 기도하자.
	⑤ 매사에 감사하자.
	⑥ 잘 배우고 잘 가르치자.
	⑦ 자력을 양성하여 보은 봉공하자.
	● 시안 3 : 제목을 변경할 경우 [일상 수행의 요법]의 내용을 그대로 두고 그 제목을 〔일상 실천(실행)의 요법〕으로 변경함

〔정기 훈련법〕에 신앙 훈련으로 '불공', '감사 보은' 추가

시안	● 불공 불공은 법신불 사은전에 서원을 올리고 소원을 빌어서 은혜와 위력을 얻어감이니, 이는 허공법계를 통하여 법신불께 올리는 진리 불공과 사은 당처에 올리는 실지 불공을 익히기 위함이요. ● 감사 보은 감사 보은은 법신불 사은의 은혜를 발견하여 보은하도록 함이니 이는 천지 만물 허공법계를 통하여 입은 은혜를 깊이 느끼고 알아서 그 피은의 도를 체받아 보은행을 하는 동시에 원망 생활을 감사 생활로 돌리는 연습이요.

〔상시응용 주의사항〕에 '신앙'의 주의사항을 신설

시안	● '신앙'의 주의 사항을 신설하는 방안 1. 천만 사물에 경외심으로 응하기를 주의할 것이요. 2. 천만 사물의 당처에 직접 불공하기를 주의할 것이요. 3. 노는 시간이 있고 보면 쉼 없이 심고와 기도 올리기를 주의할 것이요. 4. 매사에 감사하고 보은 봉공하기를 주의할 것이니라.

교당 내왕시 주의사항

정전 원문	1. 상시 응용 주의 사항으로 공부하는 중 어느 때든지 교당에 오고 보면 그 지낸 일을 일일이 문답하는 데 주의할 것이요, 2. 어떠한 사항에 감각된 일이 있고 보면 그 감각된 바를 보고하여 지도인의 감정 얻기를 주의할 것이요, 3. 어떠한 사항에 특별히 의심나는 일이 있고 보면 그 의심된 바를 제출하여 지도인에게 해오(解悟) 얻기를 주의할 것이요, 4. 매년 선기(禪期)에는 선비(禪費)를 미리 준비하여 가지고 선원에 입선하여 전문 공부하기를 주의할 것이요, 5. 매 예회(例會)날에는 모든 일을 미리 처결하여 놓고 그 날은 교당에 와서 공부에만 전심하기를 주의할 것이요, 6. 교당에 다녀갈 때에는 어떠한 감각이 되었는지 어떠한 의심이 밝아졌는지 소득 유무를 반조(返照)하여 본 후에 반드시 실생활에 활용하기를 주의할 것이니라.
시안	1. 상시 응용 주의 사항으로 공부하는 중에 어느 때든지 교당에 오고 보면 **법신불 일원상을 참배하고 감사와 서원의 기도드리기**를 주의할 것이요, 2. 그 지낸 일을 일일이 문답하기를 주의할 것이요, 3. 어떠한 사항에 **감각된 일이나 특별히 의심나는 일**이 있으면 이를 제출하여 지도인의 **감정과 해오 얻기**를 주의할 것이요, 4. (1안) **매년 (선기에) 선원에 입선하여 전문 공부하기 위하여 미리 (일정을 챙기고 선비)** 준비하기를 주의할 것이요, (2안) **매년 정기 훈련을 받기 위하여 미리 일정과 훈련 과제를 챙기고 선비 준비하기**를 주의할 것이요, 5. (원문과 동일) 6. (원문과 동일)

영육 쌍전법

정전 원문	… 그러므로, 우리는 제불 조사 정전(正傳)의 심인인 법신불 일원상의 진리와 수양·연구·취사의 삼학으로써 의·식·주를 얻고 의·식·주와 삼학으로써 그 진리를 얻어서 영육을 쌍전하여 개인·가정·사회·국가에 도움이 되게 하자는 것이니라.
시안	● **영육 쌍전법에 신앙을 포함하는 방안** … 그러므로, 우리는 제불 **제성의 심인**인 법신불 일원상의 진리와 **천지·부모·동포·법률의 사은**과 수양·연구·취사의 삼학으로써 의·식·주를 얻고 의·식·주와 **사은과** 삼학으로써 그 진리를 얻어서 영육을 쌍전하여 개인·가정·사회·국가에 도움이 되게 하자는 것이니라.

법위 등급

| 정전
원문 | 공부인의 수행 정도를 따라 여섯 가지 등급의 법위가 있나니 …… 대각여래위니라.

1. 보통급은 유무식·남녀·노소·선악·귀천을 막론하고 처음으로 불문에 귀의하여 보통급 십계를 받은 사람의 급이요,
2. 특신급은 보통급 십계를 일일이 실행하고, 예비 특신급에 승급하여 특신급 십계를 받아 지키며, 우리의 교리와 법규를 대강 이해하며, 모든 사업이나 생각이나 신앙이나 정성이 다른 세상에 흐르지 않는 사람의 급이요,
3. 법마상전급은 보통급 십계와 특신급 십계를 일일이 실행하고 예비 법마상전급에 승급하여 법마상전급 십계를 받아 지키며, 법과 마를 일일이 분석하고 우리의 경전 해석에 과히 착오가 없으며, 천만 경계 중에서 사심을 제거하는 데 재미를 붙이고 무관사(無關事)에 동하지 않으며, 법마상전의 뜻을 알아 법마상전을 하되 인생의 요도와 공부의 요도에 대기사(大忌事)는 아니하고, 세밀한 일이라도 반수 이상 법의 승(勝)을 얻는 사람의 급이요,
4. 법강항마위는 법마상전급 승급 조항을 일일이 실행하고 예비 법강항마위에 승급하여, 육근을 응용하여 법마상전을 하되 법이 백전 백승하며, 우리 경전의 뜻을 일일이 해석하고 대소유무의 이치에 걸림이 없으며, 생·로·병·사에 해탈을 얻은 사람의 위요,
5. 출가위는 법강항마위 승급 조항을 일일이 실행하고 예비 출가위에 승급하여, 대소유무의 이치를 따라 인간의 시비이해를 건설하며, 현재 모든 종교의 교리를 정통하며, 원근 친소와 자타의 국한을 벗어나서 일체 생령을 위하여 천신 만고와 함지 사지를 당하여도 여한이 없는 사람의 위요,
6. 대각여래위는 출가위 승급 조항을 일일이 실행하고 예비 대각여래위에 승급하여, 대자 대비로 일체 생령을 제도하되 만능(萬能)이 겸비하며, 천만 방편으로 수기응변(隨機應變)하여 교화하되 대의에 어긋남이 없고 교화 받는 사람으로서 그 방편을 알지 못하게 하며, 동하여도 분별에 착이 없고 정하여도 분별이 절도에 맞는 사람의 위니라.

| 시안 | ● 신앙과 수행 정도를 함께 법위의 표준으로 하는 방안 |

공부인의 **신앙과 수행 정도를 따라 여섯등급의 법위**가 있나니 …… 대각여래위니라.

1. 보통급은 유무식·남녀·노소·선악·귀천을 막론하고 처음으로 교문에 귀의하여 **법신불 사은의 은혜를 알아 보은 생활로 나아가며**, 교도의 의무와 보통급 십계를 받은 사람의 급이요.
2. 특신급은 보통급 승급 조항을 일일이 실행하고, 예비 특신급에 승급하여 특신급 십계를 받아 지키며, **진리와 교법과 스승과 회상에 대한 바른 믿음이 서지며**, 우리의 교리와 법규 …… 흐르지 않는 사람의 급이요.
3. 법마상전급은 특신급 승급 조항을 일일이 실행하고 예비 법마상전급에 승급하여 법마상전급 십계를 받아 지키며, **믿음이 깊어져 오로지 감사 생활하기를 힘쓰며**, 법과 마를 일일이 …… 법의 승을 얻는 사람의 급이요.
4. 법강항마위는 법마상전급 승급 조항을 일일이 실행하고 예비 법강항마위에 승급하여, **오직 간절한 믿음과 불공으로 역경 난경을 돌파하며**, 육근을 응용하여 법마상전을 …… 해탈을 얻은 사람의 위요.
5. (원문과 동일)
6. (원문과 동일)

기타

1. 〔일원상의 신앙〕과 〔일원상의 수행〕의 표현 중에서
   - 1안 : '일원상의 진리를 신앙하는 동시에 수행의 표본을 삼아서'의 표현을 그대로 할 경우 〔일원상의 신앙〕에도 '일원상의 진리를 수행하는 동시에 신앙의 대상을 삼아서'를 삽입함.
   - 2안 : 〔일원상의 신앙〕과 같이 〔일원상의 수행〕에도 '일원상의 진리를 신앙하는 동시에'를 삭제함.

2. 〔일원상 법어〕의 표현 중에서
   - '제불·조사'를 → '제불·제성'으로

3. 〔무시선법〕의 표현 중에서
   - '처자'를 → '식구', '가족', '동거인'으로

4. 〔참회문〕의 표현 중에서
   - '삼보전'을 → '법신불 사은', '법신불 일원상', '일원상의 진리'로

5. 〔일기법〕과 〔계문〕의 표현 중에서
   - 〔일기법〕의 태조사법에서 '흰 콩', '검은 콩'의 표현과
   - 〔계문〕의 '두 아내를 거느리지 말며'의 표현은
   → [일기법]과 [계문]을 전체적으로 시대적 상황에 맞춰 재해석하는 맥락 속에서 함께 검토함.

개교백년의 정전공부

인쇄	2020년 12월 18일 개정판 인쇄
발행	2017년 9월 14일 초판 1쇄 발행
	2020년 12월 31일 개정판 발행
지은이	허광영
펴낸이	주영삼
펴낸곳	원불교출판사
출판신고	1980년 4월 25일(제1980-000001호)
주소	전라북도 익산시 익산대로 501
전화	063) 854-0784
팩스	063) 852-0784
디자인	퐁포레스트 앤드 포레스터
제작	원광사

값 30,000원
ISBN 978-89-8076-364-1(03200)

이 책의 저작권은 저자에게 있습니다.
저자와의 협의에 의하여 인지는 붙이지 않습니다.
잘못 만들어진 책은 구입처나 본사에서
교환해 드립니다.

www.wonbook.co.kr